Hinweis

Die folgende Bandtitelei (S. I bis XLII) für Band 4 wird vor die Kommentierung der §§ 95–117 (24. Lieferung) eingebunden.

Der Verlag

Großkommentare der Praxis

RECHT

Aktiengesetz

Großkommentar

4., neubearbeitete Auflage

herausgegeben von

Klaus J. Hopt, Herbert Wiedemann

Vierter Band

§§ 95–117

Bearbeiter:

§§ 95–96: Klaus J. Hopt/Markus Roth
§§ 97–99: Klaus J. Hopt/Markus Roth/Andrea Peddinghaus
§§ 100–101: Klaus J. Hopt/Markus Roth
§ 102: Klaus J. Hopt/Markus Roth/Andrea Peddinghaus
§§ 103–116: Klaus J. Hopt/Markus Roth
§ 117: Michael Kort
Sachregister: Sebastian Mock

W DE G RECHT

De Gruyter Recht · Berlin

Erscheinungsdaten der Lieferungen:

§§ 95–117	(24. Lieferung):	Dezember 2005
Sachregister	(25. Lieferung):	Oktober 2006

Zitiervorschlag z.B.: *Hopt/Roth* in Großkomm AktG, § 96 Rdn. 53

Verzeichnis der Normänderungen seit 2005: Sven Sievert, Hamburg
Sachregister: Sebastian Mock, Hamburg

ISBN-13: 978-3-89949-374-0
ISBN-10: 3-89949-374-5

Bibliografische Information der Deutschen Nationalbibliothek

Die Deutsche Nationalbibliothek verzeichnet diese Publikation in der Deutschen Nationalbibliografie; detaillierte bibliografische Daten sind im Internet über http://dnb.d-nb.de abrufbar.

Datenkonvertierung/Satz: WERKSATZ Schmidt & Schulz GmbH, D-06773 Gräfenhainichen
Druck: Druckerei H. Heenemann GmbH, D-12103 Berlin
Bindearbeiten: Bruno Helm Buchbinderei, Berlin
Printed in Germany

Verzeichnis der Bearbeiter der 4. Auflage

Dr. **Heinz-Dieter Assmann**, LL.M., Universitätsprofessor an der Universität Tübingen

Dr. **Harald Baum**, Privatdozent, Wissenschaftlicher Referent am Max-Planck-Institut für ausländisches und internationales Privatrecht, Hamburg

Dr. **Gerold Bezzenberger**, Rechtsanwalt, Berlin

Dr. **Oliver C. Brändel**, Rechtsanwalt beim BGH, Karlsruhe

Dr. Dr. **Herbert Brönner**, Wirtschaftsprüfer und Steuerberater, Berlin

Dr. **Christian E. Decher**, Rechtsanwalt, Frankfurt am Main

Dr. **Ulrich Ehricke**, LL.M. (London), M.A., Richter am Oberlandesgericht a.D., Universitätsprofessor an der Universität zu Köln

Dr. **Holger Fleischer**, Dipl.-Kfm., LL.M., Universitätsprofessor an der Rheinischen Friedrich-Wilhelms-Universität Bonn

Dr. **Kaspar Frey**, Universitätsprofessor an der Europa-Universität Viadrina, Frankfurt (Oder)

Dr. **Markus Gehrlein**, Richter am BGH, Dozent an der Universität Mannheim

Dr. Dr. **Stefan Grundmann**, LL.M. (Berkeley), Universitätsprofessor an der Humboldt-Universität zu Berlin

Dr. **Mathias Habersack**, Universitätsprofessor an der Universität Mainz

Dr. **Kai Hasselbach**, Rechtsanwalt, Köln

Dr. **Peter Hemeling**, Rechtsanwalt, München

Dr. **Hartwig Henze**, Richter am BGH a.D., Honorarprofessor an der Universität Konstanz

Dr. **Heribert Hirte**, LL.M. (Berkeley), Universitätsprofessor an der Universität Hamburg

Dr. Dr. Dr. h.c. mult. **Klaus J. Hopt**, Universitätsprofessor, Direktor des Max-Planck-Instituts für ausländisches und internationales Privatrecht, Hamburg, vormals Richter am OLG Stuttgart

Dr. **Peter M. Huber**, Universitätsprofessor an der Ludwig-Maximilians-Universität München

Dr. **Michael Kort**, Universitätsprofessor an der Universität Augsburg

Dr. **Hanno Merkt**, LL.M. (Univ. of Chicago), Universitätsprofessor an der Albert-Ludwigs-Universität Freiburg

Dr. **Peter O. Mülbert**, Universitätsprofessor, Direktor des Instituts für deutsches und internationales Recht des Spar-, Giro- und Kreditwesens an der Johannes-Gutenberg Universität Mainz

Richard L. Notz, Rechtsanwalt, Chicago

Dr. **Hartmut Oetker**, Universitätsprofessor an der Christian-Albrechts-Universität zu Kiel

Dr. Dr. h.c. **Harro Otto**, em. Universitätsprofessor an der Universität Bayreuth

Dr. **Hans-Joachim Priester**, Notar, Honorarprofessor an der Universität Hamburg

Dr. h.c. **Volker Röhricht**, Vors. Richter am BGH i.R., Karlsruhe

Dr. **Markus Roth**, Wissenschaftlicher Referent am Max-Planck-Institut für ausländisches und internationales Privatrecht, Hamburg

Dr. **Michael Schlitt**, Rechtsanwalt, Frankfurt am Main, Lehrbeauftragter an der Universität zu Köln

Dr. Dres. h.c. **Karsten Schmidt**, em. Universitätsprofessor an der Rheinischen Friedrich-Wilhelms-Universität Bonn, Präsident der Bucerius Law School Hamburg

Dr. **Rolf Sethe**, LL.M. (London), Universitätsprofessor an der Martin-Luther-Universität Halle-Wittenberg

Dr. **Winfried Werner** (†), Rechtsanwalt, Frankfurt am Main

Verzeichnis der Bearbeiter der 4. Auflage

Dr. **Herbert Wiedemann**, em. Universitätsprofessor an der Universität zu Köln, vormals Richter am OLG Düsseldorf

Dr. **Christine Windbichler**, LL.M. (Berkeley), Universitätsprofessor an der Humboldt-Universität Berlin

Inhaltsübersicht

Normänderungen und Deutscher Corporate Governance Kodex IX
Ergänzendes Abkürzungsverzeichnis XXI
Ergänzendes Schrifttum vor § 95 AktG XXXV

AKTIENGESETZ

ERSTES BUCH

AKTIENGESELLSCHAFT

Vierter Teil
Verfassung der Aktiengesellschaft

Zweiter Abschnitt Aufsichtsrat . . . . §§ 95–116
Dritter Abschnitt Benutzung des Einflusses auf die Gesellschaft . . . . . § 117

Sachregister

Normänderungen und Deutscher Corporate Governance Kodex

ERLÄUTERUNG

Die Vorschriften der §§ 95–117 sind bereits einheitlich unter Berücksichtigung des zum 1. November 2005 in Kraft getretenen Gesetzes zur Unternehmensintegrität und Modernisierung des Anfechtungsrechts (UMAG) v 22.9.2005 und damit aktuell abgedruckt und kommentiert. Auf den Abdruck eines Verzeichnisses der Normänderungen konnte so verzichtet werden. Statt dessen wird der beim Recht des Aufsichtsrats mit kommentierte Deutsche Corporate Governance Kodex abgedruckt, der zuletzt am 12. Juni 2006 geändert wurde. Änderungen gegenüber der der Kommentierung der §§ 95–116 zugrunde liegenden Fassung des Deutschen Corporate Governance Kodex vom 2. Juni 2005 sind durch Unterstreichen kenntlich gemacht. Am Ende des Abdrucks des Kodex finden sich zudem die geänderten Ziffern in der Fassung vom 2. Juni 2005. Die Änderungen betreffen die beim Recht des Aufsichtsrats kommentierten Passagen nur hinsichtlich der Publizität der Vergütung der Aufsichtsratsmitglieder.

Regierungskommission Deutscher Corporate Governance Kodex

Deutscher Corporate Governance Kodex

in der Fassung vom 12. Juni 2006

veröffentlicht am 24. Juli 2006 im elektronischen Bundesanzeiger (eBAnz AT39 2006 B1, Erlassdatum: 24. Juli 2006)

(Die Überschriften sind in Anlehnung an die Regierungskommission Deutscher Corporate Governance Kodex hervorgehoben, aktuelle Fassung: www.corporate-governance-code.de)

1. Präambel

Der vorliegende Deutsche Corporate Governance Kodex (der „Kodex") stellt wesentliche gesetzliche Vorschriften zur Leitung und Überwachung deutscher börsennotierter Gesellschaften (Unternehmensführung) dar und enthält international und national anerkannte Standards guter und verantwortungsvoller Unternehmensführung. Der Kodex soll das deutsche Corporate Governance System transparent und nachvollziehbar machen. Er will das Vertrauen der internationalen und nationalen Anleger, der Kunden, der Mitarbeiter und der Öffentlichkeit in die Leitung und Überwachung deutscher börsennotierter Aktiengesellschaften fördern.

Der Kodex verdeutlicht die Rechte der Aktionäre, die der Gesellschaft das erforderliche Eigenkapital zur Verfügung stellen und das unternehmerische Risiko tragen.

Deutschen Aktiengesellschaften ist ein duales Führungssystem gesetzlich vorgegeben:

Der Vorstand leitet das Unternehmen in eigener Verantwortung. Die Mitglieder des Vorstands tragen gemeinsam die Verantwortung für die Unternehmensleitung. Der Vorstandsvorsitzende koordiniert die Arbeit der Vorstandsmitglieder.

Der Aufsichtsrat bestellt, überwacht und berät den Vorstand und ist in Entscheidungen, die von grundlegender Bedeutung für das Unternehmen sind, unmittelbar eingebunden. Der Aufsichtsratsvorsitzende koordiniert die Arbeit im Aufsichtsrat.

Die Mitglieder des Aufsichtsrats werden von den Aktionären in der Hauptversammlung gewählt. Bei Unternehmen mit mehr als 500 bzw. 2000 Arbeitnehmern im Inland sind auch die Arbeitnehmer im Aufsichtsrat vertreten, der sich dann zu einem Drittel bzw. zur Hälfte aus von den Arbeitnehmern gewählten Vertretern zusammensetzt. Bei Unternehmen mit mehr als 2000 Arbeitnehmern hat der Aufsichtsratsvorsitzende, der praktisch immer ein Vertreter der Anteilseigner ist, ein die Beschlussfassung entscheidendes Zweitstimmrecht. Die von den Aktionären gewählten Anteilseignervertreter und die Arbeitnehmervertreter sind gleichermaßen dem Unternehmensinteresse verpflichtet.

Das auch in anderen kontinentaleuropäischen Ländern etablierte duale Führungssystem und das international verbreitete System der Führung durch ein einheitliches Leitungsorgan (Verwaltungsrat) bewegen sich wegen des intensiven Zusammenwirkens von Vorstand und Aufsichtsrat in der Praxis aufeinander zu und sind gleichermaßen erfolgreich.

Die Rechnungslegung deutscher Unternehmen ist am True-and-fair-view-Prinzip orientiert und vermittelt ein den tatsächlichen Verhältnissen entsprechendes Bild der Vermögens-, Finanz- und Ertragslage des Unternehmens.

Empfehlungen des Kodex sind im Text durch die Verwendung des Wortes „soll“ gekennzeichnet. Die Gesellschaften können hiervon abweichen, sind dann aber verpflichtet, dies jährlich offen zu legen. Dies ermöglicht den Gesellschaften die Berücksichtigung branchen- oder unternehmensspezifischer Bedürfnisse. So trägt der Kodex zur Flexibilisierung und Selbstregulierung der deutschen Unternehmensverfassung bei. Ferner enthält der Kodex Anregungen, von denen ohne Offenlegung abgewichen werden kann; hierfür verwendet der Kodex Begriffe wie „sollte“ oder „kann“. Die übrigen sprachlich nicht so gekennzeichneten Teile des Kodex betreffen Bestimmungen, die als geltendes Gesetzesrecht von den Unternehmen zu beachten sind.

In Regelungen des Kodex, die nicht nur die Gesellschaft selbst, sondern auch ihre Konzernunternehmen betreffen, wird der Begriff „Unternehmen“ statt „Gesellschaft“ verwendet.

Der Kodex richtet sich in erster Linie an börsennotierte Gesellschaften. Auch nicht börsennotierten Gesellschaften wird die Beachtung des Kodex empfohlen.

Der Kodex wird in der Regel einmal jährlich vor dem Hintergrund nationaler und internationaler Entwicklungen überprüft und bei Bedarf angepasst.

2. Aktionäre und Hauptversammlung

2.1 Aktionäre

2.1.1 Die Aktionäre nehmen ihre Rechte in der Hauptversammlung wahr und üben dort ihr Stimmrecht aus.

2.1.2 Jede Aktie gewährt grundsätzlich eine Stimme. Aktien mit Mehrstimmrechten oder Vorzugsstimmrechten („golden shares“) sowie Höchststimmrechte bestehen nicht.

2.2 Hauptversammlung

2.2.1 Der Vorstand legt der Hauptversammlung den Jahresabschluss und den Konzernabschluss vor. Sie entscheidet über die Gewinnverwendung sowie die Entlastung von Vorstand und Aufsichtsrat, wählt die Anteilseignervertreter im Aufsichtsrat und in der Regel den Abschlussprüfer.

Darüber hinaus entscheidet die Hauptversammlung über die Satzung und den Gegenstand der Gesellschaft, über Satzungsänderungen und über wesentliche unternehmerische Maßnahmen wie insbesondere Unternehmensverträge und Umwandlungen, über die Ausgabe von neuen Aktien und von Wandel- und Optionsschuldverschreibungen sowie über die Ermächtigung zum Erwerb eigener Aktien.

2.2.2 Bei der Ausgabe neuer Aktien haben die Aktionäre grundsätzlich ein ihrem Anteil am Grundkapital entsprechendes Bezugsrecht.

2.2.3 Jeder Aktionär ist berechtigt, an der Hauptversammlung teilzunehmen, dort das Wort zu Gegenständen der Tagesordnung zu ergreifen und sachbezogene Fragen und Anträge zu stellen.

2.2.4 Der Versammlungsleiter sorgt für eine zügige Abwicklung der Hauptversammlung. <u>Dabei sollte er sich davon leiten lassen, dass eine ordentliche Hauptversammlung spätestens nach 4 bis 6 Stunden beendet ist.</u>

2.3 Einladung zur Hauptversammlung, Stimmrechtsvertreter

2.3.1 Die Hauptversammlung der Aktionäre ist vom Vorstand mindestens einmal jährlich unter Angabe der Tagesordnung einzuberufen. Aktionärsminderheiten sind berechtigt, die Einberufung einer Hauptversammlung und die Erweiterung der Tagesordnung zu verlangen. Der Vorstand soll die vom Gesetz für die Hauptversammlung verlangten Berichte und Unterlagen einschließlich des Geschäftsberichts nicht nur auslegen und den Aktionären auf Verlangen übermitteln, sondern auch auf der Internet-Seite der Gesellschaft zusammen mit der Tagesordnung veröffentlichen.

2.3.2 Die Gesellschaft soll allen in- und ausländischen Finanzdienstleistern, Aktionären und Aktionärsvereinigungen, die dies vor nicht länger als einem Jahr verlangt haben, die Einberufung der Hauptversammlung mitsamt den Einberufungsunterlagen mitteilen, auf Verlangen auch auf elektronischem Wege.

2.3.3 Die Gesellschaft soll den Aktionären die persönliche Wahrnehmung ihrer Rechte erleichtern. Auch bei der Stimmrechtsvertretung soll die Gesellschaft die Aktionäre unterstützen. Der Vorstand soll für die Bestellung eines Vertreters für die weisungsgebundene Ausübung des Stimmrechts der Aktionäre sorgen; dieser sollte auch während der Hauptversammlung erreichbar sein.

2.3.4 Die Gesellschaft sollte den Aktionären die Verfolgung der Hauptversammlung über moderne Kommunikationsmedien (z.B. Internet) ermöglichen.

3. Zusammenwirken von Vorstand und Aufsichtsrat

3.1 Vorstand und Aufsichtsrat arbeiten zum Wohle des Unternehmens eng zusammen.

3.2 Der Vorstand stimmt die strategische Ausrichtung des Unternehmens mit dem Aufsichtsrat ab und erörtert mit ihm in regelmäßigen Abständen den Stand der Strategieumsetzung.

3.3 Für Geschäfte von grundlegender Bedeutung legen die Satzung oder der Aufsichtsrat Zustimmungsvorbehalte zugunsten des Aufsichtsrats fest. Hierzu gehören Entscheidungen oder Maßnahmen, die die Vermögens-, Finanz- oder Ertragslage des Unternehmens grundlegend verändern.

3.4 Die ausreichende Informationsversorgung des Aufsichtsrats ist gemeinsame Aufgabe von Vorstand und Aufsichtsrat.

Der Vorstand informiert den Aufsichtsrat regelmäßig, zeitnah und umfassend über alle für das Unternehmen relevanten Fragen der Planung, der Geschäftsentwicklung, der Risikolage und des Risikomanagements. Er geht auf Abweichungen des Geschäftsverlaufs von den aufgestellten Plänen und Zielen unter Angabe von Gründen ein.

Der Aufsichtsrat soll die Informations- und Berichtspflichten des Vorstands näher festlegen. Berichte des Vorstands an den Aufsichtsrat sind in der Regel in Textform zu erstatten. Entscheidungsnotwendige Unterlagen, insbesondere der Jahresabschluss, der Konzernabschluss und der Prüfungsbericht, werden den Mitgliedern des Aufsichtsrats möglichst rechtzeitig vor der Sitzung zugeleitet.

3.5 Gute Unternehmensführung setzt eine offene Diskussion zwischen Vorstand und Aufsichtsrat sowie in Vorstand und Aufsichtsrat voraus. Die umfassende Wahrung der Vertraulichkeit ist dafür von entscheidender Bedeutung.

Alle Organmitglieder stellen sicher, dass die von ihnen eingeschalteten Mitarbeiter die Verschwiegenheitspflicht in gleicher Weise einhalten.

3.6 In mitbestimmten Aufsichtsräten sollten die Vertreter der Aktionäre und der Arbeitnehmer die Sitzungen des Aufsichtsrats jeweils gesondert, gegebenenfalls mit Mitgliedern des Vorstands, vorbereiten.

Der Aufsichtsrat sollte bei Bedarf ohne den Vorstand tagen.

3.7 Bei einem Übernahmeangebot müssen Vorstand und Aufsichtsrat der Zielgesellschaft eine begründete Stellungnahme zu dem Angebot abgeben, damit die Aktionäre in Kenntnis der Sachlage über das Angebot entscheiden können.

Der Vorstand darf nach Bekanntgabe eines Übernahmeangebots keine Handlungen außerhalb des gewöhnlichen Geschäftsverkehrs vornehmen, durch die der Erfolg des Angebots verhindert werden könnte, wenn er dazu nicht von der Hauptversammlung ermächtigt ist oder der Aufsichtsrat dem zugestimmt hat. Bei ihren Entscheidungen sind Vorstand und Aufsichtsrat an das beste Interesse der Aktionäre und des Unternehmens gebunden.

In angezeigten Fällen sollte der Vorstand eine außerordentliche Hauptversammlung einberufen, in der die Aktionäre über das Übernahmeangebot beraten und gegebenenfalls über gesellschaftsrechtliche Maßnahmen beschließen.

3.8 Vorstand und Aufsichtsrat beachten die Regeln ordnungsgemäßer Unternehmensführung. Verletzen sie die Sorgfalt eines ordentlichen und gewissenhaften Geschäftsleiters bzw. Aufsichtsratsmitglieds schuldhaft, so haften sie der Gesellschaft gegenüber auf Schadensersatz.

Schließt die Gesellschaft für Vorstand und Aufsichtsrat eine D&O-Versicherung ab, so soll ein angemessener Selbstbehalt vereinbart werden.

3.9 Die Gewährung von Krediten des Unternehmens an Mitglieder des Vorstands und des Aufsichtsrats sowie ihre Angehörigen bedarf der Zustimmung des Aufsichtsrats.

3.10 Vorstand und Aufsichtsrat sollen jährlich im Geschäftsbericht über die Corporate Governance des Unternehmens berichten (Corporate Governance Bericht). Hierzu gehört auch die Erläuterung eventueller Abweichungen von den Empfehlungen dieses Kodex. Dabei kann auch zu den Kodexanregungen Stellung genommen werden. Die Gesellschaft soll nicht mehr aktuelle Entsprechenserklärungen zum Kodex fünf Jahre lang auf ihrer Internetseite zugänglich halten.

4. Vorstand

4.1 Aufgaben und Zuständigkeiten

4.1.1 Der Vorstand leitet das Unternehmen in eigener Verantwortung. Er ist dabei an das Unternehmensinteresse gebunden und der Steigerung des nachhaltigen Unternehmenswertes verpflichtet.

4.1.2 Der Vorstand entwickelt die strategische Ausrichtung des Unternehmens, stimmt sie mit dem Aufsichtsrat ab und sorgt für ihre Umsetzung.

4.1.3 Der Vorstand hat für die Einhaltung der gesetzlichen Bestimmungen zu sorgen und wirkt auf deren Beachtung durch die Konzernunternehmen hin.

4.1.4 Der Vorstand sorgt für ein angemessenes Risikomanagement und Risikocontrolling im Unternehmen.

4.2 Zusammensetzung und Vergütung

4.2.1 Der Vorstand soll aus mehreren Personen bestehen und einen Vorsitzenden oder Sprecher haben. Eine Geschäftsordnung soll die Geschäftsverteilung und die Zusammenarbeit im Vorstand regeln.

4.2.2 Das Aufsichtsratsplenum soll auf Vorschlag des Gremiums, das die Vorstandsverträge behandelt, über die Struktur des Vergütungssystems für den Vorstand beraten und soll sie regelmäßig überprüfen.

Die Vergütung der Vorstandsmitglieder wird vom Aufsichtsrat unter Einbeziehung von etwaigen Konzernbezügen in angemessener Höhe auf der Grundlage einer Leistungsbeurteilung festgelegt. Kriterien für die Angemessenheit der Vergütung bilden insbesondere die Aufgaben des jeweiligen Vorstandsmitglieds, seine persönliche Leistung, die Leistung des Vorstands sowie die wirtschaftliche Lage, der Erfolg und die Zukunftsaussichten des Unternehmens unter Berücksichtigung seines Vergleichsumfelds.

4.2.3 <u>Die Gesamtvergütung der Vorstandsmitglieder umfasst die monetären Vergütungsteile, die Versorgungszusagen, die sonstigen Zusagen, insbesondere für den Fall der Beendigung der Tätigkeit, Nebenleistungen jeder Art und Leistungen von Dritten, die im Hinblick auf die Vorstandstätigkeit zugesagt oder im Geschäftsjahr gewährt wurden.</u>

Die <u>monetären Vergütungsteile sollen</u> fixe und variable Bestandteile umfassen. Die variablen Vergütungsteile sollten einmalige sowie jährlich wiederkehrende, an den geschäftlichen Erfolg gebundene Komponenten und auch Komponenten mit langfristiger Anreizwirkung und Risikocharakter enthalten. Sämtliche Vergütungsbestandteile müssen für sich und insgesamt angemessen sein.

Als variable Vergütungskomponenten mit langfristiger Anreizwirkung und Risikocharakter dienen insbesondere Aktien der Gesellschaft mit mehrjähriger Veräußerungssperre, Aktienoptionen oder vergleichbare Gestaltungen (z.B. Phantom Stocks). Aktienoptionen und vergleichbare Gestaltungen sollen auf anspruchsvolle, relevante Vergleichsparameter bezogen sein. Eine nachträgliche Änderung der Erfolgsziele oder der Vergleichsparameter soll ausgeschlossen sein. Für außerordentliche, nicht vorhergesehene Entwicklungen soll der Aufsichtsrat eine Begrenzungsmöglichkeit (Cap) vereinbaren.

Der Vorsitzende des Aufsichtsrats soll die Hauptversammlung über die Grundzüge des Vergütungssystems und deren Veränderung informieren.

4.2.4 <u>Die Gesamtvergütung jedes Vorstandsmitglieds wird, aufgeteilt nach erfolgsunabhängigen, erfolgsbezogenen und Komponenten mit langfristiger Anreizwirkung, unter</u>

Namensnennung offengelegt, soweit nicht die Hauptversammlung mit Dreiviertelmehrheit anderweitig beschlossen hat.

4.2.5 Die Offenlegung soll in einem Vergütungsbericht erfolgen, der als Teil des Corporate Governance Berichts auch das Vergütungssystem für die Vorstandsmitglieder in allgemein verständlicher Form erläutert.

Die Darstellung der konkreten Ausgestaltung eines Aktienoptionsplans oder vergleichbarer Gestaltungen für Komponenten mit langfristiger Anreizwirkung und Risikocharakter soll deren Wert umfassen. Bei Versorgungszusagen soll jährlich die Zuführung zu den Pensionsrückstellungen oder Pensionsfonds angegeben werden.

Der wesentliche Inhalt von Zusagen für den Fall der Beendigung der Tätigkeit als Vorstandsmitglied ist anzugeben, wenn die Zusagen in ihrer rechtlichen Ausgestaltung von den den Arbeitnehmern erteilten Zusagen nicht unerheblich abweichen. Der Vergütungsbericht soll auch Angaben zur Art der von der Gesellschaft erbrachten Nebenleistungen enthalten.

4.3 Interessenkonflikte

4.3.1 Vorstandsmitglieder unterliegen während ihrer Tätigkeit für das Unternehmen einem umfassenden Wettbewerbsverbot.

4.3.2 Vorstandsmitglieder und Mitarbeiter dürfen im Zusammenhang mit ihrer Tätigkeit weder für sich noch für andere Personen von Dritten Zuwendungen oder sonstige Vorteile fordern oder annehmen oder Dritten ungerechtfertigte Vorteile gewähren.

4.3.3 Die Vorstandsmitglieder sind dem Unternehmensinteresse verpflichtet. Kein Mitglied des Vorstands darf bei seinen Entscheidungen persönliche Interessen verfolgen und Geschäftschancen, die dem Unternehmen zustehen, für sich nutzen.

4.3.4 Jedes Vorstandsmitglied soll Interessenkonflikte dem Aufsichtsrat gegenüber unverzüglich offen legen und die anderen Vorstandsmitglieder hierüber informieren. Alle Geschäfte zwischen dem Unternehmen einerseits und den Vorstandsmitgliedern sowie ihnen nahe stehenden Personen oder ihnen persönlich nahe stehenden Unternehmungen andererseits haben branchenüblichen Standards zu entsprechen. Wesentliche Geschäfte sollen der Zustimmung des Aufsichtsrats bedürfen.

4.3.5 Vorstandsmitglieder sollen Nebentätigkeiten, insbesondere Aufsichtsratsmandate außerhalb des Unternehmens, nur mit Zustimmung des Aufsichtsrats übernehmen.

5. Aufsichtsrat

5.1 Aufgaben und Zuständigkeiten

5.1.1 Aufgabe des Aufsichtsrats ist es, den Vorstand bei der Leitung des Unternehmens regelmäßig zu beraten und zu überwachen. Er ist in Entscheidungen von grundlegender Bedeutung für das Unternehmen einzubinden.

5.1.2 Der Aufsichtsrat bestellt und entlässt die Mitglieder des Vorstands. Er soll gemeinsam mit dem Vorstand für eine langfristige Nachfolgeplanung sorgen. Der Aufsichtsrat kann die Vorbereitung der Bestellung von Vorstandsmitgliedern einem Ausschuss übertragen, der auch die Bedingungen des Anstellungsvertrages einschließlich der Vergütung festlegt.

Bei Erstbestellungen sollte die maximal mögliche Bestelldauer von fünf Jahren nicht die Regel sein. Eine Wiederbestellung vor Ablauf eines Jahres vor dem Ende der Bestelldauer bei gleichzeitiger Aufhebung der laufenden Bestellung soll nur bei Vorliegen besonderer Umstände erfolgen. Eine Altersgrenze für Vorstandsmitglieder soll festgelegt werden.

5.1.3 Der Aufsichtsrat soll sich eine Geschäftsordnung geben.

5.2 Aufgaben und Befugnisse des Aufsichtsratsvorsitzenden

Der Aufsichtsratsvorsitzende koordiniert die Arbeit im Aufsichtsrat, leitet dessen Sitzungen und nimmt die Belange des Aufsichtsrats nach außen wahr.

Der Aufsichtsratsvorsitzende soll zugleich Vorsitzender der Ausschüsse sein, die die Vorstandsverträge behandeln und die Aufsichtsratssitzungen vorbereiten. Den Vorsitz im Prüfungsausschuss (Audit Committee) sollte er nicht innehaben.

Der Aufsichtsratsvorsitzende soll mit dem Vorstand, insbesondere mit dem Vorsitzenden bzw. Sprecher des Vorstands, regelmäßig Kontakt halten und mit ihm die Strategie, die Geschäftsentwicklung und das Risikomanagement des Unternehmens beraten. Der Aufsichtsratsvorsitzende wird über wichtige Ereignisse, die für die Beurteilung der Lage und Entwicklung sowie für die Leitung des Unternehmens von wesentlicher Bedeutung sind, unverzüglich durch den Vorsitzenden bzw. Sprecher des Vorstands informiert. Der Aufsichtsratsvorsitzende soll sodann den Aufsichtsrat unterrichten und erforderlichenfalls eine außerordentliche Aufsichtsratssitzung einberufen.

5.3 Bildung von Ausschüssen

5.3.1 Der Aufsichtsrat soll abhängig von den spezifischen Gegebenheiten des Unternehmens und der Anzahl seiner Mitglieder fachlich qualifizierte Ausschüsse bilden. Diese dienen der Steigerung der Effizienz der Aufsichtsratsarbeit und der Behandlung komplexer Sachverhalte. Die jeweiligen Ausschussvorsitzenden berichten regelmäßig an den Aufsichtsrat über die Arbeit der Ausschüsse.

5.3.2 Der Aufsichtsrat soll einen Prüfungsausschuss (Audit Committee) einrichten, der sich insbesondere mit Fragen der Rechnungslegung und des Risikomanagements, der erforderlichen Unabhängigkeit des Abschlussprüfers, der Erteilung des Prüfungsauftrags an den Abschlussprüfer, der Bestimmung von Prüfungsschwerpunkten und der Honorarvereinbarung befasst. Der Vorsitzende des Prüfungsausschusses soll über besondere Kenntnisse und Erfahrungen in der Anwendung von Rechnungslegungsgrundsätzen und internen Kontrollverfahren verfügen. Er sollte kein ehemaliges Vorstandsmitglied der Gesellschaft sein.

5.3.3 Der Aufsichtsrat kann weitere Sachthemen zur Behandlung in einen oder mehrere Ausschüsse verweisen. Hierzu gehören u. a. die Strategie des Unternehmens, die Vergütung der Vorstandsmitglieder, Investitionen und Finanzierungen.

5.3.4 Der Aufsichtsrat kann vorsehen, dass Ausschüsse die Sitzungen des Aufsichtsrats vorbereiten und darüber hinaus auch anstelle des Aufsichtsrats entscheiden.

5.4 Zusammensetzung und Vergütung

5.4.1 Bei Vorschlägen zur Wahl von Aufsichtsratsmitgliedern soll darauf geachtet werden, dass dem Aufsichtsrat jederzeit Mitglieder angehören, die über die zur ordnungsgemäßen Wahrnehmung der Aufgaben erforderlichen Kenntnisse, Fähigkeiten und fachlichen Erfahrungen verfügen. Dabei sollen die internationale Tätigkeit des Unternehmens, potenzielle Interessenkonflikte und eine festzulegende Altersgrenze für Aufsichtsratsmitglieder berücksichtigt werden.

5.4.2 Um eine unabhängige Beratung und Überwachung des Vorstands durch den Aufsichtsrat zu ermöglichen, soll dem Aufsichtsrat eine nach seiner Einschätzung ausreichende Anzahl unabhängiger Mitglieder angehören. Ein Aufsichtsratsmitglied ist als unabhängig anzusehen, wenn es in keiner geschäftlichen oder persönlichen Beziehung zu der Gesellschaft oder deren Vorstand steht, die einen Interessenkonflikt begründet. Dem Aufsichtsrat sollen nicht mehr als zwei ehemalige Mitglieder des Vorstands angehören. Aufsichtsratsmitglieder sollen keine Organfunktion oder Beratungsaufgaben bei wesentlichen Wettbewerbern des Unternehmens ausüben.

5.4.3 Wahlen zum Aufsichtsrat sollen als Einzelwahl durchgeführt werden. Ein Antrag auf gerichtliche Bestellung eines Aufsichtsratsmitglieds soll bis zur nächsten Hauptversammlung befristet sein. Kandidatenvorschläge für den Aufsichtsratsvorsitz sollen den Aktionären bekannt gegeben werden.

5.4.4 Der Wechsel des bisherigen Vorstandsvorsitzenden oder eines Vorstandsmitglieds in den Aufsichtsratsvorsitz oder den Vorsitz eines Aufsichtsratsausschusses soll nicht die Regel sein. Eine entsprechende Absicht soll der Hauptversammlung besonders begründet werden.

5.4.5 Jedes Aufsichtsratsmitglied achtet darauf, dass ihm für die Wahrnehmung seiner Mandate genügend Zeit zur Verfügung steht. Wer dem Vorstand einer börsennotierten Gesellschaft angehört, soll insgesamt nicht mehr als fünf Aufsichtsratsmandate in konzernexternen börsennotierten Gesellschaften wahrnehmen.

5.4.6 Durch die Wahl bzw. Neuwahl von Aufsichtsratsmitgliedern zu unterschiedlichen Terminen und für unterschiedliche Amtsperioden kann Veränderungserfordernissen Rechnung getragen werden.

5.4.7 Die Vergütung der Aufsichtsratsmitglieder wird durch Beschluss der Hauptversammlung oder in der Satzung festgelegt. Sie trägt der Verantwortung und dem Tätigkeitsumfang der Aufsichtsratsmitglieder sowie der wirtschaftlichen Lage und dem Erfolg des Unternehmens Rechnung. Dabei sollen der Vorsitz und der stellvertretende Vorsitz im Aufsichtsrat sowie der Vorsitz und die Mitgliedschaft in den Ausschüssen berücksichtigt werden.

Die Mitglieder des Aufsichtsrats sollen neben einer festen eine erfolgsorientierte Vergütung erhalten. Die erfolgsorientierte Vergütung sollte auch auf den langfristigen Unternehmenserfolg bezogene Bestandteile enthalten.

Die Vergütung der Aufsichtsratsmitglieder soll im Corporate Governance Bericht individualisiert, aufgegliedert nach Bestandteilen ausgewiesen werden. Auch die vom Unternehmen an die Mitglieder des Aufsichtsrats gezahlten Vergütungen oder gewährten Vorteile für persönlich erbrachte Leistungen, insbesondere Beratungs- und Vermittlungsleistungen, sollen individualisiert im Corporate Governance Bericht gesondert angegeben werden.

5.4.8 Falls ein Mitglied des Aufsichtsrats in einem Geschäftsjahr an weniger als der Hälfte der Sitzungen des Aufsichtsrats teilgenommen hat, soll dies im Bericht des Aufsichtsrats vermerkt werden.

5.5 Interessenkonflikte

5.5.1 Jedes Mitglied des Aufsichtsrats ist dem Unternehmensinteresse verpflichtet. Es darf bei seinen Entscheidungen weder persönliche Interessen verfolgen noch Geschäftschancen, die dem Unternehmen zustehen, für sich nutzen.

5.5.2 Jedes Aufsichtsratsmitglied soll Interessenkonflikte, insbesondere solche, die auf Grund einer Beratung oder Organfunktion bei Kunden, Lieferanten, Kreditgebern oder sonstigen Geschäftspartnern entstehen können, dem Aufsichtsrat gegenüber offenlegen.

5.5.3 Der Aufsichtsrat soll in seinem Bericht an die Hauptversammlung über aufgetretene Interessenkonflikte und deren Behandlung informieren. Wesentliche und nicht nur vorübergehende Interessenkonflikte in der Person eines Aufsichtsratsmitglieds sollen zur Beendigung des Mandats führen.

5.5.4 Berater- und sonstige Dienstleistungs- und Werkverträge eines Aufsichtsratsmitglieds mit der Gesellschaft bedürfen der Zustimmung des Aufsichtsrats.

5.6 Effizienzprüfung

Der Aufsichtsrat soll regelmäßig die Effizienz seiner Tätigkeit überprüfen.

6. Transparenz

6.1 Der Vorstand wird Insiderinformationen, die die Gesellschaft unmittelbar betreffen, unverzüglich veröffentlichen, soweit er nicht im Einzelfall von der Veröffentlichungspflicht befreit ist.

6.2 Sobald der Gesellschaft bekannt wird, dass jemand durch Erwerb, Veräußerung oder auf sonstige Weise 5, 10, 25, 50 oder 75 % der Stimmrechte an der Gesellschaft erreicht, über- oder unterschreitet, wird dies vom Vorstand unverzüglich veröffentlicht.

6.3 Die Gesellschaft wird die Aktionäre bei Informationen gleich behandeln. Sie soll ihnen unverzüglich sämtliche neuen Tatsachen, die Finanzanalysten und vergleichbaren Adressaten mitgeteilt worden sind, zur Verfügung stellen.

6.4 Zur zeitnahen und gleichmäßigen Information der Aktionäre und Anleger soll die Gesellschaft geeignete Kommunikationsmedien, wie etwa das Internet, nutzen.

6.5 Informationen, die die Gesellschaft im Ausland aufgrund der jeweiligen kapitalmarktrechtlichen Vorschriften veröffentlicht, sollen auch im Inland unverzüglich bekannt gegeben werden.

6.6 Erwerb oder Veräußerung von Aktien der Gesellschaft oder von sich darauf beziehenden Finanzinstrumenten, insbesondere Derivaten, durch Vorstands- und Aufsichtsratsmitglieder der Gesellschaft oder sonstige Personen mit Führungsaufgaben, die regelmäßig Zugang zu Insiderinformationen der Gesellschaft haben und zu wesentlichen unternehmerischen Entscheidungen befugt sind, sowie durch bestimmte mit ihnen in einer engen Beziehung stehende Personen werden von diesen unverzüglich der Gesellschaft mitgeteilt. Mitteilungspflichtig sind Erwerbs- und Veräußerungsgeschäfte über 5.000,– EURO im Kalenderjahr. Die Gesellschaft veröffentlicht die Mitteilung unverzüglich.

Der Besitz von Aktien der Gesellschaft oder sich darauf beziehender Finanzinstrumente, von Vorstands- und Aufsichtsratsmitgliedern soll angegeben werden, wenn er direkt oder indirekt größer als 1 % der von der Gesellschaft ausgegebenen Aktien ist. Übersteigt der Gesamtbesitz aller Vorstands- und Aufsichtsratsmitglieder 1 % der von der Gesellschaft ausgegebenen Aktien, soll der Gesamtbesitz getrennt nach Vorstand und Aufsichtsrat angegeben werden. Sämtliche vorstehenden Angaben sollen im Corporate Governance Bericht enthalten sein.

6.7 Im Rahmen der laufenden Öffentlichkeitsarbeit sollen die Termine der wesentlichen wiederkehrenden Veröffentlichungen (u. a. Geschäftsbericht, Zwischenberichte,

Hauptversammlung) in einem „Finanzkalender" mit ausreichendem Zeitvorlauf publiziert werden.

6.8 Von der Gesellschaft veröffentlichte Informationen über das Unternehmen sollen auch über die Internetseite der Gesellschaft zugänglich sein. Die Internetseite soll übersichtlich gegliedert sein. Veröffentlichungen sollten auch in englischer Sprache erfolgen.

7. Rechnungslegung und Abschlussprüfung

7.1 Rechnungslegung

7.1.1 Anteilseigner und Dritte werden vor allem durch den Konzernabschluss informiert. Sie sollen während des Geschäftsjahres durch Zwischenberichte unterrichtet werden. Der Konzernabschluss und die Zwischenberichte sollen unter Beachtung international anerkannter Rechnungslegungsgrundsätze aufgestellt werden. Für gesellschaftsrechtliche Zwecke (Ausschüttungsbemessung, Gläubigerschutz) werden Jahresabschlüsse nach nationalen Vorschriften (HGB) aufgestellt, die auch Grundlage für die Besteuerung sind.

7.1.2 Der Konzernabschluss wird vom Vorstand aufgestellt und vom Abschlussprüfer sowie vom Aufsichtsrat geprüft. Zusätzlich sind die Prüfstelle für Rechnungslegung bzw. die Bundesanstalt für Finanzdienstleistungsaufsicht befugt, die Übereinstimmung des Konzernabschlusses mit den maßgeblichen Rechnungslegungsvorschriften zu überprüfen (Enforcement). Der Konzernabschluss soll binnen 90 Tagen nach Geschäftsjahresende, die Zwischenberichte sollen binnen 45 Tagen nach Ende des Berichtszeitraums, öffentlich zugänglich sein.

7.1.3 Der Corporate Governance Bericht soll konkrete Angaben über Aktienoptionsprogramme und ähnliche wertpapierorientierte Anreizsysteme der Gesellschaft enthalten.

7.1.4 Die Gesellschaft soll eine Liste von Drittunternehmen veröffentlichen, an denen sie eine Beteiligung von für das Unternehmen nicht untergeordneter Bedeutung hält. Handelsbestände von Kredit- und Finanzdienstleistungsinstituten, aus denen keine Stimmrechte ausgeübt werden, bleiben hierbei unberücksichtigt. Es sollen angegeben werden: Name und Sitz der Gesellschaft, Höhe des Anteils, Höhe des Eigenkapitals und Ergebnis des letzten Geschäftsjahres.

7.1.5 Im Konzernabschluss sollen Beziehungen zu Aktionären erläutert werden, die im Sinne der anwendbaren Rechnungslegungsvorschriften als nahe stehende Personen zu qualifizieren sind.

7.2 Abschlussprüfung

7.2.1 Vor Unterbreitung des Wahlvorschlags soll der Aufsichtsrat bzw. der Prüfungsausschuss eine Erklärung des vorgesehenen Prüfers einholen, ob und ggf. welche geschäftlichen, finanziellen, persönlichen oder sonstigen Beziehungen zwischen dem Prüfer und seinen Organen und Prüfungsleitern einerseits und dem Unternehmen und seinen Organmitgliedern andererseits bestehen, die Zweifel an seiner Unabhängigkeit begründen können. Die Erklärung soll sich auch darauf erstrecken, in welchem Umfang im vorausgegangenen Geschäftsjahr andere Leistungen für das Unternehmen, insbesondere auf dem Beratungssektor, erbracht wurden bzw. für das folgende Jahr vertraglich vereinbart sind.

Der Aufsichtsrat soll mit dem Abschlussprüfer vereinbaren, dass der Vorsitzende des Aufsichtsrats bzw. des Prüfungsausschusses über während der Prüfung auftretende mögliche Ausschluss- oder Befangenheitsgründe unverzüglich unterrichtet wird, soweit diese nicht unverzüglich beseitigt werden.

7.2.2 Der Aufsichtsrat erteilt dem Abschlussprüfer den Prüfungsauftrag und trifft mit ihm die Honorarvereinbarung.

7.2.3 Der Aufsichtsrat soll vereinbaren, dass der Abschlussprüfer über alle für die Aufgaben des Aufsichtsrats wesentlichen Feststellungen und Vorkommnisse unverzüglich berichtet, die sich bei der Durchführung der Abschlussprüfung ergeben.

Der Aufsichtsrat soll vereinbaren, dass der Abschlussprüfer ihn informiert bzw. im Prüfungsbericht vermerkt, wenn er bei Durchführung der Abschlussprüfung Tatsachen feststellt, die eine Unrichtigkeit der von Vorstand und Aufsichtsrat abgegebenen Erklärung zum Kodex ergeben.

7.2.4 Der Abschlussprüfer nimmt an den Beratungen des Aufsichtsrats über den Jahres- und Konzernabschluss teil und berichtet über die wesentlichen Ergebnisse seiner Prüfung.

Verzeichnis über die Änderungen des Kodex idF vom 12. Juni 2006 gegenüber der Fassung vom 2. Juni 2005:*

1. Angefügt bzw komplett neu gefasst wurden:

- **Ziffer 2.2.4 Satz 2** (angefügt)
- **Ziffer 4.2.3 Abs 1** (angefügt, dadurch werden Ziffer 4.2.3 Abs 1 und 2 DCGK 2005 zu Ziffer 4.2.3 Abs 2 und 3 DCGK 2006)
- **Ziffer 4.2.4** (komplett neu gefasst)
- **Ziffer 4.2.5** (angefügt)

2. Gestrichen wurde:

- **Ziffer 4.2.3 Abs 3** (Ziffer 4.3.4 Abs 4 DCGK 2005 bleibt wegen der Anfügung von Abs 1 Ziffer 4.3.4 DCGK 2006, der Regulierungsinhalt von Ziffer 4.2.3 Abs 3 ist nun Gegenstand von Ziffer 4.2.5)

3. Änderung der Formulierung in einzelnen Ziffern:

Wortlaut der Fassung vom 12. Juni 2006	**Wortlaut der Fassung vom 2. Juni 2005**
Ziffer 4.2.3 Abs 2 Satz 1 DCGK	**Ziffer 4.2.3 Abs 1 Satz 1 DCGK**
Die monetären Vergütungsteile sollen fixe und variable Bestandteile umfassen.	Die ~~Gesamtvergütung der Vorstandsmitglieder soll~~ fixe und variable Bestandteile umfassen.
Ziffer 5.4.7 Abs 3 Satz 2 DCGK	**Ziffer 5.4.7 Abs 3 Satz 2 DCGK**
Auch die vom Unternehmen an die Mitglieder des Aufsichtsrats gezahlten Vergütungen oder gewährten Vorteile für persönlich erbrachte Leistungen, insbesondere Beratungs- und Vermittlungsleistungen, sollen individualisiert im Corporate Governance Bericht gesondert angegeben werden.	Auch die vom Unternehmen an die Mitglieder des Aufsichtsrats gezahlten Vergütungen oder gewährten Vorteile für persönlich erbrachte Leistungen, insbesondere Beratungs- und Vermittlungsleistungen, sollen individualisiert im ~~Anhang zum Konzernabschluss~~ gesondert angegeben werden.

---

* Überblick über alle Änderungen des Kodex unter www.corporate-governance-code.de.

Ergänzendes Abkürzungsverzeichnis

einschließlich ausgewählter abgekürzt zitierter Literatur *

aA	anderer Ansicht
aaO	am angegebenen Ort
ABl	Amtsblatt
ABlEG, ABlEU	Amtsblatt der Europäischen Gemeinschaften, der Europäischen Union (Nummer, Seite, Datum)
Abs	Absatz
AcP	Archiv für die civilistische Praxis (Band, Jahr, Seite)
ADHGB	Allgemeines Deutsches Handelsgesetzbuch
ADS	Adler, Düring, Schmaltz, Rechnungslegung und Prüfung der Unternehmen, 6. Auflage 1995–2001
aE	am Ende
aF	alte Fassung
AG	Amtsgericht; Aktiengesellschaft(en); Die Aktiengesellschaft, Zeitschrift für das gesamte Aktienwesen (Jahr, Seite)
AG-S	Die Aktiengesellschaft, Zeitschrift für das gesamte Aktienwesen, Sonderheft (Jahr, Seite)
AGB	Allgemeine Geschäftsbedingungen
AktG	Gesetz über Aktiengesellschaften und Kommanditgesellschaften auf Aktien (Aktiengesetz) v 6.9.1965 (BGBl I 1089; BGBl III/FNA 4121-1)
AktG 1937	Gesetz über Aktiengesellschaften und Kommanditgesellschaften auf Aktien (Aktiengesetz) v 30.1.1937 (RGBl I 107), nunmehr AktG 1965 (AktG)
AktR	Aktienrecht
allg	allgemein
allgM	allgemeine Meinung
Alt	Alternative
aM	anderer Meinung
Amtl Begr	Amtliche Begründung
AnSVG	Gesetz zur Verbesserung des Anlegerschutzes (Anlegerschutzverbesserungsgesetz) v 28.10.2004 (BGBl I 2630; BGBl III/FNA 4110-4-1)
Anm	Anmerkung

---

* Um Spezifika des Rechts des Aufsichtsrats ergänzte und aktualisierte Kurzfassung des im ersten Band abgedruckten allgemeinen Abkürzungsverzeichnisses. Die abgekürzt zitierte Literatur wird in der aktuellen Auflage angegeben. Im Einzelfall kann auf Vorauflagen Bezug genommen worden sein. Insoweit wird auf die hochgestellte Ziffer hinter selbständigen Werken verwiesen, die die benutzte Auflage bezeichnet.

AnwKomm	Anwaltkommentar Aktienrecht, hrsg v Heidel, 2003
AR	Aufsichtsrat
ArbGG	Arbeitsgerichtsgesetz idF v 2.7.1979 (BGBl I 853, ber 1036; BGBl III/FNA 320-1)
ARHdb	Arbeitshandbuch für Aufsichtsratsmitglieder, hrsg v Semler, von Schenck, 2. Auflage 2004
Art	Artikel
Assmann/Schneider	Wertpapierhandelsgesetz, Kommentar, 4. Auflage 2006
Aufl	Auflage
AuR	Arbeit und Recht (Jahr, Seite)
BaFin	Bundesanstalt für Finanzdienstleistungsaufsicht, durch FinDAG ab 1.5.2002, zuvor BAKred, BAV und BAWe
BAG	Bundesarbeitsgericht
BAGE	Entscheidungen des Bundesarbeitsgerichts (Band, Seite)
BAKred	Bundesaufsichtsamt für das Kreditwesen, seit 1.5.2002 BaFin
Bank-Betrieb	Bank-Betrieb, seit 1977 Die Bank (Jahr und Seite)
Baumbach/Hopt	Handelsgesetzbuch, 32. Auflage 2006
Baumbach/Hueck	Aktiengesetz, 13. Auflage 1968
Baumbach/Hueck GmbHG	GmbH-Gesetz, 18. Auflage 2006
Baums	Bericht der Regierungskommission Corporate Governance, hrsg v Baums, 2001
Baums/Thoma	WpÜG, Kommentar zum Wertpapiererwerbs- und Übernahmegesetz, Loseblatt, 2004
BAV	Bundesaufsichtsamt für das Versicherungswesen, seit 1.5.2002 BaFin
BAWe	Bundesaufsichtsamt für den Wertpapierhandel, seit 1.5.2002 BaFin
BayObLG	Bayerisches Oberstes Landesgericht (aufgelöst ab 1.7.2006)
BayObLGZ	Entscheidungen des Bayerischen Obersten Landesgerichts in Zivilsachen (Jahr, Seite)
BB	Betriebs-Berater (Jahr, Seite)
Bd, Bde	Band, Bände
BeckBil-Komm	Beck'scher Bilanz-Kommentar, 6. Auflage 2006
Begr	Begründung
Begr RegE	Begründung Regierungsentwurf
Beil	Beilage
Bek	Bekanntmachung
Beschl	Beschluss
BetrVG	Betriebsverfassungsgesetz idF v 25.9.2001 (BGBl I 2518; BGBl III/FNA 801-7)
BFH	Bundesfinanzhof
BFHE	Sammlung der Entscheidungen des Bundesfinanzhofs (Band, Seite)
BFuP	Betriebswirtschaftliche Forschung und Praxis (Jahr, Seite)
BGB	Bürgerliches Gesetzbuch idF v 2.1.2002 (BGBl I 42, ber 2909 und 2003 I 738; BGBl III/FNA 400-2)
BGBl I, II, III	Bundesgesetzblatt Teil I, II und III
BGH	Bundesgerichtshof

BGHSt	Entscheidungen des Bundesgerichtshofes in Strafsachen (Band, Seite)
BGHVGrS	Bundesgerichtshof, Vereinigter Großer Senat
BGHZ	Entscheidungen des Bundesgerichtshofes in Zivilsachen (Band, Seite)
BilKoG	Gesetz zur Kontrolle von Unternehmensabschlüssen (Bilanzkontrollgesetz) v 15.12.2004 (BGBl I 3408; BGBl III/FNA 4100-1)
BilReG	Gesetz zur Einführung internationaler Rechnungslegungsstandards und zur Sicherung der Qualität der Abschlussprüfung (Bilanzrechtsreformgesetz) v 4.12.2004 (BGBl I 3166; BGBl III/FNA 4100-1)
BiRiLiG	Gesetz zur Durchführung der Vierten, Siebenten und Achten Richtlinie des Rates der Europäischen Gemeinschaften zur Koordinierung des Gesellschaftsrechts (Bilanzrichtlinien-Gesetz) v 19.12.1985 (BGBl I 2355; BGBl III/FNA 4100-1)
BKR	Zeitschrift für Bank- und Kapitalmarktrecht (Jahr, Seite)
Böckli	Schweizer Aktienrecht, 3. Auflage, Zürich 2004
BörsG	Börsengesetz v 21.6.2002 (BGBl I 2010; BGBl III/FNA 4110-8)
Bonner HdR	Bonner Handbuch der Rechnungslegung, hrsg v Hofbauer, Kupsch, Scherrer, Grewe, Loseblatt
BR	Bundesrat
BRD	Bundesrepublik Deutschland
BRDrucks	Bundesrats-Drucksache
BReg	Bundesregierung
Brodmann	Aktienrecht, Kommentar, 1928
BSG	Bundessozialgericht
BSGE	Entscheidungen des Bundessozialgerichts
Bsp	Beispiel
BStBl	Bundessteuerblatt (Band, Jahr, Seite)
BT	Bundestag
BTDrucks	Bundestags-Drucksache
BVerfG	Bundesverfassungsgericht
BVerfGE	Entscheidungen des Bundesverfassungsgerichts (Band, Seite)
BVerwG	Bundesverwaltungsgericht
BVerwGE	Entscheidungen des Bundesverwaltungsgerichts (Band, Seite)
bzgl	bezüglich
bzw	beziehungsweise
ca	circa
CEO	chief executive officer
c.i.c.	culpa in contrahendo
Combined Code	The Combined Code on Corporate Governance, July 2003 (Financial Reporting Council, London; Combined Code June 2006 im Konsultationsverfahren der FSA)
Company Law Action Plan	Commission of the European Union, Modernising Company Law and Enhancing Corporate Governance

	in the European Union – A Plan to Move Forward, Brussels 21.5.2003, COM(2003) 284 final
CorpGov	Corporate Governance
Cozian/Viandier/Deboissy	Droit des sociétés, 18ième ed, Paris 2005
DAI	Deutsches Aktieninstitut
DAX	Deutscher Aktienindex
DB	Der Betrieb (Jahr, Seite)
DBW	Die Betriebswirtschaft (Jahr, Seite)
DCGK	Deutscher Corporate Governance Kodex idF v 12.6.2006, eBAnz AT39 2006 B1 v 24.7.2006
ders	derselbe
dies	dieselbe(n)
Diss	Dissertation
DJT	Deutscher Juristentag
DNotZ	Deutsche Notar-Zeitschrift, früher Zeitschrift des Deutschen Notarvereins (Jahr, Seite)
D&O-Versicherung	directors & officers liability insurance
Dörner/Menold/Pfitzer/Oser	Reform des Aktienrechts, der Rechnungslegung und der Prüfung, 2. Auflage 2003
Doralt/Nowotny/Kalss	Kommentar zum Aktiengesetz, Wien 2003
DrittelbG	Gesetz über die Drittelbeteiligung der Arbeitnehmer im Aufsichtsrat (Drittelbeteiligungsgesetz) v 18.5.2004 (BGBl I 974; BGBl III/FNA 801-14)
DStR	Deutsches Steuerrecht (Jahr, Seite)
DVO	Durchführungsverordnung
DWiR, DZWir	Deutsche Zeitschrift für Wirtschaftsrecht (1991–1998), ab 1999 DZWIR, (Jahr, Seite)
DZWIR	Deutsche Zeitschrift für Wirtschafts- und Insolvenzrecht (Jahr, Seite), vor 1999 DZWir
E	Entwurf
Ebenroth/Boujong/Joost	Handelsgesetzbuch, Kommentar, 2001
EBOR	European Business Organization Law Review (Band, Jahr, Seite)
ECFR	European Company and Financial Law Review (Jahr, Seite)
ECGI	European Corporate Governance Institute, Brüssel
ed(s)	editor(s)
EG	Einführungsgesetz; Europäische Gemeinschaft(en)
EGAktG	Einführungsgesetz zum Aktiengesetz v 6.9.1965 (BGBl I 1185; BGBl III/FNA 4121-2)
EGBGB	Einführungsgesetz zum Bürgerlichen Gesetzbuch idF v 21.9.1994 (BGBl I 2494, ber 1997 I 1061; BGBl III/FNA 400-1)
EGHGB	Einführungsgesetz zum Handelsgesetzbuche v 10.5.1897 (RGBl 437; BGBl III/FNA 4101-1)
EGKomm	Kommission der Europäischen Gemeinschaften
EGV	Vertrag zur Gründung der Europäischen Gemeinschaft (Amsterdamer Fassung), geändert durch den Vertrag von Nizza v 26.2.2002

Ehricke/Ekkenga/Oechsler	Wertpapiererwerbs- und Übernahmegesetz, Kommentar, 2003
Einf	Einführung
Einl	Einleitung
end	endgültig
Entsch	Entscheidung
entspr	entsprechend
ErfK	Erfurter Kommentar zum Arbeitsrecht, hrsg v Dietrich, 6. Auflage 2006
ErgG	Ergänzungsgesetz
Erman	Bürgerliches Gesetzbuch, Handkommentar, 11. Auflage 2004
etc	et cetera
EU	Europäische Union, auch Vertrag über die EU v 7.2.1992 (BGBl II 1251)
EuGH	Gerichtshof der Europäischen Gemeinschaft
EuroEG	Gesetz zur Einführung des Euro v 9.6.1998 (BGBl I 1242)
EUV	Vertrag über die Europäische Union
EuZW	Europäische Zeitschrift für Wirtschaftsrecht (Jahr, Seite)
evtl	eventuell
EWG	Europäische Wirtschaftsgemeinschaft
EWiR	Entscheidungen zum Wirtschaftsrecht (Jahr, Seite)
EWIV	Europäische wirtschaftliche Interessenvereinigung
f, ff	folgende, fortfolgende
FASB	Financial Accounting Standards Board
Feddersen/Hommelhoff/Schneider	Corporate Governance, 1996
FG	Finanzgericht
FGG	Gesetz über die Angelegenheiten der freiwilligen Gerichtsbarkeit idF v 20.5.1898 (RGBl 771; BGBl III/FNA 315-1)
FinG	Finanzgericht, siehe auch FG
Fitting/Wlotzke/Wißmann	Mitbestimmungsgesetz, Kommentar, 2. Auflage 1978
Forstmoser/Meier-Hayoz/Nobel	Schweizerisches Aktienrecht, 1996
FN	Fachnachrichten, Institut der Wirtschaftsprüfer in Deutschland e.V. (Jahr, Seite)
FNA	Fundstellennachweis A, Bundesrecht ohne völkerrechtliche Verträge (zuvor BGBl III)
fragl	fraglich
FS	Festschrift
Fuchs/Köstler	Handbuch zur Aufsichtsratswahl, 3. Auflage 2005
Fußn	Fußnote
G	Gesetz
GBl	Gesetzblatt
GbR	Gesellschaft bürgerlichen Rechts
Geibel/Süßmann	Wertpapiererwerbs- und Übernahmegesetz, Kommentar, 2002

gem	gemäß
GenG	Gesetz betreffend die Erwerbs- und Wirtschaftsgenossenschaften (Genossenschaftsgesetz) idF v 19.8.1994 (BGBl I 2202; BGBl III/FNA 4125-1)
Ges	Gesellschaft
GesR	Gesellschaftsrecht
GesRÄG	Gesellschaftsrechtsänderungsgesetz (Österreich)
GesRZ	Der Gesellschafter, Zeitschrift für Gesellschaftsrecht, Wien (Jahr, Seite)
J. H. Geßler	Jörg Geßler, Aktiengesetz, Kommentar, Loseblatt
Geßler	Aktiengesetz, Kommentar, hrsg v Geßler (Ernst), Hefermehl, Eckardt, Kropff, 1973 ff, 2. Auflage siehe MünchKommAktG
GG	Grundgesetz für die Bundesrepublik Deutschland v 23.5.1949 (BGBl 1; BGBl III/FNA 100-1)
ggf	gegebenenfalls
GmbH	Gesellschaft mit beschränkter Haftung
GmbHG	Gesetz betr die Gesellschaften mit beschränkter Haftung idF v 20.5.1898 (RGBl I 846; BGBl III/FNA 4123-1)
GmbHR	GmbH-Rundschau, vorher Rundschau für GmbH (Jahr, Seite)
(v) Godin/Wilhelmi	Aktiengesetz, Kommentar, begr v Freiherr von Godin, H. Wilhelmi, 4. Auflage 1971
Gower/Davies	Gower and Davies' Principles of Modern Company Law, 7th ed, London 2003
grds	grundsätzlich
Großkomm	Aktiengesetz, Großkommentar, begr v Gadow, Heinichen, 1. Auflage 1939, 2. Auflage 1961/65, 3. Auflage 1970 ff, 4. Auflage hrsg v Hopt, Wiedemann, 1992 ff
GrS	Großer Senat
GRUR	Gewerblicher Rechtsschutz und Urheberrecht (Jahr, Seite)
GS	Gedächtnisschrift
GVBl	Gesetz- und Verordnungsblatt
hA	herrschende Ansicht
Haarmann/Riehmer/Schüppen	Öffentliche Übernahmeangebote, Kommentar zum Wertpapiererwerbs- und Übernahmegesetz, 2002, 2. Auflage Frankfurter Kommentar zum Wertpapiererwerbs- und Übernahmegesetz, hrsg v Haarmann, Schüppen, 2005
Hachenburg	GmbH-Gesetz, Großkommentar, hrsg v Ulmer, 8. Auflage 1992–1997
Hanau/Ulmer	Kommentar zum Mitbestimmungsgesetz, 1981, 2. Auflage Ulmer/Habersack/Henssler, MitbestR, 2006
Happ	Aktienrecht, 2. Auflage 2004
Hb, Hdb	Handbuch
HdbAG	Handbuch der Aktiengesellschaft, hrsg v Nirk, Reuter, Bächle

Hdb börsennot AG	Handbuch börsennotierte AG, hrsg v Marsch-Barner, Schäfer, 2005
HdR	Handbuch der Rechnungslegung, hrsg von Küting, Weber, 5. Auflage 2002
Henn	Handbuch des Aktienrechts, 7. Auflage 2002
Heymann	Handelsgesetzbuch, Kommentar, 2. Auflage hrsg v Horn, 1995 ff
HFA	Hauptfachausschuss des Instituts der Wirtschaftsprüfer in Deutschland e.V.
HGB	Handelsgesetzbuch vom 10.5.1897 (RGBl 219; BGBl III/FNA 4100-1)
High Level Group	High Level Group of Company Law Experts (Winter, chairman, Christensen, Garrido Garcia, Hopt, Rickford, Rossi, Simon), Report of the High Level Group of Company Law Experts on Issues Related to Takeover Bids (High Level I), European Commission, Brussels, 10 January 2002; Report of the High Level Group of Company Law Experts on A Modern Regulatory Framework for Company Law in Europe (High Level II), European Commission, Brussels, 4 November 2002
Hirte Kapitalgesellschaftsrecht	Kapitalgesellschaftsrecht, 5. Auflage 2006
hL	herrschende Lehre
hM	herrschende Meinung
Hoffmann/Lehmann/Weinmann	Mitbestimmungsgesetz, Kommentar, 1978
Hoffmann/Preu	Der Aufsichtsrat, 5. Auflage 2003
HoldhMSchr	Monatsschrift für Handelsrecht und Bankwesen, Steuer- und Stempelfragen, begr v Holdheim (Jahr, Seite)
Hommelhoff/Hopt/von Werder	Handbuch Corporate Governance, 2003
Hommelhoff/Lutter/Schmidt/Schön/Ulmer	Corporate Governance. Gemeinschaftssymposium der Zeitschriften ZGR/ZHR, ZHR-Beiheft 71, 2002
Hopt Kapitalanlegerschutz	Der Kapitalanlegerschutz im Recht der Banken, Gesellschafts-, bank- und börsenrechtliche Anforderungen an das Beratungs- und Verwaltungsverhalten der Kreditinstitute, 1975
Hopt/Kanda/Roe/Wymeersch/Prigge	Comparative Corporate Governance, The State of the Art and Emerging Research, Oxford 1998
Hopt/Voigt	Prospekt- und Kapitalmarktinformationshaftung, 2005
Hopt/Wymeersch	Comparative Corporate Governace, Berlin 1997
Hopt/Wymeersch	Capital Markets and Company Law, Oxford 2003
Hopt/Wymeersch/Kanda/Baum	Corporate Governance in Context, Oxford 2005
HReg	Handelsregister
HRR	Höchstrichterliche Rechtsprechung (1928–1942, zitiert Jahr, Nummer), bis 1927: Die Rechtsprechung, Beilage zur Zeitschrift Juristische Rundschau
Hrsg, hrsg	Herausgeber, herausgegeben
HRV	Handelsregisterverordnung v 12.8.1937 (RMBl 515; DJ 1251; BGBl III/FNA 315-20)
Hs	Halbsatz
Hucke/Ammann	Der Deutsche Corporate Governance Kodex, 2003
Hüffer	Aktiengesetz, 7. Auflage 2006

HV	Hauptversammlung
IAS	International Accounting Standards (seit 1.4.2001 IFRS)
IASB	International Accounting Standards Board (vor dem 1.4.2001 IASC)
IASC	International Accounting Standards Committee (seit 1.4.2001 IASB)
idF	in der Fassung
idR	in der Regel
IDW	Institut der Wirtschaftsprüfer in Deutschland e.V.
IDW FG	Fachgutachten des IDW
IDW FN	IDW-Fachnachrichten
IDW NA	Stellungnahmen des Sonderausschusses Neues Aktienrecht und des Hauptfachausschusses des IDW zu Fragen des neuen Aktienrechts
IDW PS	IDW Prüfungsstandard
IDW RH	IDW Rechnungslegungshinweise
IDW RS	IDW Stellungnahme zur Rechnungslegung
IDW S	IDW Standards
iE	im Ergebnis
IFRS	International Financial Reporting Standards (vor dem 1.4.2001 IAS)
insb, insbes	insbesondere
InsO	Insolvenzordnung v 5.10.1994 (BGBl I 2866; BGBl III/FNA 311-13)
InvG	Investmentgesetz v 15.12.2003 (BGBl I 2676; BGBl III/FNA 7612-2)
IPRax	Praxis des internationalen Privat- und Verfahrensrechts (Jahr, Seite)
iÜ	im Übrigen
iVm	in Verbindung mit
Jabornegg/Strasser	Kommentar zum Aktiengesetz, 4. Auflage, Wien 2001 ff
JBl	Justizblatt, Juristische Blätter, Wien (Jahr, Seite)
Jg	Jahrgang
jew	jeweils
JherJ	Jahrbücher für Dogmatik des römischen und deutschen Privatrechts, begr v Jhering, Gerber, später Jherings Jahrbücher für die Dogmatik des Bürgerlichen Rechts (Jahr, Seite)
JR	Juristische Rundschau (Jahr, Seite)
JuS	Juristische Schulung (Jahr, Seite)
JW	Juristische Wochenschrift (Jahr, Seite)
JZ	Juristenzeitung (Jahr, Seite)
KAGG	Gesetz über Kapitalanlagegesellschaften idF v 9.9.1998 (BGBl I 2726; BGBl III/FNA 4120-4), aufgehoben durch InvG
Kallmeyer	Umwandlungsgesetz, 3. Auflage 2006

KfH	Kammer für Handelssachen
Kfm	Kaufmann
KG	Kommanditgesellschaft, Kammergericht
KGaA	Kommanditgesellschaft auf Aktien
KGJ	Jahrbuch für Entscheidungen des Kammergerichts in Sachen der freiwilligen Gerichtsbarkeit (Band, Seite)
KK	Kölner Kommentar zum Aktiengesetz, hrsg v Zöllner, 1. Auflage 1970 ff, 2. Auflage 1988 ff, 3. Auflage hrsg v Zöllner, Noack, 2004 ff
KK-WpÜG	Kölner Kommentar zum Wertpapiererwerbs- und Übernahmegesetz, hrsg v Hirte, von Bülow, 2003
Klausing	Gesetz über Aktiengesellschaften und Kommanditgesellschaften auf Aktien (Aktiengesetz) nebst Einführungsgesetz und „Amtlicher Begründung" (AktG 1937)
Köstler/Zachert/Müller	Aufsichtsratspraxis, Handbuch für Arbeitnehmervertreter im Aufsichtsrat, 8. Auflage 2006
Koller/Roth/Morck	Handelsgesetzbuch, Kommentar, 5. Auflage 2005
KOM	Kommission der Europäischen Gemeinschaften (Dokumente)
Komm	Kommentar
KonTraG	Gesetz zur Kontrolle und Transparenz im Unternehmensbereich v 27.4.1998 (BGBl I 786; BGBl III/FNA 4121)
Kraakman/Davies/Hansmann/Hertig/Hopt/Kanda/Rock	The Anatomy of Corporate Law. A Corporative and Functional Approach, Oxford 2004
krit	kritisch
Kropff AktG	Aktiengesetz vom 6.9.1965 und Einführungsgesetz zum Aktiengesetz mit Begründung des Regierungsentwurfs, 1965
KTS	Zeitschrift für Insolvenzrecht, Konkurs, Treuhand, Sanierung, (Jahr, Seite)
Kübler/Assmann GesR	Gesellschaftsrecht, 6. Auflage 2006, 5. Auflage *Kübler*, 1998
KWG	Gesetz über das Kreditwesen idF v 9.9.1998 (BGBl I 2776; BGBl III/FNA 7610-1)
LAG	Landesarbeitsgericht
LG	Landgericht
li Sp	linke Spalte
Lit	Literatur
LS	Leitsatz
Lutter	Umwandlungsgesetz, Kommentar, 3. Auflage 2004
Lutter/Hommelhoff	Die Europäische Gesellschaft, 2005
Lutter/Hommelhoff GmbHG	GmbH-Gesetz, Kommentar, 16. Auflage 2004
Lutter Information	Information und Vertraulichkeit im Aufsichtsrat, 3. Auflage 2006
Lutter/Krieger	Rechte und Pflichten des Aufsichtsrats, 4. Auflage 2002
m	mit

maW	mit anderen Worten
MDR	Monatsschrift für Deutsches Recht (Jahr, Seite)
Merkt/Göthel	US-amerikanisches Gesellschaftsrecht, 2. Auflage 2006
MinG	Ministergesetz
MitbestBeiG	Mitbestimmungs-Beibehaltungsgesetz v 23.8.1994 (BGBl I 2228)
MitbestErgG	Mitbestimmungsergänzungsgesetz v 7.8.1956 (BGBl I 707; BGBl III/FNA 801-3)
MitbestG	Gesetz über die Mitbestimmung der Arbeitnehmer v 4.5.1976 (BGBl I 1153; BGBl III/FNA 801-8)
Mitt	Mitteilungen
Montan-MitbestG	Montan-Mitbestimmungsgesetz v 21.5.1951 (BGBl I 347; BGBl III/FNA 801-2)
Mülbert Aktiengesellschaft	Aktiengesellschaft, Unternehmensgruppe und Kapitalmarkt. Die Aktionärsgruppe bei Bildung und Umbildung einer Unternehmensgruppe zwischen Verbands- und Anlegerschutzrecht, 2. Auflage 1996
MünchAnwHdb Aktienrecht	Münchener Anwaltshandbuch Aktienrecht, hrsg v Schüppen, Schaub, 2005
MünchHdbAG	Münchener Handbuch des Gesellschaftsrechts Band 4: Aktiengesellschaft, hrsg v Hoffmann-Becking, 2. Auflage 1999
MünchKommAktG	Münchener Kommentar zum Aktiengesetz, hrsg v Kropff, Semler, 2. Auflage 2000 ff, 1. Auflage s Geßler
MünchKommBGB	Münchener Kommentar zum Bürgerlichen Gesetzbuch, hrsg v Rebmann, Säcker, Rixecker, 4. Auflage 2000 ff
MünchKommHGB	Münchener Kommentar zum Handelsgesetzbuch, 1. Auflage Band 1–6 hrsg v K. Schmidt, 1996 ff, 2. Auflage hrsg v K. Schmidt 2005 ff
mwN	mit weiteren Nachweisen
MwSt	Mehrwertsteuer
mWv	mit Wirkung vom
Nachw	Nachweis
NASDAQ	National Association of Securities Dealers Automated Quotations (USA)
NaStraG	Gesetz zur Namensaktie und zur Erleichterung der Stimmrechtsausübung (Namensaktiengesetz) v 18.1.2001 (BGBl I 123; BGBl III/FNA 4121-1)
nF	neue Fassung
NJ	Neue Justiz (Jahr, Seite)
NJW	Neue Juristische Wochenschrift (Jahr, Seite)
NJW-RR	NJW-Rechtsprechungs-Report Zivilrecht (Jahr, Seite)
Nr(n)	Nummer(n)
NYSE	New York Stock Exchange
NZA	Neue Zeitschrift für Arbeits- und Sozialrecht, seit 1992 Neue Zeitschrift für Arbeitsrecht (Jahr, Seite)
NZG	Neue Zeitschrift für Gesellschaftsrecht (Jahr, Seite)

OECD	Organisation for Economic Cooperation and Development
Österr OGH	Österreichischer Oberster Gerichtshof
OFD	Oberfinanzdirektion (Jahr, Seite)
OGH	Oberster Gerichtshof für die Britische Zone
OGHZ	Entscheidungen des Obersten Gerichtshofes für die Britische Zone in Zivilsachen (1949/50, zitiert Band, Seite)
OHG	Offene Handelsgesellschaft
OLG	Oberlandesgericht
OLGZ	Entscheidungen der Oberlandesgerichte in Zivilsachen (Jahr, Seite)
Palandt	Bürgerliches Gesetzbuch, 65. Auflage 2006
Peltzer	Deutsche Corporate Governance, 2. Auflage 2004
Pfitzer/Oser	Deutscher Corporate Governance Kodex, 2003
Potthoff/Trescher	Das Aufsichtsratsmitglied, 6. Auflage 2003, bearb v Theisen
PublG	Publizitätsgesetz v 15.8.1969 (BGBl I S 1189, ber 1970 I 1113; BGBl III/FNA 4120-7)
pVV	positive Vertragsverletzung
RabelsZ	Rabels Zeitschrift für ausländisches und internationales Privatrecht (Band, Jahr, Seite)
RAG	Reichsarbeitsgericht, Entscheidungen des Reichsarbeitsgerichts (Band, Seite)
Raiser	Mitbestimmungsgesetz, Kommentar, 4. Auflage 2002
Raiser Kapitalgesellschaften	Recht der Kapitalgesellschaften, 3. Auflage 2001, 4. Auflage Raiser/Veil
Raiser/Veil Kapitalgesellschaften	Recht der Kapitalgesellschaften, 4. Auflage 2006
Rdn	Randnummer(n), siehe auch Rn
RdA	Recht der Arbeit (Jahr, Seite)
RdW	Recht der Wirtschaft, Wien (Jahr, Seite)
Recht	Das Recht (Jahr, Nummer der Entscheidung; bei Aufsätzen: Jahr, Seite)
RefE	Referentenentwurf
RegE	Regierungsentwurf
re Sp	rechte Spalte
RG	Reichsgericht (Band, Seite)
RGBl I, II	Reichsgesetzblatt, von 1922–1945 Teil I und Teil II (Jahr, Seite)
RGZ	Entscheidungen des Reichsgerichts in Zivilsachen (Band, Seite)
Ringleb/Kremer/Lutter/von Werder	Kommentar zum Deutschen Corporate Governance Kodex, 2. Auflage 2005
Ritter	Aktiengesetz, 2. Auflage 1939
RIW	Recht der internationalen Wirtschaft (Jahr, Seite)
RJA	Entscheidungen in Angelegenheiten der freiwilligen Gerichtsbarkeit, zusammengestellt vom Reichsjustizamt (Band, Seite)
RL	Richtlinie
Rn	Randnummer(n), siehe auch Rdn

ROHG	Reichsoberhandelsgericht
ROHGE	Entscheidungen des Reichsoberhandelsgerichts (Band, Seite)
Röhricht/Graf von Westphalen	Handelsgesetzbuch, Kommentar, 2. Auflage 2001
Rowedder/Schmidt-Leithoff	GmbHG, Kommentar, 4. Auflage 2002
Markus Roth	Unternehmerisches Ermessen und Haftung des Vorstands, Handlungsspielräume und Haftungsrisiken insbesondere in der unternehmerischen Krise, 2001
Roth/Altmeppen	GmbHG, Kommentar, 5. Auflage 2005
Rspr	Rechtsprechung
s	siehe
S	Seite, Satz
sa	siehe auch
Schlegelberger/Quassowski	Aktiengesetz, Kommentar, 3. Auflage 1939
K. Schmidt GesR	Gesellschaftsrecht, 4. Auflage 2002
Scholz	Kommentar zum GmbH-Gesetz, 9. Auflage 2000/2002
Schwark	Kapitalmarktrechts-Kommentar, 3. Auflage 2004
SE	Societas Europaea, Europäische Aktiengesellschaft
SEAG	Gesetz zur Ausführung der Verordnung (EG) Nr. 2157/2001 des Rates vom 8. Oktober 2001 über das Statut der Europäischen Gesellschaft (SE) (SE-Ausführungsgesetz) v 22.12.2004 (BGBl I 3675; BGBl III/FNA 4121-4)
SEBG	Gesetz über die Beteiligung der Arbeitnehmer in einer Europäischen Gesellschaft (SE-Beteiligungsgesetz) v 22.12.2004 (BGBl I 3686; BGBl III/FNA 801-15)
SEC	Securities and Exchange Commission (USA)
SEEG	Gesetz zur Einführung der Europäischen Gesellschaft v 22.12.2004 (BGBl I 3675)
Semler	Leitung und Überwachung der Aktiengesellschaft, 2. Auflage 1996
Semler/Volhard	Arbeitshandbuch für Aufsichtsratsmitglieder, 2. Auflage 2004 (s ARHdb)
SeuffArch	Seufferts Archiv für Entscheidungen der obersten Gerichte (Band, Nummer)
SE-VO	Verordnung (EG) Nr. 2157/2001 des Rates über das Statut der Europäischen Gesellschaft (ABlEG L 294/1 v 10.11.2001)
Slg	Sammlung
Soergel	Kommentar zum Bürgerlichen Gesetzbuch, 13. Auflage 1999 ff
sog	sogenannte(r)
SprAuG	Sprecherausschußgesetz v 20.12.1988 (BGBl I 2312; BGBl III/FNA 801-11)
Spark	Die Sparkasse, Zeitschrift des deutschen Sparkassen- und Giroverbandes (Jahr, Seite)
Staub	Handelsgesetzbuch, Großkommentar, 4. Auflage hrsg v Canaris, Schilling, Ulmer, 1983–2005
Staudinger	Kommentar zum Bürgerlichen Gesetzbuch, 13. Bearbeitung 1993 ff

Steinmeyer/Häger	WpÜG, Kommentar zum Wertpapiererwerbs- und Übernahmegesetz, 2002
StGB	Strafgesetzbuch idF v 13.11.1998 (BGBl I 3322; BGBl III/FNA 450-2)
str	strittig, streitig
st Rspr	ständige Rechtsprechung
StückAG	Gesetz über die Zulassung von Stückaktien (Stückaktiengesetz) v 25.3.1998 (BGBl I 590; BGBl III/FNA 4121-1)
SZW/RSDA	Schweizerische Zeitschrift für Wirtschaftsrecht, Revue suisse de droit des affaires (früher SchweizAG, zitiert Jahr, Seite)
Teichmann/Koehler	Aktiengesetz, Kommentar, 3. Auflage 1950
Theisen	Grundsätze einer ordnungsmäßigen Information des Aufsichtsrats, 3. Auflage, 2002
TransPuG	Transparenz- und Publizitätsgesetz v 19.7.2002 (BGBl I 2681; BGBl III/FNA 4121-1)
u	unten
ua	unter anderem, und andere
überw	überwiegend
Ulmer/Habersack/Henssler MitbestR	Mitbestimmungsrecht, Kommentierung des MitbestG, der DrittelbG und der §§ 34 bis 38 SEBG, 2. Auflage 2006, 1. Auflage *Hanau/Ulmer*
UMAG	Gesetz zur Unternehmensintegrität und Modernisierung des Anfechtungsrechts v 22.9.2005 (BGBl I 2802; BGBl III/FNA 4121-1)
UmwG	Umwandlungsgesetz v 28.10.1994 (BGBl I 3210, ber 2005 I 428; BGBl III/FNA 4120-9-2)
unstr	unstreitig
unzutr	unzutreffend
Urt	Urteil
USA	United States of America
US-GAAP	United States Generally Accepted Accounting Principles
v	von, vom
VAG	Versicherungsaufsichtsgesetz idF v 17.12.1992 (BGBl 1993 I 2; BGBl III/FNA 7631-1)
VerfGH, VfGH	Verfassungsgerichtshof
Verh	Verhandlungen des Deutschen Bundestages (BT), des Deutschen Juristentages (DJT) usw
VersR	Versicherungsrecht, Juristische Rundschau für die Individualversicherung (Jahr, Seite)
vgl	vergleiche
VO(en)	Verordnung(en)
Voigt	Haftung aus Einfluss auf die Aktiengesellschaft, 2004
Voraufl	Vorauflage
Vorb, Vorbem	Vorbemerkung
VorstOG	Gesetz über die Offenlegung von Vorstandsvergütungen (Vorstandsvergütungs-Offenlegungsgesetz) v 3.8.2005 (BGBl I 2267; BGBl III/FNA 4100-1)

WiB	Wirtschaftsrechtliche Beratung (Jahr, Seite)
Wiedemann Gesellschaftsrecht	Gesellschaftsrecht, Band I 1980, Band II 2004
Widmann/Mayer	Umwandlungsrecht, Kommentar, Loseblatt
wistra	Zeitschrift für Wirtschafts- und Steuerstrafrecht (Jahr, Seite)
WM	Wertpapier-Mitteilungen (Jahr, Seite)
WP	Das Wertpapier (Jahr, Seite)
WPg	Die Wirtschaftsprüfung (Jahr, Seite)
WpHG	Wertpapierhandelsgesetz idF v 9.9.1998 (BGBl I 2708; BGBl III/FNA 4110-4)
WPK	Wirtschaftsprüferkammer
WpÜG	Wertpapiererwerbs- und Übernahmegesetz v 20.12.2001 (BGBl I 3822; BGBl III/FNA 4110-7)
WuB	Entscheidungssammlung zum Wirtschafts- und Bankrecht
zB	zum Beispiel
ZBB	Zeitschrift für Bankrecht und Bankwirtschaft (Jahr, Seite)
ZEuP	Zeitschrift für Europäisches Privatrecht (Jahr, Seite)
ZfA	Zeitschrift für Arbeitsrecht (Band, Jahr, Seite)
ZfB	Zeitschrift für Betriebswirtschaft (Band, Jahr, Seite)
ZfbF	Schmalenbachs Zeitschrift für betriebswirtschaftliche Forschung (Band, Jahr, Seite)
ZfRV	Zeitschrift für Rechtsvergleichung, Internationales Privatrecht u. Europarecht (Jahr, Seite)
ZGR	Zeitschrift für Unternehmens- und Gesellschaftsrecht (Jahr, Seite)
ZHR	Zeitschrift für das gesamte Handelsrecht und Wirtschaftsrecht (Band, Jahr, Seite)
ZIP	Zeitschrift für Wirtschaftsrecht (Jahr, Seite)
ZRP	Zeitschrift für Rechtspolitik (Jahr, Seite)
ZVglRWiss	Zeitschrift für Vergleichende Rechtswissenschaft (Band, Jahr, Seite)
ZZP	Zeitschrift für Zivilprozess (Band, Jahr, Seite)

Schrifttum vor § 95

I. Ausgewählte Literatur zu §§ 95–117: *Adolf Baumbach/Alfred Hueck* Aktiengesetz, 13. Auflage 1968; *Petra Dorothee Beyer* Minderheitsvertreter im Aufsichtsrat, Eine Studie zum US-amerikanischen und deutschen Recht, 2001; *Hans-Georg Bollweg* Die Wahl des Aufsichtsrats in der Hauptversammlung der Aktiengesellschaft, 1997; *Harald Fuchs/Roland Köstler* Handbuch zur Aufsichtsratswahl, 3. Auflage 2005; *Mathias Habersack* Die Verantwortlichkeit des Aufsichtsorgans der Gesellschaft, 3. Europäischer Juristentag, Verantwortlichkeit der Leitungs- und Aufsichtsorgane in Europa, ZSR 2005 II, 533–568; *Günther Henn* Handbuch des Aktienrechts, 7. Auflage 2002, 5. Kapitel, Die Organe, ihre Wahl bzw Bestellung, Zuständigkeiten, Verantwortlichkeit und Haftung, § 19 Der Aufsichtsrat; *Hartwig Henze* Aktienrecht Höchstrichterliche Rechtsprechung, 5. Auflage 2002, E. Der Aufsichtsrat; *Dietrich Hoffmann/Peter Preu* Der Aufsichtsrat, 5. Aufl. 2003; *Godin/Wilhelmi* Kommentar, begründet von Freiherr von Godin und Hans Wilhelmi, 4. Auflage bearbeitet von Sylvester Wilhelmi, 1971; *Handbuch börsennotierte AG, Aktien- und Kapitalmarktrecht* hrsg von Reinhard Marsch-Barner/Frank A. Schäfer, 2005, 6. Kapitel Aufsichtsrat bearbeitet von Eberhard Vetter; *Handbuch der Aktiengesellschaft* hrsg von Rudolf Nirk/Hans-Peter Reuter/Hans-Ulrich Bächle, 1994/2004, F. Organe der Aktiengesellschaft, II. Der Aufsichtsrat, bearbeitet von Rudolf Nirk; *Wilhelm Happ* (Hrsg), Aktienrecht, Handbuch – Mustertexte – Kommentar, 2. Auflage 2004; *Uwe Hüffer* Aktiengesetz, 7. Auflage 2006; *Johann Kindl* Die Teilnahme an der Aufsichtsratssitzung, 1993; *Kölner Kommentar zum Aktiengesetz* §§ 95–116 kommentiert von Hans-Joachim Mertens, 2. Auflage 1996; *Roland Köstler/Michael Kittner/Ulrich Zachert/Matthias Müller,* Aufsichtsratspraxis, Handbuch für die Arbeitnehmervertreter im Aufsichtsrat, 7. Auflage, 2003; *Karsten Krebs* Interessenkonflikte bei Aufsichtsratsmandaten in der Aktiengesellschaft, 2002; *Gerd Krieger* Personalentscheidungen des Aufsichtsrats, 1981; *Bruno Kropff* Aktiengesetz, Textausgabe des Aktiengesetzes vom 6.9.1965 (Bundesgesetzbl I S 1089) und des Einführungsgesetzes zum Aktiengesetz vom 6.9.1965 (Bundesgesetzbl I S 1185) mit Begründung des Regierungsentwurfs, Bericht des Rechtsausschusses des Deutschen Bundestages, 1965; *Patrick C. Leyens* Die Information des Aufsichtsrats, im Erscheinen 2006; *Marc Löbbe* Unternehmenskontrolle im Konzern, 2003; *Marcus Lutter* Information und Vertraulichkeit im Aufsichtsrat, 2. Auflage 1984; *ders* (Hrsg), 25 Jahre Aktiengesetz, 1991; *ders* Holding-Handbuch, 4. Auflage 2004, § 6 Die externe Überwachung in der Holding, I. Überwachung durch den Pflichtaufsichtsrat der Holding, bearbeitet durch Gerd Krieger; *Marcus Lutter/Gerd Krieger* Rechte und Pflichten des Aufsichtsrats, 4. Auflage 2002; *Volker Matthießen* Stimmrecht und Interessenkollision im Aufsichtsrat, 1989; *Ernst-Joachim Mestmäcker* Verwaltung, Konzerngewalt und Rechte der Aktionäre, 1958; *Stefan Mutter* Unternehmerische Entscheidungen und Haftung des Aufsichtsrats der Aktiengesellschaft, 1994; *Münchener Handbuch des Gesellschaftsrechts* Band 4 Aktiengesellschaft, 2. Auflage 1999, 6. Kapitel Aufsichtsrat, bearbeitet von Michael Hoffmann-Becking; *Münchener Kommentar zum Aktiengesetz* §§ 95–116 kommentiert von Johannes Semler, 2. Auflage 2004; *Walter Paefgen* Struktur und Aufsichtsratsverfassung der mitbestimmten AG, 1982; *ders* Unternehmerische Entscheidungen und Rechtsbindung der Organe in der AG, 2002; *Egon A. Peus* Der Aufsichtsratsvorsitzende, 1983; *Erich Potthoff/Karl Trescher* Das Aufsichtsratsmitglied, 6. Auflage bearbeitet von Manuel René Theisen, 2003; *Klaus Rellermeyer* Aufsichtsratsausschüsse, 1986; *Thomas Raiser* Recht der Kapitalgesellschaften, 3. Auflage 2001, 3. Abschnitt. Die Organisation der Aktiengesellschaft § 15 Der Aufsichtsrat; *Markus Roth* Unternehmerisches Ermessen und Haftung des Vorstands, 2001; *Johannes Semler* Leitung und Überwachung der Aktiengesellschaft, 2. Auflage 1996; *Johannes Semler* in Gemeinschaft mit *Peter Hommelhoff/Peter Doralt/Jean Nicolas Druey* (Hrsg), Reformbedarf im Aktienrecht, ZGR Sonderheft 12, 1994; *Johannes Semler/Kersten von Schenck* (Hrsg), Arbeitshandbuch für Aufsichtsratsmitglieder, 2. Auflage 2004; *Claudia Steinbeck* Überwachungspflicht und Einwirkungsmöglichkeiten des Aufsichtsrats in der Aktiengesellschaft,

1992; *Manuel René Theisen* Überwachung der Unternehmungsführung, 1987; *ders* Grundsätze einer ordnungsmäßigen Information des Aufsichtsrats, 3. Auflage 2002; *Hans-Christoph Voigt* Haftung aus Einfluss auf die Aktiengesellschaft (§§ 117, 309, 317 AktG), 2004; *Gerhard Wirth* Anforderungsprofil und Inkompatibilitäten, Sechste Hachenburg-Gedächtnisvorlesung 2004, ZGR 2005, 327–347; *Wolfgang Zöllner* Die Mitgliedschaft im Aufsichtsrat – Anforderungsprofil und Inkompatibilitäten –, Sechste Hachenburg-Gedächtnisvorlesung 2004.

II. Corporate Governance mit Schwerpunkt auf Aufsichtsrat, Aufsichtsratsreform: *Theodor Baums* (Hrsg), Bericht der Regierungskommission Corporate Governance, 2001; *Yvette Bellavite-Hövermann/Grit Lindner/Bernd Lüthje* Leitfaden für den Aufsichtsrat, Betriebswirtschaftliche und rechtliche Grundlagen für die Aufsichtsratsarbeit, 2005; *Carsten Berrar* Die Entwicklung der Corporate Governance in Deutschland und im internationalen Vergleich, 2001; *Hans Böckler Stiftung* Grundsätze ordnungsmäßiger Aufsichtsratstätigkeit, Düsseldorf 2003; *Gerhard Cromme* (Hrsg), Corporate Governance Report 2002, 2002; *ders* (Hrsg), Corporate Governance Report 2003, 2003; *ders* (Hrsg), Corporate Governance Report 2004, 2004; *ders* (Hrsg), Corporate Governance Report 2005, 2005; *Paul Davies* Struktur der Unternehmensführung in Großbritannien und Deutschland: Konvergenz oder fortbestehende Divergenz?, ZGR 2001, 268–293; *Martina Deckert* Der Aufsichtsrat nach der Reform, NZG 1998, 710–714; *Dietrich Dörner/Dieter Menold/Norbert Pfitzer/Peter Oser* (Hrsg), Reform des Aktienrechts, der Rechnungslegung und der Prüfung, 2. Auflage 2004; *Meinrad Dreher* Der Aufsichtsrat der AG und der GmbH – Reform ohne Ende oder Ende der Reform? – in Peter Hommelhoff/Volker Röhricht (Hrsg), Gesellschaftsrecht 1997, RWS-Forum 10, 1997, 1–18; *Dieter Feddersen/Peter Hommelhoff/Uwe H. Schneider* (Hrsg), Corporate Governance, 1996; *Karl-Heinz Forster* MG, Schneider, Balsam und die Folgen – was können Aufsichtsräte und Abschlußprüfer gemeinsam tun?, AG 1995, 1–7; *Karl-Heinz Forster ua* Meinungen zum Thema Reform des Aufsichtsrats, BFuP 1996, 306–322; *Paul Frentrop* A History of Corporate Governance, 1602–2002, Brussels 2003; *Heinrich Götz* Rechte und Pflichten des Aufsichtsrats nach dem Transparenz- und Publizitätsgesetz, NZG 2002, 599–604; *Michael Hoffmann-Becking* Rechtliche Möglichkeiten und Grenzen der Verbesserung der Arbeit des Aufsichtsrats, in: FS Havermann 1995, 229–246; *Peter Hommelhoff/Marcus Lutter/Karsten Schmidt/Wolfgang Schön/Peter Ulmer* Corporate Governance, Gemeinschaftssymposion der Zeitschriften ZGR/ZHR, ZHR-Beiheft 71, 2002; *Klaus J. Hopt* Die Haftung von Vorstand und Aufsichtsrat – Zugleich ein Beitrag zur corporate governance-Debatte, in: FS Mestmäcker 1996, 909–931; *ders* The German Two-Tier Board (Aufsichtsrat) A German View on Corporate Governance, in Klaus J. Hopt/Eddy Wymeersch (eds), Comparative Corporate Governance – Essays and Materials, Berlin, New York, 1997, 3–20; *ders* The German Two-Tier Board: Experience, Theories, Reforms, in Klaus J. Hopt/Hideki Kanda/Mark J. Roe/Eddy Wymeersch/Stefan Prigge (eds), Comparative Corporate Governance – The State of the Art and Emerging Research – Oxford 1998, 227–258; *ders* Corporate Governance: Aufsichtsrat oder Markt? Überlegungen zu einem internationalen und interdisziplinären Thema, in Peter Hommelhoff/Heinz Rowedder/Peter Ulmer (Hrsg), Max Hachenburg, Dritte Gedächtnisvorlesung 1998, 2000, 9–47; *ders* Das System der Unternehmensüberwachung in Deutschland, in Institut der Wirtschaftsprüfer (IDW), (Hrsg), Kapitalmarktorientierte Unternehmensüberwachung, 2001, 27–61; *ders* Unternehmensführung, Unternehmenskontrolle, Modernisierung des Aktienrechts – Zum Bericht der Regierungskommission Corporate Governance, in Peter Hommelhoff/Marcus Lutter/Karsten Schmidt/Wolfgang Schön/Peter Ulmer (Hrsg), Corporate Governance, Gemeinschaftssymposion der Zeitschriften ZGR/ZHR, 2002, 27–67; *ders* Übernahmen, Geheimhaltung und Interessenkonflikte: Probleme für Vorstände, Aufsichtsräte und Banken, ZGR 2002, 333–376; *ders* Interessenwahrung und Interessenkonflikte im Aktien-, Bank-, und Berufsrecht – Zur Dogmatik des modernen Geschäftsbesorgungsrechts –, ZGR 2004, 1–52; *ders* Europäisches Gesellschaftsrecht und deutsche Unternehmensverfassung – Aktionsplan und Interdependenzen, ZIP 2005, 461–474; *ders* European Company Law and Corporate Governance: Where does the Action Plan of the European Commission Lead?, in Klaus J. Hopt/Eddy Wymeersch/Hideki Kanda/Harald Baum (eds), Corporate Governance in Context, Oxford 2005, 119–142; *ders* Aktuelle Probleme des Aufsichtsrats, Der Aufsichtsrat 01/2006, 2–3; *Klaus J. Hopt/Eddy Wymeersch* (eds), Comparative Corporate Governance, Oxford 1997; *dies* (eds), Capital Markets and Company Law, Oxford 2003; *Klaus J. Hopt/Hideki Kanda/*

Mark J. Roe/Eddy Wymeersch/Stefan Prigge (eds), Comparative Corporate Governance – The State of the Art and Emerging Research –, Oxford 1998; *Klaus J. Hopt/Eddy Wymeersch/Hideki Kanda/Harald Baum* (eds), Corporate Governance in Context, Oxford 2005; *Anja Hucke/Helmut Ammann* Der Deutsche Corporate Governance Kodex, Ein Praktiker-Leitfaden für Unternehmen und Berater, 2003; *Uwe* Hüffer Die Unabhängigkeit von Aufsichtsratsmitgliedern nach Ziffer 5.4.2 DCGK, ZIP 2006, 637–644; *Institut der Wirtschaftsprüfer (IDW)* Aufsichtsrat und Wirtschaftsprüfer sollten sich stärker ergänzen – IDW zur Gestaltung der Überwachung in der Aktiengesellschaft –, Beilage Fachnachrichten 3/1995, 102a–102h; *Jan Pieter Krahnen/Reinhard H. Schmidt* (eds), The German Financial System, Oxford 2004; *Marcus Lutter* Professionalisierung der Aufsichtsräte, NJW 1995, 1133–1134; *ders* Defizite für eine effiziente Aufsichtsratstätigkeit und gesetzliche Möglichkeiten der Verbesserung, ZHR 159 (1995) 287–309; *ders* (Hrsg), Der Wirtschaftsprüfer als Element der Corporate Governance, 2001; *ders* Vergleichende Corporate Governance – Die deutsche Sicht, ZGR 2001, 224–237; *Silja Maul/Georg Lanfermann* Europäische Corporate Governance – Stand der Entwicklungen, BB 2004, 1861–1868; *Martin Peltzer* Corporate Governance aus der Sicht der deutschen Reformdiskussion, in Peter Hommelhoff/Heinz Rowedder/Peter Ulmer (Hrsg), Max Hachenburg, Dritte Gedächtnisvorlesung 1998, 2000, 49–104; *ders* Deutsche Corporate Governance, Ein Leitfaden, 2. Auflage 2004; *Norbert Pfitzer/Peter Oser* (Hrsg), Deutscher Corporate Governance Kodex, Ein Handbuch für Entscheidungsträger, 2003; *Henrik-Michael Ringleb/Thomas Kremer/Marcus Lutter/Axel von Werder* Kommentar zum Deutschen Corporate Governance Kodex, 2. Auflage 2005; *Markus Roth* Möglichkeiten vorstandsunabhängiger Information des Aufsichtsrats, AG 2004, 1–13; *Ulrich Seibert* Kontrolle und Transparenz im Unternehmensbereich (KonTraG), WM 1997, 1–9; *Gerald Spindler* Die Empfehlungen der EU für den Aufsichtsrat und ihre deutsche Umsetzung im Corporate Governance Kodex, ZIP 2005, 2033–2045; *Axel von Werder* (Hrsg), German Code of Corporate Governance (GCCG): Konzeption, Inhalt und Anwendung von Standards der Unternehmensführung, 2. Auflage 2001.

III. Aufsichts- und Verwaltungsorgan der SE: *Peter Forstmoser* Monistische oder dualistische Unternehmensverfassung?, Das Schweizer Konzept, ZGR 2003, 688–719; *Marcel Grobys* Das geplante Umsetzungsgesetz zur Beteiligung von Arbeitnehmern in der Europäischen Aktiengesellschaft, NZA 2004, 779–781; *Johannes Gruber/Marc-Philippe Weller* Societas Europaea: Mitbestimmung ohne Aufsichtsrat?, NZG 2003, 297–301; *Mathias Habersack* Schranken der Mitbestimmungsautonomie in der SE, AG 2006, 345–355; *Michael Hoffmann-Becking* Organe: Strukturen und Verantwortlichkeiten, insbesondere im monistischen System, ZGR 2004, 355–382; *Klaus J. Hopt* Board Structures – The Significance of the Rules on the Board of the European Company, in Jonathan Rickford (ed), The European Company, Developing a Community Law of Corporate Corporations, Antwerpen, Oxford, New York, 2004, 47–65; *Hans-Christoph Ihrig/Jens Wagner* Das Gesetz zur Einführung der Europäischen Gesellschaft (SEEG) auf der Zielgeraden, BB 2004, 1749–1759; *Harald Kallmeyer* Das monistische System in der SE mit Sitz in Deutschland, ZIP 2003, 1531–1536; *Roland Köstler* Die Mitbestimmung in der SE, ZGR 2003, 800–809; *Michel Menjucq* Das „monistische" System der Unternehmensleitung in der SE, ZGR 2003, 679–687; *Hanno Merkt* Die monistische Unternehmensverfassung für die Europäische Aktiengesellschaft aus deutscher Sicht, Mit vergleichendem Blick auf die Schweiz, das Vereinigte Königreich und Frankreich, ZGR 2003, 650–678; *Bernhard Nagel* Ist die Europäische Aktiengesellschaft (SE) attraktiv?, DB 2004, 1299–1305; *Hans-Werner Neye/Christoph Teichmann* Der Entwurf für das Ausführungsgesetz zur Europäischen Aktiengesellschaft, AG 2003, 169–179; *Rüdiger Krause* Gesetzesentwurf zum SE-Umsetzungsgesetz – das Problem der Mitbestimmung, BB 31/2004, Die Erste Seite; *Krzysztof Oplustil/Christoph Teichmann* (eds), The European Company – all over Europe A state-by-state account of the introduction of the European Company, 2004; *Markus Roth* Die unternehmerische Mitbestimmung in der monistischen SE, ZfA 2004, 431–461; *Christoph Teichmann* Gestaltungsfreiheit im monistischen Leitungssystem der Europäischen Aktiengesellschaft, BB 2004, 53–60; *ders* Die monistische Verfassung der Europäischen Gesellschaft, in Marcus Lutter/Peter Hommelhoff (Hrsg), Die Europäische Gesellschaft, 2005, 195–222.

IV. Mitbestimmung im Aufsichtsrat ab 1999 (vorher *Oetker* Mitbestimmungsgesetze Vorbem): *Arbeitsrecht Kommentar* hrsg von Martin Henssler/Heinz Josef Willemsen/Heinz-Jürgen Kalb, 2004, Mitbestimmungsgesetze kommentiert von Christoph H. Seibt; *Theodor Baums/Peter Ulmer* (Hrsg), Unternehmens-Mitbestimmung der Arbeitnehmer im Recht der EU-Mitgliedstaaten, ZHR-Beiheft 72, 2004; *BDA/BDI*, Bericht der Kommission Mitbestimmung, Mitbestimmung modernisieren, Berlin November 2004; *Berliner Netzwerk Corporate Governance* 12 Thesen zur Modernisierung der Mitbestimmung, AG 2004, 200–201; *Wolfgang Bernhardt* Deutsche (Unternehmens-) Mitbestimmung zwischen Wünschen und Wirklichkeit, BB 2004, 2480–2482; *Bertelsmann Stiftung/Hans-Böckler-Stiftung* (Hrsg), Bericht der Kommission Mitbestimmung, Mitbestimmung und neue Unternehmenskulturen – Bilanz und Perspektiven, 2. Auflage 1999; *Ulrich Büdenbender* Mitbestimmungsrechtlicher Besitzstand im Gesellschaftsrecht, ZIP 2000, 385–401; *Axel Hansen* Die Mitbestimmung in einem globalen Logistikunternehmen, ZfA 2005, 225–231; *Gary Gorton/Frank A. Schmidt* Capital, Labour and the Firm: A Study of German Codetermination, 2 Journal of the European Economic Association 863–905 (2004); *Peter Hanau* Sicherung unternehmerischer Mitbestimmung insbesondere durch Vereinbarung, ZGR 2001, 75–109; *Peter Hanau/Ulrich Wackerbarth* Unternehmensmitbestimmung und Koalitionsfreiheit, Interessenkonflikte von Gewerkschaftsvertretern im Aufsichtsrat, Forschungsbericht im Auftrag der Hans-Böckler-Stiftung, 2004; *Martin Henssler* Die Unternehmensmitbestimmung, in: 50 Jahre Bundesgerichtshof, Festgabe aus der Wissenschaft, Band II, 2000, 387–422; *ders* Umstrukturierung von mitbestimmten Unternehmen, ZfA 2000, 241–266; *ders* Arbeitnehmermitbestimmung im deutschen Gesellschaftsrecht, in Theodor Baums/Peter Ulmer (Hrsg), Unternehmens-Mitbestimmung der Arbeitnehmer im Recht der EU-Mitgliedstaaten, 2004, 133–158; *Martin Henssler/Axel Braun* (Hrsg), Arbeitsrecht in Europa, 2003; *Martin Höppner* Wer beherrscht die Unternehmen?, Shareholder Value, Managerherrschaft und Mitbestimmung in Deutschland, 2003; *Abbo Junker* Sechsundsiebzig verweht – Die deutsche Mitbestimmung endet in Europa, NJW 2004, 728–730; *ders* Unternehmensmitbestimmung in Deutschland: Anpassungsbedarf durch internationale und europäische Entwicklungen, ZfA 2005, 1–44; *ders* Europäische Aktiengesellschaft und deutsche Mitbestimmung, ZfA 2005, 211–224; *Jörn Axel Kaemmerer/Rüdiger Veil* Paritätische Mitbestimmung in der monistischen Societas Europaea – ein verfassungsrechtlicher Irrweg?, ZIP 2005, 369–376; *Marcus Kamp* Die unternehmerische Mitbestimmung nach „Überseering" und „Inspire Art", BB 2004, 1496–1500; *Roland Köstler* Die Mitbestimmung in der SE, ZGR 2003, 800–809; *ders* Die Beteiligung der Arbeitnehmer in der Europäischen Aktiengesellschaft nach den deutschen Umsetzungsgesetzen, DStR 2005, 745–750; *Rüdiger Krause* Sarbanes-Oxley Act und deutsche Mitbestimmung, WM 2003, 762–771; *Martin Kraushaar* Europäische Aktiengesellschaft (SE) und Unternehmensmitbestimmung, BB 2003, 1614–1620; *Friedrich Kübler* Aufsichtsratsmitbestimmung im Gegenwind der Globalisierung, in: FS Döser 1999, 237–254; *Manfred Löwisch* Unternehmensmitbestimmung im Mehrmütterkonzern, in: FS Schlechtriem 2003, 833–851; *Marcus Lutter/Karlheinz Quack* Mitbestimmung und Schadenabwehr, in: FS Raiser 2005, 259–271; *Thomas M. J. Möllers* Gesellschaftsrechtliche Treuepflicht contra arbeitnehmerrechtliche Mitbestimmung, NZG 2003, 697–701; *Hans-Werner Neye/Christoph Teichmann* Der Entwurf für das Ausführungsgesetz zur Europäischen Aktiengesellschaft, AG 2003, 169–179; *Hartmut Oetker* Das Recht der Unternehmensmitbestimmung im Spiegel der neueren Rechtsprechung, ZGR 2000, 19-60; *ders* Die Mitbestimmung der Arbeitnehmer in der Europäischen Gesellschaft, in Marcus Lutter/Peter Hommelhoff (Hrsg), Die Europäische Gesellschaft, 2005, 277–318; *Evelyne Pichot* Arbeitnehmervertreter in Europa und ihre Befugnisse im Unternehmen, 1999; *Katharina Pistor* Governance durch Mitbestimmung und Arbeitsmärkte, in Peter Hommelhoff/Klaus J. Hopt/Axel von Werder (Hrsg), Handbuch Corporate Governance, 2003, 157–175; *Thomas Raiser* Unternehmerische Mitbestimmung auf dem Prüfstand, in Corporations, Capital Markets and Business in the Law, Liber Amicorum Richard M. Buxbaum 2000, 415–431; *ders* Mitbestimmungsgesetz, Kommentar, 4. Auflage 2002; *ders* Unternehmensmitbestimmung vor dem Hintergrund europarechtlicher Entwicklungen, Gutachten B zum 66. Deutschen Juristentag Stuttgart 2006, B 1–B 116; *Volker Rieble* (Hrsg), Die Zukunft der unternehmerischen Mitbestimmung, 2004; *Markus Roth* Die unternehmerische Mitbestimmung in der monistischen SE, ZfA 2004, 431–461; *Andy Ruzik* Zum Streit über den Streik – Aufsichtsratsmandat und Gewerkschaftsführung im Arbeitskampf, NZG 2004, 455–459; *Franz Jürgen Säcker* Corporate Governance und Europäisches Gesellschaftsrecht – Neue Wege in der Mitbestimmung, BB 2004, 1462–1464; *Dieter Sadowski/Joachim Junkes/Sabine Lindenthal* Gesetzliche Mitbestimmung in Deutschland: Idee, Erfahrungen und Perspektiven aus ökonomischer Sicht, ZGR 2001, 110–145; *Ihno Schneevoigt* Die Praxis der Mitbestimmung. Wie wirkt sich die Mitbestimmung auf die Entscheidungsprozesse in Unternehmen aus?, ZfA 2005, 233–243; *Christoph H. Seibt* Drittelbeteiligungsgesetz und Fortsetzung der Reform des Unternehmensmitbestimmungsrechts, NZA 2004, 767–776; *ders* Privatautonome Mitbestimmungsvereinbarungen, Rechtliche Grundlagen und Praxishinweise, AG 2005, 413–429; *Arndt Stengel* Plädoyer für eine Corporate Governance-Debatte ohne Denkverbote, in Gesellschaftsrecht in der Diskussion 2001, 2002, 61–69; *Wolfgang Streeck/Norbert Kluge* (Hrsg), Mitbestimmung in Deutschland, 1999; *Wolfgang Streeck/Martin Höppner* (Hrsg), Alle Macht dem Markt? Fallstudien zur Abwicklung der Deutschland AG, 2003; *Rainald Thannisch* Die Effizienz der Mitbestimmung in ökonomischer Betrachtung, AuR 2006, 81–86; *Peter Ulmer* Generalbericht, in Theodor Baums/Peter Ulmer (Hrsg), Unternehmens-Mitbestimmung der Arbeitnehmer im Recht der EU-Mitgliedstaaten, 2004, 159–177; *Peter Ulmer/Mathias Habersack/Martin Henssler* Mitbestimmungsrecht, Kommentierung des MitbestG, des DrittelbG und der §§ 34 bis 38 SEBG, 2006; *Winfried Veelken* Zur Mitbestimmung bei der Europäischen Aktiengesellschaft, in: GS Blomeyer 2004, 491–523.

V. Europäisches Recht, ausländisches Recht (ohne SE): *American Law Institute* Principles of Corporate Governance: Analysis and Recommendations, 2 vols, St. Paul, Minn. 1994; *Marie-Agnes Arlt/Cécile Bervoets/Kristoffel Grechening/Susanne Kalss* Die europäische Corporate Governance-Bewegung (Frankreich, Niederlande, Spanien, Italien), GesRZ 2002, 64–80; *Theodor Baums/Peter Ulmer* (Hrsg), Unternehmens-Mitbestimmung der Arbeitnehmer im Recht der EU-Mitgliedstaaten, ZHR-Beiheft 72, 2004; *Lucian Bebchuk/Jesse Fried* Pay without Performance, Cambridge, Mass and London, England, 2004; *Petra Dorothee Beyer* Minderheitsvertreter im Aufsichtsrat, Eine Studie zum US-amerikanischen und deutschen Recht, 2001; *Peter Böckli* Verwaltungsrat oder Aufsichtsrat? Konvergenz der Systeme in der Spitzenverfassung der Aktiengesellschaft, in: FS Walter Reist, Zürich 1992, 3–28; *ders* Schweizer Aktienrecht, 3. Auflage Zürich 2004, § 13 Verwaltungsrat, § 14 Corporate Governance; *ders* Audit Committee, Der Prüfungsausschuss des Verwaltungsrates auf Gratwanderung zwischen Übereifer und Unsorgfalt, Zürich 2005; *Vassil Breskovski* Directors' Duty of Care in Eastern Europe, 29 The International Lawyer 77–97 (1995); *Robert Clark* Corporate Law, Aspen 1986; *Company Law Action Plan* Commission of the European Union, Modernising Company Law and Enhancing Corporate Governance in the European Union – A Plan to Move Forward, Brussels 21.5.2003, COM (2003) 284 final; *The Combined Code on Corporate Governance* London, July 2003 <http://www.fsa.gov.uk/pubs/ukla/lr_comcode2003.pdf>, Combined Code June 2006 vom Financial Reporting Council beschlossen, im Konsultationsverfahren der FSA; *The Company Law Review Steering Group* Modern Company Law For a Competitive Economy, Final Report, 2 vols, London 2001; *Maurice Cozian/Alain Viandier/Florence Deboissy* Droit des sociétés, 18ième ed, Paris 2005; *Paul L. Davies* Gower and Davies' Principles of Modern Company Law, 7th ed, London 2003; *Delaware Laws* Affecting Business Entities, Annotated, April 2005; *Xavier Dieux/Didier Willermain* Corporate Governance, La loi du 2 août 2002, Bruxelles 2004; *Peter Doralt/Christian Nowotny/Susanne Kalss* Kommentar zum Aktiengesetz, Wien 2003, §§ 86–99 bearbeitet von Susanne Kalss; *Eilís Ferran* The Company Law Reform in the United Kingdom: A Progress Report, RabelsZ 69 (2005) 629–657; *Guido Ferrarini/Paolo Guidici/Mario Stella Richter* Company Law Reform in Italy: Real Progress?, RabelsZ 69 (2005) 658–697; *Peter Forstmoser/Arthur Meier-Hayoz/Peter Nobel* Schweizerisches Aktienrecht, Bern 1996; *Michael Gruson/Matthias Kubicek* Der Sarbanes-Oxley Act, Corporate Governance und das deutsche Aktienrecht, AG 2003, 337–352 und 393–406; *Thomas Haberer* Corporate Governance, Wien 2003; *Charles Hansen* A Guide to the American Law Institute Corporate Governance Project, Washington 1995; *Jesper Jau Hansen* Nordic company law, the regulation of public companies in Denmark, Finland, Iceland, Norway and Sweden, Copenhagen 2003; *Rüdiger Herrmann* Funktion, Kontrolle und Haftung der Leitungsorgane von Aktiengesellschaften in Deutschland, der Schweiz, Australien und den USA, 1996; *High Level Group of Company Law Experts* (Jaap Winter, chairman/Jan Schans Christensen/José Maria Garrido Garcia/Klaus J. Hopt/Jonathan Rickford/Guido Rossi/Joëlle Simon) Report of the High Level Group of Company Law Experts on Issues Related to Takeover Bids (High Level I),

European Commission, Brussels, 10 January 2002; *High Level Group of Company Law Experts* (Jaap Winter, chairman/Jan Schans Christensen/José Maria Garrido Garcia/Klaus J. Hopt/Jonathan Rickford/Guido Rossi/Joëlle Simon) Report of the High Level Group of Company Law Experts on A Modern Regulatory Framework for Company Law in Europe (High Level II), European Commission, Brussels, 4 November 2002; *Eric Homburger* Der Verwaltungsrat Art 707–726 OR, Teilband V 5b aus Peter Gauch/Jörg Schmid (Hrsg), Kommentar zum Schweizerischen Zivilgesetzbuch, Zürich 1997; *Klaus J. Hopt* Europäisches Gesellschaftsrecht und deutsche Unternehmensverfassung – Aktionsplan und Interdependenzen, ZIP 2005, 461–474; *Klaus J. Hopt/Patrick C. Leyens* Board Models in Europe – Recent Developments of Internal Corporate Governance Structures in Germany, the United Kingdom, France, and Italy, ECFR 2004, 135–168; *Karel van Hulle/Silja Maul* Aktionsplan zur Modernisierung des Gesellschaftsrechts und Stärkung der Corporate Governance, ZGR 2004, 484–505; *Peter Jabornegg/Rudolf Strasser* Kommentar zum Aktiengesetz, 4. Auflage, Wien, §§ 86–99 bearbeitet von Peter Jabornegg, 2001; *Reinier R. Kraakman/Paul Davies/Henry Hansmann/Gerard Hertig/Klaus J. Hopt/Hideki Kanda/Edward B. Rock* The Anatomy of Corporate Law A Comparative and Functional Approach, Oxford 2004; *Lamy* sociétés commerciales, Paris 2005; *Michel Menjucq* The Company Law Reform in France, RabelsZ 69 (2005) 698–711; *Hanno Merkt/Stephan Göthel* US-amerikanisches Gesellschaftsrecht, 2. Auflage 2006; *Model Business Corporation Act Annotated* Third Edition, 2000/01/02 Supplement, Modell Business Corporation Act with Official Comment and Reporter's Annotations, adopted by the Committee on Corporate Laws of the Section of Business Law with the support of the American Bar Foundation, American Bar Association, Chicago 2002; *Peter O. Mülbert/Regina Bux* Dem Aufsichtsrat vergleichbare in- und ausländische Kontroll-Gremien von Wirtschaftsunternehmen, WM 2000, 1665–1677; *Daniele U. Santosousso* La riforma del diretto societario, Milano 2003; *Social and Economic Council of the Netherlands (SER)* The Functioning and Future of the Structure Regime, The Hague 2001; *E. Norman Veasey/Christine T. Di Guglielmo* What Happened in Delaware Corporation Law and Governance From 1992–2004? A Retrospective on some Key Developments, 153 University of Pennsylvania Law Review, 1399–1512 (2005); *Esteban Velasco* (Hrsg), El gobierno de las sociedas cotizadas, Madrid 1999; *Rudolf Wiethölter* Interessen und Organisation der Aktiengesellschaft im amerikanischen und deutschen Recht, 1961; *Eddy Wymeersch* Das neue belgische Gesetz über „Corporate Governance", ZGR 2004, 53–68.

VI. Wirtschaftswissenschaften, Rechtsgeschichte: *Arbeitskreis „Externe und Interne Überwachung der Unternehmung" der Schmalenbach-Gesellschaft für Betriebswirtschaft e.V. (AKEIÜ der Schmalenbach-Gesellschaft)* Auswirkung des Sarbanes-Oxley Act auf die Interne und Externe Unternehmensüberwachung, BB 2004, 2399–2407; *Dirk Bahrenfuss* Die Entstehung des Aktiengesetzes von 1965, 2002; *Erich Brodmann* Aktienrecht, Kommentar, 1928; *Deutsches Aktieninstitut* Aufsichtsratsvergütung bei deutschen börsennotierten Unternehmen, Frankfurt, Januar 2003; *Deutsches Aktieninstitut/KPMG* Einführung und Ausgestaltung von Risikomanagementsystemen, Eine empirische Untersuchung, Januar 2000; *Deutsches Aktieninstitut/Towers Perrin* Empfehlungen zur Aufsichtsratsvergütung: Ein Modell, Juni 2003; *Dietrich Dörner/Péter Horváth/Henning Kagermann* (Hrsg), Praxis des Risikomanagements, 2000; *Adalbert Düringer/Max Hachenburg* Das Handelsgesetzbuch, 3. Auflage 1930 ff; *Paul Frentorp* A History of Corporate Governance: 1602–2002, Brussels 2003; *Heinrich Friedländer* Aktienrecht, Handkommentar, 1932; *Friedrich Goldschmit* Die Aktiengesellschaft, Handelsgesetzbuch § 178 bis 319, Handausgabe mit Erläuterungen, 1927; *Derek Higgs* Review of the role and effectiveness of non-executive directors, London January 2003; *Hans-Christoph Hirt* The Review of the Role and Effectiveness of Non-executive Directors: A Critical Assessment with Particular Reference to the German Two-tier Board System, Part 1, (2003) J.C.C.L.R 245–257, Part 2, (2003) J.C.C.L.R 261–272; *Klaus J. Hopt* Zur Funktion des Aufsichtsrats im Verhältnis von Industrie und Banken, in Norbert Horn/Jürgen Kocka (Hrsg), Recht und Entwicklung der Großunternehmen im 19. und frühen 20. Jahrhundert, 1979, 227–242; *ders* Ideelle und wirtschaftliche Grundlagen der Aktien-, Bank- und Börsenrechtsentwicklung im 19. Jahrhundert, in Helmut Coing/Walter Wilhelm (Hrsg), Wissenschaft und Kodifikation des Privatrechts im 19. Jahrhundert, Band 5, Geld und Banken, 1980, 128–168; *Lutz Johannig/Bernd Rudolph* Handbuch Risikomanagement, Band 1 und 2, 2000; *Susanne Kalss/Christina Burger/Georg Eckert* Die Entwicklung des österreichischen Aktienrechts, Wien 2003; *Friedrich Klausing* Gesetz über Aktiengesellschaften und Kommanditgesellschaften auf Aktien (Aktien-Gesetz) nebst Einführungsgesetz und „Amtlicher Begründung", eingeleitet von Friedrich Klausing, 1937; *Christian Kirchner* Regulierung durch Unternehmensführungskodizes (Codes of Corporate Governance), in Wolfgang Ballwieser (Hrsg), BWL und Regulierung, ZfbF Sonderheft 28, 2002, 93–120; *KPMG* Integriertes Risikomanagement, 1998; *Rainer Korch* Ringbeteiligungen von Aktiengesellschaften, 2002; *Reinier Kraakman/Paul Davies/Henry Hansmann/Gerard Hertig/Klaus J. Hopt/Hideki Kanda/Edward Rock* The Anatomy of Corporate Law A Comparative and Functional Approach, Oxford 2004; *Jan Pieter Krahnen/Reinhard H. Schmidt* (eds), The German Financial System, Oxford 2004; *Bruno Kropff* Aktiengesetz, Textausgabe des Aktiengesetzes vom 6.9.1965 (Bundesgesetzbl I S 1089) und des Einführungsgesetzes zum Aktiengesetz vom 6.9.1965 (Bundesgesetzbl I S 1185) mit Begründung des Regierungsentwurfs, Bericht des Rechtsausschusses des Deutschen Bundestages, 1965; *Knut Werner Lange/Friederike Wall* Risikomanagement nach dem KonTraG, 2001; *Richard Passow* Die Aktiengesellschaft, eine wirtschaftswissenschaftliche Studie, 2. Auflage 1922; *Stefan Prigge* A Survey of German Corporate Governance, in Klaus J. Hopt/Hideki Kanda/Mark J. Roe/Eddy Wymeersch/Stefan Prigge (eds), Comparative Corporate Governance – The State of the Art and Emerging Research –, Oxford 1998, 943–1044; *PwC Deutsche Revision/PriceWaterhouseCoopers/Institut der Niedersächsischen Wirtschaft e.V.* Entwicklungen des Risikomanagements von Aktiengesellschaften in Deutschland, Juni 2000; *Thomas Reichmann* Controlling mit Kennzahlen und Managementberichten, 6. Auflage 2001; *Viktor Ring* Das Reichsgesetz betreffend die Kommanditgesellschaften auf Aktien und die Aktiengesellschaften vom 18. Juli 1884, 2. Auflage 1893; *Carl Ritter* Aktiengesetz, Kommentar, 2. Auflage 1939; *Peter Ruwedel/Rolf Epstein* Eine empirische Analyse der Strukturen und Prozesse in den Aufsichtsräten deutscher Aktiengesellschaften, BB 2003, 161–166; *Franz Schlegelberger/Leo Quassowski/Gustav Herbig/Ernst Geßler/Wolfgang Hefermehl* Aktiengesetz, Gesetz über die Aktiengesellschaften und Kommanditgesellschaften auf Aktien vom 30. Januar 1937, Kommentar, 3. Auflage 1939; *Werner Schubert* Quellen zur Aktienrechtsreform der Weimarer Republik (1926–1931), Band 1 und 2, 1999; *Werner Schubert/ Peter Hommelhoff* Hundert Jahre modernes Aktienrecht, Eine Sammlung von Texten und Quellen zur Aktienrechtsreform 1884 mit zwei Einführungen, 1985; *Werner Schubert/Peter Hommelhoff* (Hrsg), Die Aktienrechtsreform am Ende der Weimarer Republik, Die Protokolle der Verhandlungen im Aktienrechtsausschuß des Vorläufigen Reichswirtschaftsrats unter dem Vorsitz von Max Hachenburg, 1987; *Johannes Semler* Die Effizienzprüfung des Aufsichtsrats, in: FS Raiser 2005, 399–419; *Robert Teichmann/Walter Koehler* Aktiengesetz, Kommentar, 3. Auflage 1950; *L.A.A. van den Berghe/Abigail Levrau* Evaluating Boards of Directors: what constitutes a good corporate board? 12 Corporate Governance 461–478 (2004); *Peter Witt* Corporate Governance-Systeme im Wettbewerb, 2003.

Hinweis

Das folgende Sachregister (S. 1–72) für Band 4 wird hinter die Kommentierung der §§ 95–117 (24. Lieferung) eingebunden.

Der Verlag

Sachregister

Die fetten Zahlen verweisen auf die Paragraphen, die mageren auf die Randnummern

Abberufung
- Aufsichtsratsausschuss **107,** 384 ff
- Aufsichtsratsmitglieder (s Abberufung von Aufsichtsratsmitgliedern)
- Aufsichtsratsvorsitzender **107,** 53 ff, 123
- entsandte Aufsichtsratsmitglieder (s Abberufung entsandter Aufsichtsratsmitglieder)
- gerichtliche Abberufung (s gerichtliche Abberufung von Aufsichtsratsmitgliedern)
- Hauptversammlung (s Abberufung von Aufsichtsratsmitglieder durch die Hauptversammlung)
- Interessenkonflikte von Aufsichtsratsmitgliedern **100,** 172
- Vorstandsmitglieder (s Abberufung von Vorstandsmitgliedern)

Abberufung entsandter Aufsichtsratsmitglieder **103,** 29 ff
- Abreden **103,** 38
- Aktiengesetz 1937 **103,** 1
- Aktiengesetz 1965 **103,** 2 f
- Ausschluss vorzeitiger Abberufung **103,** 36 f
- Corporate Governance **103,** 7
- Entsendungsberechtigter **103,** 29 ff
- Hauptversammlung **103,** 40 ff
- historische Entwicklung **103,** 1 ff
- Klagemöglichkeit der Gesellschaft **103,** 39
- Rechtsmissbrauch **103,** 34
- Satzung **103,** 33, 45

Abberufung von Aufsichtsratsmitglieder durch die Hauptversammlung
- Abberufungserklärung **103,** 17
- Aktiengesetz 1937 **103,** 1
- Aktiengesetz 1965 **103,** 2 f
- Arbeitnehmervertreter **103,** 77 ff
- Corporate Governance **103,** 7
- Deutscher Corporate Governance Kodex **103,** 103
- Ersatzmitglied **103,** 81
- Europäische Aktiengesellschaft **103,** 104 f
- Europäisches Recht **103,** 106 f
- Frankreich **103,** 108
- Großbritannien **103,** 108
- Haupversammlungsbeschluss **103,** 11
- historische Entwicklung **103,** 1 ff
- Kapitalmehrheit **103,** 23
- KonTraG **103,** 2
- organschaftliche Rechte **103,** 20
- Österreich **103,** 108
- qualifizierte Mehrheit **103,** 12 ff
- Rechtsfolgen **103,** 18 ff
- Rechtsvergleichung **103,** 108
- Satzung **103,** 13, 23 ff
- Schweiz **103,** 108
- Strukturrichtlinie **103,** 107
- Übertragung auf ein anderes Organ **103,** 28
- US-amerikanisches Recht **103,** 108
- Vergütung **103,** 21
- Verträge **103,** 22
- wichtiger Grund **103,** 27

Abberufung von Aufsichtsratsmitgliedern
- Abberufung entsandter Aufsichtsratsmitglieder (s dort)
- Aufsichtsratssitzung **109,** 19
- Entlastung (s dort)
- gerichtliche Abberufung von Aufsichtsratsmitgliedern (s dort)
- gerichtliche Bestellung von Aufsichtsratsmitgliedern **104,** 113 ff

Abberufung von Vorstandsmitgliedern
- Aufsichtsrat **111,** 69, 84
- Aufsichtsratsausschuss **107,** 384 ff
- Deutscher Corporate Governance Kodex **111,** 787
- Sorgfaltspflicht der Aufsichtsratsmitglieder **116,** 153
- Überwachungsaufgabe des Aufsichtsrats **111,** 346 f
- Unternehmerisches Ermessen **116,** 102
- Vertretung der Aktiengesellschaft gegenüber Vorstandsmitgliedern **112,** 17
- Zustimmungsvorbehalt des Aufsichtsrats **111,** 711 ff

Abhängige Gesellschaften
- Überwachungsaufgabe des Aufsichtsrats **111,** 381 ff

Abhängigkeitsbericht
- Verschwiegenheitspflicht der Aufsichtsratsmitglieder **116,** 262

Abschlagszahlung auf den Bilanzgewinn 107, 378

Abschlussprüfer 111, 439 ff
- Allgemeine Auftragsbedingungen für Wirtschaftsprüfer und Wirtschaftsprüfergesellschaften **111,** 466
- Aufsichtsrat **111,** 71 f, 396, 439 ff
- Aufsichtsratsmitglieder **100,** 71
- Aufsichtsratssitzung **109,** 51 ff, 99
- Aufsichtsratsvorsitzender **111,** 461, 475
- Auftragserteilung **111,** 453 ff
- Auftragserteilung durch den Vorstand **111,** 493 ff
- Beauftragung **111,** 439 ff
- Befangenheit **111,** 489
- Beratungsleistungen **111,** 496 f
- Bestellung der Aufsichtsratsmitglieder **100,** 71
- Bilanzkontrollgesetz **111,** 440
- Bilanzrechtsreformgesetz **111,** 467, 499
- Bilanzsitzung **109,** 51
- Corporate Governance **111,** 439 ff
- Dauer der Beauftragung **111,** 471
- Delegation **111,** 472 ff
- Deutscher Corporate Governance Kodex **111,** 472, 496, 820 ff, 827 ff
- Enforcement **111,** 440
- Entsprechenserklärung **111,** 840 ff
- Einführung der Abschlussprüfung **95,** 9
- Ersetzung **111,** 488, 490
- Fehlen **111,** 489
- Gängigkeitsabschläge **111,** 467
- Gebühren **111,** 470
- gerichtliche Bestellung und Ersetzung von Abschlussprüfern **111,** 488 ff
- Geschäftsbesorgungsverhältnis **111,** 453
- Gewinnverwendungsvorschlag **111,** 471
- Haftung des Aufsichtsrats **111,** 492
- Hilfsfunktion **111,** 446
- Honorar **111,** 470
- Inkompatibilität **100,** 71; **105,** 20
- internationale Regelungen **111,** 500
- kleine Kapitalgesellschaften **111,** 443
- KonTraG **111,** 442, 444 ff, 467
- Konzernabschluss **111,** 501
- Krisenerkennung **111,** 220
- Kündigung **111,** 488
- Lagebericht **111,** 224
- langfristige Anlagenaufträge **111,** 467
- Österreich **111,** 498
- Prüfungsauftrag **111,** 456 ff, 464 ff
- Prüfungsausschuss (s dort)
- Prüfungsbericht **107,** 170, 316, 389, 444, 488 f; **109,** 53; **111,** 10, 138, 148, 191 f, 194, 221, 379, 445, 447, 466, 483, 750, 754, 757, 822, 829
- Prüfungsgegenstand **111,** 443
- Prüfungssschwerpunkte **111,** 467
- quality control **111,** 440
- Risikofrüherkennung **111,** 221
- Risikomanagement **111,** 221
- Sarbanes-Oxley-Act **111,** 440, 498 f
- Sitzungsniederschrift des Aufsichtsrats **107,** 198
- Sonderprüfungen **111,** 469
- Sorgfaltspflicht der Aufsichtsratsmitglieder **116,** 154
- Tod **111,** 488
- TransPuG **111,** 442
- Überwachungsaufgabe des Aufsichtsrats (s dort)
- Unabhängigkeit **111,** 498 f
- US-amerikanisches Recht **111,** 440, 498
- Vergütung **111,** 470
- Versicherungsunternehmen **111,** 450
- Verträge mit Aufsichtsratsmitgliedern **114,** 46
- Vertretung der Aktiengesellschaft gegenüber Vorstandsmitgliedern **112,** 57 ff
- Vertretung der Gesellschaft **111,** 461 ff
- vorbereitende Maßnahmen **111,** 472 ff
- Vorratsbewertungen **111,** 467
- Vorschlagsrecht **111,** 448
- Vorstand **111,** 451 f, 472 ff
- Wahl **111,** 456 f
- Widerruf eines Testats **111,** 462
- Zusatzprüfungen **111,** 469
- Zustimmungsvorbehalt bei Beratungsleistungen **111,** 496 f
- Zustimmungsvorbehalt des Aufsichtsrats **111,** 634

Absichtserklärungen
- Beschlussfassung des Aufsichtsrats **108,** 15 f

Abspaltung
- Statusverfahren **97,** 13 ff

Abstimmung (s Beschlussfassung des Aufsichtsrats)

Abwehrmaßnahmen
- Deutscher Corporate Governance Kodex **111,** 789
- Sorgfaltspflicht der Aufsichtsratsmitglieder **116,** 139
- Übernahmerecht **111,** 736 ff
- Verteidigungsmaßnahmen (s dort)

Abwicklung der Aktiengesellschaft
- gerichtliche Bestellung von Aufsichtsratsmitgliedern **104,** 28, 41
- Haftung der Aufsichtsratsmitglieder **116,** 16
- Inkompatibilität **105,** 47
- Sorgfaltspflicht der Aufsichtsratsmitglieder **116,** 16
- Tantieme **113,** 123
- Vergütung von Aufsichtsratsmitgliedern **113,** 74
- Verschwiegenheitspflicht der Aufsichtsratsmitglieder **116,** 16

actio pro socio
- Haftung der Aufsichtsratsmitglieder **116,** 306

ADHGB
- Amtszeit von Aufsichtsratsmitgliedern **102,** 1
- Aufsichtsrat **95,** 1 ff, 28; **111,** 1 ff, 56, 81, 392
- Einberufung der Hauptversammlung durch den Aufsichtsrat **111,** 546
- Geschäftsführungsverbot des Aufsichtsrats **111,** 563 f
- Haftung der Aufsichtsratsmitglieder **116,** 1 ff, 289
- Inkompatibilität **105,** 2
- Sorgfaltspflicht der Aufsichtsratsmitglieder **116,** 1 ff
- Überwachungsaufgabe des Aufsichtsrats **111,** 254
- Vertretung der Aktiengesellschaft gegenüber Vorstandsmitgliedern **112,** 1
- Zustimmungsvorbehalt des Aufsichtsrats **111,** 619

Ad-hoc-Ausschuss
- Beratung in Eilfällen **107,** 229

Ad-hoc-Mitteilung
- Bekanntmachung der Änderung im Aufsichtsrat **106,** 4
- Einberufung des Aufsichtsrats **110,** 18
- Haftung der Aufsichtsratsmitglieder **116,** 311
- Prüfung des Jahresabschlusses **111,** 199
- Überwachungsaufgabe des Aufsichtsrats **111,** 199
- Verschwiegenheitspflicht der Aufsichtsratsmitglieder **116,** 263

Akademie für deutsches Recht
- Einflussnahme auf die Gesellschaft **117,** 28

Aktienbesitz
- Bestellungsvoraussetzung **100,** 105
- Publizität **113,** 155

Aktiengattung
- Entsendung von Aufsichtsratsmitgliedern **101,** 121

Aktiengeschäfte
- Vergütung von Aufsichtsratsmitgliedern **113,** 141

Aktiengesetz 1937
- Abberufung entsandter Aufsichtsratsmitglieder **103,** 1
- Abberufung von Aufsichtsratsmitglieder durch die Hauptversammlung **103,** 1
- Amtszeit von Aufsichtsratsmitgliedern **102,** 1
- Aufsichtsrat **95,** 9, 29; **111,** 5, 52, 81, 94
- Aufsichtsratsmitglieder **100,** 2
- Aufsichtsratssitzung **109,** 1 ff
- Bekanntmachung der Änderung im Aufsichtsrat **106,** 1
- Beschlussfassung des Aufsichtsrats **108,** 1 ff
- Bestellung der Aufsichtsratsmitglieder **100,** 2; **101,** 2 ff
- Einberufung des Aufsichtsrats **110,** 1
- Einflussnahme auf die Gesellschaft **117,** 24 ff, 60
- gerichtliche Abberufung von Aufsichtsratsmitgliedern **103,** 1
- gerichtliche Bestellung von Aufsichtsratsmitgliedern **104,** 2 ff
- Geschäftsführungsverbot des Aufsichtsrats **111,** 556, 565
- Haftung der Aufsichtsratsmitglieder **116,** 4
- Inkompatibilität **105,** 2 f
- Kreditgewährung an Aufsichtsratsmitglieder **115,** 1
- Sorgfaltspflicht der Aufsichtsratsmitglieder **116,** 4
- Überwachungsaufgabe des Aufsichtsrats **111,** 159, 254
- Vergütung von Aufsichtsratsmitgliedern **113,** 2, 66, 102
- Vertretung der Aktiengesellschaft gegenüber Vorstandsmitgliedern **112,** 2, 21

Aktiengesetz 1965
- Abberufung entsandter Aufsichtsratsmitglieder **103,** 2 f
- Abberufung von Aufsichtsratsmitglieder durch die Hauptversammlung **103,** 2 f
- Amtszeit von Aufsichtsratsmitgliedern **102,** 2
- Aufsichtsrat **95,** 10 ff; **111,** 6 ff, 59, 108
- Aufsichtsratsmitglieder **100,** 1 ff
- Bestellung der Aufsichtsratsmitglieder **101,** 1 ff
- Einflussnahme auf die Gesellschaft **117,** 33 ff
- gerichtliche Abberufung von Aufsichtsratsmitgliedern **103,** 2 f
- gerichtliche Bestellung von Aufsichtsratsmitgliedern **104,** 7

- Geschäftsführungsverbot des Aufsichtsrats **111**, 556
- Haftung der Aufsichtsratsmitglieder **116**, 5
- Inkompatibilität **105**, 4
- Sorgfaltspflicht der Aufsichtsratsmitglieder **116**, 5, 30
- Statusverfahren **97**, 1; **98**, 1
- Überwachungsaufgabe des Aufsichtsrats **111**, 254
- Vergütung von Aufsichtsratsmitgliedern **113**, 2
- Verträge mit Aufsichtsratsmitgliedern **114**, 1
- Vertretung der Aktiengesellschaft gegenüber Vorstandsmitgliedern **112**, 23
- Zustimmungsvorbehalt des Aufsichtsrats **111**, 619 ff

Aktienoption
- Vergütung von Aufsichtsratsmitgliedern **113**, 37, 40 f
- Vertretung der Aktiengesellschaft gegenüber Vorstandsmitgliedern **112**, 17, 48

Aktionär
- Aufsichtsratsmitglieder **100**, 19, 105
- Bestellung der Aufsichtsratsmitglieder **100**, 19, 105
- Einflussnahme auf die Gesellschaft **117**, 118 f, 172 ff
- gerichtliche Bestellung von Aufsichtsratsmitgliedern **104**, 33 f
- Haftung der Aufsichtsratsmitglieder **116**, 309 ff
- Sitzungsniederschrift des Aufsichtsrats **107**, 199
- Statusverfahren **98**, 27
- vorstandsunabhängige Information des Aufsichtsrats **111**, 534 f

Aktionsplan der Kommission
- Aufsichtsrat **95**, 27; **111**, 872
- Aufsichtsratsmitglieder **100**, 213 f
- Bericht der High Level Group (s dort)
- Besetzung des Aufsichtsrates **95**, 123
- Bestellung der Aufsichtsratsmitglieder **100**, 213 f
- Einsichts- und Prüfungsrecht des Aufsichtsrats **111**, 872
- Haftung der Aufsichtsratsmitglieder **116**, 29, 341
- Inkompatibilität **100**, 213 f; **105**, 80 f
- Interessenkonflikte von Aufsichtsratsmitgliedern **100**, 213 f
- Sorgfaltspflicht der Aufsichtsratsmitglieder **116**, 29, 341
- Überwachungsaufgabe des Aufsichtsrats **111**, 872
- unabhängige Besetzung von Ausschüssen **107**, 299, 322, 331, 339
- Unabhängigkeit von Aufsichtsratsmitgliedern **100**, 14, 87 ff, 213 f
- Vergütung von Aufsichtsratsmitgliedern **113**, 164 f
- Verschwiegenheitspflicht der Aufsichtsratsmitglieder **116**, 29, 328, 341
- Verträge mit Aufsichtsratsmitgliedern **114**, 64, 77
- Zustimmungsvorbehalt des Aufsichtsrats **111**, 872

Allgemeine Auftragsbedingungen für Wirtschaftsprüfer und Wirtschaftsprüfergesellschaften 111, 466

Altersgrenze
- Corporate Governance **100**, 13
- Deutscher Corporate Governance Kodex **100**, 187
- englisches Recht **100**, 215
- gerichtliche Bestellung **104**, 83
- Reformvorschläge **100**, 6

Altersvorsorge
- Vergütung von Aufsichtsratsmitgliedern **113**, 34

Amtsniederlegung
- Aufsichtsratsmitglieder (s Amtsniederlegung von Aufsichtsratsmitgliedern)
- Aufsichtsratsvorsitzender **107**, 51 f
- Haftung der Aufsichtsratsmitglieder **116**, 20
- Inkompatibilität **105**, 39
- Interessenkonflikte von Aufsichtsratsmitgliedern **100**, 171
- Sorgfaltspflicht der Aufsichtsratsmitglieder **116**, 20

Amtsniederlegung von Aufsichtsratsmitgliedern 103, 82 ff
- Amtszeit von Aufsichtsratsmitgliedern **102**, 40
- Deutscher Corporate Governance Kodex **103**, 101 f
- Entsendung von Aufsichtsratsmitgliedern **101**, 151 f; **103**, 95
- Erklärung **103**, 88 f
- Ersatzmitglied **101**, 208
- Genehmigung **103**, 93 f
- gesellschaftsbezogene Beendigungsgründe **103**, 100
- Interessenkonflikte **103**, 96
- persönliche Beendigungsgründe **103**, 99
- Pflicht zur Amtsniederlegung **103**, 96 ff
- Rechtsfolgen **103**, 92
- Sanktionen **103**, 93 f
- Satzung **103**, 90 f

– unzulässige Amtsniederlegung **103,** 93 f
– Vertrag **103,** 90 f
– wichtiger Grund **103,** 83ff
– Zulässigkeit **103,** 82
Amtszeit (s Amtszeit von Arbeitnehmervertretern), (s Amtszeit von Aufsichtsratsmitgliedern)
Amtszeit von Arbeitnehmervertretern 102, 58 ff
– Abberufung **102,** 69
– außerordentliche Beendigungsgründe **102,** 66 ff
– Beginn **102,** 64 f
– Ende **102,** 64 f
– Satzung **102,** 59 ff
– Statutsverfahren **102,** 67
– Umwandlung **102,** 68
– Wahlanfechtung **102,** 70
– Wegfall der Wählbarkeitsvoraussetzungen **102,** 71 ff
Amtszeit von Aufsichtsratsmitgliedern 102, 1 ff
– Abberufung **102,** 33, 41
– ADHGB **102,** 1
– Aktiengesetz 1937 **102,** 1
– Aktiengesetz 1965 **102,** 2
– Amtsniederlegung **102,** 40
– Aufsichtsrat **102,** 22
– außerordentliche Beendigungsgründe **102,** 33 ff
– Beginn **102,** 30
– Corporate Governance **102,** 7
– Deutscher Corporate Governance Kodex **102,** 29, 75 f
– Entlastung **102,** 11
– Entsendungsberechtigter **102,** 21
– Erlöschen des Amts **102,** 31 f
– Europäische Aktiengesellschaft **102,** 77 ff
– Europäisches Recht **102,** 80
– Frankreich **102,** 81
– Fristablauf **102,** 34
– Hauptversammlung **102,** 18 ff
– historische Entwicklung **102,** 1 f
– Höchstdauer **102,** 8 ff
– Insolvenzverfahren **102,** 36
– Mitbestimmung **102,** 6
– Österreich **102,** 81
– Rechtsvergleichung **102,** 81
– Sanktionen **102,** 24
– Satzung **102,** 14 ff
– Schweiz **102,** 81
– Statutsverfahren **102,** 33
– Tod **102,** 33
– Umwandlung **102,** 38
– Unabhängigkeit **102,** 25 ff
– unterlassener Entlastungsbeschluss **102,** 11
– Vollbeendigung der Aktiengesellschaft **102,** 35 ff
– Wegfall persönlicher Voraussetzungen **102,** 39
– Wiederbestellung **102,** 42 ff
Anfechtung der Bestellung von Aufsichtsratsmitgliedern 101, 223 ff
– Amtszeit von Arbeitnehmervertretern **102,** 70
– Anfechtungsfrist **101,** 229
– Rückwirkung **101,** 227 f
Anfechtungsklage
– fehlerhafte Aufsichtsratsbeschlüsse **108,** 133 ff
– Inkompatibilität **105,** 25
– Sorgfaltspflicht der Aufsichtsratsmitglieder **116,** 124
– Vergütung von Aufsichtsratsmitgliedern **113,** 106
– Vertretung der Aktiengesellschaft gegenüber Vorstandsmitgliedern **112,** 9, 55
– Wahl von Aufsichtsratsmitgliedern (s Anfechtung der Wahl von Aufsichtsratsmitgliedern)
Angaben auf Geschäftsbriefen (s Geschäftsbriefe)
Angestellte
– Aufsichtsratssitzung **109,** 49
– Inkompatibilität **105,** 33, 41 ff
Anhang
– Bekanntmachung der Änderung im Aufsichtsrat **106,** 4
– Kreditgewährung an Aufsichtsratsmitglieder **115,** 29
– Vergütung von Aufsichtsratsmitgliedern **113,** 138
– Verträge mit Aufsichtsratsmitgliedern **114,** 63
Anlageausschuss 107, 237
Anstalt
– Aufsichtsratsmitglieder **100,** 16
– Bestellung der Aufsichtsratsmitglieder **100,** 16
Anstellung von Vorstandsmitgliedern
– Personalkompetenz des Aufsichtsrats **111,** 70
– Aufsichtsratsausschuss **107,** 381, 385
Anstellungsvertrag
– Inkompatibilität **105,** 39 f
– Vertretung der Aktiengesellschaft gegenüber Vorstandsmitgliedern **112,** 17
Anstiftung
– Einflussnahme auf die Gesellschaft **117,** 38
Anteilseignervertreter (s auch Aufsichtsratsmitglieder)
Anzahlungen
– Kreditgewährung an Aufsichtsratsmitglieder **115,** 18

- Vergütung von Aufsichtsratsmitgliedern **115**, 18
ARAG/Garmenbeck-Entscheidung
- Aufsichtsrat **111**, 105
- Haftung der Aufsichtsratsmitglieder **116**, 18 f
- Sorgfaltspflicht der Aufsichtsratsmitglieder **116**, 18 f, 34, 52, 72 ff, 147, 158
- Überwachungsaufgabe des Aufsichtsrats **111**, 238, 278, 352 ff
- Unternehmerisches Ermessen **116**, 72 ff
- Unternehmerisches Ermessen des Aufsichtsrats **116**, 105, 110
Arbeitnehmervertreter
- Amtszeit (s Amtszeit von Arbeitnehmervertretern)
- Abberufung **103**, 77 ff
- Aufsichtsratsausschuss **107**, 277 ff
- Einflussnahme auf die Gesellschaft **117**, 100
- gerichtliche Abberufung von Aufsichtsratsmitgliedern **103**, 77 ff
- gerichtliche Bestellung von Aufsichtsratsmitgliedern **104**, 31
- Inkompatibilität **105**, 35 ff
- Nominierungsausschuss **107**, 332
- persönliche Voraussetzungen **100**, 96 ff
- Sorgfaltspflicht der Aufsichtsratsmitglieder **116**, 55 ff
- Unabhängigkeit von Aufsichtsratsmitgliedern **100**, 90 ff
- Vergütung von Aufsichtsratsmitgliedern **113**, 10 f
- Verschwiegenheitspflicht der Aufsichtsratsmitglieder **116**, 57, 219 ff
- Verträge mit Aufsichtsratsmitgliedern **114**, 65
Arbeitsdirektor
- Prüfungsausschuss **107**, 348
Arbeitsgerichtsänderungsgesetz
- gerichtliche Bestellung von Aufsichtsratsmitgliedern **104**, 7
Architekt
- Inkompatibilität **105**, 46
- Verträge mit Aufsichtsratsmitgliedern **114**, 10
Arzt
- Inkompatibilität **105**, 46
audit committee (s Prüfungsausschuss)
Aufenthaltserlaubnis
- Aufsichtsratsmitglieder **100**, 19
- Bestellung der Aufsichtsratsmitglieder **100**, 19
Aufenthaltskosten
- Aufwendungsersatzanspruch von Aufsichtsratsmitgliedern **113**, 19
Aufsichtsorgan der Europäischen Aktiengesellschaft
- Abberufung Mitglieder **103**, 106
- Amtsdauer **102**, 78
- Ausschüsse **107**, 499
- Bekanntmachung Änderungen **106**, 28
- Beschlussfassung **108**, 196 f
- Bestellung der Mitglieder **101**, 238
- Beraterverträge **114**, 74
- Einberufung **110**, 88
- gerichtliche Bestellung **104**, 131
- Haftung **116**, 334, 336
- Inkompatibilität **105**, 76 f
- Kredite **115**, 41
- Mitbestimmung **96**, 58 ff
- Mitgliederzahl **95**, 114 f
- Niederschrift **107**, 499
- SEAG **95**, 112
- Statusverfahren **97**, 77; **98**, 54; **99**, 44
- stellvertretender Vorsitzender **107**, 499
- Teilnahme an Sitzungen **109**, 101
- Überwachung **111**, 845 ff
- Vergütung **113**, 160
- Verordnung **95**, 110
- Vertretung **112**, 119
- Voraussetzung für die Mitglieder **100**, 199 ff
- Vorsitzender **107**, 498
- Zustimmungsvorbehalte **111**, 845, 849, 855 f
Aufsichtsrat **95**, 1 ff; **111**, 1 ff
- Abberufung von Aufsichtsratsmitgliedern (s dort)
- Abberufung von Vorstandsmitgliedern **111**, 69
- Abschlussprüfer (s dort)
- ADHGB **95**, 1 ff, 28; **111**, 1 ff, 56, 81, 392
- Aktiengesetz 1937 **95**, 9, 29; **111**, 5, 52, 81, 94
- Aktiengesetz 1965 **95**, 10 ff; **111**, 6 ff, 59, 108
- Aktionsplan der Kommission **95**, 27; **111**, 872
- Alleingeschäftsführung **111**, 84
- Amtszeit von Aufsichtsratsmitgliedern **102**, 22
- ARAG/Garmenbeck-Entscheidung **111**, 105
- Arbeitnehmerinteressen **111**, 105
- arbeitsteiliges Gremium **111**, 133
- Aufsichtsratsassistent **111**, 759
- Aufsichtsratsbüro **111**, 755 f
- Aufsichtsratsvorsitzender (s dort)
- Aufwendungsersatzanspruch (s Aufwendungsersatzanspruch von Aufsichtsratsmitgliedern)
- Ausschuss (s Aufsichtsratsausschüsse)
- Befugnisse **111**, 27 ff, 79 ff, 556 ff

- Beirat (s dort)
- Bekanntmachung der Änderung im Aufsichtsrat (s dort)
- Beratung **111,** 61 ff
- Berichterstattung an die Hauptversammlung **116,** 262
- Beschlussfassung (s Beschlussfassung des Aufsichtsrats)
- Beschlussfassung des Aufsichtsrats ohne Sitzung (s dort)
- beschlussunfähiger Aufsichtsrat **104,** 15 ff
- Beschlussvorschläge **111,** 71 f
- Besetzung (s Besetzung des Aufsichtsrates)
- besondere unternehmerische Verwaltungstätigkeit **111,** 67 ff
- Bestellung des Abschlussprüfers (s dort)
- Bestellung der Aufsichtsratsmitglieder (s dort)
- Bestellung der Vorstandsmitglieder **111,** 67 f
- Betriebsrat **116,** 222
- Bilanzrichtliniengesetz **95,** 41
- Billigung des Konzernabschlusses **111,** 75
- Board-System **111,** 91 ff
- business roundtable **111,** 104
- Code-of-conduct-Bewegung **95,** 22
- company secretary **111,** 759
- Corporate Governance (s dort)
- Delegationsverbot **111,** 743 ff
- Deutscher Corporate Governance Kodex **95,** 15, 24 ff; **107,** 459 ff; **111,** 20 ff, 63, 92, 777 ff
- Dritter **111,** 747 ff
- dualistisches System **111,** 91ff
- Einberufung (s Einberufung des Aufsichtsrats)
- Einberufung der Hauptversammlung (s Einberufung der Hauptversammlung durch den Aufsichtsrat)
- Einschaltung Dritter **111,** 747 ff
- Einsichts- und Prüfungsrecht (s Einsichts- und Prüfungsrecht des Aufsichtsrats)
- Entsprechenserklärung **111,** 77
- Europäische Aktiengesellschaft **111,** 845 ff
- Europäisches Recht **111,** 869 ff
- fakultative Gremien **95,** 40 ff
- fakultative Verwaltungsratsfunktion im ADHGB und HGB 1897 **95,** 7 ff
- fehlerhafte Aufsichtsratsbeschlüsse (s dort)
- Feststellung des Jahresabschlusses **111,** 74
- Frankfurter Grundsatzkommission **95,** 22
- Frankreich **111,** 873 ff
- Funktion und Funktionswandel **95,** 10 ff
- genehmigtes Kapital **111,** 76
- Geschäftsführung (s Geschäftsführungsbefugnis des Aufsichtsrats)
- Geschäftsgeheimnis (s Verschwiegenheitspflicht)
- Geschäftsordnung (s Geschäftsordnung des Aufsichtsrats)
- Großbritannien **111,** 91, 874
- Grundlagen **95,** 1 ff
- Grundsätze ordnungsgemäßer Überwachung **111,** 13
- Gründungshaftung des Vorstands und Aufsichtsrats (s dort)
- Hauptversammlung **111,** 31 ff, 78
- Hertie-Entscheidung **111,** 424 ff
- High Level Group of Company Law Experts **95,** 27
- Hilfskräfte **111,** 748
- historische Entwicklung **95,** 28 ff; **111,** 1 ff
- höchstpersönliche Amtsführung **111,** 38
- Information (s Information des Aufsichtsrats, vorstandsunabhängige Information des Aufsichtsrats)
- Informationsordnung **111,** 399 f
- Inkompatibilität (s dort)
- Innenorgan **107,** 67, 119, 468; **111,** 245
- innere Ordnung **107,** 1 ff
- Insolvenzantragspflicht (s dort)
- Kapitalmaßnahmen **111,** 76
- Kollegialorgan **111,** 108 f
- Kompetenzverteilung **111,** 79 ff
- KonTraG **95,** 15; **111,** 10, 59
- Kontrollmittel **111,** 34 ff
- Kontrollrechte **111,** 34 ff
- Kontrolltätigkeit **111,** 52 ff
- Konzernabschluss **111,** 75
- Konzessionssystem **95,** 1 ff
- Kreditgewährung (s Kreditgewährung an Aufsichtsratsmitglieder)
- Mitbestimmung (s dort)
- Mitglieder (s Aufsichtsratsmitglieder)
- mitentscheidendes Kontrollorgan **111,** 52 ff
- mitunternehmerisches Handeln **111,** 60
- mitunternehmerisches Organ **95,** 14
- monistisches System **111,** 91 ff
- nachträgliche Kontrolle **111,** 56 f
- Nebengeschäftsführung **111,** 84
- Normzweck **95,** 31 ff
- OECD Principles of Corporate Governance **95,** 23; **111,** 104
- öffentliche Interessen **111,** 105
- Organ **95,** 1 ff, 35 ff
- Organisationsverfassung **111,** 27 ff
- Österreich **111,** 873
- Pflichtorgan **95,** 35

- Präsidium (s Aufsichtsratspräsidium)
- präventive Kontrolle **111**, 58 ff
- Prinzipal-Agent-Beziehung **95**, 11, 19; **111**, 52
- Prüfung des Jahresabschlusses (s Prüfungsbericht des Aufsichtsrats)
- Publizitätsrichtlinie **111**, 871
- Rechtsvergleichung **111**, 873 ff
- Reform **111**, 11 ff
- Regierungskommission Corporate Governance **111**, 20 ff
- Satzung **95**, 38 ff
- Satzungsstrenge **95**, 16 ff
- Schweiz **111**, 876
- Shareholder-Ansatz **95**, 19
- Sitzung (s Aufsichtsratssitzung)
- Sitzungsniederschrift des Aufsichtsrats (s dort)
- Sonderaufsichtsrat **95**, 37
- Stakeholder-Ansatz **95**, 19
- Statusverfahren (s dort)
- stellvertretender Aufsichtsratsvorsitzender (s dort)
- Strukturrichtlinie **111**, 869 f
- technische Ausführung **111**, 747 ff
- TransPuG **95**, 15; **111**, 15 ff
- Übernahmerecht (s dort)
- Überprüfung des Jahresabschlusses **111**, 74
- Übertragung der Aufgaben auf einzelne Mitglieder **111**, 117
- Überwachungsaufgabe (s Überwachungsaufgabe des Aufsichtsrats)
- UMAG **111**, 104
- unternehmerische Verwaltungstätigkeit **111**, 61 ff
- unternehmerisches Initiativrecht **111**, 84 ff
- Unübertragkeit der Aufgaben **111**, 743 ff
- unvollständiger Aufsichtsrat **104**, 50 ff
- US-amerikanisches Recht **95**, 10; **111**, 91, 874
- Vergütung (s Vergütung von Aufsichtsratsmitgliedern)
- Vergütung von Vorstandsmitgliedern **111**, 70
- Verträge mit Aufsichtsratsmitgliedern (s dort)
- Vertretung der Aktiengesellschaft **111**, 73
- Verwaltungsrat **95**, 1 ff
- Verwaltungsratsmodell **111**, 92 ff
- Vorsitzender (s Aufsichtsratsvorsitzender)
- Vorstand **111**, 27 ff, 79 ff
- Vorstandsberichte **111**, 391 ff
- vorstandsunabhängige Information (s vorstandsunabhängige Information des Aufsichtsrats)
- Weisungsabhängigkeit **111**, 78
- weitere Gremien **95**, 37
- Widerruf der Bestellung eines Vorstandsmitgliedes **111**, 84
- Wohl der Gesellschaft **111**, 103 ff
- Zusammensetzung **96**, 1 ff
- Zuständigkeit **111**, 108 ff
- Zustimmungsvorbehalt (s Zustimmungsvorbehalt des Aufsichtsrats)
- zwingender Charakter **111**, 40 f

Aufsichtsratsassistent
- Aufsichtsrat **111**, 759
- Aufsichtsratssitzung **109**, 44
- Beschlussfassung des Aufsichtsrats **111**, 759
- Einsichts- und Prüfungsrecht des Aufsichtsrats **111**, 434
- Verschwiegenheitspflicht der Aufsichtsratsmitglieder **116**, 269
- vorstandsunabhängige Information des Aufsichtsrats **111**, 530 ff

Aufsichtsratsausschuss 107, 228 ff
- Abberufung von Ausschussmitgliedern **107**, 354
- Abberufung des Ausschussvorsitzenden **107**, 354, 417
- Abberufung des Vorstandsvorsitzenden **107**, 384 ff
- Abberufung von Vorstandsmitgliedern **107**, 384 ff
- Ad-hoc-Ausschuss **107**, 229
- Abgrenzung **107**, 240 f
- Abschlagszahlung auf den Bilanzgewinn **107**, 378
- ähnliche Gremien **107**, 239
- Amtszeitverlängerung von Vorstandsmitgliedern **107**, 380 ff
- Anlageausschuss **107**, 237
- Anstellung von Vorstandsmitgliedern (s dort)
- Anzahl der Mitglieder **107**, 268 ff
- Anzahl von Ausschüssen **107**, 298 ff
- Arbeitnehmervertreter **107**, 277 ff
- Arbeitsweise **107**, 409 ff
- audit committee (s Prüfungsausschuss)
- Auflösung **107**, 353
- Aufsichtsrat **111**, 110
- Aufsichtsratsvorsitzender **107**, 141 f
- Ausscheiden von Mitgliedern **107**, 354
- Ausschussvorsitzender **107**, 291 f
- Auswahlkriterien **100**, 31; **107**, 274 ff
- außerordentliche Einberufung der Hauptversammlung **107**, 388
- Bedeutung **107**, 229 ff

- Beirat **95**, 51 ff; **107**, 239
- Berichtspflicht des Ausschuss **107**, 435 ff
- beschließende Ausschüsse **107**, 271
- Beschlussfähigkeit **107**, 412 ff
- Beschlussfassung **107**, 403 ff, 424 ff
- Beschlussfassung des Aufsichtsrats **108**, 17
- Beschlussvorbereitung **107**, 360 f
- Besetzung **107**, 250 ff
- Beteiligungsausschuss **107**, 350
- Beurlaubung von Vorstandsmitglieder **107**, 384
- Bildung **107**, 263 ff
- Corporate Governance **107**, 286 ff
- Dauer der Bestellung **107**, 290
- Delegationsmöglichkeit **107**, 363 ff, 370 ff
- Delegationsverbote **107**, 376
- Deutscher Corporate Governance Kodex **107**, 302 ff, 454 ff, 476 ff
- dogmatische Einordnung **107**, 240 f
- Drittelbeteiligungsgesetz **107**, 278 f
- Einberufung **110**, 74 ff
- Einberufung des Sitzungen **107**, 420
- Einmann-Ausschüsse **107**, 451 f
- Einsetzung **107**, 264 ff; **111**, 136
- Einsichtsrecht **107**, 433 f; **111**, 419
- Ermessensentscheidung **107**, 357 ff
- Ersatzmitglied **107**, 293 f
- Erscheinungsformen **107**, 231 ff
- Europäische Aktiengesellschaft **107**, 503
- Europäisches Recht **107**, 505 f
- executive committee (s Aufsichtsratspräsidium)
- Frankfurter Grundsatzkommission **107**, 306
- Frankreich **107**, 507
- Gebot der Bildung von Ausschüssen **107**, 246 ff
- gerichtliche Bestellung von Aufsichtsratsmitgliedern **104**, 65
- Geschäftsordnung **107**, 257 ff, 411
- Geschäftsordnung des Aufsichtsrats **107**, 211
- Geschäftsordnung für den Vorstand **107**, 379
- Haftung **107**, 295 ff
- High Level Group of Company Law Experts **107**, 287, 299, 505
- Informationsrechte **107**, 433 ff
- internationale Standards **107**, 298 ff
- Investitionsausschuss **107**, 236
- Kompetenzentzug **107**, 352
- KonTraG **107**, 230
- Kreditausschuss **107**, 236
- Leitung **107**, 421 ff
- Mehrheitserfordernisse für Ausschussbildung **107**, 249
- Mindestmitgliederzahl **107**, 268 ff
- mitbestimmte Gesellschaften **107**, 277 ff
- Mitbestimmungsgesetz **107**, 277 ff, 348 ff
- Mitgliederbestellung **107**, 264 ff
- Mitgliedschaftsvoraussetzungen **107**, 272 f
- Montanmitbestimmungsgesetz **107**, 277
- Niederschrift **107**, 432
- nomination committee (s Nominierungsausschuss)
- Nominierungsausschuss (s dort)
- Organisationsautonomie **107**, 242 ff
- Österreich **107**, 507
- Personalausschuss **107**, 234
- personelle Besetzung **107**, 274 ff
- Pflicht zur Bildung **107**, 262, 355 f
- Pflichtenstellung der Aufsichtsratsmitglieder **107**, 448 ff
- Plenum **107**, 355 ff
- Präsidialausschuss (s Aufsichtsratspräsidium)
- Präsidum des Aufsichtsrats (s Aufsichtsratspräsidium)
- Prüfung des Jahresabschlusses **107**, 389 f
- Prüfungsauftrag **107**, 390
- Prüfungsausschuss (s dort)
- Prüfungsrecht **107**, 433 f
- remuneration committee (s Vergütungsausschüsse)
- Sachkunde **100**, 31
- Satzung **107**, 242 ff
- Schweiz **107**, 508
- Selbstorganisation des Aufsichtsrats **107**, 396 ff
- Sitzungen (s Aufsichtsratsausschusssitzungen)
- Sitzungsleitung **107**, 421 ff
- Sorgfaltspflicht der Aufsichtsratsmitglieder **116**, 62 f, 116 f, 121
- Stellvertreter von Ausschussmitgliedern **107**, 293 f
- Stellvertreter von Vorstandsmitgliedern **105**, 69
- Stichentscheid **107**, 427 ff
- Strukturrichtlinie **107**, 502
- Suspendierung von Vorstandsmitgliedern **107**, 384
- Teilnahme **107**, 421 f
- Teilnahmerecht **109**, 58 ff
- Überwachung der Beschlussausführung **107**, 362
- Unabhängigkeit **107**, 275 f, 299, 322 ff, 331 f, 339, 490, 493
- ungeschriebene Delegationsverbote **107**, 396 ff
- unzulässige Aufgabenübertragung **107**, 406 ff
- US-amerikanisches Recht **107**, 508

- Verantwortlichkeit der Ausschussmitglieder **107**, 448
- Verantwortlichkeit der übrigen Aufsichtsratsmitglieder **107**, 449 f
- Verbot der Ausschussbildung **107**, 246 ff
- Verfahrensregeln **107**, 254 ff
- Vergütungsausschüsse (s dort)
- Verhandlungsvorbereitung **107**, 360 f
- Verhältnis zum Gesamtaufsichtsrat **107**, 240, 355 ff, 435 ff
- Vermittlungsausschuss **107**, 348 f
- Verträge mit Aufsichtsratsmitgliedern **114**, 29, 48
- vertrauliche Ausschüsse **107**, 369
- Vertretung der Aktiengesellschaft gegenüber Vorstandsmitgliedern **112**, 87
- vorbereitende Ausschüsse **107**, 231
- Vorsitz **107**, 416 ff
- Vorsitzender **107**, 291 f
- Vorstandsmitglieder **109**, 38 f
- Vorstandsvorsitzender **107**, 383
- Wahl des Aufsichtsratsvorsitzenden **107**, 377
- wiederholte Bestellung von Vorstandsmitgliedern **107**, 380 ff
- Zahl der Mitglieder **107**, 268 ff
- Zusammensetzung **107**, 274 ff
- Zuständigkeit **107**, 263
- Zustimmungsvorbehalte **107**, 392 ff

Aufsichtsratsausschusssitzungen **109**, 58 ff
- Aufsichtsratsmitglieder **109**, 58 ff
- Aufsichtsratspräsidium **109**, 59
- Aufsichtsratsvorsitzender **109**, 61 ff
- Auskunftsrecht **109**, 72
- Ausschluss **109**, 61 ff
- ausschussfremde Aufsichtsratsmitglieder **109**, 61 ff
- Dritte **109**, 74
- Einsicht in die Unterlagen **109**, 73
- Insiderhandelsverbot **109**, 60
- Satzung **109**, 75
- Vorstandsmitglieder **109**, 74

Aufsichtsratsbericht
- Aufsichtsratsvorsitzender **107**, 89

Aufsichtsratsbüro
- Aufsichtsrat **111**, 755 f
- Aufwendungsersatzanspruch von Aufsichtsratsmitgliedern **113**, 23
- Beschlussfassung des Aufsichtsrats **111**, 755 f
- Geschäftsführungsverbot des Aufsichtsrats **111**, 576 f

Aufsichtsratsmandate
- Anzahl **100**, 1, 32 ff, 183
- Aufsichtsratsvorsitzmandate **100**, 45 ff
- Auslandsbezug **100**, 36 ff
- ausländische Gesellschaften **100**, 36 ff
- Deutscher Corporate Governance Kodex **100**, 183
- Doppelmandate **100**, 55 ff
- ehemalige Vorstandsmitglieder **100**, 188 ff
- Höchstzahl **100**, 32 ff
- Konzernprivileg **100**, 40 ff
- Reformdiskussion **100**, 4 f, 46 ff
- Aufsichtsratsvorsitzender **107**, 76, 470 ff
- Ausschussmitglieder **107**, 324
- Cool-off-Periode **100**, 88, 93
- Deutscher Corporate Governance Kodex **100**, 188 ff, 193; **107**, 324, 470 ff
- Inkompatibilität **105**, 19 f
- Konzernprivileg für Aufsichtsratsmandate **100**, 40 ff

Aufsichtsratsmitglieder **100**, 1 ff; **111**, 114 ff
- Abberufung (s Abberufung entsandter Aufsichtsratsmitglieder), (s Abberufung von Aufsichtsratsmitglieder), (s gerichtliche Abberufung von Aufsichtsratsmitgliedern), s Abberufung von Aufsichtsratsmitgliedern)
- abgeleitete Verpflichtungen **111**, 131
- Abschlussprüfer **100**, 71
- Aktiengesetz 1937 **100**, 2
- Aktiengesetz 1965 **100**, 1 ff
- Aktionär **100**, 19, 100, 105
- Aktionsplan der Kommission **100**, 213 f
- Altersgrenzen **100**, 187
- Amtsniederlegung (s Amtsniederlegung von Aufsichtsratsmitgliedern)
- Amtszeit (s Amtszeit von Aufsichtsratsmitgliedern)
- Anfechtung der Wahl von Aufsichtsratsmitgliedern (s dort)
- Anstalt **100**, 16
- Anstellungsvertrag **101**, 91
- Antragsrecht **111**, 116
- Arbeitnehmervertreter **111**, 123
- Arbeitseinsatz **111**, 125 ff
- Aufenthaltserlaubnis **100**, 19
- Aufgabenverteilung **111**, 143
- Aufsichtsratsmandate **100**, 1, 32 ff, 183
- Aufsichtsratsausschusssitzungen **109**, 58 ff
- Ausländer **100**, 19
- Ausschuss **111**, 142
- Ausschusseinsetzung **111**, 136
- Beamte **100**, 68
- Begrenzung der Pflichtenstellung **111**, 131 ff
- Behörde **100**, 16
- Bekanntmachung der Änderung im Aufsichtsrat (s dort)
- Beraterverträge **111**, 432; **113**, 97 ff; **114**, 13 ff

- Berufserfahrung **100,** 104
- Berufsverbot **100,** 19
- Bestellung (s Bestellung der Aufsichtsratsmitglieder), (s gerichtliche Bestellung von Aufsichtsratsmitgliedern)
- Bestellung als stellvertretendes Vorstandsmitglied **105,** 48 ff
- Bestellung der Aufsichtsratsmitglieder (s dort)
- Bestellung der Vorstandsmitglieder **111,** 137
- Bilanzprüfung **111,** 138
- Bundespräsident **100,** 66
- Corporate Governance **100,** 7, 12 ff
- Deutscher Corporate Governance Kodex **100,** 72, 183 ff; **111,** 118 f
- Einberufung des Aufsichtsrats **110,** 43 f
- Einflussnahme auf die Gesellschaft (s dort)
- Einsetzung eines Ausschusses **111,** 136
- einzelne Pflichten **111,** 135 ff
- Entsendung (s Entsendung von Aufsichtsratsmitgliedern)
- Ersatzmitglied (s dort)
- Europäisches Recht **100,** 209 ff
- Examensabschlüsse **100,** 104
- faktische Aufsichtsratsmitglieder **101,** 100 f
- fehlerhaft bestellte Aufsichtsratsmitglieder **101,** 100 f
- financially literate **100,** 26
- Frankreich **100,** 215 f
- gerichtliche Bestellung von Aufsichtsratsmitgliedern (s dort)
- Geschäftsfähigkeit **100,** 16 ff
- Geschlecht **100,** 19
- gesetzliche Hinderungsgründe **100,** 32 ff
- Gleichheit **107,** 7 ff, 277 ff; **113,** 67 ff; **116,** 41 ff
- Großbritannien **100,** 216
- Grundgesetz **100,** 66 f
- Haftung (s Haftung der Aufsichtsratsmitglieder)
- historische Entwicklung **100,** 1 ff
- Höchstalter **100,** 104
- Höchstzahl von Mandaten **100,** 32
- Informationspflicht **111,** 146 ff; **116,** 80
- Informationsrechte **111,** 116, 146 ff
- Inkompatibilität (s dort)
- Interessenkonflikte (s Interessenkonflikte von Aufsichtsratsmitglieder)
- internationales Recht **100,** 208
- Jahresabschluss **111,** 148
- juristische Person **100,** 16
- Kapitalanlagegesellschaft **100,** 70
- kartellrechtliche Lösung **100,** 75
- Klagerechte **111,** 350
- Kompetenz **100,** 19
- Konkurrenzunternehmen **100,** 73 ff
- KonTraG **100,** 4 ff, 74 ff; **111,** 130
- Konzernabschluss **111,** 148
- Körperschaft **100,** 16
- korporationsrechtliches Rechtsverhältnis **101,** 91 ff
- Kreditgewährung (s Kreditgewährung an Aufsichtsratsmitglieder)
- lex Abs **100,** 32
- Mindestalter **100,** 104
- Mindestqualifikation **111,** 120
- Mitarbeit **111,** 135 ff
- Mitarbeitspflicht **111,** 115
- Mitteilungspflicht für Konkurrenzmandate **100,** 84
- Nebenamt **111,** 132
- Nichtigkeit der Wahl von Aufsichtsratsmitglieder (s dort)
- Nominierungsausschuss **111,** 142
- Notare **100,** 71
- Online-Hauptversammlung **111,** 140
- ordungsgemäße Zusammensetzung **111,** 145
- Organisationsgefälle **100,** 51 ff
- Organisationspflicht **111,** 141 ff
- organisatorische Maßnahmen **111,** 144
- Österreich **100,** 215
- Personenhandelsgesellschaften **100,** 16
- persönliche Voraussetzungen (s persönliche Voraussetzungen für Aufsichtsratsmitglieder)
- Pflichten **111,** 114 ff; **116,** 30 ff, 66 ff, 173 ff, 215 ff
- Pflichtverletzungen des Vorstandes **111,** 139
- Präsidialausschuss **111,** 142
- Prüfung der Unternehmensabschlüsse **111,** 138
- Prüfungsausschuss **111,** 142
- Qualifikation **111,** 119 ff
- Rechnungslegung **111,** 138
- Rechte **111,** 114 ff; **113,** 9 ff; **116,** 41 ff
- Rechtsvergleichung **100,** 215 ff
- Rechtsverhältnis zur Gesellschaft **101,** 91 ff
- Reform **100,** 8
- Sachkenntnisse **100,** 20 ff
- Satzung **100,** 100 ff
- schlechte Präsenz **110,** 85
- Schweiz **100,** 215
- selbständige Verpflichtungen **111,** 131
- Selbstinformationspflicht **111,** 147
- Sorgfaltspflicht (s Sorgfaltspflicht der Aufsichtsratsmitglieder)
- Spezialkenntnisse **111,** 124
- Sprache **100,** 104
- Sprachkenntnisse **100,** 19
- Staatsangehörigkeit **100,** 19

- Statusverfahren **98,** 26
- Stellvertreter **101,** 174 ff
- Stellvertreter von Vorstandsmitgliedern **105,** 48 ff
- Steuerberater **100,** 71
- Stiftung **100,** 16
- Stimmrecht **111,** 116
- Struktur des Aufsichtsrates **111,** 141 ff
- Strukturrichtlinie **100,** 209 ff
- Stundenanzahl **111,** 126
- Teilnahme an der Hauptversammlung **111,** 140
- Teilnahmerecht **111,** 116
- TransPuG **100,** 7
- Treuepflichten (s Treuepflichten der Aufsichtsratsmitglieder)
- Überkreuzverflechtung (s dort)
- Übertragung der Aufgaben auf einzelne Mitglieder **111,** 117
- Unabhängigkeit (s Unabhängigkeit von Aufsichtsratsmitgliedern)
- Unbescholtenheit **100,** 19
- Unternehmensabschlüsse **111,** 148
- unternehmerische Erfahrung **100,** 24 f
- unzulässige Einflussnahme auf die Gesellschaft (s Einflussnahme auf die Gesellschaft)
- US-amerikanisches Recht **100,** 217
- Verband **100,** 16
- Verein **100,** 16
- Vergütung von Aufsichtsratsmitgliedern (s dort)
- Vergütungsausschuss **111,** 142
- Vermittlungsausschuss **111,** 142
- Vermögensverhältnisse **100,** 104
- Verschwiegenheitspflicht (s Verschwiegenheitspflicht der Aufsichtsratsmitglieder)
- Verträge mit Aufsichtsratsmitgliedern (s dort)
- Vertretung der Aktiengesellschaft gegenüber Vorstandsmitgliedern **112,** 64
- Vollzeittätigkeit **111,** 129
- Vorstandsmitglieder **100,** 188 f
- Vorstrafen **100,** 104
- Wahl (s Wahl der Aufsichtsratsmitglieder)
- Wohnsitz **100,** 19
- Zustimmung Dritter **100,** 106
- Zuverlässigkeit **100,** 19

Aufsichtsratspräsidium **107,** 340 ff
- Aufgaben **107,** 340 ff
- Aufsichtsratsausschusssitzungen **109,** 59
- Besetzung **107,** 345 f
- executive committee **107,** 347
- Frankfurter Grundsatzkommission **107,** 342
- internationale Vorbilder **107,** 347
- Vertretung der Aktiengesellschaft gegenüber Vorstandsmitgliedern **112,** 36

Aufsichtsratssitzung **109,** 1 ff
- Abberufung von Aufsichtsratsmitglieder **109,** 19
- Abschlussprüfer **109,** 51 ff, 99
- Aktiengesetz 1937 **109,** 1 ff
- Androhung der Saalverweisung **109,** 25
- Angestellte **109,** 49
- Anwesenheit **109,** 100; **110,** 69 ff; **111,** 843 ff
- Anwesenheit Dritter **109,** 11 f
- arbeitskampfpolitische Fragen **109,** 19
- Aufsichtsratsassistent **109,** 44
- Auskunftspersonen **109,** 47 ff
- außerordentliche Sitzung **110,** 86
- Beauftragte **109,** 76 ff
- Bekanntgabe Tagesordnung **110,** 24 ff
- beratende Aufsichtsratsmitglieder **109,** 41 ff
- Berater **109,** 41 ff
- Bericht über die Anzahl **110,** 73
- best practice **110,** 68
- Bilanzausschuss **109,** 52
- börsennotierte Gesellschaften **109,** 94 ff; **110,** 59 ff, 77 ff
- Corporate Governance **109,** 10
- Deutscher Corporate Governance Kodex **109,** 94 ff; **110,** 73, 77 ff
- Dritte **109,** 11 ff, 50 ff
- ehemalige Aufsichtsratsmitglieder **109,** 12
- Ehrenvorsitzender **109,** 12
- Einberufung (s Einberufung des Aufsichtsrats)
- Einberufungsverlangen (s dort)
- Erforderlichkeit zusätzlicher Sitzungen **110,** 65 ff
- Ersatzmitglied **109,** 12
- Europäische Aktiengesellschaft **109,** 101 f; **110,** 88 ff
- Europäisches Recht **109,** 103; **110,** 92
- Form **110,** 69 ff
- Frankreich **110,** 93
- Gäste **109,** 41 ff
- Gefährdung der Belange der Gesellschaft **109,** 17 ff
- Haftung des Beauftragten **109,** 89 f
- Hilfskräfte **109,** 45
- historische Entwicklung **109,** 1 ff
- Interessenkollission **109,** 17 ff
- kommunale Eigengesellschaften **109,** 12, 43
- KonTraG **110,** 59
- Kosten **109,** 57
- Kreditgewährung an Aufsichtsratsmitglieder **109,** 19
- Krise **110,** 67

- Marktturbulenzen **110,** 67
- Mindestzahl von Sitzungen **110,** 59 ff
- Mitbestimmung **109,** 9, 93
- Niederschrift (s dort)
- nicht börsennotierte Gesellschaften **110,** 63 f
- Normzweck **109,** 5 ff
- Ordnungsrufe **109,** 25
- Organmitglieder **109,** 11
- Organstreit **109,** 15
- Österreich **109,** 104
- Protokollführer **109,** 45
- Prüfungsausschuss **109,** 52
- Rechtsvergleichung **109,** 104; **110,** 93
- Saalverweisung **109,** 25
- Sachverständige **109,** 41 ff
- Satzung **109,** 28, 80 ff; **110,** 66
- schlechte Präsenz **110,** 85
- Schreibhilfen **109,** 45
- Schweiz **110,** 93
- Sekretariat **109,** 45
- Sitzungsleitung **107,** 98 ff
- ständige Berater **109,** 41 ff
- ständige Gäste **109,** 41 ff
- Stimmrecht **109,** 40
- Störung des Sitzungsablaufs **109,** 25 f
- Streik **109,** 19
- Strukturrichtlinie **109,** 103
- Teilnahmeberechtigte Personen **109,** 11 ff
- Teilnahmepflicht **109,** 16
- Teilnahmepflicht des Vorstands **109,** 31 ff
- Teilnahmerecht **109,** 13 ff
- Telefonkonferenz **108,** 117, **110,** 69 ff
- Terminsverlegung **107,** 78
- Übernahmerecht **109,** 19
- Umstrukturierung **110,** 67
- US-amerikanisches Recht **109,** 94; **110,** 93
- Verhinderung eines Aufsichtsratsmitglieds **109,** 80 ff
- Verlangen des Aufsichtsrats **109,** 31 ff
- Videokonferenz **110,** 69 ff
- Vorbesprechungen bei mitbestimmten Aufsichtsräten **110,** 77 ff
- Vorstandsmitglieder **109,** 27 ff; **110,** 82 f
- Wirtschaftsprüfergesellschaft **109,** 53
- Zahl von Aufsichtsratssitzungen **110,** 59 ff, 87
- zukünftige Aufsichtsratsmitglieder **109,** 12
- zusätzliche Sitzungen **110,** 65 ff, 87

Aufsichtsratsvorsitzender 107, 1 ff; **111,** 111 ff
- Abberufung **107,** 53 ff, 123
- Abschlussprüfer **111,** 461, 475
- Aktivvertretung **107,** 111 ff; **112,** 71, 88 f
- Amtsdauer **107,** 46 ff
- Amtsstellung des Stellvertreters **107,** 61
- Amtsniederlegung **107,** 51 f
- Anmeldung zum Handelsregister **107,** 40 ff
- Annahme der Wahl **107,** 39
- Aufgaben **111,** 111 ff
- Aufsichtsratsausschüsse **107,** 141 f
- Aufsichtsratsausschusssitzungen **109,** 61 ff
- Aufsichtsratsbericht **107,** 89
- Auskunftspersonen **107,** 92
- Auslagenersatz **107,** 77
- Ausscheiden aus dem Aufsichtsrat **107,** 59
- Ausschluss von Aufsichtsratsmitgliedern **107,** 109 f
- bedingte Kapitalerhöhung **107,** 86 f
- Behinderung **107,** 153 ff
- Beratung **107,** 104
- Beratung des Vorstands **111,** 112 f
- Beschlussfähigkeit **107,** 137
- Beschlussfassung außerhalb der Sitzung **107,** 105
- Corporate Governance **107,** 13 ff
- Deutscher Corporate Governance Kodex **107,** 85, 148, 453 ff; **111,** 779
- Disziplinarbefugnis **107,** 110
- Ehrenvorsitzender **107,** 168 ff
- Einberufung des Aufsichtsrats **110,** 10 ff
- Einberufung von Sitzungen **107,** 78 ff, 135 ff
- Einberufungsverlangen **110,** 26 ff
- Einsichts- und Prüfungsrecht des Aufsichtsrats **111,** 433
- Empfangszuständigkeit **107,** 118
- Ersatzbestellung **107,** 60
- Europäische Aktiengesellschaft **107,** 498 ff
- faktischer Aufsichtsratsvorsitzender **107,** 66
- formbedürftige Willenserklärungen **107,** 114 f
- Frankreich **107,** 507
- Funktion **107,** 67 ff
- geheime Wahl **107,** 38
- gerichtliche Bestellung von Aufsichtsratsmitgliedern **104,** 65
- Geschäftsbriefe **107,** 45
- Geschäftsordnung **107,** 32 ff, 48 ff, 128 ff
- hauptamtlicher Aufsichtsratsvorsitzender **107,** 73 ff
- Hauptversammlungsleiter **107,** 145 f
- Hilfsgeschäfte **107,** 116 f
- historische Entwicklung **107,** 1 f
- Informationsvermittlung **107,** 83 ff
- Kapitalbeschaffung **107,** 86 f
- Kapitalherabsetzung **107,** 86 f
- Kapitalmaßnahmen **107,** 117
- Kundgabe von Beschlüssen **107,** 112 f
- Leitung der Aufsichtsratssitzung **107,** 98 ff, 135 ff
- Leitung des Aufsichtsrat **111,** 111

– Mitbestimmung **107,** 35 ff, 72
– Niederschrift **107,** 88
– Notbestellung **107,** 19 ff
– Organ **107,** 63
– organschaftliche Vertretung **107,** 111
– öffentliche Erklärungen **107,** 67, 119, 468
– Österreich **107,** 505
– passives Wahlrecht **107,** 26 f
– Passivvertretung **107,** 118; **112,** 77 f
– persönliche Voraussetzungen **107,** 26 ff
– Pflichtverletzung **107,** 121 f
– Protokollführer **107,** 102
– Rechtmäßigkeit der Beschlüsse **107,** 107 f
– Rechtsstellung **107,** 62 ff
– regelmäßige Amtszeit **107,** 46 f
– Repräsentant **107,** 68, 119 f, 143 f
– Risikomanagement **111,** 113
– Sachkunde **100,** 31
– Sachverständige **107,** 92, 100 f
– Sanktionen **107,** 90, 121 ff
– Satzung **107,** 30, 32 ff, 48 ff, 128 ff
– Schweiz **107,** 508
– Sorgfaltspflicht der Aufsichtsratsmitglieder **116,** 61
– Stellvertreter (s stellvertretender Aufsichtsratsvorsitzender)
– Stichentscheid **107,** 138 ff
– Stimmrecht **107,** 31
– Tagesordnungspunkte **107,** 103
– Unabhängigkeit **107,** 76
– US-amerikanisches Recht **107,** 508
– Verfahren **107,** 29 ff
– Vergütung **107,** 77
– Verlegungen von Sitzungen **107,** 78 ff
– Verletzung von Verfahrensleitungsvorschriften **107,** 124
– Verschwiegenheit **107,** 143 f
– Vertagung von Aufsichtsratssitzungen **107,** 98
– Vertreter ohne Vertretungsmacht **107,** 125 f
– Vertretung **107,** 111 ff
– Verwahrung der Sitzungsniederschrift **107,** 106
– Vorbereitung der Sitzung **107,** 92
– vorrangige Entscheidungskompetenz **107,** 93 ff
– vorstandsunabhängige Information des Aufsichtsrats **111,** 528
– vorübergehende Amtswahrnehmung **107,** 23 ff
– vorzeitige Beendigung **107,** 51 ff
– Wahl **107,** 16 ff
– Wahl in mitbestimmten Gesellschaften **107,** 35 ff
– Zweckmäßigkeit des Verfahrens **107,** 107 f

Aufsichtsratswahlen (s Wahl der Aufsichtsratsmitglieder)
Aufwendungsersatzanspruch von Aufsichtsratsmitgliedern 113, 18 ff
– Aktivprozesse **113,** 24
– Aufenthaltskosten **113,** 19
– Aufsichtsratsbüro **113,** 23
– Barauslagen **113,** 18
– Dienstverträge **113,** 30 f
– Entscheidungszuständigkeit für den Auslagenersatz **113,** 25 ff
– ersetzbare Auslagen **113,** 18 ff
– erstattungsfähige Auslagen **113,** 19
– Fachliteratur **113,** 20
– Haftung **113,** 28
– Hilfskräfte **113,** 23
– IAS/IFRS **113,** 20
– Lebensstandard **113,** 22
– Lohnausfall **113,** 19
– nicht erstattungsfähige Kosten **113,** 20 f
– Passivprozesse **113,** 24
– Porti **113,** 19
– Prozesskosten **113,** 24
– rechtswidrige Zahlungen **113,** 21
– Reisekosten **113,** 19
– Sitzungsgelder **113,** 29
– Telefonkosten **113,** 19
– Übernachtungskosten **113,** 19
– US-GAAP **113,** 20
– Vergütung (s Vergütung von Aufsichtsratsmitgliedern)
– versteckte Vergütungen **113,** 18 ff
– Weiterbildung **113,** 20
– Werkverträge **113,** 30 f
Ausgliederung
– Statusverfahren **97,** 13 ff
Auskunftspersonen
– Aufsichtsratssitzung **109,** 47 ff
– Aufsichtsratsvorsitzender **107,** 92
Auskunftspflicht des Vorstands
– Einsichts- und Prüfungsrecht des Aufsichtsrats **111,** 404 ff
Auskunftsrecht der Aktionäre
– Einsichts- und Prüfungsrecht des Aufsichtsrats **111,** 413
– Verschwiegenheitspflicht der Aufsichtsratsmitglieder **116,** 261
Auslagenersatz
– Aufsichtsratsvorsitzender **107,** 77
Ausländer
– Aufsichtsratsmitglieder **100,** 19
– Bestellung der Aufsichtsratsmitglieder **100,** 19
Ausländisches Recht (s Rechtsvergleichung)

Ausleihungen
- Kreditgewährung an Aufsichtsratsmitglieder **115,** 19
- Vergütung von Aufsichtsratsmitgliedern **115,** 19

Ausschüttungssperren
- Überwachungsaufgabe des Aufsichtsrats **111,** 201

Back-office
- Geschäftsführungsverbot des Aufsichtsrats **111,** 576

BaFin (s Bundesanstalt für Finanzdienstleistungsaufsicht)

Bankeinlagen
- Kreditgewährung an Aufsichtsratsmitglieder **115,** 19
- Vergütung von Aufsichtsratsmitgliedern **115,** 19

Bankenvertreter
- Interessenkonflikte von Aufsichtsratsmitgliedern **100,** 161
- Treuepflichten der Aufsichtsratsmitglieder **116,** 203 f

Baums-Kommission
- ausländische Mandate **100,** 183
- business judgment rule **116,** 75
- Corporate Governance (s dort)
- Deutscher Corporate Govenance Kodex (s dort)
- Einsichts- und Prüfungsrecht **111,** 22
- Konkurrenzunternehmen **100,** 179
- Sitzung des Aufsichtsrats **110,** 69
- Unabhängigkeit der Arbeitnehmervertreter **100,** 194
- Verträge mit Abschlussprüfern **111,** 22
- Wahlvorschläge der Hauptversammlung **100,** 186
- Zustimmungsvorbehalt **111,** 16

Beamte
- Aufsichtsratsmitglieder **100,** 68
- Bestellung der Aufsichtsratsmitglieder **100,** 68
- **100,** 68
- Inkompatibilität **100,** 68
- Vergütung von Aufsichtsratsmitgliedern **113,** 11

Bedingte Kapitalerhöhung 107, 86 f

Beherrschungsvertrag
- Einflussnahme auf die Gesellschaft **117,** 249 ff

Behörde
- Aufsichtsratsmitglieder **100,** 16
- Bestellung der Aufsichtsratsmitglieder **100,** 16

Beirat 95, 40 ff
- Aufsichtsrat **95,** 37
- Aufsichtsratsausschuss **95,** 51 ff; **107,** 239
- Beratungsbeirat **95,** 40
- Beratungstätigkeit **95,** 44
- Einrichtung **95,** 46 f
- Geschäftsbericht **95,** 41
- Haftung **95,** 50
- Informationsrechte **95,** 49
- Inkompatibilität **105,** 47
- Konzern **95,** 54 f
- Konzernaufsichtsrat **95,** 55
- Koordinierungsbeirat **95,** 40
- Landessausschüsse **95,** 40
- Prominentenbeirat **95,** 40
- rechtliche Stellung **95,** 41 ff
- Regionalauschüsse **95,** 40
- Repräsentationsbeirat **95,** 40
- Überwachungsaufgaben des Ausichtsrats **95,** 45
- Vergütung **95,** 41, 48
- Vorkommen **95,** 40
- Zulässigkeit **95,** 41 ff

Bekanntmachung (s Bekanntmachung der Änderung im Aufsichtsrat), (s Bekanntmachung der Gesellschaft), (s Bekanntmachung durch den Vorstand im Statusverfahren)

Bekanntmachung der Änderung im Aufsichtsrat 106, 1 ff
- Ad-hoc-Mitteilung **106,** 4
- Aktiengesetz 1937 **106,** 1
- Anhang **106,** 4
- Bekanntmachungspflicht **106,** 7 ff
- Beruf **106,** 12
- Bewirkung **106,** 13 ff
- Corporate Governance **106,** 6
- Corporate Governance Bericht **106,** 26
- Deutscher Corporate Governance Kodex **106,** 26 ff
- Einreichung beim Handelsregister **106,** 20 f
- elektronischer Bundeanzeiger **106,** 14
- elektronisches Handelsregister **106,** 2
- Entsendung von Aufsichtsratsmitgliedern **106,** 7
- Ersatz **106,** 19
- Ersatzmitglied **106,** 8
- Erzwingung **106,** 25
- Europäische Aktiengesellschaft **106,** 28 f
- Europäisches Recht **106,** 30 f
- gerichtlich bestellte Aufsichtsratsmitglieder **106,** 7
- Haftung des Vorstands **106,** 24
- Handelsregister **106,** 20 f

– Hauptversammlungspublizität **106,** 4
– historische Entwicklung **106,** 1 f
– Inhalt der Zustimmung **106,** 11 f
– Internetseite **106,** 27
– Jahresabschluss **106,** 4, 19
– Kapitalanlagegesellschaft **106,** 4
– Mitbestimmung **106,** 5
– Name **106,** 12
– Österreich **106,** 32
– Pflicht **106,** 7 ff
– Publizitätsrichtlinie **106,** 30 f
– Rechtsvergleichung **106,** 32
– Schweiz **106,** 32
– TransPuG **106,** 1
– Verletzung der Bekanntmachungspflicht **106,** 23 ff
– Vorname **106,** 12
– Wechsel **106,** 10
– Wiederwahl **106,** 10
– Wirkung **106,** 22
– Wohnort **106,** 12
– Zwangsgeld **106,** 25
– Zweigniederlassung **106,** 21

Bekanntmachung der Gesellschaft
– Zustimmungsvorbehalt des Aufsichtsrats **111,** 645

Bekanntmachung durch den Vorstand im Statusverfahren 97, 25 ff
– Angabe der gesetzlichen Vorschriften **97,** 36 ff
– Anrufung des Gerichts **97,** 70 ff
– Antragssperre **97,** 67 ff
– Bekanntmachungssperre **97,** 73 ff
– Bekanntmachungsverfahren **97,** 43 ff
– bisheriger Aufsichtsrat **97,** 61 ff
– erster Aufsichtsrat **97,** 25 ff
– Europäische Aktiengesellschaft **97,** 77 f
– Europäisches Recht **97,** 79
– fehlerhafte Bekanntmachung **97,** 49 ff
– Feststellung der unrichtigen Zusammensetzung **97,** 35
– Form **97,** 44 ff
– Fristablauf **97,** 55
– Haftung des Vorstands **97,** 53 f
– Hinweis auf Anrufung des Gerichts **97,** 39 ff
– Inhalt **97,** 35 ff
– inhaltliche Mängel **97,** 50 ff
– Konzern **97,** 45 ff
– Neubesetzung des Aufsichtsrats **97,** 56 ff
– Nichtanrufung des Gerichts **97,** 55 ff
– Ort **97,** 44 ff
– Pflicht zur Bekanntmachung **97,** 25 ff
– Rechtshängigkeit **97,** 73
– rechtskräftige Entscheidung **97,** 74 ff
– Sanktion **97,** 49 ff
– Satzung **97,** 64 ff
– spätere Änderungen der tatsächlichen Verhältnisse **97,** 27 ff
– Verfahren **97,** 43 ff
– Widerruf **97,** 48
– Wirkung **97,** 55 ff
– Zeitpunkt **97,** 43

Belgien
– Besetzung des Aufsichtsrates **95,** 124
– vorstandsunabhängige Information des Aufsichtsrats **111,** 523

Berater
– Abschlussprüfer **111,** 496 f
– Aufsichtsrat **111,** 61 ff
– Aufsichtsratssitzung **109,** 41 ff
– Beirat **95,** 44
– Inkompatibilität **105,** 46
– Sorgfaltspflicht der Aufsichtsratsmitglieder **116,** 58 f
– Verschwiegenheitspflicht der Aufsichtsratsmitglieder **116,** 268 f

Beratung des Vorstands durch den Aufsichtsrat
– Berichtspflicht des Vorstands **111,** 289
– Deutscher Corporate Governance Kodex **111,** 777 f
– Formen der Beratung **111,** 292
– Grenzen der Beratungspflicht **111,** 295 ff
– grundlegende Unternehmensentscheidungen **111,** 291
– Information des Aufsichtsrats als Voraussetzung **111,** 293 f
– Kritik an der Beratungspflicht **111,** 290
– Pflicht des Aufsichtsrats **111,** 288 ff
– Teil der Überwachungsaufgabe **111,** 288

Beratungsbeirat 95, 40

Beratungsvertrag
– Beauftragung **111,** 432; **114,** 47
– Beratungspflicht des Aufsichtsrats (s Beratung des Vorstands durch den Aufsichtsrat)
– Interessenkonflikte von Aufsichtsratsmitgliedern **100,** 147 ff
– Konzern **114,** 38 ff
– Offenlegung **114,** 63 f, 70 f
– Sorgfaltspflicht der Aufsichtsratsmitglieder **116,** 68
– Überwachungsaufgabe des Aufsichtsrats **111,** 300
– Vergütung von Aufsichtsratsmitgliedern **113,** 98, 108 ff
– Vertretung der Aktiengesellschaft gegenüber Vorstandsmitgliedern **112,** 35
– Verträge mit Aufsichtsratsmitgliedern **114,** 13, 22 ff
– Zustimmung des Aufsichtsrats **114,** 10 ff

Berliner Initiativkreis, German Code of Corporate Governance 95, 22
Berichte des Vorstands
- Aufsichtsrat **111,** 391 ff
- Information des Aufsichtsrats (s dort)
- Informationsordnung (s dort)
- Sorgfaltspflicht der Aufsichtsratsmitglieder **116,** 127
- Überwachungsaufgabe des Aufsichtsrats **111,** 174 f, 326 ff
- Verschwiegenheitspflicht der Aufsichtsratsmitglieder **116,** 230

Berufserfahrung
- Aufsichtsratsmitglieder **100,** 104
- Bestellung der Aufsichtsratsmitglieder **100,** 104

Berufsverbot
- Aufsichtsratsmitglieder **100,** 19
- Bestellung der Aufsichtsratsmitglieder **100,** 19

Beschluss der Hauptversammlung (s Hauptversammlungsbeschluss)
Beschlussfähigkeit des Aufsichtsrats
- bei Stimmverbot eines zur Beschlussfähigkeit notwendigen Mitglieds **103,** 50, **104,** 23 f; **108,** 63 f
- Beschlussfassung des Aufsichtsrats **108,** 71 ff, 94 ff
- Beschlussfassung des Aufsichtsrats ohne Sitzung **108,** 122
- Besetzung des Aufsichtsrates **95,** 57 f
- gerichtliche Bestellung von Aufsichtsratsmitgliedern **104,** 15 ff
- Stellvertreter von Vorstandsmitgliedern **105,** 55

Beschlussfassung des Aufsichtsrats 108, 1 ff
- Absichtserklärungen **108,** 15 f
- Abstimmung **108,** 26 ff
- abwesende Mitglieder **108,** 28, 98 ff
- Aktiengesetz 1937 **108,** 1 ff
- Antrag **108,** 25
- Aufsichtsratsassistent **111,** 759
- Aufsichtsratsausschuss **108,** 17
- Aufsichtsratsbüro **111,** 755 f
- ausdrückliche Beschlussfassung **108,** 20 ff
- Ausschuss **108,** 17
- außerhalb der Sitzung **108,** 116 ff
- Äußerungen **108,** 18 f
- Bedeutung **108,** 12 ff
- Berechtigung zur Stimmabgabe **108,** 53 ff
- Beschlussfähigkeit (s Beschlussfähigkeit des Aufsichtsrats)
- Beschlussfassung des Aufsichtsrats außerhalb der Sitzung (s dort)
- Beschlussunfähigkeit **108,** 94 ff
- company secretary **111,** 759
- Corporate Governance **108,** 9 ff
- Dritter **111,** 747 ff
- drohende Beschlussunfähigkeit **108,** 63 f
- Einschaltung Dritter **111,** 747 ff
- e-mail **108,** 109
- Entscheidung **108,** 15 ff
- Erklärungen **108,** 18 f
- Europäische Aktiengesellschaft **108,** 196 ff
- Europäisches Recht **108,** 199 ff
- falsche Feststellung **108,** 47
- fehlende Feststellung **108,** 47
- fehlerhafte Aufsichtsratsbeschlüsse (s dort)
- Feststellung des Beschlussergebnisses **108,** 45 ff
- Frankreich **108,** 200 ff
- Gegenstand **108,** 15 ff
- geheime Abstimmung **108,** 40 ff
- gemischte Abstimmung **108,** 129 ff
- Gleichwertigkeit aller Stimmen **108,** 51 f
- Hertie-Entscheidung **111,** 424 ff
- Hilfskräfte **111,** 748
- historische Entwicklung **108,** 1 ff
- Insichgeschäft **108,** 54
- Interessenkonflikte von Aufsichtsratsmitgliedern **108,** 58 ff
- konkludente Beschlussfassung **108,** 20 ff
- körperliche Anwesenheit **108,** 27
- Kundgabe **108,** 70
- Losentscheid **108,** 33
- Mehrheitserfordernisse **108,** 30 ff
- Mitbestimmung **108,** 8, 71 ff
- nachträgliche Stimmabgabe **108,** 31
- nicht angekündigte Gegenstände **108,** 25
- Nichtigkeit der Bestellung von Aufsichtsratsmitgliedern **101,** 220 ff
- Österreich **108,** 200 ff
- qualifizierte Mehrheit **108,** 35 f
- Rechtsnatur **108,** 5 ff, 12 ff
- Rechtsvergleichung **108,** 200 ff
- rechtswidriges Botenverhalten **108,** 114 f
- Richten in eigener Sache **108,** 55
- Satzung **108,** 65
- schriftliche Stimmabgabe **108,** 97 ff
- Schweiz **108,** 200 ff
- Sitzung **108,** 26 ff
- spätere Stimmabgabe **108,** 31
- Stellvertreter von Vorstandsmitgliedern **105,** 56 ff
- stillschweigende Beschlussfassung **108,** 21
- Stimmabgabe **108,** 107 ff
- Stimmbote **108,** 102 ff
- Stimmenmehrheit **108,** 30 f

– Stimmenthaltung **108,** 32
– Stimmgleichheit **108,** 33
– Stimmrecht **108,** 48 ff
– Stimmrechtsausschluss **108,** 48 ff, 66
– Stimmverbote **108,** 53 ff
– Strukturrichtlinie **108,** 199
– tatsächliche Erklärungen **108,** 18 f
– technische Ausführung **111,** 747 ff
– Telefax **108,** 109
– Telegramm **108,** 109
– Telex **108,** 109
– unabhängige Aufsichtsratsmitglieder **108,** 67 ff
– ungültige Stimmen **108,** 32
– Untergrenze der Teilnehmerzahl **108,** 82 ff
– unvollständiger Aufsichtsrat **108,** 85 ff, 92 f
– US-amerikanisches Recht **108,** 200 ff
– Vereinsrecht **108,** 24
– Verfahren **108,** 23 ff
– Vertagung **108,** 78
– Vertagungsklauseln **108,** 78
– Vetorecht **108,** 75
– Videokonferenz **108,** 110
– Vorentscheidungen **108,** 16
– zugeschaltete Mitglieder **108,** 31

Beschlussfassung des Aufsichtsrats außerhalb der Sitzung **108,** 116 ff
– Auslegung von Satzungs- und Geschäftsordnungsbestimmungen **108,** 127 f
– Ausschluss des Widerspruchsrechts **108,** 124 f
– Beschlussfähigkeit **108,** 122
– Einschränkung des Widerspruchsrechts **108,** 124 f
– Erschweren der Beschlussfassung **108,** 126
– fehlerhafte Aufsichtsratsbeschlüsse (s dort)
– Feststellung des Beschlussergebnisses **108,** 122
– Formen **108,** 116
– gemischte Beschlussfassung **108,** 129 f
– Mischformen **108,** 129
– Niederschrift **108,** 123
– Satzung **95,** 38; **108,** 124 ff
– Telefonkonferenz **108,** 117
– Videokonferenz **108,** 117
– Voraussetzungen **108,** 118 ff
– Widerspruchsrecht **108,** 121

Beschlussmängelklage
– Einflussnahme auf die Gesellschaft **117,** 241 f

Beschlussvorschläge
– Aufsichtsrat **111,** 71 f

Besetzung des Aufsichtsrates **95,** 56 ff
– Aktionsplan der Kommission **95,** 123
– Änderung der Arbeitnehmerzahlen **95,** 101 ff
– Änderung der Besetzung **95,** 83 ff
– Änderung des Grundkapitals **95,** 99 f
– anrechnungsfähige Mitglieder **95,** 65
– Belgien **95,** 124
– Beschlussfähigkeit **95,** 57 f
– Dreiteilbarkeitsgebot **95,** 61, 76
– Europäische Aktiengesellschaft **95,** 105 ff
– Europäisches Recht **95,** 122 f
– fakultative Änderung **95,** 86 ff
– Finnland **95,** 124
– Frankreich **95,** 124 f
– Grundkapital **95,** 62 ff
– High Level Group of Company Law Experts **95,** 123
– Höchstmitgliederzahl **95,** 62 ff
– internationales Privatrecht **95,** 120
– Italien **95,** 124
– Kapitalerhöhung **95,** 99
– Kapitalherabsetzung **95,** 100
– Kapitalmarktrecht **95,** 121
– Mindestmitgliederzahl **95,** 56 ff
– Mitbestimmung **95,** 66 f, 82
– Mitbestimmungsergänzungsgesetz **95,** 70
– Mitbestimmungsgesetz **95,** 68
– Montanmitbestimmungsgesetz **95,** 69
– Rechtsvergleichung **95,** 124 f
– Sarbanes-Oxley-Act **95,** 121
– Satzung **95,** 60 f
– Schweiz **95,** 125
– staggered board **95,** 98
– Teilbarkeit durch Drei **95,** 61
– Überschreiten der Höchstmitgliederzahl **95,** 77 ff
– Unterschreiten der Mitgliederzahl **95,** 75
– US-amerikanisches Recht **95,** 125
– variable Mitgliederzahl **95,** 60
– Vergrößerung **95,** 86 ff, 99, 101
– Verkleinerung **95,** 91 ff, 100, 102 ff
– Verstoß **95,** 71 ff

Bestellung
– Abschlussprüfer (s Bestellung des Abschlussprüfers)
– Aufsichtsrat (s Bestellung der Aufsichtsratsmitglieder)
– gerichtliche Bestellung von Aufsichtsratsmitgliedern (s dort)
– Nichtigkeit der Wahl von Aufsichtsratsmitgliedern (s dort)
– Stellvertreter von Vorstandsmitgliedern **105,** 56 ff
– Vorstandsmitglieder (s Bestellung von Vorstandsmitgliedern)

Bestellung der Aufsichtsratsmitglieder **100,** 102; **101,** 1 ff, 25 ff

- Ablehung der Wahl 100, 110
- Abschlussprüfer 100, 71
- Aktiengesetz 1937 100, 2; 101, 2 ff
- Aktiengesetz 1965 100, 1 ff
- Aktionär 100, 19, 105
- Aktionsplan der Kommission 100, 213 f
- Altersgrenzen 100, 187
- Amtsbeginn 101, 90
- anfängliches Fehlen von persönlichen Voraussetzungen 100, 111 ff
- Annahme der Wahl 101, 82 ff
- Anstalt 100, 16
- Arbeitnehmervertreter 101, 14
- Aufenthaltserlaubnis 100, 19
- Auskunft über Aufsichtsratsmitglieder 101, 80 f
- Ausländer 100, 19
- ausländische Gesellschaften 100, 36 ff
- Beamte 100, 68
- Behörde 100, 16
- Berufserfahrung 100, 104
- Berufsverbot 100, 19
- BGB-Gesellschaft 101, 26
- Blockwahl 101, 42 f
- Bundespräsident 100, 66
- Corporate Governance 100, 7, 12 ff; 101, 12
- cumulative voting 101, 62 ff
- Deutscher Corporate Governance Kodex 100, 72, 179 ff; 101, 12, 230 ff
- Diskussion über Aufsichtsratsmitglieder 101, 80 f
- Doppelmandate 100, 55 ff
- Drittelbeteiligungsgesetz 101, 19
- Durchführung des Wahlverfahrens 101, 73 ff
- Durchsetzbarkeit 101, 35 f
- Einzelwahl 101, 42 f
- Entsendung von Aufsichtsratsmitgliedern (s dort)
- Ersatzmitglied (s dort)
- erster Aufsichtsrat 101, 16
- Europäische Aktiengesellschaft 100, 199 ff; 101, 237 ff
- Europäisches Recht 100, 209 ff; 101, 242 ff
- Examensabschlüsse 100, 104
- faktische Aufsichtsratsmitglieder 101, 100 f
- fehlerhaft bestellte Aufsichtsratsmitglieder 101, 100 f
- Festlegung des Wahlverfahrens 101, 73 ff
- financially literate 100, 26
- Formen 101, 13 ff
- Frankreich 100, 215 f
- gerichtliche Bestellung von Aufsichtsratsmitgliedern (s dort)
- Geschäftsfähigkeit 100, 16 ff
- Geschäftsordnung 101, 73
- Geschlecht 100, 19
- Gesellschaft bürgerlichen Rechts 101, 26
- gesetzliche Hindergründe 100, 32 ff
- Globalwahl 101, 44 ff
- Großbritannien 100, 216; 101, 245
- Grundgesetz 100, 66 f
- Haftung bei Tätigkeit für Konkurrenzunternehmen 100, 85
- Hauptversammlung 101, 18 f
- High Level Group of Company Law Experts 101, 244
- historische Entwicklung 100, 1 ff; 101, 1 ff
- Höchstalter 100, 104
- Höchstzahl von Mandaten 100, 32
- Inkompatibilität (s dort)
- Insiderhandelsverbot 101, 37
- Interessenkonflikte (s Interessenkonflikte von Aufsichtsratsmitglieder)
- internationales Recht 100, 208
- juristische Person 100, 16
- Kapitalanlagegesellschaft 100, 70
- Kapitalrichtlinie 101, 243
- kartellrechtliche Lösung 100, 75
- Kompetenz 100, 19
- Konkurrenzunternehmen 100, 73 ff
- Konsortialverträge 101, 26
- KonTraG 100, 4 ff, 74 ff
- Konzernbilanzrichtlinie 101, 243
- Konzernprivileg für Aufsichtsratsmandate 100, 40 ff
- Konzernrecht 101, 37
- Konzernrechtsrichtlinie 101, 243
- Körperschaft 100, 16
- Kündigung 101, 34
- langfristige Stimmrechtsbindungen 101, 33
- lex Abs 100, 32
- Listenwahl 101, 44 ff
- Minderheitenvertreter 101, 57 ff
- Mindestalter 100, 104
- Mitbestimmung 101, 11
- Mitbestimmungsergänzungsgesetz 101, 11, 19
- Mitbestimmungsgesetz 101, 19
- Mitteilungspflicht für Konkurrenzmandate 100, 84
- Montanmitbestimmungsgesetz 101, 11, 19
- nachträgliches Wegfallen von persönlichen Voraussetzungen 100, 119 ff
- Nichtigkeit (s Nichtigkeit der Bestellung von Aufsichtsratsmitgliedern)
- Notare 100, 71
- Notbestellung 101, 17
- öffentliche Hand 101, 32
- Organisationsgefälle 100, 51 ff

- Österreich **100,** 215, 245
- Personenhandelsgesellschaften **100,** 16
- persönliche Voraussetzungen **100,** 96 ff
- Poolverträge **101,** 26
- Quorum **101,** 78 f
- Rechtsnatur **101,** 9 f
- Rechtsvergleichung **100,** 215 ff; **101,** 245 f
- Reform **100,** 8
- Sachkenntnisse **100,** 20 ff
- Sachkunde **100,** 31
- Satzung **100,** 100 ff; **101,** 78 f
- Schweiz **100,** 215; **101,** 246
- Simultanwahl **101,** 42 f
- Sprache **100,** 104
- Sprachkenntnisse **100,** 19
- Staatsangehörigkeit **100,** 19
- Stellvertreter **101,** 174 ff
- Steuerberater **100,** 71
- Stiftung **100,** 16
- Stimmbindungsverträge **101,** 26
- Stimmenverkauf **101,** 29
- Strukturrichtlinie **100,** 209 ff; **101,** 242
- Tendenzbetrieb **101,** 19
- TransPuG **100,** 7
- Treu und Glauben **101,** 30
- Überkreuzverflechtung (s dort)
- Übernahmerecht **101,** 37
- Unabhängigkeit (s Unabhängigkeit von Aufsichtsratsmitgliedern)
- Unbescholtenheit **100,** 19
- unternehmerische Erfahrung **100,** 24 f
- Unterpool **101,** 27
- unzulässige Vereinbarungen **101,** 28 ff
- US-amerikanisches Recht **100,** 217; **101,** 246
- Verband **100,** 16
- Verein **100,** 16
- Verfahren **101,** 38 ff
- Verhältniswahl **101,** 62 ff
- Vermögensverhältnisse **100,** 104
- Vollstreckbarkeit **101,** 36
- Vorstandsmitglieder **100,** 188 f
- Vorstrafen **100,** 104
- Wahl **101,** 18 ff
- Wahlannahme **101,** 82 ff
- Wahlfreiheit **101,** 20 ff
- Wahlvereinbarungen (s Wahlvereinbarungen bei der Wahl von Aufsichtsratsmitgliedern)
- Wahlvorschläge **101,** 67 ff
- Wohnsitz **100,** 19
- Zulässigkeit **101,** 25 ff
- Zuständigkeit **101,** 13, 18 f
- Zustimmung Dritter **100,** 106
- Zuverlässigkeit **100,** 19

Bestellung des Abschlussprüfers
- Auftragserteilung durch den Aufsichtsrat **111,** 439 ff
- Wahl durch die Hauptversammlung **111,** 448

Bestellung von Vorstandsmitgliedern
- Ausschuss **107,** 380 ff
- Aufsichtsrat **111,** 67 f
- Aufsichtsratsmitglieder **111,** 137
- gerichtliche Bestellung von Aufsichtsratsmitgliedern **104,** 22
- Inkompatibilität (s dort)
- Sorgfaltspflicht der Aufsichtsratsmitglieder **116,** 152
- Vertretung der Aktiengesellschaft gegenüber Vorstandsmitgliedern **112,** 17

Beteiligungsausschuss
- Aufsichtsratsausschuss **107,** 350

Betriebsrat
- Einflussnahme auf die Gesellschaft **117,** 120
- Statusverfahren **98,** 28
- Verschwiegenheitspflicht der Aufsichtsratsmitglieder **116,** 216, 222, 267

Betriebsvereinbarungen
- Mitbestimmung **96,** 37
- Zustimmungsvorbehalt des Aufsichtsrats **111,** 656

Betriebsverfassungsgesetz 1952
- Ablösung durch Drittelbeteiligungsgesetz **96,** 2
- Haftung der Aufsichtsratsmitglieder **116,** 6
- Mitbestimmung **96,** 1 f
- Sorgfaltspflicht der Aufsichtsratsmitglieder **116,** 6

Bezugsrechtsausschluss
- Unternehmerisches Ermessen **116,** 90, 100
- Unternehmerisches Ermessen des Aufsichtsrats **116,** 108

BGB-Gesellschaft (s Gesellschaft bürgerlichen Rechts)

Bieter 111, 728 f

Bilanzausschuss (s Prüfungsausschuss)

Bilanzkontrollgesetz
- Abschlussprüfer **111,** 440

Bilanzrechtsreformgesetz
- Abschlussprüfer **111,** 467, 499
- Risikomanagement **111,** 224
- Überwachungsaufgabe des Aufsichtsrats **111,** 206

Bilanzrichtlinie
- Kreditgewährung an Aufsichtsratsmitglieder **115,** 43
- Vergütung von Aufsichtsratsmitgliedern **113,** 163

Bilanzrichtliniengesetz
- Aufsichtsrat **95,** 41
- gerichtliche Bestellung von Aufsichtsratsmitgliedern **104,** 7
- Vergütung von Aufsichtsratsmitgliedern **113,** 2

Bilanzsitzung
- Aufsichtsrat **109,** 51 ff
- Aufsichtsratsausschuss **107,** 316

Billigung des Konzernabschlusses
- Aufsichtsrat **111,** 75
- Überwachungsaufgabe des Aufsichtsrats **111,** 197 ff

Blockwahl
- Bestellung der Aufsichtsratsmitglieder **101,** 42 f

Board-System
- Aufsichtsrat **95,** 5; **111,** 91 ff

Börsenzulassungsprospekt
- Kreditgewährung an Aufsichtsratsmitglieder **115,** 30

Bundesanstalt für Finanzdienstleistungsaufsicht
- Einberufung von Aufsichtsratssitzungen **110,** 56 ff
- Risikomanagement **111,** 219
- Teilnahme an Aufsichtsratssitzungen **109,** 92

Bundespräsident
- Aufsichtsratsmitglieder **100,** 66
- Bestellung der Aufsichtsratsmitglieder **100,** 66
- Inkompatibilität **100,** 66

Bürgschaften
- Kreditgewährung an Aufsichtsratsmitglieder **115,** 18
- Vergütung von Aufsichtsratsmitgliedern **115,** 18

business judgment rule (s Unternehmerisches Ermessen des Aufsichtsrats), (s Unternehmerisches Ermessen)

business roundtable
- Aufsichtsrat **111,** 104

Cadbury Report 95, 23

Cashflow
- Tantieme **113,** 126

chinese walls
- Interessenkonflikte von Aufsichtsratsmitgliedern **100,** 174 ff

Code-of-conduct-Bewegung
- Aufsichtsrat **95,** 22

Combined Code 95, 23, **100,** 93, 95

Company secretary 111, 759
- Beschlussfassung des Aufsichtsrats **111,** 759
- Einsichts- und Prüfungsrecht des Aufsichtsrats **111,** 434
- vorstandsunabhängige Information des Aufsichtsrats **111,** 502, 530 ff

Compliance
- Überwachungsaufgabe des Aufsichtsrats **111,** 246 f

Controller
- Einsichts- und Prüfungsrecht des Aufsichtsrats **111,** 421

Controlling
- Überwachungsaufgabe des Aufsichtsrats **111,** 210 ff

Cool-off-Periode
- Unabhängigkeit von Aufsichtsratsmitgliedern **100,** 93

Corporate Governance
- Abberufung entsandter Aufsichtsratsmitglieder **103,** 7
- Abberufung von Aufsichtsratsmitglieder durch die Hauptversammlung **103,** 7
- Abschlussprüfer **111,** 439 ff
- Amtszeit von Aufsichtsratsmitgliedern **102,** 7
- Aufsichtsrat **95,** 19 ff; **111,** 49 ff
- Aufsichtsratsausschuss **107,** 286 ff
- Aufsichtsratsmitglieder **100,** 7, 12 ff
- Aufsichtsratssitzung **109,** 10
- Aufsichtsratsvorsitzender **107,** 13 ff
- Bekanntmachung der Änderung im Aufsichtsrat **106,** 6
- Beschlussfassung des Aufsichtsrats **108,** 9 ff
- Bestellung der Aufsichtsratsmitglieder **100,** 7, 12 ff; **101,** 12
- board **95,** 19, 123
- Corporate Governance-Debatte **95,** 19 ff
- Deutschland **95,** 22, 24 ff
- Deutscher Corporate Governance Kodex (s dort)
- duale Unternehmensverfassung **95,** 20, 25
- Einberufung des Aufsichtsrats **110,** 8 f
- Einflussnahme auf die Gesellschaft **117,** 66 ff
- Europa **95,** 27
- gerichtliche Abberufung von Aufsichtsratsmitgliedern **103,** 7
- gerichtliche Bestellung von Aufsichtsratsmitgliedern **104,** 13
- Haftung der Aufsichtsratsmitglieder **116,** 21 ff
- Inkompatibilität **105,** 15 ff
- Interessenkonflikte **100,** 131 ff, 179 ff, 195 ff
- Kodizes **95,** 22 ff
- KonTraG **100,** 6, 74 ff
- Kreditgewährung an Aufsichtsratsmitglieder **115,** 8
- Regierungskommission Corporate Governance **100,** 179

- Sorgfaltspflicht der Aufsichtsratsmitglieder **116,** 21 ff
- TransPuG **100,** 7, **111,** 20 f
- USA **95,** 19
- Vergütung von Aufsichtsratsmitgliedern **113,** 8, 37
- Verschwiegenheitspflicht der Aufsichtsratsmitglieder **116,** 21 ff
- Verträge mit Aufsichtsratsmitgliedern **114,** 9
- Vertretung der Aktiengesellschaft gegenüber Vorstandsmitgliedern **112,** 15

Corporate Governance Bericht
- Bekanntmachung der Änderung im Aufsichtsrat **106,** 26
- Deutscher Corporate Governance Kodex **111,** 826

Corporate opportunities
- Interessenkonflikte von Aufsichtsratsmitgliedern **100,** 142
- Treuepflichten der Aufsichtsratsmitglieder **116,** 194 f

Corporate-Governance-Beauftragter
- Geschäftsführungsverbot des Aufsichtsrats **111,** 573

Cumulative voting
- Bestellung der Aufsichtsratsmitglieder **101,** 62 ff

D&O-Versicherung
- Deutscher Corporate Governance Kodex **111,** 811
- Haftung der Aufsichtsratsmitglieder **116,** 315 ff
- Vergütung von Aufsichtsratsmitgliedern **113,** 50 ff, 159
- Zustimmungsvorbehalt des Aufsichtsrats **111,** 635

Darlehen
- Kreditgewährung an Aufsichtsratsmitglieder **115,** 18
- Vergütung von Aufsichtsratsmitgliedern **115,** 18

Datenschutz
- Einsichts- und Prüfungsrecht des Aufsichtsrats **111,** 408

Delegationsverbot
- Höchstpersönlichkeit **111,** 743 ff

Delegierte
- gerichtliche Bestellung von Aufsichtsratsmitgliedern **104,** 36

Derivatgeschäft
- Sorgfaltspflicht der Aufsichtsratsmitglieder **116,** 169

Deutscher Corporate Governance Kodex 95, 24 ff; **111,** 761 ff
- Abberufung des Vorstands **111,** 787
- Abberufung von Aufsichtsratsmitglieder durch die Hauptversammlung **103,** 103
- Abschlussprüfer **111,** 472, 496, 820 ff, 827 ff
- Abwehrmaßnahmen **111,** 789
- Adressaten **95,** 24
- Altersgrenzen **100,** 187; 786
- Amtsniederlegung von Aufsichtsratsmitgliedern **103,** 101 f
- Amtszeit von Aufsichtsratsmitgliedern **102,** 29, 75 f
- Anzahl der Aufsichtsratsmandate **100,** 183
- Aufsichtsrat **95,** 15, 24 ff; **107,** 459 ff; **111,** 20 ff, 63, 92, 777 ff
- Aufsichtsratsausschuss **107,** 302 ff, 454 ff, 476 ff
- Aufsichtsratsmitglieder **100,** 72, 183 ff; **111,** 118 f
- Aufsichtsratssitzung in mitbestimmten Gesellschaften **109,** 94 ff
- Aufsichtsratsvorsitzender **107,** 85, 148, 453 ff; **111,** 779
- außerordentliche Aufsichtsratssitzung **110,** 86
- Bekanntmachung der Änderung im Aufsichtsrat **106,** 26 ff
- Bestellung der Aufsichtsratsmitglieder **100,** 72, 179 ff; **101,** 12, 230 ff
- Corporate Governance Bericht **111,** 826
- D&O-Versicherung **111,** 811
- Effizienzprüfung der Aufsichtsratstätigkeit **111,** 830 ff
- ehemalige Vorstandsmitglieder im Aufsichtsrat **100,** 188 f
- Einsichts- und Prüfungsrecht des Aufsichtsrats **111,** 404
- Entsprechenserklärung **111,** 835 ff
- erster Vorstand **111,** 784
- frühzeitige Wiederbestellung **111,** 785
- gerichtliche Bestellung von Aufsichtsratsmitgliedern **104,** 68, 128 ff
- Gesamtaufsichtsrat **111,** 777 f
- Geschäfte grundlegender Bedeutung **111,** 794 f
- Geschäftsführungsverbot des Aufsichtsrats **111,** 574
- Geschäftsordnung **107,** 496 f
- Größe des Aufsichtsrats **95,** 26
- Haftung **116,** 332 f
- Haftung der Aufsichtsratsmitglieder **116,** 23, 316, 331
- Information des Aufsichtsrats **111,** 812 ff
- Inkompatibilität **100,** 72; **105,** 74 ff

- Interessenkonflikte von Aufsichtsratsmitgliedern **100,** 179 ff, 195 ff
- Kontakt des Aufsichtsratsvorsitzenden zum Vorstand **107,** 459 ff
- Konzernabschluss **111,** 780
- Kreditgewährung **115,** 37 ff
- Kreditgewährung an Aufsichtsratsmitglieder **111,** 810; **115,** 37 ff
- Mitbestimmung **110,** 77 ff
- Nichtbefolgen der Empfehlungen **95,** 24; **116,** 332 f
- Nominierungsausschuss **107,** 327, 495; **111,** 783
- offene Diskussion **111,** 773 f
- Offenlegung von Interessenkonflikte **100,** 195 ff
- Offenlegung von Beraterverträgen **114,** 70 f
- Personalausschuss **111,** 783
- Personalhoheit **111,** 781 ff
- persönliche Voraussetzungen für Aufsichtsratsmitglieder **100,** 184 ff
- Präsenz von Aufsichtsratsmitgliedern **111,** 843 f
- Prüfung der Entsprechenserklärung **111,** 840 ff
- Prüfung des Konzernabschlusses **111,** 780
- Prüfungsausschuss **107,** 324, 457 f, 484 ff
- Risikomanagement **111,** 222, 231
- schlechte Präsenz von Aufsichtsratsmitgliedern **110,** 85
- Selbstevaluation des Aufsichtsrats **111,** 834
- Sorgfaltspflicht der Aufsichtsratsmitglieder **116,** 23, 329
- Strategieumsetzung **111,** 771 f
- strategische Ausrichtung **111,** 771 f
- Teilnahme von Vorstandsmitglieder an der Aufsichtsratssitzung **110,** 82 f
- Treuepflichten der Aufsichtsratsmitglieder **116,** 181
- Übernahmerecht **111,** 788 ff, 809
- Überwachungsaufgabe des Aufsichtsrats **111,** 169, 247
- Unabhängigkeit **115,** 40
- Unabhängigkeit der Aufsichtsratsmitglieder **105,** 75
- Unabhängigkeit von Aufsichtsratsmitgliedern **100,** 93 f, 190 ff
- Unternehmenswohl **111,** 769 f
- unternehmerisches Ermessen **116,** 97
- Vergütung von Aufsichtsratsmitgliedern **113,** 63, 143 ff
- Vergütungsausschuss **107,** 495; **111,** 783
- Verhaltensanforderungen für Vorstandsmitglieder **111,** 766 ff, 769 ff
- Verschwiegenheitspflicht der Aufsichtsratsmitglieder **116,** 23, 218, 330
- Verträge mit Aufsichtsratsmitgliedern **114,** 64 ff
- Vertretung der Aktiengesellschaft gegenüber Vorstandsmitgliedern **112,** 117 ff
- Vorstand **107,** 459 ff
- vorstandsunabhängige Information des Aufsichtsrats **111,** 520
- Zahl ehemaliger Vorstandsmitglieder im Aufsichtsrat **105,** 74
- Zusammensetzung des Aufsichtsrats **100,** 179 ff
- Zusammenwirkung von Vorstand und Aufsichtsrat **111,** 761 ff
- Zustimmungsvorbehalt des Aufsichtsrats **111,** 613 ff, 648 f
- Zustimmungsvorbehalte des Aufsichtsrats **111,** 794 ff

Dienstwagen
- Vergütung von Aufsichtsratsmitgliedern **113,** 32

Dienstwohnungen **113,** 32

Director's disqualification 100, 19, 213, 217; **116,** 29, 341
- Haftung der Aufsichtsratsmitglieder **116,** 29
- Sorgfaltspflicht der Aufsichtsratsmitglieder **116,** 29
- Verschwiegenheitspflicht der Aufsichtsratsmitglieder **116,** 29, 328

Diskriminierungsverbot
- Vergütung von Aufsichtsratsmitgliedern **113,** 68

Disqualification (s directors's disqualification)

Dividendenzahlung
- Sorgfaltspflicht der Aufsichtsratsmitglieder **116,** 169

Doppelmandate
- Bestellung der Aufsichtsratsmitglieder **100,** 55 ff

Dreiteilbarkeitsgebot
- Besetzung des Aufsichtsrates **95,** 61, 76

Drittgeschäfte mit Aufsichtsratsmitgliedern
- Beraterverträge im Konzern **114,** 38 ff

Drittelbeteiligungsgesetz
- Aufsichtsratsausschuss **107,** 278 f
- Bestellung der Aufsichtsratsmitglieder **101,** 19
- Mitbestimmung **96,** 16

Due diligence
- Sorgfaltspflicht der Aufsichtsratsmitglieder **116,** 140
- Verschwiegenheitspflicht der Aufsichtsratsmitglieder **116,** 253

Economic Value Added
- Vergütung von Aufsichtsratsmitgliedern **113,** 49

Ehegatten
- Einflussnahme auf die Gesellschaft **117,** 126
- Kreditgewährung an Aufsichtsratsmitglieder **115,** 16

Ehrenmitglieder
- Verschwiegenheitspflicht der Aufsichtsratsmitglieder **116,** 246

Ehrensold
- Vergütung von Aufsichtsratsmitgliedern **113,** 13

Ehrenvorsitzender
- Aufsichtsratssitzung **109,** 12
- Aufsichtsratsvorsitzender **107,** 168 ff
- Vergütung von Aufsichtsratsmitgliedern **113,** 13

Eigene Aktien
- Einflussnahme auf die Gesellschaft **117,** 140
- Tantieme **113,** 121
- Vergütung von Aufsichtsratsmitgliedern **113,** 40 f
- Zustimmungsvorbehalt des Aufsichtsrats **111,** 657

Eigenverwaltung
- Vergütung von Aufsichtsratsmitgliedern **113,** 73

Einberufung
- Aufsichtsrat (s Einberufung des Aufsichtsrats)
- Aufsichtsratsausschuss **110,** 74 ff
- Einberufungsverlangen (s dort)

Einberufung der Hauptversammlung
- Aufsichtsrat (s Einberufung der Hauptversammlung durch den Aufsichtsrat)
- Europäische Aktiengesellschaft **111,** 853, 862 f
- Sorgfaltspflicht der Aufsichtsratsmitglieder **116,** 125
- Überwachungsaufgabe des Aufsichtsrats **111,** 345
- Zustimmungsvorbehalt des Aufsichtsrats **111,** 645

Einberufung der Hauptversammlung durch den Aufsichtsrat 111, 539 ff
- ADHGB **111,** 546
- Ausführung des Einberufungsbeschlusses **111,** 551
- Bedeutung **111,** 539 ff
- Beschlussfassung **111,** 550 ff
- Beschlussmängel **111,** 552
- Entscheidung **111,** 550 ff
- faktischer Konzern **111,** 544
- Kosten **111,** 555
- Nichtigkeit **111,** 552
- Pflicht **111,** 543 f
- Satzung **111,** 542
- Teilnahmepflicht **111,** 553 f
- TransPuG **111,** 553
- Unentziehbarkeit **111,** 542
- Unterkapitalisierung **111,** 544
- Wohl der Gesellschaft **111,** 545 ff
- Zuständigkeit **111,** 548 f

Einberufung des Aufsichtsrats 110, 1 ff
- Ad-hoc-Mitteilung **110,** 18
- Aktiengesetz 1937 **110,** 1
- Aufsichtsratsvorsitzender **107,** 135 ff; **110,** 10 ff
- Beschlussgegenstände **110,** 21 ff
- Corporate Governance **110,** 8 f
- Einberufungsmängel **110,** 24
- E-Mail **110,** 17
- Ermessen **110,** 12
- Europäische Aktiengesellschaft **110,** 88 ff
- Europäisches Recht **110,** 92
- Fehlen eines Aufsichtsratsvorsitzenden **110,** 13 ff
- Form **110,** 17
- Frankreich **110,** 93
- Frist **110,** 18 ff
- Geschäftsordnung des Aufsichtsrats **110,** 14
- historische Entwicklung **110,** 1 f
- Inhalt **110,** 16
- Kompetenz **110,** 10 ff
- mangelhafte Einberufung **110,** 24
- Mitbestimmung **110,** 7
- Notbestellung **110,** 15
- Rechtsvergleichung **110,** 93
- Satzung **110,** 20, 53 ff
- schriftliche Stimmabgabe **110,** 25
- Schweiz **110,** 93
- Selbsteinberufungsrecht **110,** 14
- stellvertretender Aufsichtsratsvorsitzender **110,** 12
- Stimmboten **110,** 21
- Tagesordnung **110,** 21
- Telefax **110,** 17
- telefonische Stimmabgabe **110,** 25
- telegrafische Stimmabgabe **110,** 25
- US-amerikanisches Recht **110,** 93
- verfahrenseinleitende Anordnung **110,** 10 ff
- Verlangen (s Einberufungsverlangen)
- Videokonferenz **110,** 18

Einberufungsverlangen 110, 26 ff
- Ablehnung **110,** 35
- Adressat **110,** 31
- Aufsichtsbehörde **110,** 56 ff
- Aufsichtsratsvorsitzender **110,** 26 ff

- Berechtigte **110,** 26 f
- Beschlussfassung außerhalb der Sitzung **110,** 52
- Bindung an das Einberufungsverlangen **110,** 34 ff
- Einberufungsrecht **110,** 41 ff
- Erschöpfung des Selbsthilferechts **110,** 48
- Europäische Aktiengesellschaft **110,** 88 ff
- Europäisches Recht **110,** 92
- Form **110,** 28 ff
- Frankreich **110,** 93
- gerichtliche Durchsetzung **110,** 33
- Inhalt **110,** 28 ff
- Missbrauch **110,** 50 f
- Pflicht zur Einberufung **110,** 40
- Rechtsvergleichung **110,** 93
- rechtswidrige Einberufung **110,** 50 f
- Sanktionen **110,** 39
- Satzung **110,** 30, 53 ff
- Schweiz **110,** 93
- Selbsthilferecht **110,** 41 ff
- Tagesordnung **110,** 29
- US-amerikanisches Recht **110,** 93
- vergebliche Einberufungsverlangen **110,** 41
- Versicherungsaufsichtsbehörde **110,** 57
- Vorstand **110,** 32 f

Einflussnahme auf die Gesellschaft 117, 1 ff
- Akademie für deutsches Recht **117,** 28
- Aktiengesetz 1937 **117,** 24 ff, 60
- Aktiengesetz 1965 **117,** 33 ff
- Aktionär **117,** 118 f, 172 ff
- Aktionärsvermögen **117,** 5
- allgemeine Marktrisiken **117,** 9
- allgemeines Deliktsrecht **117,** 254
- Anstiftung **117,** 38
- Arbeitnehmer **117,** 101
- Arbeitnehmervertreter **117,** 100
- Aufhebung **117,** 225 ff
- Aufsichtsratsmitglieder **117,** 103, 107
- Ausnahmen **117,** 237 ff
- Ausnahmen von der Haftung **117,** 4
- außergesellschaftliches Vermögen **117,** 180
- Autonomie der Willensbildung **117,** 13
- Bedeutung **117,** 201 ff
- Beherrschungsvertrag **117,** 249 ff
- Benutzen des Einflusses **117,** 128 ff
- Beschluss der Hauptversammlung **117,** 198 f
- Beschlussmängelklage **117,** 241 f
- Betriebsratsmitglied **117,** 120
- Beurteilungsspielräume **117,** 153
- Beweislast **117,** 161 ff, 197
- Billigung durch den Aufsichtsrat **117,** 200
- business judgement rule **117,** 203 ff
- Corporate Governance **117,** 66 ff
- deliktischer Schutz **117,** 19, 43 ff, 64
- Deliktsrecht **117,** 37
- Ehepartner **117,** 126
- Eigenschaden des Aktionärs **117,** 173 ff
- Eingliederung **117,** 253
- Entsendung von Aufsichtsratsmitgliedern **117,** 129 ff
- Erwerb eigener Aktien **117,** 140
- fahrlässiges Handeln **117,** 222
- faktischer Konzern **117,** 262 ff
- faktisches Organ **117,** 75 ff
- Fallgruppen **117,** 117 ff
- Frankreich **117,** 277
- Freistellung von der Haftung **117,** 195 f
- funktionaler Bezug des Einflusses **117,** 112 ff
- Geltendmachung des Schadens **117,** 164 ff
- Geltendmachung durch Gläubiger **117,** 171, 228 ff
- Gemeinden **117,** 97
- gesamtschuldnerische Mithaftung **117,** 191 ff
- geschäftliche Beziehung **117,** 123 ff
- gesellschaftsbezogene Vermögensinteressen **117,** 179 f
- Gesellschaftsinteresse **117,** 14 ff
- Gesellschaftsvermögen **117,** 5
- Girmes-Entscheidung **117,** 243 f
- Gläubiger **117,** 228 ff
- Großaktionär **117,** 100
- Großbritannien **117,** 279
- Haftung **117,** 96 ff
- Haftung der juristischen Person **117,** 128
- Haftung des Einflussnehmenden **117,** 1
- Haftung von Aufsichtsratsmitgliedern **117,** 189 f
- Haftung von Vorstandsmitgliedern **117,** 189 f
- Haftungslücke **117,** 10 ff
- Haftungsmodalitäten **117,** 3
- Handeln **117,** 139
- Handlungsbevollmächtigter **117,** 103, 110
- historische Entwicklung **117,** 20 ff
- indirekte Beeinflussung **117,** 108
- Insolvenzantragstellung **117,** 159
- Insolvenzverfahren **117,** 186
- Integrität des Verwaltungshandelns **117,** 6 ff
- Irrtum **117,** 158
- juristische Person **117,** 97
- juristische Person des öffentlichen Rechts **117,** 97
- Kapitalerhöhung **117,** 140
- Kausalität **117,** 144 ff, 147
- Klagezulassungsverfahren **117,** 170
- kompetenzwidrige Einflussnahme **117,** 39 f
- Konzernrecht **117,** 259 ff
- Kreditgeber **117,** 100

- Kurspflege 117, 140
- Kursverlust 117, 185
- Länder 117, 97
- Lebenspartner 117, 126
- Leitungsmacht 117, 249 ff
- Liechtenstein 117, 276
- Lieferant 117, 100
- Mehrheitsaktionär 117, 118
- mehrstufige Unternehmensverbindungen 117, 251
- mitgliedschaftsbezogene Vermögensinteressen 117, 179 f
- natürliche Person 117, 97
- Niederlande 117, 278
- normativer Schadensbegriff 117, 137 f
- Nutznießer 117, 2, 211 ff
- offener Verletzungstatbestand 117, 41
- öffentliche Hand 117, 98
- Organmitglied 117, 120 ff
- Österreich 117, 272
- Paketbildung 117, 140 ff
- Personenhandelsgesellschaften 117, 97
- Pflichtwidrigkeit 117, 154 f
- Prinzip der Einheit von Herrschaft und Haftung 117, 52 ff
- private Beziehung 117, 126 f
- Prokurist 117, 103, 109
- Quasi-Organstellung 117, 17
- Rechtsvergleichung 117, 271 ff
- Rechtswidrigkeit 117, 149 ff
- Reflexschaden 117, 134, 173 ff
- Schaden der Gesellschaft 117, 134 ff
- Schadensersatzansprüche der Aktionäre 117, 172 ff
- Schutzgesetz 117, 256
- Schutzzweck 117, 5 ff
- Schweiz 117, 274 f
- Sonderverbindung 117, 82 ff
- sonstige Beziehung 117, 123 ff
- Sorgfaltspflicht der Aufsichtsratsmitglieder 117, 7 f
- Sorgfaltspflichtverletzung 117, 50 ff
- Sozialbindung 117, 151
- Stimmrechtsausübung 117, 238
- Stimmrechtsschranken 117, 240
- stoffgleicher Vorteil 117, 162
- subsidiäre Geltendmachung durch Aktionäre 117, 167 ff
- Substantiierungserleichterungen 117, 163
- systematische Einordnung 117, 37
- Täterbegriff 117, 97 ff
- Treuepflicht 117, 48 f, 90 ff, 239
- Treupflichtverletzung 117, 50 ff
- Überleitung der Haftung 117, 188
- Übernahme organähnlicher Sorgfalts- und Treuepflichten 117, 57 ff
- Übernahmerecht 117, 140
- UMAG 117, 36, 102, 201 f, 247 f
- unerlaubte Handlung 117, 37
- Unterlassen 117, 139
- Unternehmensinteresse 117, 14 ff
- unternehmerisches Ermessen 117, 7 f, 203 ff
- US-amerikanisches Recht 117, 280 ff
- UWG 117, 104
- Verhältnis zu anderen Normen 117, 254 ff
- Verjährung 117, 234 ff
- Vermögensschadensbegriff 117, 136
- Verwaltungsmitglieder 117, 103
- Vorsatz 117, 156 ff
- vorsätzliche sittenwidrige Schädigung 117, 104, 257 f
- vorsätzliche Veranlassung der Beeinflussung 117, 220 ff
- Vorstandsmitglieder 117, 103, 106
- Vorteil des Einflussnehmers 117, 148
- Zeitpunkt der Adressatenqualität 117, 111
- Zwang zur Geltendmachung 117, 166

Einkommensteuer
- Vergütung von Aufsichtsratsmitgliedern 113, 133 f

Einladung
- fehlerhafte Aufsichtsratsbeschlüsse 108, 148

Einmann-Ausschüsse
- Aufsichtsratsausschuss 107, 451 f

Einsichts- und Prüfungsrecht des Aufsichtsrats 111, 394 f; 111, 401 ff
- Aktionsplan der Kommission 111, 872
- Angestellte 111, 407
- Aufsichtsratsassistent 111, 434
- Aufsichtsratsausschuss 111, 419
- Aufsichtsratsausschusssitzungen 109, 73
- Aufsichtsratsvorsitzender 111, 433
- Auskunftspflicht des Vorstands 111, 404 ff
- Auskunftsverweigerungsrecht 111, 413
- Beauftragung durch den Gesamtaufsichtsrat 111, 415 f, 420 ff
- company secretary 111, 434
- controller 111, 421
- Datenschutz 111, 408
- Delegation 111, 419 ff
- Deutscher Corporate Governance Kodex 111, 404
- Europäisches Recht 111, 869 ff
- Fabrikationsanlagen 111, 401
- fehlende Beauftragung durch den Gesamtaufsichtsrat 111, 416
- Forschungsanlagen 111, 401
- Frankreich 111, 873 ff

- Gegenstände **111,** 401 ff
- Geheimhaltungrecht des Vorstands **111,** 412 ff
- Grenzen **111,** 408 ff
- Großbritannien **111,** 874
- Konzern **111,** 435 ff
- Konzernprüfer **111,** 437
- Mandantenakten **111,** 414
- militärische Geheimnisse **111,** 414
- Mitwirkungspflicht des Vorstands **111,** 404 ff
- öffentliches Recht **111,** 414
- Ordnungsstrafen **111,** 405
- Österreich **111,** 873
- personenbezogene Daten **111,** 401
- Pflicht **111,** 402
- Publizitätsrichtlinie **111,** 871
- Rechtsvergleichung **111,** 873 ff
- Registergericht **111,** 405
- Sachverständige **111,** 417, 423 ff
- Schweiz **111,** 876
- Sekretär des Aufsichtsrats **111,** 434
- Sonderprüfungen **111,** 423
- Staatsgeheimnisse **111,** 414
- Stichproben **111,** 403
- Streitfälle **111,** 417
- Strukturrichtlinie **111,** 869 f
- Tochtergesellschaft **111,** 435 ff
- Treuhandgesellschaft **111,** 423
- Untergesellschaft **111,** 435 ff
- Unternehmensinteresse **111,** 409
- US-amerikanisches Recht **111,** 874
- Verdachtsgründe **111,** 411
- Vergütung **111,** 432
- Verschwiegenheitspflicht **111,** 438
- Vorstandspflichten **111,** 404 ff

Einwirkungsmöglichkeiten des Aufsichtsrats
- Abberufung von Vorstandsmitgliedern **111,** 346 ff
- Beanstandungen **111,** 333
- Beratung **111,** 333 ff
- Einberufung der Hauptversammlung **111,** 345
- Erfüllungsklagen gegen den Vorstand **111,** 348 ff
- Geschäftsordnung für den Vorstand **111,** 338 ff
- Haftungsklagen gegen den Vorstand **111,** 352 ff
- Zustimmungsvorbehalte **111,** 341 ff

Elektronischer Bundeanzeiger
- Bekanntmachung der Änderung im Aufsichtsrat **106,** 14

Elektronisches Handelsregister 106, 2

E-Mail
- Beschlussfassung des Aufsichtsrats **108,** 109
- Einberufung des Aufsichtsrats **110,** 17

Emissionen
- Verträge mit Aufsichtsratsmitgliedern **114,** 21

Energiedeputate
- Vergütung von Aufsichtsratsmitgliedern **113,** 32

Enforcement 111, 440

Entlastung
- Amtszeit von Aufsichtsratsmitgliedern **102,** 11

Entsendung von Aufsichtsratsmitgliedern 100, 102; **101,** 102 ff
- Abberufung **101,** 151 f
- Aktiengattung **101,** 121
- aktiengebundenes Entsendungsrecht **101,** 115 ff
- aktionärsgebundes Entsendungsrecht **101,** 110 ff
- Aktionärsgruppen **101,** 118 ff
- Amtsdauer **101,** 153 f
- Amtsniederlegung **101,** 151 f
- Amtsniederlegung von Aufsichtsratsmitgliedern **103,** 95
- Amtszeit von Aufsichtsratsmitgliedern **102,** 21
- Ausgestaltung **101,** 108 f
- Bedeutung **101,** 103
- Begründung **101,** 108 f
- Bekanntmachung der Änderung im Aufsichtsrat **106,** 7
- Einflussnahme auf die Gesellschaft **117,** 129 ff
- gerichtliche Abberufung von Aufsichtsratsmitgliedern **103,** 68 ff
- Gesellschaftsinteressen **101,** 146 ff
- Gruppe von Aktionären **101,** 118 ff
- Höchstzahl **101,** 130 ff
- inhabergebundenes Entsendungsrecht **101,** 115 ff
- Interessenkonflikte von Aufsichtsratsmitgliedern **100,** 157 f
- Kommanditgesellschaft auf Aktien **101,** 105
- korporationsrechtliches Rechtsverhältnis **101,** 141
- Kreditgewährung an Aufsichtsratsmitglieder **115,** 10
- persönliche Voraussetzungen **101,** 128 f
- persönliches Entsendungsrecht **101,** 110 ff
- Pflicht zur Entsendung **101,** 167 f
- Pflichten **101,** 145
- Rechte **101,** 145
- Rechtsverhältnis **101,** 141 ff, 155 ff, 162 ff

- Satzung **101,** 113, 122 ff
- Sorgfaltspflicht der Aufsichtsratsmitglieder **116,** 156
- Stellung des Entsandten **101,** 136 ff
- Umwandlung **101,** 112
- Unentziehbarkeit des Entsendungsrecht **101,** 169
- Vergütung **101,** 142
- Verringerung der Aufsichtsratsmandate **101,** 133 ff
- Verschwiegenheitspflicht der Aufsichtsratsmitglieder **116,** 224
- Vorrang der Gesellschaftsinteressen **101,** 146 ff
- VW-Gesetz **101,** 171 ff
- Weisung Dritter **101,** 170
- Zahl **101,** 130 ff

Entsprechenserklärung
- Abschlussprüfer **111,** 840 ff
- Aufsichtsrat **111,** 77
- Deutscher Corporate Governance Kodex **111,** 835 ff
- Haftung der Aufsichtsratsmitglieder **116,** 332 f
- Zustimmungsvorbehalt des Aufsichtsrats **111,** 648 f

Empfehlungen der EU-Kommission
- Aktionsplan **95,** 27
- Deutscher Corporate Governance Kodex **95,** 27
- Empfehlung der EU-Kommission zur Unabhängigkeit (s dort)
- Empfehlung der EU-Kommission zur Vergütung (s dort)
- High Level Group **95,** 27
- Rechtsnatur und -wirkung **95,** 27

Empfehlung der EU-Kommission zur Unabhängigkeit
- Ausschüsse **107,** 299
- Nominierungsausschuss **107,** 325 f
- Prüfungsausschuss **107,** 309 ff
- Unabhängigkeit **100,** 87 ff
- Vergütungsausschuss **107,** 333 f

Empfehlung der EU-Kommission zur Vergütung
- Offenlegung von Beratungsverträgen **114,** 64, 77
- Vergütung für die Aufsichtsratstätigkeit **113,** 164

Ermessen (s Sorgfaltspflicht der Aufsichtsratsmitglieder)

Ersatzmitglieder 101, 177 ff
- Abberufung **101,** 208; **103,** 81
- Abberufung von Aufsichtsratsmitglieder durch die Hauptversammlung **103,** 81
- Amtsantritt **101,** 191 ff
- Amtsniederlegung **101,** 208
- Amtszeit **101,** 197 ff; **102,** 50 ff
- Arbeitnehmervertreter **101,** 190
- Aufleben der Stellung als Ersatzmitglied **101,** 202
- Aufsichtsratsausschuss **107,** 293 f
- Aufsichtsratssitzung **109,** 12
- Bestellung **101,** 181 ff
- Bestimmtheit **101,** 182 ff
- entziehende Nachwahl **101,** 199
- fehlerhafte Bestellung **101,** 210
- gerichtliche Abberufung von Aufsichtsratsmitgliedern **103,** 81
- Gleichzeitigkeit **101,** 186 ff
- Mehrzahl **101,** 182 ff
- Rechtstellung **101,** 191 ff
- Status **101,** 205 ff
- Zulässigkeit **101,** 177 ff

Erster Aufsichtsrat
- Bekanntmachung durch den Vorstand im Statusverfahren **97,** 25 ff
- Bestellung der Aufsichtsratsmitglieder **101,** 16
- gerichtliche Bestellung von Aufsichtsratsmitgliedern **104,** 47
- Statusverfahren **97,** 7
- Vergütung von Aufsichtsratsmitgliedern **113,** 114 ff

Erster Vorstand
- Deutscher Corporate Governance Kodex **111,** 784

Erwerb eigener Aktien (s Eigene Aktien)

Erwerbsgenossenschaften
- Statusverfahren **97,** 5

Europäische Aktiengesellschaft (SE)
- Abberufung von Aufsichtsratsmitglieder durch die Hauptversammlung **103,** 104 f
- Amtszeit von Aufsichtsratsmitgliedern **102,** 77 ff
- Anzahl der Mitglieder des Aufsichts- bzw. Verwaltungsorgans **95,** 114 ff
- Aufsichtsorgan (s Aufsichtsorgan der Europäischen Aktiengesellschaft)
- Aufsichtsrat **111,** 845 ff
- Aufsichtsratsausschuss **107,** 503
- Aufsichtsratssitzung **109,** 101 f; **110,** 88 ff
- Aufsichtsratsvorsitzender **107,** 496 ff
- Bedeutung **95,** 109
- Bekanntmachung der Änderung im Aufsichtsrat **106,** 28 f
- Bekanntmachung durch den Vorstand im Statusverfahren **97,** 77 f
- Beschlussfassung des Aufsichtsrats **108,** 196 ff

- Besetzung des Aufsichtsrates **95,** 105 ff
- Bestellung der Aufsichtsratsmitglieder **100,** 199 ff; **101,** 237 ff
- Delegationsverbot **111,** 857
- dualistisches System **95,** 112; **111,** 847 ff
- Einberufung der Hauptversammlung **111,** 853, 862 f
- Einberufung des Aufsichtsrats **110,** 88 ff
- Einberufungsverlangen **110,** 88 ff
- fehlerhafte Aufsichtsratsbeschlüsse **108,** 196 ff
- gerichtliche Bestellung von Aufsichtsratsmitgliedern **104,** 131 f
- Geschäftsführungsverbot des Aufsichtsrats **111,** 556, 854 ff, 864
- Haftung der Aufsichtsratsmitglieder **116,** 334 ff
- Inkompatibilität **100,** 199 ff; **105,** 76 ff
- Interessenkonflikte von Aufsichtsratsmitgliedern **100,** 199 ff
- Kreditgewährung an Aufsichtsratsmitglieder **115,** 41 f
- Mitbestimmung (s Mitbestimmung bei der Europäischen Gesellschaft)
- monistische SE **111,** 858 ff
- monistisches System **95,** 113
- nationale Umsetzungsvorschriften **95,** 106 ff
- Normenhierarchie **95,** 108
- Organisationsstruktur **95,** 110 ff
- Rechtsgrundlagen **95,** 105
- SE-Ausführungsgesetz **95,** 107
- SE-Beteiligungsgesetz **95,** 107
- Sitzungsniederschrift des Aufsichtsrats **107,** 502
- Sorgfaltspflicht der Aufsichtsratsmitglieder **116,** 334 ff
- Statusverfahren **97,** 77 f; **98,** 54 f; **99,** 44 f
- Stellvertrender Aufsichtsratsvorsitzender **107,** 501
- Überwachungsaufgabe des Aufsichtsrats **111,** 850, 860
- Unabhängigkeit von Aufsichtsratsmitgliedern **100,** 199 ff
- Vergütung von Aufsichtsratsmitgliedern **113,** 160 f
- Verschwiegenheitspflicht der Aufsichtsratsmitglieder **116,** 334 ff
- Verträge mit Aufsichtsratsmitgliedern **114,** 74 f
- Vertretung der Aktiengesellschaft gegenüber Vorstandsmitgliedern **112,** 119 f
- Verwaltungsorgan (siehe Verwaltungsorgan der Europäischen Aktiengesellschaft)
- Wahlfreiheit zwischen den Systemen **95,** 110 ff

Europäisches Recht
- Abberufung von Aufsichtsratsmitglieder durch die Hauptversammlung **103,** 106 f
- Amtszeit von Aufsichtsratsmitgliedern **102,** 80
- Aufsichtsrat **111,** 869 ff
- Aufsichtsratsausschuss **107,** 504 ff
- Aufsichtsratsmitglieder **100,** 209 ff
- Aufsichtsratssitzung **109,** 103; **110,** 92
- Bekanntmachung der Änderung im Aufsichtsrat **106,** 30 f
- Bekanntmachung durch den Vorstand im Statusverfahren **97,** 79
- Beschlussfassung des Aufsichtsrats **108,** 199 ff
- Besetzung des Aufsichtsrates **95,** 122 f
- Bestellung der Aufsichtsratsmitglieder **100,** 209 ff; **101,** 242 ff
- Einberufung des Aufsichtsrats **110,** 92
- Einberufungsverlangen **110,** 92
- Einsichts- und Prüfungsrecht des Aufsichtsrats **111,** 869 ff
- fehlerhafte Aufsichtsratsbeschlüsse **108,** 199 ff
- gerichtliche Bestellung von Aufsichtsratsmitgliedern **104,** 133
- Größe des Aufsichtsrats **95,** 122 f
- Haftung der Aufsichtsratsmitglieder **116,** 339 ff
- Inkompatibilität **100,** 209 ff; **105,** 79 ff
- Interessenkonflikte von Aufsichtsratsmitgliedern **100,** 209 ff
- Kreditgewährung an Aufsichtsratsmitglieder **115,** 43
- Mitbestimmung **96,** 67
- Sorgfaltspflicht der Aufsichtsratsmitglieder **116,** 339 ff
- Statusverfahren **97,** 79
- Überwachungsaufgabe des Aufsichtsrats **111,** 869 ff
- Vergütung von Aufsichtsratsmitgliedern **113,** 162 ff
- Verschwiegenheitspflicht der Aufsichtsratsmitglieder **116,** 339 ff
- Verträge mit Aufsichtsratsmitgliedern **114,** 76 f
- Vertretung der Aktiengesellschaft gegenüber Vorstandsmitgliedern **112,** 121
- Zustimmungsvorbehalt des Aufsichtsrats **111,** 869 ff

Evaluation
- Selbstevaluation des Aufsichtsrats **111,** 830 ff

Examensabschlüsse
- Bestellung der Aufsichtsratsmitglieder **100,** 104

Executive committee (s Aufsichtsratspräsidium)
Existenzgefährdene Geschäfte
- Unternehmerisches Ermessen des Aufsichtsrats **116,** 108

Faktische Aufsichtsratsmitglieder
- Aufsichtsratsmitglieder **101,** 100 f
- Aufsichtsratsvorsitzender **107,** 66
- Bestellung der Aufsichtsratsmitglieder **101,** 100 f
- Einflussnahme auf die Gesellschaft **117,** 75 ff
- Inkompatibilität **105,** 29
- Kreditgewährung an Aufsichtsratsmitglieder **115,** 10
- Mitbestimmung **96,** 36

Faktische Vorstandsmitglieder
- Vertretung der Aktiengesellschaft gegenüber Vorstandsmitgliedern **112,** 40

Faktischer Konzern
- Einberufung der Hauptversammlung durch den Aufsichtsrat **111,** 544
- Einflussnahme auf die Gesellschaft **117,** 262 ff
- Überwachungsaufgabe des Aufsichtsrats **111,** 372
- Verschwiegenheitspflicht der Aufsichtsratsmitglieder **116,** 273 ff

Fakultative Gremien
- Aufsichtsrat **95,** 40 ff

Fakultativer Aufsichtsrat
- Überkreuzverflechtung 100, 63

Familiengesellschaften
- Inkompatibilität 105, 23
- Mitbestimmung **96,** 19 f

Fehlerhafte Aufsichtsratsbeschlüsse 108, 131 ff
- Adressat der Geltendmachung **108,** 179 ff
- Anfechtungsklage **108,** 133 ff
- Außenwirkung **108,** 191 ff
- Befugnis zur Geltendmachung der Nichtigkeit **108,** 176 ff
- Einladung **108,** 148
- einstweiliger Rechtsschutz **108,** 188
- Europäische Aktiengesellschaft **108,** 196 ff
- Europäisches Recht **108,** 199 ff
- fehlerhafte Stimmabgabe 108, 142 ff
- Fehlerhaftigkeit **108,** 141 ff
- Feststellung der Nichtigkeit **108,** 186 f
- Folgen **108,** 149 ff
- Form der Geltendmachung **108,** 179 ff
- Frankreich **108,** 200 ff
- Frist zur Geltendmachung **108,** 182 ff
- Geltendmachung der Fehlerhaftigkeit **108,** 171 ff
- Geltendmachung der Nichtigkeit **108,** 160 ff
- Genehmigung **108,** 169
- gesetzliche Regelung **108,** 131
- Grundsätze fehlerhafter Dauerschuldverhältnisse **108,** 164 ff
- Heilung **108,** 167
- inter omnes Wirkung **108,** 186 f
- Lückenfüllung **108,** 132 ff
- Nichtigkeit **108,** 149 ff
- Nichtigkeit der Beschlüsse **108,** 133 ff
- Österreich **108,** 200 ff
- Protokollpflicht **108,** 148
- Rechtsvergleichung **108,** 200 ff
- Schiedsfähigkeit **108,** 189
- Schweiz **108,** 200 ff
- Stimmabgabe **108,** 142 ff
- Stimmverbot **108,** 144
- Strukturrichtlinie **108,** 199
- Teilnahme Dritter an der Sitzung **108,** 148
- unzulässige Berufung auf einen Unwirksamkeitsgrund **108,** 170
- US-amerikanisches Recht **108,** 200 ff
- Verfahrensfehler **108,** 147 f
- Verzicht **108,** 168
- Willensmängel **108,** 143
- Wirksamkeit durch Genehmigung **108,** 169

Feststellung des Jahresabschlusses
- Aufsichtsrat **111,** 74
- Überwachungsaufgabe des Aufsichtsrats **111,** 197 ff
- Vertretung der Aktiengesellschaft gegenüber Vorstandsmitgliedern **112,** 56
- Zustimmungsvorbehalt des Aufsichtsrats **111,** 599

Financially literate
- Aufsichtsratsmitglieder **100,** 26
- Bestellung der Aufsichtsratsmitglieder **100,** 26
- Prüfungsausschuss **107,** 323 f, 492 f

Financial expert
- Prüfungsausschuss **107,** 324, 491

Finanzdienstleistungsinstitute
- Kreditgewährung an Aufsichtsratsmitglieder **115,** 36
- Risikomanagement **111,** 225

Finanzierungskredite
- Kreditgewährung an Aufsichtsratsmitglieder **115,** 21

Finanzinstrumente
- Risikomanagement **111,** 224, 227
- Vergütung von Aufsichtsratsmitgliedern **113,** 154

Finanzpläne
- Zustimmungsvorbehalt des Aufsichtsrats **111,** 652

Finnland
- Besetzung des Aufsichtsrates **95,** 124

Follow up
- Überwachungsaufgabe des Aufsichtsrats **111,** 163

Formwechsel
- Statusverfahren **97,** 16 ff

Fortführungsprognose
- Sorgfaltspflicht der Aufsichtsratsmitglieder **116,** 142

Frankfurter Grundsatzkommission, Code of Best Practice
- Aufsichtsrat **95,** 22
- Aufsichtsratsausschuss **107,** 306
- Aufsichtsratspräsidium **107,** 342

Frankreich
- Abberufung von Aufsichtsratsmitglieder durch die Hauptversammlung **103,** 108
- Amtszeit von Aufsichtsratsmitgliedern **102,** 81
- Aufsichtsrat **111,** 873 ff
- Aufsichtsratsausschuss **107,** 507
- Aufsichtsratsmitglieder **100,** 215 f
- Aufsichtsratssitzung **110,** 93
- Aufsichtsratsvorsitzender **107,** 507
- Beschlussfassung des Aufsichtsrats **108,** 200 ff
- Besetzung des Aufsichtsrates **95,** 124 f
- Bestellung der Aufsichtsratsmitglieder **100,** 215 f
- Einberufung des Aufsichtsrats **110,** 93
- Einberufungsverlangen **110,** 93
- Einflussnahme auf die Gesellschaft **117,** 277
- Einsichts- und Prüfungsrecht des Aufsichtsrats **111,** 873 ff
- fehlerhafte Aufsichtsratsbeschlüsse **108,** 200 ff
- gerichtliche Bestellung von Aufsichtsratsmitgliedern **104,** 134
- Haftung der Aufsichtsratsmitglieder **116,** 342
- Inkompatibilität 100, 215 f; **105,** 82
- Interessenkonflikte von Aufsichtsratsmitgliedern **100,** 215 f
- Kreditgewährung an Aufsichtsratsmitglieder **115,** 44
- Sorgfaltspflicht der Aufsichtsratsmitglieder **116,** 342
- Überwachungsaufgabe des Aufsichtsrats **111,** 873 ff
- Vergütung von Aufsichtsratsmitgliedern **113,** 166
- Verschwiegenheitspflicht der Aufsichtsratsmitglieder **116,** 342
- Verträge mit Aufsichtsratsmitgliedern **114,** 78
- Vertretung der Aktiengesellschaft gegenüber Vorstandsmitgliedern **112,** 122
- vorstandsunabhängige Information des Aufsichtsrats **111,** 531
- Zustimmungsvorbehalt des Aufsichtsrats **111,** 873 ff

Fraud
- Unternehmerisches Ermessen **116,** 95

Freiberufler
- Inkompatibilität **105,** 33, 46

Freistellungsanspruch der Arbeitnehmervertreter 113, 127 ff

Freiwillige Gerichtsbarkeit
- Statusverfahren **99,** 11 ff

Garantien
- Kreditgewährung an Aufsichtsratsmitglieder **115,** 18
- Vergütung von Aufsichtsratsmitgliedern **115,** 18

Gartenpflege 113, 32

Gebietskörperschaften
- Verschwiegenheitspflicht der Aufsichtsratsmitglieder **116,** 278

Gebührenordnung für Aufsichtsräte
- Vergütung von Aufsichtsratsmitgliedern **113,** 62

Geheimnis
- Verschwiegenheitspflicht **116,** 226

Gelatine-Entscheidung 111, 540, 545, 589, 611, 621

Geltendmachung von Ersatzansprüchen
- Haftung der Aufsichtsratsmitglieder **116,** 302
- Vertretung der Aktiengesellschaft gegenüber Vorstandsmitgliedern **112,** 17, 54

Gemeinden
- Einflussnahme auf die Gesellschaft **117,** 97

Genehmigtes Kapital
- Aufsichtsrat **111,** 76
- Haftung der Aufsichtsratsmitglieder **116,** 306

Generalhandlungsbevollmächtigter (s Handlungsbevollmächtigter)

Gerichtliche Abberufung von Aufsichtsratsmitgliedern 103, 46 ff
- Aktiengesetz 1937 103, 1
- Aktiengesetz 1965 103, 2 f
- Antrag des Aufsichtsrats **103,** 47 ff
- Arbeitnehmervertreter **103,** 77 ff
- Corporate Governance **103,** 7
- Entsendung von Aufsichtsratsmitgliedern **103,** 68 ff

- Ersatzmitglied **103,** 81
- Freiwillige Gerichtsbarkeit **103,** 72
- Geheimnisverrat **103,** 65
- Gewerkschaftsmitglieder **103,** 63
- historische Entwicklung **103,** 1 ff
- Interessenkonflikte **103,** 63 f
- Konkurrenzunternehmen **103,** 59 ff
- Kostenschuldner **103,** 74
- persönliche Voraussetzungen **103,** 65
- Rechtskraft **103,** 75 f
- Rechtsmittel **103,** 75 f
- rechtswidriger Streik **103,** 65
- schwere Pflichtverletzung **103,** 65
- sofortige Beschwerde **103,** 76
- Universalbank **103,** 63
- Unzumutbarkeit **103,** 56 ff
- Verfahren **103,** 71 ff
- Verfahrensbeteiligte **103,** 72 ff
- Verfahrensvorschriften **103,** 72 ff
- wichtiger Grund **103,** 53 ff
- Wohl der Gesellschaft **103,** 54 f
- Zuständigkeit **103,** 71

Gerichtliche Bestellung von Aufsichtsratsmitgliedern 104, 1 ff
- Abberufung durch das Gericht **104,** 113 ff
- Abwickler **104,** 28, 41
- Aktiengesetz 1937 **104,** 2 ff
- Aktiengesetz 1965 **104,** 7
- Aktionär **104,** 33 f
- Alter **104,** 83
- Anforderungen an Aufsichtsratsmitglieder **104,** 128
- Anteilseignervertreter **104,** 81 f
- Antrag **104,** 54
- Antragsberechtigte **104,** 33 ff
- Antragspflicht **104,** 27 ff, 40
- Antragsrecht **104,** 27 ff
- Arbeitnehmervertreter **104,** 31
- Arbeitsgerichtsänderungsgesetz **104,** 7
- Aufsichtsratsausschuss **104,** 65
- Aufsichtsratsmitglieder **104,** 33 f
- Aufsichtsratsvorsitzender **104,** 65
- Auslagenersatz **104,** 123 ff
- Ausschussmitglieder **104,** 65
- Auswahl **104,** 66 ff
- Beendigung des Amts **104,** 106 ff, 118 f
- Befristung **104,** 129
- Bekanntmachung der Änderung im Aufsichtsrat **106,** 7
- beschlussunfähiger Aufsichtsrat **104,** 15 ff
- Beschwerde **104,** 93 ff
- Beschwerdefrist **104,** 100 f
- Bestandsgefährdung der Gesellschaft **104,** 58
- Bestellung der Vorstandsmitglieder **104,** 22
- Betriebsratsmitglied **104,** 73 ff
- Bilanzrichtliniengesetz **104,** 7
- Bindung des Gerichts bei der Auswahl **104,** 66 ff
- Corporate Governance **104,** 13
- dauernde Verhinderung des Aufsichtsratsmitglieds **104,** 18 ff
- dauerndes Stimmrechtsverbot **104,** 23 f
- Delegierte **104,** 36
- Deutscher Corporate Governance Kodex **104,** 68, 128 ff
- dringender Fall **104,** 55 ff
- Dritte **104,** 39
- Eintragung der Gesellschaft **104,** 41 ff
- entstandene Gesellschaft **104,** 41
- Ergänzung des beschlussunfähigen Aufsichtsrats **104,** 15 ff
- Ergänzung des unvollständiges Aufsichtsrats **104,** 50 ff
- Erlöschen des Amts **104,** 106 ff
- Ermessen **104,** 83 ff
- erster Aufsichtsrat **104,** 47
- Europäische Aktiengesellschaft **104,** 131 f
- Europäisches Recht **104,** 133
- Fälle **104,** 25 f
- Fortfall des Mangels **104,** 106
- Frankreich **104,** 134
- Freiwillige Gerichtsbarkeit **104,** 89
- Frist **104,** 53
- gerichtliches Verfahren **104,** 88 ff
- Gesamtbetriebsrat **104,** 36
- Gesellschaft **104,** 39
- Gesellschaftssteuerrichtlinie **104,** 133
- Gewerkschaft **104,** 36, 73 ff
- GmbH **104,** 43
- Gründung der Aktiengesellschaft **104,** 45 ff
- Gründung der Gesellschaft **104,** 41
- Gruppenverhältnisse **104,** 66 f
- Haftung der Vorstandsmitglieder **104,** 32
- historische Entwicklung **104,** 1 ff
- Insolvenzverfahren **104,** 42
- Interessenkonflikte **104,** 83
- Konzern **104,** 85
- Konzernbetriebsrat **104,** 36
- Kosten **104,** 104 f
- Kostentragungspflicht **104,** 105
- Krise **104,** 58
- Mitbestimmung **104,** 12, 35 ff
- Mitbestimmungsgesetz **104,** 7
- Nichtbesuch von Aufsichtsratssitzungen **104,** 87
- Niederlegung des Amts **104,** 118
- Nominierungsausschuss **104,** 81
- Normzweck **104,** 8 ff

– Notvorstand **104,** 42
– Organisationsverfassung **104,** 81 f
– Österreich **104,** 134
– paritätisch mitbestimmte Gesellschaften **104,** 61 ff
– persönliche Voraussetzungen **104,** 68 ff
– pflichgemäßes Ermessen **104,** 83 ff
– Pflichten der bestellten Mitglieder **104,** 120 ff
– Rechte der bestellten Mitglieder **104,** 120 ff
– Rechtsform **104,** 43
– Rechtskraft **104,** 102 f
– Rechtsmittel **104,** 93
– Rechtsstellung **104,** 120 ff
– Rechtsvergleichung **104,** 134
– Reform **104,** 14
– Satzung **104,** 71
– sofortige Beschwerde **104,** 93 ff
– Spaltgesellschaft **104,** 25, 42, 49
– Spitzenorganisationen **104,** 36, 73 ff
– Sprecherausschuss **104,** 36
– Statusverfahren **104,** 44
– Stimmbindungsverträge **104,** 85
– Stimmrechtsverbot **104,** 23 f
– Tod des Aufsichtsratsmitglieds **104,** 21
– Übernahmerecht **104,** 58
– überwiegende entgegenstehende Belange **104,** 86 f
– Umwandlung **104,** 45 ff, 47, 58
– unvollständiger Aufsichtsrat **104,** 50 ff
– US-amerikanisches Recht **104,** 134
– Vereinsrecht **104,** 11
– Verfahren **104,** 88 ff
– Vergütung **104,** 123 ff
– Vergütung von Aufsichtsratsmitgliedern **113,** 10
– Verhinderung des Aufsichtsratsmitglieds **104,** 18 ff
– Vorgesellschaft **104,** 47
– Vorgesellschafter **104,** 41
– Vormund **104,** 91
– Vorschlagsrecht **104,** 73 ff
– Vorsitzender des Aufsichtsrats **104,** 65
– Vorstand **104,** 27 ff
– weitere Beschwerde **104,** 93 ff
– Wirksamwerden der Entscheidung **104,** 91
– Zeitpunkt **104,** 25 f
– Zuständigkeit **104,** 88
– Zustellung der Verfügung **104,** 90
– Zwangsgeld **104,** 27

Gesamtbetriebsrat
– gerichtliche Bestellung von Aufsichtsratsmitgliedern **104,** 36
– Statusverfahren **98,** 28

Gesamtsprecherausschuss 98, 29

Geschäftsbriefe
– Aufsichtsratsvorsitzender **107,** 45

Geschäftschancen
– Interessenkonflikte von Aufsichtsratsmitgliedern **100,** 142

Geschäftsfähigkeit
– Aufsichtsratsmitglieder **100,** 16 ff
– Bestellung der Aufsichtsratsmitglieder **100,** 16 ff

Geschäftsführung durch den Aufsichtsrat
– Beratung (s Beratung des Vorstands durch den Aufsichtsrat)
– gesetzliche Regelungen **111,** 559 ff
– Zustimmungsvorbehalte (s Zustimmungsvorbehalte des Aufsichtsrats)

Geschäftsführungsverbot des Aufsichtsrats 111, 556 ff
– Abteilungen der Gesellschaft **111,** 569 ff
– ADHGB **111,** 563 f
– Aktiengesetz 1937 **111,** 556, 565
– Aktiengesetz 1965 **111,** 556
– alleinige Oberleitung **111,** 567 f
– Angestellte **111,** 569 ff
– Aufsichtsratsbüro **111,** 576 f
– Ausnahmen **111,** 559 ff
– back-office **111,** 576
– Corporate-Governance-Beauftragter **111,** 573
– Deutscher Corporate Governance Kodex **111,** 574
– Europäische Aktiengesellschaft **111,** 556, 854 ff, 864
– Geschäftsführungsinitiative **111,** 578
– Grundsatz **111,** 556 ff
– konsensuale Unternehmensführung **111,** 579 f
– Mitarbeiter des Aufsichtsrats **111,** 572 f
– Tagesgeschäft **111,** 581 f
– Trennungsprinzip **111,** 563 ff
– Übersetzer **111,** 573
– US-amerikanisches Recht **111,** 565
– Vereinbarungen zwischen Verwaltungsorganen **111,** 574 ff
– Weisungen **111,** 557, 568

Geschäftsgeheimnisse
– Interessenkonflikte von Aufsichtsratsmitgliedern **100,** 143

Geschäftsordnung
– Aufsichtsrat (s Geschäftsordnung des Aufsichtsrats)
– Aufsichtsratsausschuss **107,** 257 ff, 411
– Aufsichtsratsvorsitzender **107,** 32 ff, 48 ff, 128 ff
– Bestellung der Aufsichtsratsmitglieder **101,** 73

- Deutscher Corporate Governance Kodex **107,** 496 f
- Überwachungsaufgabe des Aufsichtsrats **111,** 304
- Verschwiegenheitspflicht der Aufsichtsratsmitglieder **116,** 244 f
- Vorstand (Geschäftsordnung des Vorstands)

Geschäftsordnung des Aufsichtsrats 107, 202 ff
- Amtsdauer des Aufsichtsratsvorsitzenden **107,** 221
- Änderung **107,** 213 ff
- Aufhebung **107,** 213 ff
- Aufsichtsratsausschuss **107,** 211, 222
- Bedeutung **107,** 202 ff
- Beschlussfähigkeit **107,** 218
- Einberufung des Aufsichtsrats **110,** 14
- Einberufung von Sitzungen **107,** 220
- Erlass **107,** 207 ff
- Geltungsdauer **107,** 212
- Inhalt **107,** 217 ff
- Offenlegung von Interessenkonflikten **107,** 221
- Organisationsautonomie **107,** 209 f
- Satzung **107,** 204, 213
- Stellvertreter **107,** 221
- Verstöße **107,** 223 ff

Geschäftsordnung des Vorstands
- Überwachungsaufgabe des Aufsichtsrats **111,** 168, 338 ff

Geschlecht
- Aufsichtsratsmitglieder **100,** 19
- Bestellung der Aufsichtsratsmitglieder **100,** 19

Gesellschaft bürgerlichen Rechts
- Bestellung der Aufsichtsratsmitglieder **101,** 26

Gesellschaftsinteresse (s Unternehmensinteresse)

Gesellschaftssteuerrichtlinie
- gerichtliche Bestellung von Aufsichtsratsmitgliedern **104,** 133

Gesetzliche Rücklagen
- Tantieme **113,** 120

Gewähren von Sicherheiten
- Kreditgewährung an Aufsichtsratsmitglieder **115,** 18
- Vergütung von Aufsichtsratsmitgliedern **115,** 18

Gewerkschaften
- gerichtliche Abberufung von Aufsichtsratsmitgliedern **103,** 63
- gerichtliche Bestellung von Aufsichtsratsmitgliedern **104,** 36, 73 ff
- Interessenkonflikte von Aufsichtsratsmitgliedern **100,** 140, 159 f
- Statusverfahren **98,** 35
- Vergütung von Aufsichtsratsmitgliedern **113,** 11
- Verschwiegenheitspflicht der Aufsichtsratsmitglieder **116,** 216, 219 ff

Gewinnbeteiligung
- Vergütung von Aufsichtsratsmitgliedern **113,** 38 f

Gewinnrücklage
- Tantieme **113,** 120

Gewinnverwendung
- Abschlussprüfer **111,** 471
- Tantieme **113,** 120
- Überwachungsaufgabe des Aufsichtsrats **111,** 201

Girmes-Entscheidung 117, 243 f

Gleichheitsgrundsatz
- Besetzung von Ausschüssen im mitbestimmten Aufsichtsrat **107,** 277 ff
- Pflichtenstellung **116,** 30 ff
- Rechte und Pflichten **107,** 7 ff
- Vergütung von Aufsichtsratsmitgliedern **113,** 67 ff, 106

Globalbeschluss
- Zustimmungsvorbehalt des Aufsichtsrats **111,** 665

Globalwahl
- Bestellung der Aufsichtsratsmitglieder **101,** 44 ff

GmbH
- gerichtliche Bestellung von Aufsichtsratsmitgliedern **104,** 43
- Kreditgewährung an Aufsichtsratsmitglieder **115,** 14

Grenzüberschreitende Fusionen
- Statusverfahren **97,** 21

Großaktionär
- Einflussnahme auf die Gesellschaft **117,** 100
- Inkompatibilität **105,** 43
- Sorgfaltspflicht der Aufsichtsratsmitglieder **116,** 53

Großbritannien
- Abberufung von Aufsichtsratsmitglieder durch die Hauptversammlung **103,** 108
- Aufsichtsrat **111,** 91, 874
- Aufsichtsratsmitglieder **100,** 216
- Bestellung der Aufsichtsratsmitglieder **100,** 216; **101,** 245
- Einflussnahme auf die Gesellschaft **117,** 279
- Einsichts- und Prüfungsrecht des Aufsichtsrats **111,** 874
- Haftung der Aufsichtsratsmitglieder **116,** 317, 342
- Inkompatibilität **100,** 216
- Interessenkonflikte von Aufsichtsratsmitgliedern **100,** 216
- Risikomanagement **111,** 219

- Sorgfaltspflicht der Aufsichtsratsmitglieder **116,** 342
- Übernahmerecht **111,** 731
- Überwachungsaufgabe des Aufsichtsrats **111,** 874
- Unabhängigkeit von Aufsichtsratsmitgliedern **100,** 95
- Vergütung von Aufsichtsratsmitgliedern **113,** 166
- Verschwiegenheitspflicht der Aufsichtsratsmitglieder **116,** 342
- Verträge mit Aufsichtsratsmitgliedern **114,** 78
- vorstandsunabhängige Information des Aufsichtsrats **111,** 502, 531, 538
- Zustimmungsvorbehalt des Aufsichtsrats **111,** 874

Größe des Aufsichtsrats
- Änderung **95,** 83 ff
- Dreiteilbarkeitsgebot **95,** 61
- Corporate Governance **95,** 26, 31 ff
- gesetzliche Regelzahl **95,** 56
- Höchstzahl **95,** 62 ff
- Mindestmitgliederzahl **95,** 56 ff
- MitbestG **95,** 68
- Montanmitbestimmung **95,** 69 f
- Satzung **95,** 60 f
- variable Zahl **95,** 61

Grundgesetz
- Bestellung der Aufsichtsratsmitglieder **100,** 66 f
- Inkompatibilität **100,** 66 f

Grundkapital
- Besetzung des Aufsichtsrates **95,** 62 ff

Grundsätze ordnungsgemäßer Überwachung
- Aufsichtsrat **111,** 13

Gründung der Aktiengesellschaft
- gerichtliche Bestellung von Aufsichtsratsmitgliedern **104,** 41, 45 ff
- Haftung der Aufsichtsratsmitglieder **116,** 16
- Sorgfaltspflicht der Aufsichtsratsmitglieder **116,** 16, 143
- Überwachungsaufgabe des Aufsichtsrats **111,** 202 f
- Verschwiegenheitspflicht der Aufsichtsratsmitglieder **116,** 16

Gründungshaftung (s Gründungshaftung des Vorstands und des Aufsichtsrats)

Gruppenverhältnisse
- gerichtliche Bestellung von Aufsichtsratsmitgliedern **104,** 66 f

Haftpflichtversicherung
- Haftung der Aufsichtsratsmitglieder **116,** 315 ff

Haftung
- Aufsichtsratsausschuss **107,** 295 ff
- Aufsichtsratsmitglieder (s Haftung der Aufsichtsratsmitglieder)
- Aufsichtsratssitzung **109,** 89 f
- Aufwendungsersatzanspruch von Aufsichtsratsmitgliedern **113,** 28
- Beirat **95,** 50
- Deutscher Corporate Governance Kodex **116,** 332 f
- Einflussnahme auf die Gesellschaft (s dort)
- Inkompatibilität **105,** 29
- Interessenkonflikte von Aufsichtsratsmitgliedern **100,** 173
- Nichtigkeit der Bestellung von Aufsichtsratsmitgliedern **101,** 218
- Überwachungsaufgabe des Aufsichtsrats **111,** 387 ff
- unzulässige Einflussnahme auf die Gesellschaft (s Einflussnahme auf die Gesellschaft)
- Vertretung der Aktiengesellschaft gegenüber Vorstandsmitgliedern **112,** 98 f
- Zustimmungsvorbehalt des Aufsichtsrats **111,** 711 ff

Haftung der Aufsichtsratsmitglieder 116, 1 ff, 279 ff
- Abschlussprüfer **111,** 492
- Abwicklung der Aktiengesellschaft **116,** 16
- actio pro socio **116,** 306
- ADHGB **116,** 1 ff, 289
- Ad-hoc-Mitteilung **116,** 311
- Adressat **116,** 12 ff
- Aktiengesetz 1937 **116,** 4
- Aktiengesetz 1965 **116,** 5
- Aktionär **116,** 309 ff
- Aktionsplan der Kommission **116,** 29, 341
- Amtsniederlegung **116,** 20
- ARAG/Garmenbeck-Entscheidung **116,** 18 f
- Arbeitsteilung im Aufsichtsrat **107,** 448 ff; **116,** 64 f
- Außenhaftung **116,** 313 f
- Beginn der Haftung **116,** 12
- Beschränkung **116,** 27 f
- betrieblich veranlaßte Tätigkeit **116,** 300
- Betriebsverfassungsgesetz 1952 **116,** 6
- Beweislastumkehr **116,** 288 ff
- Corporate Governance **116,** 21 ff
- D&O-Versicherung **116,** 315 ff
- deliktische Ansprüche **116,** 308
- Deutscher Corporate Governance Kodex **116,** 23, 316, 331
- Dispositivität **116,** 10
- disqualification **116,** 29
- Dritte **116,** 313 f

- Drohung mit der Niederlegung des Amts **116,** 20
- einfache Fahrlässigkeit **116,** 279
- Einflussnahme auf die Gesellschaft **117,** 189 f
- Ende der Haftung **116,** 13 f
- Entsprechenserklärung **116,** 332 f
- Europäische Aktiengesellschaft **116,** 334 ff
- Europäisches Recht **116,** 339 ff
- Frankreich **116,** 342
- Freistellung durch Dritte **116,** 299
- Geltendmachung von Ersatzansprüchen **116,** 302
- genehmigtes Kapital **116,** 306
- Gerichtsstand **116,** 307
- gesamtschuldnerische Haftung **116,** 286 f
- Gesellschaftsgläubiger **116,** 292 ff
- Großbritannien **116,** 317, 342
- Gründung der Aktiengesellschaft **116,** 16
- Haftpflichtversicherung **116,** 315 ff
- Haftung der Gesellschaft **116,** 320
- Haftung Dritter **116,** 321 ff
- Haftungsausschluss **116,** 295 f
- Haftungsbeschränkung **116,** 27 f
- historische Entwicklung **116,** 1 ff
- indemnification **116,** 299 ff
- Innenhaftung **116,** 8 f, 11, 34 ff, 302, 304 ff, 308
- Insolvenzantragspflicht **116,** 313
- Insolvenzverfahren **116,** 16
- internationales Privatrecht **116,** 338
- Kapitalanleger-Musterverfahrensgesetz **116,** 26
- Kapitalmarktinformationshaftungsgesetz **116,** 26, 314
- Kausalität **116,** 283
- Klagezulassungsverfahren **116,** 24 f, 305
- konkurrierende Ansprüche **116,** 308
- Kontrollverschulden **116,** 280
- Konzern **116,** 16
- Konzernrechtsrichtlinie **116,** 340
- objektiver Verschuldensmaßstab **116,** 285
- Österreich **116,** 342
- Pflichtverletzung (s Sorgfaltspflicht der Aufsichtsratsmitglieder), (s Treuepflicht der Aufsichtsratsmitglieder), (s Unternehmerisches Ermessen), (s Verschwiegenheitspflicht der Aufsichtsratsmitglieder)
- pflichtwidriges Verhalten **116,** 281
- positive Stimmpflicht **116,** 323
- prozessuale Durchsetzung **116,** 304 ff
- Rechtsrat **116,** 99
- Rechtstatsachen **116,** 21 f
- Rechtsvergleichung **116,** 342 f
- Reform **116,** 24 ff
- Rückgriff **116,** 286 f
- Satzungsstrenge **116,** 10
- Schaden **116,** 282
- Schadensberechnung **116,** 319
- Schutzgesetz **116,** 312
- Schweiz **116,** 342
- Sonderprüfer **116,** 305
- Spezialkenntnisse **116,** 285
- Strukturrichtlinie **116,** 339
- TransPuG **116,** 6
- überstimmtes Aufsichtsratsmitglied **116,** 17 ff
- Überwachungsverschulden **116,** 294
- UMAG **116,** 24 f, 305
- US-amerikanisches Recht **116,** 289, 343
- Vergleich **116,** 298
- Verjährung **116,** 303
- Verschulden **116,** 284
- Verschuldensmaßstab **116,** 284 f
- Verzicht **116,** 298
- vorsätzliche sittenwidrige Schädigung **116,** 311
- Zeitmangel **116,** 115

Haftung der Vorstandsmitglieder
- Bekanntmachung der Änderung im Aufsichtsrat **106,** 24
- Bekanntmachung durch den Vorstand im Statusverfahren **97,** 53 f
- Einflussnahme auf die Gesellschaft **117,** 189 f
- gerichtliche Bestellung von Aufsichtsratsmitgliedern **104,** 32
- Sorgfaltspflicht der Aufsichtsratsmitglieder **116,** 158

Handlungsbevollmächtigter
- Einflussnahme auf die Gesellschaft **117,** 110
- Inkompatibilität **105,** 18, 32 ff, 48

Hauptversammlung
- Abberufung (s gerichtliche Abberufung von Aufsichtsratsmitgliedern)
- Abberufung entsandter Aufsichtsratsmitglieder **103,** 40 ff
- Abberufung von Aufsichtsratsmitglieder (s Abberufung von Aufsichtsratsmitglieder durch die Hauptversammlung)
- Amtszeit von Aufsichtsratsmitgliedern **102,** 18 ff
- Aufsichtsrat **111,** 31 ff, 78
- Bericht des Aufsichtsrats **111,** 193, 843 f
- Bestellung der Aufsichtsratsmitglieder **101,** 18 f
- Einberufung durch den Aufsichtsrat **111,** 539 ff
- Übernahmerecht **111,** 738 f

– Überwachungsaufgabe des Aufsichtsrats **111,** 260 f
– Vergütung von Aufsichtsratsmitgliedern **113,** 87 ff
– Verschwiegenheitspflicht der Aufsichtsratsmitglieder **116,** 256
– Zustimmungsvorbehalt des Aufsichtsrats **111,** 718 ff

Hauptversammlungsbeschluss
– Abberufung von Aufsichtsratsmitglieder durch die Hauptversammlung **103,** 11
– Einflussnahme auf die Gesellschaft **117,** 198 f
– Unternehmerisches Ermessen **116,** 94
– Verträge mit Aufsichtsratsmitgliedern **114,** 54

Hauptversammlungsleiter
– Aufsichtsratsvorsitzender **107,** 145 f

Haustarife
– Zustimmungsvorbehalt des Aufsichtsrats **111,** 656

Herrschende Gesellschaft
– Kreditgewährung an Aufsichtsratsmitglieder **115,** 15

Hertie-Entscheidung
– Aufsichtsrat **111,** 424 ff
– Beschlussfassung des Aufsichtsrats **111,** 424 ff

High Level Group of Company Law Experts
– Aufsichtsrat **95,** 27
– Aufsichtsratsausschuss **107,** 287, 299, 505
– Besetzung des Aufsichtsrates **95,** 123
– Bestellung der Aufsichtsratsmitglieder **101,** 244
– Unabhängigkeit von Aufsichtsratsmitgliedern **100,** 87 ff
– Vergütungsausschüsse **107,** 333

Hilfsgeschäfte
– Vertretung der Aktiengesellschaft gegenüber Vorstandsmitgliedern **112,** 60 ff

Hilfskräfte
– Aufsichtsrat **111,** 748
– Aufsichtsratssitzung **109,** 45
– Aufwendungsersatzanspruch von Aufsichtsratsmitgliedern **113,** 23

Hindsight bias
– Sorgfaltspflicht der Aufsichtsratsmitglieder **116,** 69

Hinterbliebenenversorgung
– Vergütung von Aufsichtsratsmitgliedern **113,** 34

Holzmüller-Rechtsprechung
– Zustimmungsvorbehalt des Aufsichtsrats **111,** 619

Honorar
– Abschlussprüfer **111,** 470

IAS/IFRS
– Aufwendungsersatzanspruch von Aufsichtsratsmitgliedern **113,** 20
– Bilanzierung **111,** 195
– IFRS **111,** 195
– Überwachungsaufgabe des Aufsichtsrats **111,** 195, 378
– Umstellung **111,** 195
– US-GAAO **111,** 195
– Vergütung von Aufsichtsratsmitgliedern **113,** 140

Illegality
– Unternehmerisches Ermessen **116,** 95

Indemnification
– Haftung der Aufsichtsratsmitglieder **116,** 299 ff

Information des Aufsichtsrats
– Abberufung von Vorstandsmitgliedern **111,** 346
– Abhängigkeitsbericht **111,** 382, 439 ff
– Abschlussprüfer **111,** 439 ff
– Aktionäre **111,** 538
– Angestellte **111,** 502 ff
– auf Anforderung **111,** 172 f, 175, 511
– Aufsichtsratsassistent **111,** 530
– Aufsichtsratsvorsitzender **107,** 83, 459 ff; **111,** 528, 824 f
– Ausschuss **107,** 433 ff
– Berichtspflichten des Aufsichtsrats **111,** 191, 843 f, **116,** 262
– Berichtspflichten von Ausschüssen **107,** 435 ff
– Berichtspflichten des Vorstands **111,** 162 ff, 174 f
– Combined Code **111,** 502
– company secretary **111,** 531
– Deutscher Corporate Governance Kodex **111,** 812 ff
– Durchsetzung von Informationsrechte **111,** 351
– Einsichts- und Prüfungsrecht (s Einsichts- und Prüfungsrecht des Aufsichtsrats)
– Empfänger der Berichte **111,** 187
– Grenzen **111,** 188 f
– Haftung **116,** 80
– Hauptversammlung **111,** 191, 843 f, **116,** 262
– Informationsintervalle **111,** 179
– Informationsordnung (s dort)
– Jahresabschluss **111,** 191 ff, 439 ff
– Krise **111,** 318 ff
– Prüfungsausschuss **107,** 318, **111,** 523 ff
– Sachverständiger **111,** 423, 537
– Sorgfaltspflicht **116,** 80
– Vorstandsberichte **111,** 162 ff, 171, 174 f

- vorstandsunabhängige Information (s vorstandsunabhängige Information des Aufsichtsrats)
- Zustimmungsvorbehalte des Aufsichtsrats **111,** 586 ff
Informationsordnung 111, 182 ff, 399 f
- Angestellte **111,** 182, 186
- Ausschüsse als Empfänger **111,** 185, 526
- Berichte **111,** 185
- Deutscher Corporate Governance Kodex **111,** 818 f
- interne Revision **111,** 185
- Prüfungsausschuss **111,** 526
- Risikomanagement **111,** 184
- Vorstand **111,** 182 ff
- Zustimmung des Vorstands **111,** 182
Initiativrechte des Aufsichtsrats 111, 68, 84 ff
Inkassobeauftragter
- Verträge mit Aufsichtsratsmitgliedern **114,** 10
Inkompatibilität 100, 64 ff; **105,** 1 ff
- Abschlussprüfer **100,** 71; **105,** 20
- Abwickler **105,** 47
- ADHGB **105,** 2
- Aktiengesetz 1937 **105,** 2 f
- Aktiengesetz 1965 **105,** 4
- Aktionsplan der Kommission **100,** 213 f; **105,** 80 f
- Amtsniederlegung **105,** 39
- Anfechtungsklage **105,** 25
- Angestellte **105,** 33, 41 ff
- Anstellungsvertrag **105,** 39 f
- Arbeitnehmervertreter **105,** 35 ff
- Architekt **105,** 46
- Arzt **105,** 46
- Aufsichtsratsamt **105,** 19 ff
- Ausnahmen **105,** 48 ff
- Beamte **100,** 68
- Behinderung eines Vorstandsmitglieds **105,** 51f
- Beirat **105,** 47
- Berater **105,** 46
- Beschlussunfähigkeit des Aufsichtsrats **105,** 55
- Bestellung eines Stellvertreters **105,** 56 ff
- Bundespräsident **100,** 66
- Corporate Governance **105,** 15 ff
- Deutscher Corporate Governance Kodex **100,** 72, 181; **105,** 74 ff
- ehemalige Vorstandsmitglieder **100,** 73; **105,** 19 f
- Europäische Aktiengesellschaft **100,** 199 ff; **105,** 76 ff
- Europäisches Recht **100,** 209 ff; **105,** 79 ff
- faktisches Organmitglied **105,** 29
- Familiengesellschaften **105,** 23
- Fehlen eines Vorstandsmitglieds **105,** 50
- Frankreich **100,** 215 f; **105,** 82
- Freiberufler **105,** 33, 46
- Generalhandlungsbevollmächtigter **105,** 32 ff
- gesetzliches Verbot **105,** 39
- Großaktionär **105,** 43
- Großbritannien **100,** 216
- Grundgesetz **100,** 66 f
- Haftung **100,** 85, **105,** 29
- Haftung bei Tätigkeit für Konkurrenzunternehmen **100,** 85
- Handungsbevollmächtigter **105,** 18, 32, 48
- historische Entwicklung **105,** 1 ff
- Interessenkonflikte **100,** 78 ff
- internationales Recht **100,** 208
- Investmentberater **105,** 46
- Kapitalanlagegesellschaft **100,** 70
- kartellrechtliche Lösung **100,** 75
- konkludente Niederlegung **105,** 22
- Konkurrenzunternehmen **100,** 73 ff, 181
- KonTraG **100,** 74 ff
- Konzern **105,** 27
- Landesverfassungen **100,** 67
- Mitbestimmung **105,** 13 f
- Mitbestimmungsgesetz 1976 **105,** 35 ff
- Mitteilungspflicht für Konkurrenzmandate **100,** 84
- Muttergesellschaft **105,** 27
- Nichtigkeitsklage **105,** 25
- Notare **100,** 71
- öffentliches Recht **100,** 66 ff
- Österreich **100,** 26, 42, 82, 215
- Personalberater **105,** 46
- Prioritätsprinzip **105,** 18, 38 ff
- Prokurist **105,** 18, 30 f, 48
- Rechtsanwälte **100,** 73
- Rechtsberater **105,** 46
- Rechtsfolgen **105,** 23 ff, 38 ff
- Rechtsvergleichung **100,** 215 ff; **105,** 82
- Reformdiskussion **100,** 74 ff
- Richter **100,** 73
- Schadenersatzpflicht **105,** 29
- Schutz des Rechtsverkehrs **105,** 28 f
- Schweiz **100,** 215
- spezielle Inkompatibilität **100,** 79 ff
- Stellvertreter eines Stellvertreters **105,** 53 f
- Stellvertreter von Vorstandsmitgliedern **105,** 48 f
- Steuerberater **100,** 71
- Streik **100,** 73
- Strukturrichtlinie **100,** 209 ff; **105,** 79
- Stufenverhältnis **105,** 18
- Testamentsvollstrecker **100,** 73
- Tochtergesellschaft **105,** 27
- Überkreuzverflechtung **105,** 25

- Übernahmen **100,** 73
- ungeschriebene Inkompatibilität **100,** 78
- US-amerikanisches Recht **100,** 217
- Verstoß **105,** 38 ff
- Vertrauensarzt **105,** 46
- Vertretung eines Vorstandsmitglieds **105,** 48 ff
- Vertretungsmacht **105,** 29
- Voraussetzungen **105,** 23 ff
- Vorstandsamt **105,** 19 ff
- Vorstandsstellvertreter **105,** 48 f
- Wirtschaftsberater **105,** 46
- Zulieferer **100,** 73

Insichgeschäft
- Beschlussfassung des Aufsichtsrats **108,** 54
- Treuepflichten der Aufsichtsratsmitglieder **116,** 183
- Vertretung der Aktiengesellschaft gegenüber Vorstandsmitgliedern **112,** 9

Insiderhandelsverbot
- Aufsichtsratsausschusssitzungen **109,** 60
- Aufsichtsratsmitglieder **116,** 183
- Bestellung der Aufsichtsratsmitglieder **101,** 37
- Haftung **116,** 183
- Insider **116,** 183
- Insiderinformation **116,** 183
- Interessenkonflikte von Aufsichtsratsmitgliedern **100,** 144
- Primärinsider **116,** 183

Insiderinformation
- Arbeitnehmervertreter **116,** 209
- Aufschub der Veröffentlichung **111,** 199
- Streik **116,** 209
- Treuepflicht **116,** 183
- Verbot der Nutzung **116,** 183, 209

Insolvenzantragspflicht
- Haftung der Aufsichtsratsmitglieder **116,** 313
- Krise (s dort)
- Überwachungsaufgabe des Aufsichtsrats **111,** 302
- unternehmerisches Ermessen **116,** 100

Insolvenzantragstellung
- Einflussnahme auf die Gesellschaft **117,** 159
- Überwachungsaufgabe des Aufsichtsrats **111,** 302
- unternehmerisches Ermessen des Aufsichtsrats **116,** 108
- Zustimmungsvorbehalt des Aufsichtsrats **111,** 645

Insolvenzreife
- Insolvenzgründe **116,** 82
- Sorgfaltspflicht der Aufsichtsratsmitglieder **116,** 142
- Interessen **111,** 152

Insolvenzverfahren
- Amtszeit von Aufsichtsratsmitgliedern **102,** 36
- Einflussnahme auf die Gesellschaft **117,** 186
- gerichtliche Bestellung von Aufsichtsratsmitgliedern **104,** 42
- Haftung der Aufsichtsratsmitglieder **116,** 16
- Sorgfaltspflicht der Aufsichtsratsmitglieder **116,** 16
- Vergütung von Aufsichtsratsmitgliedern **113,** 73
- Verschwiegenheitspflicht der Aufsichtsratsmitglieder **116,** 16

Interessenkonflikte von Aufsichtsratsmitglieder **100,** 131 ff
- Abberufung **100,** 172
- Aktionärsinteressen **100,** 136
- Aktionsplan der Kommission **100,** 213 f
- Amtsniederlegung **100,** 171; **103,** 96
- Antrag auf Abberufung aus wichtigem Grund **100,** 172; **103,** 59 ff
- Arbeitnehmervertreter **100,** 138 ff, 159 f
- Arbeitnehmerinteressen **100,** 138 ff
- Aufsichtsratssitzung **109,** 17 ff
- Ausschluss von der Beratung **100,** 169 f
- Bankenvertreter **100,** 161
- Beratungsverträge **100,** 147 ff
- Beschlussfassung des Aufsichtsrats **108,** 58 ff
- chinese walls **100,** 174 ff
- corporate opportunity **100,** 142
- Deutscher Corporate Governance Kodex **100,** 179 ff, 195 ff
- eigene Interessen **100,** 134 ff
- Eigengeschäfte **100,** 146
- Entsendung von Aufsichtsratsmitgliedern **100,** 157 f
- Europäische Aktiengesellschaft **100,** 199 ff
- Europäisches Recht **100,** 209 ff
- Frankreich **100,** 215 f
- gerichtliche Abberufung von Aufsichtsratsmitgliedern **103,** 63 f
- gerichtliche Bestellung von Aufsichtsratsmitgliedern **104,** 83
- Geschäftschancen **100,** 142
- Geschäftsgeheimnissen **100,** 143
- Gewerkschaftsvertreter **100,** 140, 159 f
- Großbritannien **100,** 216
- Haftung **100,** 173
- Inkompatibilität (s dort)
- Insiderhandelsverbot **100,** 144
- internationales Recht **100,** 208
- Konkurrenzunternehmen **100,** 154 f
- Konzern **114,** 38 ff; **115,** 23
- Kreditvergabe **100,** 147 ff, 152 f
- nahe stehende Personen **100,** 152 f

- Offenlegung **100,** 164 f
- öffentliche Hand **100,** 162
- Österreich **100,** 215
- Pflichtenkollision **100,** 133
- Prävention **100,** 174 ff
- Provisionen **100,** 145
- Rechtsfolgen **100,** 163 ff
- Rechtsvergleichung **100,** 215 ff
- Schmiergelder **100,** 145
- Schweiz **100,** 215
- Stimmenthaltung **100,** 166 ff
- Stimmverbot **100,** 166 ff; **108,** 58 ff
- Streik **100,** 139
- Strukturrichtlinie **100,** 209 ff
- Treuepflichten der Aufsichtsratsmitglieder **116,** 199 ff
- übermäßige Vergütung **100,** 150 f
- Übernahme **100,** 161, 174 ff
- Unabhängigkeit (s Unabhängigkeit von Aufsichtsratsmitgliedern)
- US-amerikanisches Recht **100,** 217
- Vergütung **100,** 150 f
- vertragliche Beziehungen zur Gesellschaft **100,** 146 ff
- Vorzugspreise **100,** 145
- Wettbewerb mit der Gesellschaft **100,** 141

International anerkannte Rechnungslegungsgrundsätze (s IAS/IFRS)

Internationales Gesellschaftsrecht
- Aufsichtsratsmitglieder **100,** 208
- Bildung eines Aufsichtsrats **95,** 120
- Besetzung des Aufsichtsrates **95,** 120
- Bestellung der Aufsichtsratsmitglieder **100,** 208
- Gründungsstatut **95,** 120
- Haftung der Aufsichtsratsmitglieder **116,** 338
- Inkompatibilität **100,** 208
- Interessenkonflikte von Aufsichtsratsmitgliedern **100,** 208
- kapitalmarktrechtliche Überlagerung **95,** 121
- Sorgfaltspflicht der Aufsichtsratsmitglieder **116,** 338
- Verschwiegenheitspflicht der Aufsichtsratsmitglieder **116,** 338

Interne Revision
- Anbindung an den Aufsichtsrat **111,** 520 f, 524
- Anbindung an den Vorstand **111,** 519 ff, 524
- Ausgestaltung **111,** 210 ff
- Bestellung des Leiters **111,** 634
- Dokumentation **111,** 215
- Haftung **116,** 133, 151
- Informationsordnung **111,** 185 f
- personelle Ausstattung **111,** 524
- Prüfungsaufträge des Aufsichtsrats **111,** 521
- Prüfungsplan **111,** 634
- Prüfungsausschuss **111,** 523 ff
- Sarbanes Oxley Act **111,** 210 f, 217
- Schweiz **111,** 214
- Teilnahme an Sitzungen **111,** 521
- Verwaltungsrat **111,** 214
- Unabhängigkeit vom Vorstand **111,** 519, 524
- Überwachungsaufgabe des Aufsichtsrats **111,** 177 f
- vorstandsunabhängige Information des Aufsichtsrats **111,** 519 ff
- Zustimmungsvorbehalt des Aufsichtsrats **111,** 634

Internes Kontrollsystem
- Combined Code **107,** 309, **111,** 502
- Controlling (s dort)
- Interne Revision (s dort)
- Kreditinstitute **111,** 211
- Österreich **111,** 210
- Risikofrüherkennung **111,** 210, 216
- Sarbanes-Oxley-Act **111,** 210 f, 217
- Überwachungsaufgabe des Aufsichtsrats **111,** 210 ff

Internetseite
- Bekanntmachung der Änderung im Aufsichtsrat **106,** 27
- Deutscher Corporate Governance Kodex **106,** 26 f

Interorganklagen
- Überwachungsaufgabe des Aufsichtsrats **111,** 351

Invaliditätsversorgung
- Vergütung von Aufsichtsratsmitgliedern **113,** 34

Investitionsausschuss
- Aufsichtsratsausschuss **107,** 236

Investitionspläne
- Überwachungsaufgabe **111,** 204 ff
- Zustimmungsvorbehalt des Aufsichtsrats **111,** 652

Investmentberater
- Beratervertrag **114,** 10
- Inkompatibilität **105,** 46
- Übernahme **111,** 730

Investor relation
- Aufsichtsrat als Innenorgan **107,** 67,119, 468; **111,** 245
- Überwachungsaufgabe des Aufsichtsrats **111,** 245

– vorstandsunabhängige Information des Aufsichtsrats **111,** 538
Italien
– Besetzung des Aufsichtsrates **95,** 124
– Übernahmerecht **111,** 731

Jahresabschluss
– Ad-hoc-Publizität **111,** 199
– Änderungen **111,** 198
– Aufsichtsratsphase **111,** 197 ff
– Aufsichtsratsmitglieder **111,** 148
– Bekanntmachung der Änderung im Aufsichtsrat **106,** 4, 19
– Bericht gegenüber der Hauptversammlung **111,** 191
– Billigung **111,** 197
– Delegation auf Ausschuss **111,** 200
– Feststellung **111,** 197
– Information des Aufsichtsrats **111,** 196, 439 ff
– internationale Rechnungslegung (s dort)
– Konzern **111,** 197, 377 ff
– Kreditgewährung an Aufsichtsratsmitglieder **115,** 29
– persönlicher Berater **111,** 749 ff
– Prüfperiode des Aufsichtsrats **111,** 197 ff
– Prüfungsumfang **111,** 192 ff
– Überwachungsaufgabe des Aufsichtsrats **111,** 191 ff
– Zustimmungsvorbehalt des Aufsichtsrats **111,** 645
Judicial self restraint
– Sorgfaltspflicht der Aufsichtsratsmitglieder **116,** 69
Juristische Person
– Aufsichtsratsmitglieder **100,** 16
– Bestellung zum Aufsichtsratsmitglied **100,** 16
– Einflussnahme auf die Gesellschaft **117,** 97
Juristische Person des öffentlichen Rechts 117, 97

Kapitalanlagegesellschaft
– Aufsichtsratsmitglieder **100,** 70
– Bekanntmachung der Änderung im Aufsichtsrat **106,** 4
– Bestellung der Aufsichtsratsmitglieder **100,** 70
– Inkompatibilität **100,** 70
Kapitalanleger-Musterverfahrensgesetz
– Haftung der Aufsichtsratsmitglieder **116,** 26
– Sorgfaltspflicht der Aufsichtsratsmitglieder **116,** 26
– Verschwiegenheitspflicht der Aufsichtsratsmitglieder **116,** 26
Kapitalerhöhung
– Besetzung des Aufsichtsrates **95,** 99
– Einflussnahme auf die Gesellschaft **117,** 140
– Sorgfaltspflicht der Aufsichtsratsmitglieder **116,** 169
– Überwachungsaufgabe des Aufsichtsrats **111,** 202
– Verschwiegenheitspflicht der Aufsichtsratsmitglieder **116,** 248
– Vertretung der Aktiengesellschaft gegenüber Vorstandsmitgliedern **112,** 56
Kapitalherabsetzung
– Aufsichtsratsvorsitzender **107,** 86 f
– Besetzung des Aufsichtsrates **95,** 100
– Überwachungsaufgabe des Aufsichtsrats **111,** 202
– Vertretung der Aktiengesellschaft gegenüber Vorstandsmitgliedern **112,** 56
Kapitalmarktinformationshaftungsgesetz
– Haftung der Aufsichtsratsmitglieder **116,** 26, 314
– Sorgfaltspflicht der Aufsichtsratsmitglieder **116,** 26
– Verschwiegenheitspflicht der Aufsichtsratsmitglieder **116,** 26, 263
Kapitalmaßnahmen
– Aufsichtsrat **111,** 76
– Aufsichtsratsvorsitzender **107,** 86 f, 117
– Überwachungsaufgabe des Aufsichtsrats **111,** 202
Kapitalrichtlinie
– Bestellung der Aufsichtsratsmitglieder **101,** 243
Kartellrecht
– Überwachungsaufgabe des Aufsichtsrats **111,** 302
Key managers
– vorstandsunabhängige Information des Aufsichtsrats **111,** 502
Klagezulassungsverfahren
– Einflussnahme auf die Gesellschaft **117,** 170
– Haftung der Aufsichtsratsmitglieder **116,** 24 f, 305
– Sorgfaltspflicht der Aufsichtsratsmitglieder **116,** 24 f
– Verschwiegenheitspflicht der Aufsichtsratsmitglieder **116,** 24 f
Kleine Kapitalgesellschaften
– Abschlussprüfer **111,** 443
Kleinkredite
– Kreditgewährung an Aufsichtsratsmitglieder **115,** 11, 24

Klöckner-Entscheidung
- Zustimmungsvorbehalt des Aufsichtsrats **111,** 603

Kommanditgesellschaft auf Aktien
- Entsendung von Aufsichtsratsmitgliedern **101,** 105
- Kreditgewährung an Aufsichtsratsmitglieder **115,** 14
- Statusverfahren **97,** 5

Kommunale Eigengesellschaften
- Aufsichtsratssitzung **109,** 12, 43
- öffentliche Hand (s dort)
- Vergütung von Aufsichtsratsmitgliedern **113,** 14
- Verschwiegenheitspflicht **116,** 278

Kompetenz
- Aufsichtsratsmitglieder **100,** 19
- Bestellung der Aufsichtsratsmitglieder **100,** 19

Konkurrenzunternehmen 100, 73 ff
- Deutscher Corporate Governance Kodex **100,** 181
- gerichtliche Abberufung von Aufsichtsratsmitgliedern **103,** 59 ff
- Inkompatibilität **100,** 73 ff
- Interessenkonflikte von Aufsichtsratsmitgliedern **100,** 154 f
- Sorgfaltspflicht der Aufsichtsratsmitglieder **116,** 125
- Treuepflichten der Aufsichtsratsmitglieder **116,** 193, 202 ff

Konsortialverträge
- Bestellung der Aufsichtsratsmitglieder **101,** 26

Konsumgenossenschaften
- Vergütung von Aufsichtsratsmitgliedern **113,** 14

Kontenbereitstellung
- Kreditgewährung an Aufsichtsratsmitglieder **115,** 19
- Vergütung von Aufsichtsratsmitgliedern **115,** 19

Kontinuitätsgrundsatz
- Mitbestimmung **96,** 54

KonTraG
- Abberufung von Aufsichtsratsmitglieder durch die Hauptversammlung **103,** 2
- Abschlussprüfer **111,** 442, 444 ff, 467
- Anzahl Aufsichtsratsmandate **100,** 4 f, 32, 45 ff
- Aufsichtsrat **95,** 15; **111,** 10, 59
- Aufsichtsratsausschuss **107,** 230
- Aufsichtsratsmitglieder **100,** 4 ff, 74 ff; **111,** 130
- Aufsichtsratssitzung **110,** 59
- Bestellung der Aufsichtsratsmitglieder **100,** 4 ff, 74 ff
- Inkompatibilität **100,** 74 ff
- Risikomanagement **111,** 220
- Überwachungsaufgabe des Aufsichtsrats **111,** 153, 182
- Vergütung von Aufsichtsratsmitgliedern **113,** 40
- Verträge mit Aufsichtsratsmitgliedern **114,** 3
- Vertretung der Aktiengesellschaft gegenüber Vorstandsmitgliedern **112,** 57

Konvergenz
- Aufsichtsrats- und board-System **111,** 91 ff

Konzern
- Beirat **95,** 54 f
- Bekanntmachung durch den Vorstand im Statusverfahren **97,** 45 ff
- Beratervertrag **114,** 38 ff
- Einsichts- und Prüfungsrecht des Aufsichtsrats **111,** 435 ff
- gerichtliche Bestellung von Aufsichtsratsmitgliedern **104,** 85
- Haftung der Aufsichtsratsmitglieder **116,** 16
- Inkompatibilität **105,** 27
- Kreditgewährung an Aufsichtsratsmitglieder **115,** 14
- Mitbestimmung **96,** 21, 35
- Personalkompetenz **112,** 66 ff
- Pflichtenkollision **116,** 166, 172, 231, 273 ff, 308
- Risikomanagement **111,** 231
- Sorgfaltspflicht der Aufsichtsratsmitglieder **116,** 16, 172
- Statusverfahren **98,** 30 f
- Überwachungsaufgabe des Aufsichtsrats **111,** 158, 369 ff
- Vergütung der Arbeitnehmer **113,** 129
- Vergütung von Aufsichtsratsmitgliedern **113,** 69
- Verschwiegenheitspflicht der Aufsichtsratsmitglieder **116,** 16, 231, 273 ff
- Verträge mit Aufsichtsratsmitgliedern **114,** 38 ff
- Vorstands-Doppelmandate **100,** 55 ff
- vorstandsunabhängige Information des Aufsichtsrats **111,** 529
- Zustimmungsvorbehalt des Aufsichtsrats **111,** 685 ff

Konzernabschluss
- Abschlussprüfer **111,** 501
- Aufsichtsrat **111,** 75
- Aufsichtsratsmitglieder **111,** 148
- Deutscher Corporate Governance Kodex **111,** 780

- Überwachungsaufgabe des Aufsichtsrats **111**, 191 ff

Konzernabschlussprüfer 111, 377 ff
- Verschwiegenheitspflicht der Aufsichtsratsmitglieder **116**, 247

Konzernaufsichtsrat 95, 55

Konzernbetriebsrat
- gerichtliche Bestellung von Aufsichtsratsmitgliedern **104**, 36

Konzernbilanzrichtlinie
- Bestellung der Aufsichtsratsmitglieder **101**, 243

Konzerninteresse
- Überwachungsaufgabe des Aufsichtsrats **111**, 371

Konzernrecht
- Bestellung der Aufsichtsratsmitglieder **101**, 37
- Einflussnahme auf die Gesellschaft **117**, 259 ff

Konzernrechtsrichtlinie
- Bestellung der Aufsichtsratsmitglieder **101**, 243
- Haftung der Aufsichtsratsmitglieder **116**, 340
- Sorgfaltspflicht der Aufsichtsratsmitglieder **116**, 340
- Verschwiegenheitspflicht der Aufsichtsratsmitglieder **116**, 340

Konzernweite Zustimmungsvorbehalte
- Zustimmungsvorbehalt des Aufsichtsrats **111**, 685 f

Konzessionssystem
- Aufsichtsrat **95**, 1 ff

Koordinierungsbeirat 95, 40

Körperschaft
- Aufsichtsratsmitglieder **100**, 16
- Bestellung der Aufsichtsratsmitglieder **100**, 16

Körperschaftsteuer
- Vergütung von Aufsichtsratsmitgliedern **113**, 131 f

Kraftstoffkontingente 113, 32

Kreditausschuss
- Aufsichtsratsausschuss **107**, 236
- Überwachungsaufgabe des Aufsichtsrats **111**, 181

Kreditgeber
- Einflussnahme auf die Gesellschaft **117**, 100
- Interessenkonflikte von Aufsichtsratsmitgliedern **100**, 147 ff, 152 f
- Kreditgewährung an Aufsichtsratsmitglieder **115**, 13 ff, 36
- Risikomanagement **111**, 225

Kreditgewährung an Aufsichtsratsmitglieder 115, 1 ff
- Aktiengesetz 1937 **115**, 1
- Anhang **115**, 29
- Anzahlungen **115**, 18
- Aufsichtsratssitzung **109**, 19
- Ausleihungen **115**, 19
- Ausnahmen **115**, 20 ff
- Bankeinlagen **115**, 19
- betroffene Aufsichtsratsmitglieder **115**, 9 ff
- Bilanzrichtlinie **115**, 43
- Börsenzulassungsprospekt **115**, 30
- Bürgschaften **115**, 18
- Corporate Governance **115**, 8
- Darlehen **115**, 18
- Deutscher Corporate Governance Kodex **111**, 810; **115**, 37 ff
- Dispositivität **115**, 4 f
- Dritte **115**, 16
- Ehegatten **115**, 16
- Einwilligung **115**, 25 ff
- Entsendung von Aufsichtsratsmitgliedern **115**, 10
- Europäische Aktiengesellschaft **115**, 41 f
- Europäisches Recht **115**, 43
- faktische Aufsichtsratsmitglieder **115**, 10
- fehlerhaft bestellte Aufsichtsratsmitglieder **115**, 10
- Finanzdienstleistungsinstitute **115**, 36
- Finanzierungskredite **115**, 21
- Frankreich **115**, 44
- Garantien **115**, 18
- Genehmigung **115**, 25 ff
- Gewähren von Sicherheiten **115**, 18
- GmbH **115**, 14
- herrschende Gesellschaft **115**, 15
- historische Entwicklung **115**, 1
- Jahresabschluss **115**, 29
- juristische Person **115**, 17
- Kleinkredite **115**, 11, 24
- Kommanditgesellschaft auf Aktien **115**, 14
- Kontenbereitstellung **115**, 19
- Konzern **115**, 14
- Kredite **115**, 18 f
- Kreditgeber **115**, 13 ff
- Kreditgewährung an Vorstandsmitglieder **115**, 6 f
- Kreditinstitute **115**, 36
- Lebenspartner **115**, 16
- Lieferantenkredit **115**, 21
- Minderjähriger **115**, 16
- Mitbestimmung **115**, 10 f
- mittelbare Stellvertreter **115**, 16
- Nichtigkeit **115**, 32
- Organkredite **115**, 36
- Österreich **115**, 44

- Personenhandelsgesellschaften **115,** 17
- Personenkreis **115,** 9 ff
- Publizität **115,** 29 f
- Rechtsvergleichung **115,** 44
- Rückgewähranspruch **115,** 31 ff
- Sarbanes-Oxley-Act **115,** 44
- Satzungsstrenge **115,** 4 f
- Schadenersatzansprüche **115,** 35
- Schuldbeitritte **115,** 18
- Sicherheiten **115,** 18
- Software **115,** 22
- Stimmverbot **115,** 27
- Strohmänner **115,** 16
- Stundungen **115,** 18
- unregelmäßige Verwahrung **115,** 19
- US-amerikanisches Recht **115,** 44
- Verbotsgesetz **115,** 32
- verbundene Unternehmen **115,** 23
- Vertretung der Aktiengesellschaft gegenüber Vorstandsmitgliedern **112,** 118
- Vertretung durch den Vorstand **115,** 28
- Verwandte **115,** 16
- vorherige Zustimmung **115,** 25 ff
- Vorschüsse **115,** 18
- Warenkredite **115,** 12, 20 ff
- Zeitpunkt **115,** 9

Kreditgewährung an Vorstandsmitglieder
- Kreditgewährung an Aufsichtsratsmitglieder **115,** 6 f

Kreditwesengesetz
- Überwachungsaufgabe des Aufsichtsrats **111,** 302
- Verschwiegenheitspflicht der Aufsichtsratsmitglieder **116,** 264

Krise
- abgestufte Überwachungspflicht **111,** 315
- Aufsichtsratssitzung **110,** 67
- gerichtliche Bestellung von Aufsichtsratsmitgliedern **104,** 58
- Intensität der Überwachung **111,** 310 ff
- Notbestellung **104,** 58
- Sorgfaltspflicht der Aufsichtsratsmitglieder **116,** 141 f
- Überwachungsaufgabe des Aufsichtsrats **111,** 188
- Vergütung **113,** 59
- Verträge mit Aufsichtsratsmitgliedern **114,** 27

Kurspflege
- Einflussnahme auf die Gesellschaft **117,** 140

Kursverlust 117, 185

Lagebericht
- Risikomanagement **111,** 224

Länder
- Einflussnahme auf die Gesellschaft **117,** 97

Landessausschüsse
- Beirat **95,** 40

Lead independant director
- Unabhängigkeit von Aufsichtsratsmitgliedern **100,** 95

Lebenspartner
- Einflussnahme auf die Gesellschaft **117,** 126
- Kreditgewährung an Aufsichtsratsmitglieder **115,** 16

Lebensstandard
- Aufwendungsersatzanspruch von Aufsichtsratsmitgliedern **113,** 22

Leitende Angestellte
- Statusverfahren **98,** 36 f

Letter of intent
- Zustimmungsvorbehalt des Aufsichtsrats **111,** 659

Lex Abs
- Aufsichtsratsmitglieder **100,** 32
- Bestellung der Aufsichtsratsmitglieder **100,** 32

Liechtenstein
- Einflussnahme auf die Gesellschaft **117,** 276

Lieferant 117, 100

Lieferantenkredit
- Kreditgewährung an Aufsichtsratsmitglieder **115,** 21

Liquidationserlös
- Vergütung von Aufsichtsratsmitgliedern **113,** 74

Liquiditätsrisiken
- Risikomanagement **111,** 224

Liquiditätsübersichten
- Überwachungsaufgabe des Aufsichtsrats **111,** 180

Listenwahl
- Bestellung der Aufsichtsratsmitglieder **101,** 44 ff

Litigation committee
- Geltendmachung von Schadensersatzansprüchen **107,** 351
- Überwachungsaufgabe des Aufsichtsrats **111,** 244

Lohnausfall
- Aufwendungsersatzanspruch von Aufsichtsratsmitgliedern **113,** 19

Lohnfortzahlung
- Vergütung der Arbeitnehmer **113,** 127

Löschung der Aktiengesellschaft
- Vergütung von Aufsichtsratsmitgliedern **113,** 73

Losentscheid
- Beschlussfassung des Aufsichtsrats **108,** 33

M&A-Geschäfte
- Zustimmungsvorbehalt des Aufsichtsrats **111,** 654

Management-Informationssystem
- Überwachungsaufgabe des Aufsichtsrats **111,** 186

MaRisk
- vorstandsunabhängige Information des Aufsichtsrats **111,** 510

Mehrheitsaktionär
- Einflussnahme auf die Gesellschaft **117,** 118

Meinungsfreiheit
- Verschwiegenheitspflicht der Aufsichtsratsmitglieder **116,** 227

Minderheitenvertreter
- Bestellung der Aufsichtsratsmitglieder **101,** 57 ff

Minderjähriger
- Kreditgewährung an Aufsichtsratsmitglieder **115,** 16

Misstrauensvotum
- Unternehmerisches Ermessen **116,** 102

Mitbestimmung
- Abweichung von der bisherigen Zusammensetzung **95,** 83 ff; **96,** 53 ff
- Amtszeit von Aufsichtsratsmitgliedern **102,** 6
- Anzahl betroffener Unternehmen **96,** 11, 13, 15, 16
- Aufsichtsrat **95,** 34 ff; **111,** 42 ff
- Aufsichtsratssitzung **109,** 9, 93
- Aufsichtsratsvorsitzender **107,** 35 ff, 72
- Ausschussbesetzung **107,** 277 ff
- Ausschüsse **107,** 228 ff
- Bekanntmachung der Änderung im Aufsichtsrat **106,** 5
- Beschlussfassung des Aufsichtsrats **108,** 71 ff
- Besetzung des Aufsichtsrates **95,** 66 f, 82
- Bestellung der Aufsichtsratsmitglieder **101,** 11
- Bestellung des Aufsichtsratsvorsitzenden **107,** 35 ff
- Bestellung von Vorstandsmitgliedern von Tochtergesellschaften **112,** 66 ff
- Betriebsvereinbarungen **96,** 37
- Blockade der SE **96,** 6, 67
- Blockade europäischen Rechts **96,** 67
- Deutscher Corporate Governance Kodex **110,** 77 ff
- Drittelbeteiligungsgesetz **96,** 16
- Einberufung des Aufsichtsrats **110,** 7
- Entsendung faktischer Arbeitnehmervertreter **96,** 36
- ergänzende Vereinbarungen **96,** 51
- Effizienz **96,** 6
- Erweiterung **96,** 22 ff
- Europäische Aktiengesellschaft (s Mitbestimmung bei der Europäischen Aktiengesellschaft)
- Europäisches Recht **96,** 67
- faktische Arbeitnehmervertreter **96,** 36
- Familienunternehmen **96,** 19 f
- freie Zuwahl von Arbeitnehmervertretern **96,** 26 ff
- gerichtliche Bestellung von Aufsichtsratsmitgliedern **104,** 12, 35 ff
- Gesetzesergänzung **96,** 51
- historische Entwicklung **96,** 1 ff
- Holdingklausel **96,** 6
- Inkompatibilität **105,** 13 f
- Innovation **96,** 6
- internationaler Vergleich **96,** 6
- Kapitalmarkt **96,** 6
- Konsultationsrat **96,** 6
- Kontinuitätsgrundsatz **96,** 54
- Konzern **96,** 21, 35
- Kreditgewährung an Aufsichtsratsmitglieder **115,** 10 f
- mitbestimmungsfreie Gesellschaften **96,** 17 f
- Mitbestimmungsgesetz 1976 **96,** 11 f
- mitbestimmungssichernde Vereinbarungen **96,** 48 ff
- Möglichkeiten der Zusammensetzung **96,** 7 ff
- Montanmitbestimmungsergänzungsgesetz **96,** 15
- Montanmitbestimmungsgesetz **96,** 13 f
- öffentliche Hand **96,** 43 f
- paritätische Mitbestimmung **96,** 11 ff
- Reformdiskussion **96,** 6
- Satzung **96,** 25
- Schutzcharakter **96,** 9
- Schwellenwerte **96,** 19 f
- SE und deutsches Aktiengesetz **96,** 6, 10
- Statusverfahren (s dort)
- Stimmbindungsverträge **96,** 29 ff, 33 f
- Strukturrichtlinie **96,** 67
- Tarifvertrag **96,** 38 ff
- Tendenzunternehmen **96,** 19
- Überwachungsaufgabe des Aufsichtsrats **111,** 376
- Unternehmensausschuss **96,** 6
- vereinbarte Mitbestimmungsregeln **96,** 45 ff
- Verfassungsrecht **96,** 6, 15
- Vergütung von Aufsichtsratsmitgliedern **113,** 7
- Verhandlungslösung **96,** 6
- Verträge mit Aufsichtsratsmitgliedern **114,** 8
- Vertretung der Aktiengesellschaft gegenüber Vorstandsmitgliedern **112,** 14

- Verzahnung mit Gesellschaftsrecht **96,** 8; **101,** 6
- Weisungsvorbehalt der Obergesellschaft **107,** 350
- zusätzliche Organe **96,** 52
- Zuwahl von Arbeitnehmern **96,** 26 ff
- Zustimmungsvorbehalt des Aufsichtsrats **111,** 616, 646
- zweifelhafte Sach- und Rechtsfragen **96,** 45 ff
- zwingendes Recht **96,** 7 ff

Mitbestimmung bei der Europäischen Aktiengesellschaft 95, 105; **96,** 6, 58 ff
- Auffangregelung **96,** 60 ff
- dualistisches System **96,** 65
- effet utile **96,** 6, 64
- Holding-SE **96,** 61
- monistisches System **96,** 66
- Richtlinie **96,** 58
- Tochter SE **96,** 61
- Umsetzung der Richtlinie **96,** 59 ff
- Umwandlung **96,** 60
- Verhandlungslösung **96,** 58 f
- Verschmelzung **96,** 61
- Verwaltungsrat **96,** 64
- Wahlverfahren **96,** 63

Mitbestimmungsbeibehaltungsgesetz
- Statusverfahren **97,** 21

Mitbestimmungsergänzungsgesetz
- Besetzung des Aufsichtsrates **95,** 70
- Mitbestimmung **96,** 15
- neutrales Mitglied **96,** 15
- Bestellung der Aufsichtsratsmitglieder **101,** 11, 19

Mitbestimmungsgesetz
- Aufsichtsratsausschuss **107,** 277 ff
- Besetzung des Aufsichtsrates **95,** 68
- Bestellung der Aufsichtsratsmitglieder **101,** 19
- gerichtliche Bestellung von Aufsichtsratsmitgliedern **104,** 7

Mitbestimmungsgesetz 1976
- Inkompatibilität **105,** 35 ff
- Mitbestimmung **96,** 11 f

Mitentscheidendes Kontrollorgan 111, 52

Mittelbare Stellvertreter
- Kreditgewährung an Aufsichtsratsmitglieder **115,** 16

Mobilcom-Entscheidung 113, 36

Monistisches System (s Europäische Aktiengesellschaft)

Montan-Mitbestimmungsergänzungsgesetz (s Mitbestimmungsergänzungsgesetz)

Montanmitbestimmungsgesetz
- Aufsichtsratsausschuss **107,** 277
- Besetzung des Aufsichtsrates **95,** 69
- Bestellung der Aufsichtsratsmitglieder **101,** 11, 19
- neutrales Mitglied **96,** 13 f
- Mitbestimmung **96,** 13 f

Multinationaler Konzern
- Sorgfaltspflicht der Aufsichtsratsmitglieder **116,** 53

Muttergesellschaft
- Inkompatibilität **105,** 27

Nachwahl 101, 188, 192, 199 ff; **102,** 52 ff; **103,** 81, 94; **104,** 9, 70, 130

Nahe stehende Personen
- Interessenkonflikte von Aufsichtsratsmitgliedern **100,** 152 f

NASDAQ 107, 299, 323, 333, 508

Natürliche Person
- Einflussnahme auf die Gesellschaft **117,** 97

Nebengeschäftsführung
- Aufsichtsrat **111,** 84

Nebenleistungen
- Vergütung von Aufsichtsratsmitgliedern **113,** 32

Neutralitätspflicht
- Übernahmerecht **111,** 731 f

Nichtigkeit der Bestellung von Aufsichtsratsmitgliedern 101, 211 ff
- Anfechtung der Bestellung von Aufsichtsratsmitgliedern (s dort)
- Aufsichtsratsbeschlüsse **101,** 220 ff
- Einberufung der Hauptversammlung durch den Aufsichtsrat **111,** 552
- fehlerhafte Aufsichtsratsbeschlüsse **108,** 133 ff, 149 ff
- Haftung **101,** 218
- Pflichten des Vorstands **101,** 214 f
- Rechtsfolgen **101,** 211
- Vergütung **101,** 219

Nichtigkeitsklage
- Inkompatibilität **105,** 25
- Sorgfaltspflicht der Aufsichtsratsmitglieder **116,** 124
- Vertretung der Aktiengesellschaft gegenüber Vorstandsmitgliedern **112,** 9, 55 f

Niederlande
- Einflussnahme auf die Gesellschaft **117,** 278
- vorstandsunabhängige Information des Aufsichtsrats **111,** 518, 531

Niederlegung
- gerichtliche Bestellung von Aufsichtsratsmitgliedern **104,** 118
- Inkompatibilität **105,** 22

Niederschrift
- Abschrift **107,** 192 ff

- Aufsichtsratsausschuss **107,** 432
- Aufsichtsratssitzungen **107,** 172 ff
- Aufsichtsratsvorsitzender **107,** 88
- Aushändigung **107,** 200 f
- Berichtigung **107,** 188 f
- Beschlussfassung des Aufsichtsrats ohne Sitzung **108,** 123
- Form **107,** 179
- Inhalt **107,** 181 ff
- Protokollführer **107,** 175 f
- Rechtsfolgen **107,** 190 f
- Unterzeichnung **107,** 177 ff
- Verwahrung **107,** 196 f
- Vorlage **107,** 198 f
- Widerspruch **107,** 188 f

Nomination committee (s Nominierungsausschuss)

Nominierungsausschuss 107, 325 ff
- Arbeitnehmervertreter **107,** 332
- Aufgaben **107,** 327 ff
- Aufsichtsratsausschuss (s dort)
- Aufsichtsratsmitglieder **111,** 142
- Besetzung **107,** 331 f
- Deutscher Corporate Governance Kodex **107,** 327, 493; **111,** 783
- europäische Vorgaben **107,** 326
- gerichtliche Bestellung von Aufsichtsratsmitgliedern **104,** 81
- internationale Vorbilder **107,** 325 ff
- vorstandsunabhängige Information des Aufsichtsrats **111,** 537

Notare
- Aufsichtsratsmitglieder **100,** 71
- Bestellung der Aufsichtsratsmitglieder **100,** 71
- Inkompatibilität **100,** 71

Notbestellung
- Aufsichtsratsmitglieder **104,** 1 ff
- Aufsichtsratsvorsitzender **107,** 19 ff
- Bestellung der Aufsichtsratsmitglieder **101,** 17
- Einberufung des Aufsichtsrats **110,** 15

Notvorstand
- gerichtliche Bestellung von Aufsichtsratsmitgliedern **104,** 42

NYSE 107, 299, 309, 323, 333, 508

Obergesellschaft
- Zustimmungsvorbehalt des Aufsichtsrats **111,** 685 ff

OECD Principles of Corporate Governance
- Aufsichtsrat **95,** 23; **111,** 104
- vorstandsunabhängige Information des Aufsichtsrats **111,** 502

Öffentliche Hand
- Bestellung der Aufsichtsratsmitglieder **101,** 32
- Einflussnahme auf die Gesellschaft **117,** 98

Öffentliche Interessen
- Aufsichtsrat **111,** 105
- Überwachungsaufgabe des Aufsichtsrats **111,** 303

Offshore-Engagement 111, 195

online-Hauptversammlung
- Aufsichtsratsmitglieder **111,** 140

Opel-Entscheidung 111, 350

Operational risk
- Risikomanagement **111,** 219

Option
- Zustimmungsvorbehalt des Aufsichtsrats **111,** 658

Ordnungsrufe
- Aufsichtsratssitzung **109,** 25

Organ
- Aufsichtsrat **95,** 1 ff
- Erfordernis eines Aufsichtsrats **95,** 35 ff

Organisationsgefälle
- Aufsichtsratsmitglieder **100,** 51 ff
- Bestellung der Aufsichtsratsmitglieder **100,** 51 ff

Organisationsverfassung
- Aufsichtsrat **111,** 27 ff
- gerichtliche Bestellung von Aufsichtsratsmitgliedern **104,** 81 f
- Zustimmungsvorbehalt des Aufsichtsrats **111,** 639 f

Organkredite
- Kreditgewährung an Aufsichtsratsmitglieder **115,** 36

Österreich
- Abberufung von Aufsichtsratsmitglieder durch die Hauptversammlung **103,** 108
- Abschlussprüfer **111,** 498
- Amtszeit von Aufsichtsratsmitgliedern **102,** 81
- Aufsichtsrat **111,** 873
- Aufsichtsratsausschuss **107,** 507
- Aufsichtsratsmitglieder **100,** 215
- Aufsichtsratssitzung **109,** 104
- Aufsichtsratsvorsitzender **107,** 507
- Bekanntmachung der Änderung im Aufsichtsrat **106,** 32
- Beschlussfassung des Aufsichtsrats **108,** 200 ff
- Bestellung der Aufsichtsratsmitglieder **100,** 215; **101,** 245
- Einflussnahme auf die Gesellschaft **117,** 272
- Einsichts- und Prüfungsrecht des Aufsichtsrats **111,** 873

- fehlerhafte Aufsichtsratsbeschlüsse **108,** 200 ff
- gerichtliche Bestellung von Aufsichtsratsmitgliedern **104,** 134
- Haftung der Aufsichtsratsmitglieder **116,** 342
- Inkompatibilität **100,** 215; **105,** 26, 42, 82
- Interessenkonflikte von Aufsichtsratsmitgliedern **100,** 215
- Kreditgewährung an Aufsichtsratsmitglieder **115,** 44
- Risikomanagement **111,** 222
- Sorgfaltspflicht der Aufsichtsratsmitglieder **116,** 54, 133, 342
- Übernahmerecht **111,** 731
- Überwachungsaufgabe des Aufsichtsrats **111,** 873
- Vergütung von Aufsichtsratsmitgliedern **113,** 40, 166
- Verschwiegenheitspflicht der Aufsichtsratsmitglieder **116,** 342
- Verträge mit Aufsichtsratsmitgliedern **114,** 78
- Vertretung der Aktiengesellschaft gegenüber Vorstandsmitgliedern **112,** 122
- Zustimmungsvorbehalt des Aufsichtsrats **111,** 873

Pensionszusagen
- Risikomanagement **111,** 225
- Überwachungsaufgabe des Aufsichtsrats **111,** 232
- Vergütung von Aufsichtsratsmitgliedern **113,** 34
- Vertretung der Aktiengesellschaft gegenüber Vorstandsmitgliedern **112,** 17

Personalausschuss
- Aufsichtsratsausschuss **107,** 234
- Deutscher Corporate Governance Kodex **111,** 783
- Verträge mit Aufsichtsratsmitgliedern **114,** 48
- Vertretung der Aktiengesellschaft gegenüber Vorstandsmitgliedern **112,** 36

Personalberater
- Inkompatibilität **105,** 46

Personalentscheidungen
- Sorgfaltspflicht der Aufsichtsratsmitglieder **116,** 152 f
- Zustimmungsvorbehalt des Aufsichtsrats **111,** 655 f

persönliche Voraussetzungen für Aufsichtsratsmitglieder
- Arbeitnehmervertreter **100,** 96 ff
- Aufsichtsratsvorsitzender **100,** 31
- Ausschussmitglieder **100,** 26, 31; **107,** 323, 491, 493
- Betreuungsvorbehalt **100,** 2, 18
- Deutscher Corporate Governance Kodex **100,** 184 ff, **107,** 323, 492 f
- director disqualification **100,** 19, 213, 217; **116,** 29, 341
- financial expert **107,** 323, 491
- financial literate **100,** 31; **107,** 323, 492
- natürliche Person **100,** 16 f
- Sachkunde **100,** 20 ff
- Satzung **100,** 100 ff
- Geschäftsfähigkeit **100,** 18
- US-amerikanisches Recht **100,** 217
- weiteres Mitglied **100,** 96, 99

Personenhandelsgesellschaften
- Aufsichtsratsmitglieder **100,** 16
- Bestellung der Aufsichtsratsmitglieder **100,** 16
- Einflussnahme auf die Gesellschaft **117,** 97
- Kreditgewährung an Aufsichtsratsmitglieder **115,** 17
- Verträge mit Aufsichtsratsmitgliedern **114,** 43

Pflichten der Aufsichtsratsmitglieder
- Amtsniederlegung **100,** 85, 171, 103, 96 ff
- Amtspflichten **116,** 30 ff
- Aufsichtsratsvorsitzender **116,** 61
- Ausschüsse **116,** 62 ff
- Deutscher Corporate Governance Kodex **116,** 329, 332 f
- Ersatzmitglied **101,** 207
- Informationspflicht **111,** 146 ff; **116,** 80
- Interessenkonflikt (s Interessenkonflikte von Aufsichtsratsmitgliedern)
- Klage gegen Aufsichtsratsbeschlüsse **108,** 171 ff
- Mitwirkungspflichten **111,** 135 ff
- Organisationspflicht **111,** 141 ff
- Pflichtverletzung (s Haftung der Aufsichtsratsmitglieder)
- Pflichtverletzung des Vorstands **111,** 234 ff
- Prüfungspflicht **111,** 234 ff
- Sorgfaltspflicht (s Sorgfaltspflicht der Aufsichtsratsmitglieder)
- Treuepflicht (s Treuepflicht der Aufsichtsratsmitglieder)
- Urteilsbildungspflicht **116,** 45, 115
- Verpflichtung auf das Wohl der Gesellschaft (s Wohl der Gesellschaft, Unternehmensinteresse)
- Verschwiegenheitspflicht (s Verschwiegenheitspflicht der Aufsichtsratsmitglieder)

Phantom stocks
- Vergütung von Aufsichtsratsmitgliedern **113,** 47

Poolverträge
- Bestellung der Aufsichtsratsmitglieder **101,** 26

Porti
- Aufwendungsersatzanspruch von Aufsichtsratsmitgliedern **113,** 19

Präsidialausschuss
- Aufsichtsratsmitglieder **111,** 142

Principle-agent-Problem
- Aufsichtsrat **95,** 11, 19; **111,** 52

Prokurist
- Einflussnahme auf die Gesellschaft **117,** 103, 109
- Inkompatibilität **105,** 18, 30 f, 48

Prominentenbeirat 95, 40

Protokoll (s Sitzungsniederschrift des Aufsichtsrats)

Protokollführer
- Aufsichtsratssitzung **109,** 45
- Aufsichtsratsvorsitzender **107,** 102
- Sitzungsniederschrift des Aufsichtsrats **107,** 175 f

Protokollpflicht
- fehlerhafte Aufsichtsratsbeschlüsse **108,** 148

Provision
- Interessenkonflikte von Aufsichtsratsmitgliedern **100,** 145
- Treuepflichten der Aufsichtsratsmitglieder **116,** 175

Prudential systems and controls
- Risikomanagement **111,** 219

Prüfung des Jahresabschlusses
- Aufsichtsratsausschuss **107,** 389 f
- Prüfungsausschuss **107,** 315

Prüfungsauftrag
- Abschlussprüfer **111,** 456 ff, 464 ff
- Aufsichtsratsausschuss **107,** 390

Prüfungsausschuss 107, 309 ff; **111,** 476 ff
- abschließende Beschlussfassung **111,** 485 ff
- Abschlussprüfer **107,** 316 ff
- Arbeitnehmervertreter **107,** 322, **111,** 479
- Aufgaben **107,** 313 ff; **111,** 477
- Aufsichtsratsmitglieder **111,** 142
- Aufsichtsratssitzung **109,** 52
- Auswahl des Abschlussprüfers **111,** 480
- Beauftragung des Abschlussprüfers **111,** 480, 486 f
- Beschlussfassung **111,** 485 ff
- Beschwerdestelle **111,** 483 f
- Besetzung **107,** 322 ff
- Deutscher Corporate Governance Kodex **107,** 324, 457 f, 484 ff
- europäische Vorgaben **107,** 310 f
- financial expert **107,** 324, 491
- internationale Vorbilder **107,** 309 ff
- öffentliche Interessen **111,** 478
- Prüfung des Jahresabschlusses **107,** 315
- Prüfungsbericht **111,** 483 f
- Prüfungssschwerpunkte **111,** 481 f
- Schnittstellenfunktion **111, 481**
- Überwachungsaufgabe des Aufsichtsrats **111,** 200
- US-amerikanisches Recht **107,** 312, 318, 323
- Vorschlag zur Beschlussfassung der Hauptversammlung **111,** 485
- vorstandsunabhängige Information des Aufsichtsrats **111,** 523 ff, 537
- whistleblowing **111,** 484

Publizitätsrichtlinie
- Aufsichtsrat **111,** 871
- Bekanntmachung der Änderung im Aufsichtsrat **106,** 30 f
- Einsichts- und Prüfungsrecht des Aufsichtsrats **111,** 871
- Überwachungsaufgabe des Aufsichtsrats **111,** 871
- Vertretung der Aktiengesellschaft gegenüber Vorstandsmitgliedern **112,** 9, 121
- Zustimmungsvorbehalt des Aufsichtsrats **111,** 705 ff, 871

Quality control
- Abschlussprüfer **111,** 440

Rechnungslegung
- Aufsichtsratsmitglieder **111,** 138
- Überwachungsaufgabe des Aufsichtsrats **111,** 154, 302

Rechte der Aufsichtsratsmitglieder
- Aufwendungsersatzanspruch **113,** 18 ff
- Beraterverträge (s dort)
- Klagerechte **111,** 350
- Information (s Information des Aufsichtsrats)
- Mitwirkungsbefugnisse **111,** 61, 116
- Rechtsverhältnis zur Gesellschaft **101,** 91 ff
- Teilnahme an der Hauptversammlung **111,** 553
- Unterscheidung Rechte und Pflichten **111,** 134
- Vergütung **113,** 9 ff

Rechtsberater
- Inkompatibilität **105,** 46
- Verträge mit Aufsichtsratsmitgliedern **114,** 10

Rechtsvergleichung
- Abberufung von Aufsichtsratsmitglieder durch die Hauptversammlung **103,** 108
- Amtszeit von Aufsichtsratsmitgliedern **102,** 81
- Aufsichtsrat **111,** 873 ff
- Aufsichtsratsmitglieder **100,** 215 ff
- Aufsichtsratssitzung **109,** 104

- Bekanntmachung der Änderung im Aufsichtsrat **106**, 32
- Beschlussfassung des Aufsichtsrats **108**, 200 ff
- Besetzung des Aufsichtsrates **95**, 124 f
- Bestellung der Aufsichtsratsmitglieder **100**, 215 ff; **101**, 245 f
- Einberufungsverlangen **110**, 93
- Einflussnahme auf die Gesellschaft **117**, 271 ff
- Einsichts- und Prüfungsrecht des Aufsichtsrats **111**, 873 ff
- fehlerhafte Aufsichtsratsbeschlüsse **108**, 200 ff
- gerichtliche Bestellung von Aufsichtsratsmitgliedern **104**, 134
- Haftung der Aufsichtsratsmitglieder **116**, 342 f
- Inkompatibilität **100**, 215 ff; **105**, 82
- Interessenkonflikte von Aufsichtsratsmitgliedern **100**, 215 ff
- Kreditgewährung an Aufsichtsratsmitglieder **115**, 44
- Sorgfaltspflicht der Aufsichtsratsmitglieder **116**, 342 f
- Überwachungsaufgabe des Aufsichtsrats **111**, 873 ff
- Vergütung von Aufsichtsratsmitgliedern **113**, 166
- Verschwiegenheitspflicht der Aufsichtsratsmitglieder **116**, 342 f
- Verträge mit Aufsichtsratsmitgliedern **114**, 78
- Vertretung der Aktiengesellschaft gegenüber Vorstandsmitgliedern **112**, 122
- Zustimmungsvorbehalt des Aufsichtsrats **111**, 873 ff

Reflexschaden
- Einflussnahme auf die Gesellschaft **117**, 134, 173 ff

Regierungskommission Corporate Governance **111**, 20 ff

Regionalauschüsse **95**, 40

Regionalbrauerei
- Sorgfaltspflicht der Aufsichtsratsmitglieder **116**, 53

Reisekosten
- Aufwendungsersatzanspruch von Aufsichtsratsmitgliedern **113**, 19

remuneration committee (s Vergütungsausschüsse)

Rentabilität
- Überwachungsaufgabe des Aufsichtsrats **111**, 164, 181

Repräsentationsbeirat
- Beirat **95**, 40

Richten in eigener Sache
- Beschlussfassung des Aufsichtsrats **108**, 55

Risikoausschuss
- Risikomanagement **111**, 229

Risikomanagement **111**, 219 ff
- Abschlussprüfer **111**, 221
- angemessenes Risikomanagement **111**, 222 ff
- Aufsichtsratsvorsitzender **111**, 113
- Ausfallrisiken **111**, 224
- Bilanzrechtsreformgesetz **111**, 224
- Deutscher Corporate Governance Kodex **111**, 222, 231
- Dokumentation **111**, 228
- Finanzdienstleistungsinstitute **111**, 225
- Finanzinstrumente **111**, 224, 227
- finanzwirtschaftliches Risikomanagement **111**, 227
- Frühwarnsystem **111**, 220 f
- Großbritannien **111**, 219
- KonTraG **111**, 220
- Konzern **111**, 231
- Kreditinstitute **111**, 225
- Lagebericht **111**, 224
- Liquiditätsrisiken **111**, 224
- operational risk **111**, 219
- Österreich **111**, 222
- Pensionsfonds **111**, 225
- prudential systems and controls **111**, 219
- Risikoausschuss **111**, 229
- Risikoerkennungssystem **111**, 220 f
- Risikomanagement **111**, 220 f
- Sorgfaltspflicht der Aufsichtsratsmitglieder **116**, 151
- tatsächliche Ausgestaltung **111**, 226 ff
- Tochterunternehmen **111**, 231
- Trennungssystem **111**, 230
- Überwachungsaufgabe **111**, 229 f
- Überwachungsaufgabe des Aufsichtsrats **111**, 153, 177 f
- Unternehmenspublizität **111**, 224
- Verschwiegenheitspflicht der Aufsichtsratsmitglieder **116**, 261
- Versicherungen **111**, 223
- Zahlungsstromschwankungen **111**, 224
- Zustimmungsvorbehalt des Aufsichtsrats **111**, 634

Rollentrennung (s Interessenkonflikte)

Rücklagen
- Tantieme **113**, 120

Saalverweisung
- Aufsichtsratssitzung **109**, 25

Sachkunde
- Aufsichtsratsmitglieder **100**, 20 ff

- Aufsichtsratsvorsitzender **100,** 31
- Ausschussmitglieder **100,** 31
- Bestellung der Aufsichtsratsmitglieder **100,** 20 ff
- Deutscher Corporate Governance Kodex **107,** 481, 491 ff
- Prüfungsausschuss **107,** 323 f, 491 ff

Sachverständige
- Aufsichtsratssitzung **109,** 41 ff
- Aufsichtsratsvorsitzender **107,** 92, 100 f
- Einsichts- und Prüfungsrecht des Aufsichtsrats **111,** 417, 423 ff
- vorstandsunabhängige Information des Aufsichtsrats **111,** 537

Sanierungsversuche
- unternehmerisches Ermessen **116,** 82

Sarbanes-Oxley-Act
- Abschlussprüfer **111,** 440, 498 f
- Besetzung des Aufsichtsrates **95,** 121
- Kreditgewährung an Aufsichtsratsmitglieder **115,** 44
- Überwachungsaufgabe des Aufsichtsrats **111,** 186, 211, 217
- Unabhängigkeit von Aufsichtsratsmitgliedern **100,** 91
- vorstandsunabhängige Information des Aufsichtsrats **111,** 509

Satzung
- Abberufung entsandter Aufsichtsratsmitglieder **103,** 33, 45
- Abberufung von Aufsichtsratsmitglieder durch die Hauptversammlung **103,** 13, 23 ff
- Amtsniederlegung von Aufsichtsratsmitgliedern **103,** 90 f
- Amtszeit von Arbeitnehmervertretern **102,** 59 ff
- Amtszeit von Aufsichtsratsmitgliedern **102,** 14 ff
- Aufsichtsrat **95,** 38 ff
- Aufsichtsratsausschuss **107,** 242 ff
- Aufsichtsratsausschusssitzungen **109,** 75
- Aufsichtsratsmitglieder **100,** 100 ff
- Aufsichtsratssitzung **109,** 28, 80 ff; **110,** 66
- Aufsichtsratsvorsitzender **107,** 30, 32 ff, 48 ff, 128 ff
- Bekanntmachung durch den Vorstand im Statusverfahren **97,** 64 ff
- Beschlussfassung des Aufsichtsrats **108,** 65
- Beschlussfassung des Aufsichtsrats ohne Sitzung **108,** 124 ff
- Besetzung des Aufsichtsrates **95,** 60 f
- Bestellung der Aufsichtsratsmitglieder **100,** 100 ff; **101,** 78 f
- Einberufung der Hauptversammlung durch den Aufsichtsrat **111,** 542
- Einberufung des Aufsichtsrats **110,** 20, 53 ff
- Einberufungsverlangen **110,** 30, 53 ff
- Entsendung von Aufsichtsratsmitgliedern **101,** 113, 122 ff
- gerichtliche Bestellung von Aufsichtsratsmitgliedern **104,** 71
- Geschäftsordnung des Aufsichtsrats **107,** 204, 213
- Mitbestimmung **96,** 25
- Sitzungsniederschrift des Aufsichtsrats **107,** 186
- Überwachungsaufgabe des Aufsichtsrats **111,** 304
- Unternehmerisches Ermessen **116,** 94
- Vergütung von Aufsichtsratsmitgliedern **113,** 83 ff
- Verschwiegenheitspflicht der Aufsichtsratsmitglieder **116,** 244 f
- Vertretung der Aktiengesellschaft gegenüber Vorstandsmitgliedern **112,** 10
- Zustimmungsvorbehalt des Aufsichtsrats **111,** 590 ff

Satzungsstrenge
- Aufsichtsrat **95,** 16 ff
- Haftung der Aufsichtsratsmitglieder **116,** 10
- Kreditgewährung an Aufsichtsratsmitglieder **115,** 4 f
- Sorgfaltspflicht der Aufsichtsratsmitglieder **116,** 10
- Verschwiegenheitspflicht der Aufsichtsratsmitglieder **116,** 10

Schadensersatzansprüche gegen Vorstandsmitglieder
- Haftungsklagen **111,** 352 ff
- Nichtdurchsetzung **116,** 158

Schiedsfähigkeit
- fehlerhafte Aufsichtsratsbeschlüsse **108,** 189

Schmiergelder
- Interessenkonflikte von Aufsichtsratsmitgliedern **100,** 145

Schreibhilfen
- Aufsichtsratssitzung **109,** 45

Schuldbeitritte
- Kreditgewährung an Aufsichtsratsmitglieder **115,** 18
- Vergütung von Aufsichtsratsmitgliedern **115,** 18

Schulungsveranstaltungen
- Arbeitnehmervertreter **100,** 186, **113,** 130; **116,** 56

Schweigepflicht (s Verschwiegenheitspflicht der Aufsichtsratsmitglieder)

Schweiz
- Abberufung von Aufsichtsratsmitglieder durch die Hauptversammlung **103,** 108
- Amtszeit von Aufsichtsratsmitgliedern **102,** 81
- Aufsichtsrat **111,** 876
- Aufsichtsratsausschuss **107,** 508
- Aufsichtsratsmitglieder **100,** 215
- Aufsichtsratssitzung **110,** 93
- Aufsichtsratsvorsitzender **107,** 508
- Bekanntmachung der Änderung im Aufsichtsrat **106,** 32
- Beschlussfassung des Aufsichtsrats **108,** 200 ff
- Besetzung des Aufsichtsrates **95,** 125
- Bestellung der Aufsichtsratsmitglieder **100,** 215; **101,** 246
- Einberufung des Aufsichtsrats **110,** 93
- Einberufungsverlangen **110,** 93
- Einflussnahme auf die Gesellschaft **117,** 274 f
- Einsichts- und Prüfungsrecht des Aufsichtsrats **111,** 876
- fehlerhafte Aufsichtsratsbeschlüsse **108,** 200 ff
- Haftung der Aufsichtsratsmitglieder **116,** 342
- Inkompatibilität **100,** 215
- Interessenkonflikte von Aufsichtsratsmitgliedern **100,** 215
- Sorgfaltspflicht der Aufsichtsratsmitglieder **116,** 133, 342
- Überwachungsaufgabe des Aufsichtsrats **111,** 876
- Vergütung von Aufsichtsratsmitgliedern **113,** 166
- Verschwiegenheitspflicht der Aufsichtsratsmitglieder **116,** 342
- vorstandsunabhängige Information des Aufsichtsrats **111,** 531
- Zustimmungsvorbehalt des Aufsichtsrats **111,** 876

SE-Ausführungsgesetz 95, 107

SE-Beteiligungsgesetz 95, 107

Selbsteinberufung (s Einberufung des Aufsichtsrats)

Sekretär des Aufsichtsrats
- Aufsichtsratssitzung **109,** 45
- Einsichts- und Prüfungsrecht des Aufsichtsrats **111,** 434
- vorstandsunabhängige Information des Aufsichtsrats **111,** 530 ff

Senior independant director
- Unabhängigkeit von Aufsichtsratsmitgliedern **100,** 95

Shareholder-Ansatz
- Aufsichtsrat **95,** 19

Sicherheiten
- Kreditgewährung an Aufsichtsratsmitglieder **115,** 18
- Vergütung von Aufsichtsratsmitgliedern **115,** 18

Simultanwahl
- Bestellung der Aufsichtsratsmitglieder **101,** 42 f

Sitzung
- Aufsichtsratssitzung (s dort)
- Aufsichtsratsausschusssitzung (s dort)

Sitzungsgelder
- Aufwendungsersatzanspruch von Aufsichtsratsmitgliedern **113,** 29

Sitzungsleitung
- Aufsichtsratsausschuss **107,** 421
- Aufsichtsratsvorsitzender **107,** 98 ff
- Fehlen eines Aufsichtsratsvorsitzenden **107,** 24
- stellvertretender Aufsichtsratsvorsitzender **107,** 157
- Verhinderung des Aufsichtsratsvorsitzenden **107,** 157

Sitzungsniederschrift des Aufsichtsrats 107, 172 ff
- Abschlussprüfer **107,** 198
- Abschriften **107,** 192 ff
- Abstimmungsverhalten **107,** 182
- Akionär **107,** 199
- Aufsichtsratsausschuss **107,** 193
- Aushändigen von Abschriften **107,** 192 ff
- Berichtigung **107,** 188 f
- Einsicht **107,** 200 f
- Europäische Aktiengesellschaft **107,** 502
- Form **107,** 172
- Inhalt **107,** 181 ff
- Protokollführer **107,** 175 f
- Rechtsnatur **107,** 172 f
- Satzung **107,** 186
- Schriftform **107,** 179
- Tonbandprotokoll **107,** 176
- Unterzeichnung **107,** 177 f
- Verschwiegenheitspflicht der Aufsichtsratsmitglieder **116,** 240
- Verstoß **107,** 190 f
- Vertretung der Aktiengesellschaft gegenüber Vorstandsmitgliedern **112,** 81
- Verwahrung **107,** 196 f
- Vorlage **107,** 198 ff
- Widerspruch **107,** 188 f
- wörtliche Protokollierung **107,** 183
- Zeitpunkt **107,** 180

Software
- Kreditgewährung an Aufsichtsratsmitglieder **115,** 22

Sonderaufsichtsrat
- Aufsichtsrat **95,** 37
Sonderberichte
- Vorstands **111,** 328
Sonderleistungen
- Verträge mit Aufsichtsratsmitgliedern **114,** 13
Sonderprüfungen
- Abschlussprüfer **111,** 469
- Einsichts- und Prüfungsrecht des Aufsichtsrats **111,** 423
- Haftung der Aufsichtsratsmitglieder **116,** 305
- Verschwiegenheitspflicht der Aufsichtsratsmitglieder **116,** 247
Sondervergütung
- Vergütung von Aufsichtsratsmitgliedern **113,** 17, 102 ff
Sorgfaltspflicht der Aufsichtsratsmitglieder 111, 149; **116,** 66 ff
- Abberufung von Vorstandsmitgliedern **116,** 153
- Abschlussprüfer **116,** 154
- Abwicklung der Aktiengesellschaft **116,** 16
- ADHGB **116,** 1 ff
- Adressat **116,** 12 ff
- Aktiengesetz 1937 **116,** 4
- Aktiengesetz 1965 **116,** 5, 30
- Aktionsplan der Kommission **116,** 29, 341
- allgemeine Überwachung **116,** 135 ff
- Amtsniederlegung **116,** 20
- anfechtbare Hauptversammlungsbeschlüsse **116,** 124
- ARAG/Garmenbeck-Entscheidung **116,** 18 f, 34, 52, 72 ff, 147, 158
- Arbeitnehmervertreter **116,** 32, 55 ff
- Aufsichtsratsausschuss **116,** 62 f, 116 f, 121
- Aufsichtsratsvorsitzender **116,** 61
- Auswahlverschulden **116,** 155
- Beginn der Sorgfaltspflicht **116,** 12
- Berater **116,** 58 f
- Beratervertrag **116,** 68
- Beschränkung **116,** 27 f
- Besetzungsverbote **116,** 123
- besondere Geschäftsführungsmaßnahmen **116,** 169 ff
- Bestellung der Vorstandsmitglieder **116,** 152
- Betriebsverfassungsgesetz 1952 **116,** 6
- business judgment rule (s Unternehmerisches Ermessen)
- Corporate Governance **116,** 21 ff
- Derivatgeschäft **116,** 169
- Deutscher Corporate Governance Kodex **116,** 23, 329
- Dispositivität **116,** 10
- disqualification **116,** 29
- Dividendenzahlung **116,** 169
- Drohung mit der Niederlegung des Amts **116,** 20
- due diligence **116,** 140
- Einberufung der Hauptversammlung **116,** 125
- Einflussnahme auf die Gesellschaft **117,** 7 f, 50 ff
- Ende der Sorgfaltspflicht **116,** 13 f
- Entsendung von Aufsichtsratsmitgliedern **116,** 156
- Europäische Aktiengesellschaft **116,** 334 ff
- Europäisches Recht **116,** 339 ff
- Fallgruppen **116,** 150 ff
- Fehlentwicklungen **116,** 144 ff
- Fortführungsprognose **116,** 142
- Frankreich **116,** 342
- Gesetzestreue **116,** 167 f
- gleiche Pflichten **116,** 41 ff
- Großbank **116,** 53
- Großbritannien **116,** 342
- Grundsatz gleicher Pflichten **116,** 41 ff
- Gründung der Aktiengesellschaft **116,** 16, 143
- Haftung des Vorstands **116,** 158
- Haftungsbeschränkung **116,** 27 f
- hindsight bias **116,** 69
- historische Entwicklung **116,** 1 ff
- individueller Standard **116,** 48
- Informationsniveau **116,** 130 f
- Informationsordnung **116,** 129
- Informationspflichten **116,** 126 ff
- Insolvenzreife **116,** 142
- Insolvenzverfahren **116,** 16
- internationales Privatrecht **116,** 338
- judicial self restraint **116,** 69
- Kapitalanleger-Musterverfahrensgesetz **116,** 26
- Kapitalerhöhung **116,** 169
- Kapitalmarktinformationshaftungsgesetz **116,** 26
- Klagezulassungsverfahren **116,** 24 f
- Konkurrenzunternehmen **116,** 125
- Kontrollstruktur **116,** 151
- Konzern **116,** 16, 172
- Konzernrechtsrichtlinie **116,** 340
- Kreditüberwachung **116,** 161
- Krise **116,** 141 f
- Marktbedingungen **116,** 160
- Mitarbeitspflicht **116,** 51 f, 115
- multinationaler Konzern **116,** 53
- Nichtdurchsetzung von Schadenersatzansprüchen **116,** 158 ff
- nichtige Hauptversammlungsbeschlüsse **116,** 124

- Organisationspflicht **116,** 120 ff
- Organisationsstruktur **116,** 151
- Organkompetenz **116,** 148
- Organverhältnis **116,** 30 ff
- Österreich **116,** 54, 133, 342
- Personalentscheidungen **116,** 152 f
- Rechtstatsachen **116,** 21 f
- Rechtsvergleichung **116,** 342 f
- Reform **116,** 24 ff
- Regionalbrauerei **116,** 53
- Risikomanagement **116,** 151
- Satzungsstrenge **116,** 10
- Schadensersatzansprüche gegen den Vorstand **116,** 158
- Scheinaufsichtsratsmitglied **116,** 124
- Schweiz **116,** 133, 342
- Sicherheitenstellung im Konzern **116,** 166
- Sicherstellen ausreichender Information **116,** 126 ff
- Sitzungsvorbereitung **116,** 115
- sorgfältige Wahrnehmung organschaftlicher Pflichten **116,** 66 ff
- Spenden **116,** 162 ff
- Spezielkenntnisse **116,** 47 ff
- spezifische Sorgfaltspflichten **116,** 115 ff
- Statusverfahren **116,** 124
- Streiks **116,** 57
- Strukturrichtlinie **116,** 339
- TransPuG **116,** 6
- Übernahmerecht **116,** 138 ff
- überstimmtes Aufsichtsratsmitglied **116,** 17 ff
- Überwachungsaufgabe des Aufsichtsrats **116,** 135 ff
- übliche Sorgfalt **116,** 67
- UMAG **116,** 24 f, 36, 52, 74 ff, 158
- unentgeltliche Zuwendungen **116,** 162 ff
- Unternehmenskauf **116,** 140
- Unternehmerisches Ermessen (s dort), (s Unternehmerisches Ermessen des Aufsichtsrats)
- US-amerikanisches Recht **116,** 73, 131, 343
- Verdacht auf Fehlverhalte **116,** 144 ff
- Vergütung **116,** 149
- Verständnis der normalen Geschäftsorgane **116,** 43 ff
- Verteidigungsmaßnahmen **116,** 139
- Vertragsverletzungen **116,** 167 f
- Vorleistung der Gesellschaft **116,** 161
- Vorschlagsrecht **116,** 155 ff
- Vorstandsberichte **116,** 127
- vorstandsunabhängige Information **116,** 132 ff
- Wahlvorschläge **116,** 123
- waste **116,** 166
- wechselseitige Überwachung **116,** 118 f
- Wohl der Gesellschaft **116,** 34 ff
- Zeitdruck **116,** 69
- Zusammenarbeit im Plenum **116,** 115
- Zusammensetzung des Aufsichtsrats **116,** 120 ff
- Zustimmungsvorbehalte **116,** 122

Sozialaufwendungen
- Zustimmungsvorbehalt des Aufsichtsrats **111,** 636

Spaltgesellschaft
- gerichtliche Bestellung von Aufsichtsratsmitgliedern **104,** 25, 42, 49

Spaltung
- Vergütung von Aufsichtsratsmitgliedern **113,** 75

Spenden
- Sorgfaltspflicht der Aufsichtsratsmitglieder **116,** 162 ff

Spitzenorganisation der Gewerkschaften
- gerichtliche Bestellung von Aufsichtsratsmitgliedern **104,** 36, 73 ff
- Statusverfahren **98,** 33 f

Sprachkenntnisse
- Aufsichtsratsmitglieder **100,** 19, 104
- Bestellung der Aufsichtsratsmitglieder **100,** 19, 104

Sprecherausschuss
- gerichtliche Bestellung von Aufsichtsratsmitgliedern **104,** 36
- Statusverfahren **98,** 29

Staatsangehörigkeit
- Aufsichtsratsmitglieder **100,** 19
- Bestellung der Aufsichtsratsmitglieder **100,** 19

Staggered board
- Besetzung des Aufsichtsrates **95, 98; 101,** 235, 246

Stakeholder-Ansatz
- Aufsichtsrat **95,** 19

Statusverfahren 97, 1 ff; **98,** 1 ff; **99,** 1 ff
- Abspaltung **97,** 13 ff
- Aktiengesellschaft **97,** 5
- Aktiengesetz 1965 **97,** 1; **98,** 1
- Aktionär **98,** 27
- Amtszeit von Arbeitnehmervertretern **102,** 67
- Amtszeit von Aufsichtsratsmitgliedern **102,** 33
- Anhörungspflicht **99,** 18 ff
- Anrufung des Gerichts **97,** 70 ff; **98,** 1 ff
- Antragsberechtigung **98,** 22 ff
- Antragsgrundsatz **98,** 4 ff
- Antragsinhalt **98,** 5 ff

- Antragspflicht **98,** 38 ff
- Antragsrecht **98,** 22
- Antragssperre **97,** 67 ff
- Anwaltszwang **99,** 29
- Anwendungsbereich **97,** 5 ff
- Arbeitsgericht **98,** 16
- Aufsichtsratsmitglieder **98,** 26
- Ausgliederung **97,** 13 ff
- ausschließliche Zuständigkeit **98,** 13 ff
- Bekanntmachung des Antrags **99,** 14 ff
- Bekanntmachung durch den Vorstand im Statusverfahren (s dort)
- Bekanntmachungssperre **96,** 73 ff
- Beschwerde **99,** 25 ff
- Beteiligte **98,** 12
- Betriebsrat **98,** 28
- betroffene Gesellschaftstypen **97,** 5 f
- Beschlussfähigkeit des Aufsichtsrats **97,** 4
- bisheriger Aufsichtsrat **97,** 61 ff
- Einleitung des Verfahrens **98,** 47
- Einreichung zum Handelsregister **99,** 38
- Entscheidung des Gerichts **98,** 48 ff
- entsprechende Anwendung **97,** 11, 23
- erster Aufsichtsrat **97,** 7
- erstinstanzliche Entscheidung **99,** 23 ff
- erstmalige Bildung des Aufsichtsrats **97,** 22
- Erwerbsgenossenschaften **97,** 5
- Europäische Aktienesellschaft **97,** 77 f; **98,** 54 f; **99,** 44 f
- Europäisches Recht **97,** 79
- Form **98,** 8 f
- Formwechsel **97,** 16 ff
- Freiwillige Gerichtsbarkeit **99,** 11 ff
- Frist **98,** 10
- Gegenstand des Verfahrens **98,** 11
- gerichtliche Bestellung von Aufsichtsratsmitgliedern **104,** 44
- gerichtliche Entscheidung **99,** 23 ff
- Gesamtbetriebsrat **98,** 28
- Gesamtsprecherausschuss **98,** 29
- gesetzliche Vorschriften **97,** 9 ff
- Gewerkschaft **98,** 35
- GmbH **97,** 5
- grenzüberschreitende Fusionen **97,** 21
- historische Entwicklung **97,** 1 f; **98,** 1 f; **99,** 1
- Inter-omnes-Wirkung **99,** 35 ff
- Kammer für Handelssachen **98,** 19
- Kommanditgesellschaft auf Aktien **97,** 5
- Konzern **98,** 30 f
- Kosten **99,** 39 ff
- leitende Angestellte **98,** 36 f
- Mitbestimmung **96,** 55
- Mitbestimmungsbeibehaltungsgesetz **97,** 21
- Neubesetzung des Aufsichtsrats **97,** 56 ff
- örtliche Zuständigkeit **98,** 20 f
- Rechtsfolgen **97,** 55 ff; **98,** 47 ff; **99,** 33 ff
- Rechtskraft **99,** 33 f
- Rechtsmittel **99,** 25 ff
- Rechtssicherheit **99,** 4
- richtige Zusammensetzung **99,** 3
- Satzungsänderung **95,** 86 ff; **97,** 11
- Satzungsbestimmungen **97,** 64 ff
- Sorgfaltspflicht der Aufsichtsratsmitglieder **116,** 124
- Spitzenorganisation der Gewerkschaften **98,** 33 f
- Sprecherausschuss **98,** 29
- Umsatzverhältnis **98,** 41 ff
- Umwandlungen **97,** 12 ff
- Verfahrensgegenstand **98,** 11
- Verfahrensvoraussetzungen **99,** 8 f
- Vorstand **98,** 23 ff
- VVaG **97,** 5
- wahlberechtigte Arbeitnehmer **98,** 32
- Wechsel des Mitbestimmungsstatuts **97,** 8 ff
- Wirkung der Bekanntmachung **97,** 55 ff
- Wirtschaftsgenossenschaften **97,** 5
- Zuständigkeit **98,** 13 ff
- Zweistufigkeit **99,** 2

Stellvertretender Aufsichtsratsvorsitzender 107, 153 ff
- Anzahl **107,** 161
- Behinderung des Vorsitzenden **107,** 153 ff
- Europäische Aktiengesellschaft **107,** 499
- Rangfolge **107,** 165 f
- Rechtsstellung **107,** 153
- weitere Stellvertreter **107,** 162 ff

Stellvertreter von Vorstandsmitgliedern 105, 48 ff
- Anmeldung im Handelregister **105,** 62 ff
- Aufsichtsratsausschuss **105,** 69
- Aufsichtsratsmitglieder **105,** 48 ff
- Aufsichtsratstätigkeit **105,** 60 f
- Beendigung **105,** 71 ff
- Behinderung eines Vorstandsmitglieds **105,** 51 f
- Beschlusfassung durch den Aufsichtsrat **105,** 56 ff
- Beschlussunfähigkeit des Aufsichtsrats **105,** 55
- Bestellung **105,** 56 ff
- Eintragung im Handelsregister **105,** 62 ff
- Fehlen eines Vorstandsmitglieds **105,** 50
- Handelsregister **105,** 62 ff
- Inkompatibilität (s dort)
- längerer Ausfall **105,** 51 f
- Rechtsstellung **105,** 65 ff
- Stellvertreter des Stellvertreters **105,** 53 f

- Vergütung **105,** 70
- Vertretung der Aktiengesellschaft gegenüber Vorstandsmitgliedern **112,** 41
- Wettbewerbsverbot **105,** 68

Steuerberater
- Aufsichtsratsmitglieder **100,** 71
- Bestellung der Aufsichtsratsmitglieder **100,** 71
- Inkompatibilität **100,** 71

Steuerrecht
- Überwachungsaufgabe des Aufsichtsrats **111,** 302

Stichentscheid
- Aufsichtsratsausschuss **107,** 427 ff

Stiftung
- Aufsichtsratsmitglieder **100,** 16
- Bestellung der Aufsichtsratsmitglieder **100,** 16

Stimmabgabe
- Beschlussfassung des Aufsichtsrats **108,** 107 ff
- fehlerhafte Aufsichtsratsbeschlüsse **108,** 142 ff

Stimmbindungsverträge
- Bestellung der Aufsichtsratsmitglieder **101,** 26
- gerichtliche Bestellung von Aufsichtsratsmitgliedern **104,** 85
- Mitbestimmung **96,** 29 ff, 33 f

Stimmbote
- Beschlussfassung des Aufsichtsrats **108,** 102 ff
- Einberufung des Aufsichtsrats **110,** 21

Stimmenmehrheit
- Beschlussfassung des Aufsichtsrats **108,** 30 f

Stimmenthaltung **108,** 32
- Interessenkonflikte von Aufsichtsratsmitgliedern **100,** 166 ff
- Treuepflichten der Aufsichtsratsmitglieder **116,** 189, 201

Stimmenverkauf
- Bestellung der Aufsichtsratsmitglieder **101,** 29

Stimmgleichheit
- Beschlussfassung des Aufsichtsrats **108,** 33

Stimmrecht
- Aufsichtsratssitzung **109,** 40
- Beschlussfassung des Aufsichtsrats **108,** 48 ff

Stimmrechtsausschluss **108,** 48 ff, 66

Stimmrechtsausübung
- Einflussnahme auf die Gesellschaft **117,** 238

Stimmverbot
- Beschlussfassung des Aufsichtsrats **108,** 53 ff
- Beschlussunfähigkeit des Aufsichtsrats **104,** 23 f, **108,** 63 f
- fehlerhafte Aufsichtsratsbeschlüsse **108,** 144
- gerichtliche Bestellung von Aufsichtsratsmitgliedern **104,** 23 f
- Interessenkonflikte von Aufsichtsratsmitgliedern **100,** 166 ff
- Kreditgewährung an Aufsichtsratsmitglieder **115,** 27

Stock appreciation rights
- Vergütung von Aufsichtsratsmitgliedern **113,** 47

Stock options **113,** 40

Streik
- Aufsichtsratssitzung **109,** 19
- Interessenkonflikte von Aufsichtsratsmitgliedern **100,** 139
- Sorgfaltspflicht der Aufsichtsratsmitglieder **116,** 57
- Treuepflichten der Aufsichtsratsmitglieder **116,** 205 ff
- Verschwiegenheitspflicht der Aufsichtsratsmitglieder **116,** 57

Strohmänner
- Kreditgewährung an Aufsichtsratsmitglieder **115,** 16

Strukturrichtlinie
- Abberufung von Aufsichtsratsmitglieder durch die Hauptversammlung **103,** 107
- Aufsichtsrat **111,** 869 f
- Aufsichtsratsausschuss **107,** 504
- Aufsichtsratsmitglieder **100,** 209 ff
- Aufsichtsratssitzung **109,** 103
- Beschlussfassung des Aufsichtsrats **108,** 199
- Bestellung der Aufsichtsratsmitglieder **100,** 209 ff; **101,** 242
- Einsichts- und Prüfungsrecht des Aufsichtsrats **111,** 869 f
- fehlerhafte Aufsichtsratsbeschlüsse **108,** 199
- Haftung der Aufsichtsratsmitglieder **116,** 339
- Inkompatibilität **100,** 209 ff; **105,** 79
- Interessenkonflikte von Aufsichtsratsmitgliedern **100,** 209 ff
- Mitbestimmung **96,** 67
- Sorgfaltspflicht der Aufsichtsratsmitglieder **116,** 339
- Überwachungsaufgabe des Aufsichtsrats **111,** 869 f
- Vergütung von Aufsichtsratsmitgliedern **113,** 162
- Verschwiegenheitspflicht der Aufsichtsratsmitglieder **116,** 339
- Verträge mit Aufsichtsratsmitgliedern **114,** 76
- Zustimmungsvorbehalt des Aufsichtsrats **111,** 869 f

Stückaktien
- Tantieme **113,** 120

Stundungen
- Kreditgewährung an Aufsichtsratsmitglieder **115,** 18
- Vergütung von Aufsichtsratsmitgliedern **115,** 18

Tageshonorar 113, 33
Tagesordnung
- Einberufung des Aufsichtsrats **110,** 21
- Einberufungsverlangen **110,** 29
Tantieme 113, 119 ff
- Abwicklung der Aktiengesellschaft **113,** 123
- Angemessenheit **113,** 123
- Bedeutung **113,** 119
- Berechnungsmodus **113,** 119 ff
- Cashflow **113,** 126
- Erwerb eigener Aktien **113,** 121
- gesetzliche Rücklagen **113,** 120
- Gewinnrücklage **113,** 120
- Gewinnverwendungsbeschluss **113,** 120
- Nichtigkeit entgegenstehender Festsetzungen **113,** 125 f
- Rücklagen **113,** 120
- Stückaktien **113,** 120
- vereinfachte Kapitalherabsetzung **113,** 124
- Vergütung von Aufsichtsratsmitgliedern **113,** 35
Tarifvertrag
- Mitbestimmung **96,** 38 ff
Telefax
- Beschlussfassung des Aufsichtsrats **108,** 109
- Einberufung des Aufsichtsrats **110,** 17
Telefonkonferenz
- Aufsichtsratssitzung **110,** 69 ff
- Beschlussfassung des Aufsichtsrats ohne Sitzung **108,** 117
Telefonkosten
- Aufwendungsersatzanspruch von Aufsichtsratsmitgliedern **113,** 19
Telegramm
- Beschlussfassung des Aufsichtsrats **108,** 109
Telex 108, 109
Tendenzunternehmen
- Bestellung der Aufsichtsratsmitglieder **101,** 19
- Mitbestimmung **96,** 19 f
Tochtergesellschaft
- Einsichts- und Prüfungsrecht des Aufsichtsrats **111,** 435 ff
- Inkompatibilität **105,** 27
- Risikomanagement **111,** 231
- Überwachungsaufgabe des Aufsichtsrats **111,** 165, 369 f
- Zustimmungsvorbehalt des Aufsichtsrats **111,** 696

TransPuG
- Anzahl Aufsichtsratsmandate **100,** 7
- Aufsichtsrat **95,** 15; **111,** 15 ff
- Aufsichtsratsmitglieder **100,** 7
- Bekanntmachung der Änderung im Aufsichtsrat **106,** 1
- Bestellung der Aufsichtsratsmitglieder **100,** 7
- Corporate Governance **111,** 20 f
- Einberufung der Hauptversammlung durch den Aufsichtsrat **111,** 553
- Haftung der Aufsichtsratsmitglieder **116,** 6
- Konkurrenzunternehmen **100,** 7
- Sorgfaltspflicht der Aufsichtsratsmitglieder **116,** 6
- Überwachungsaufgabe des Aufsichtsrats **111,** 151, 377 ff
- Überwachung im Konzern **111,** 377 ff
- Verschwiegenheitspflicht **116,** 215
- Zustimmungsvorbehalt des Aufsichtsrats **111,** 602 ff
Trennungsprinzip
- Kontrolle und Geschäftsführung **95,** 6
Treuepflicht der Aufsichtsratsmitglieder 116, 173 ff
- at arm's length **116,** 182
- Ausnutzen der Organstellung **116,** 184 ff
- Bankenvertreter **116,** 203 f
- corporate opportunities **116,** 194 f
- Deutscher Corporate Governance Kodex **116,** 181
- ehemalige Vorstandsmitglieder **116,** 198
- Einflussnahme auf die Gesellschaft **117,** 48 f, 90 ff, 239
- Einflussnahme auf die Gesellschaft **117,** 50 ff
- Einsetzen der Organstellung zum eigenen Vorteil **116,** 184 ff
- Ende der Amtszeit **116,** 214
- fehlende Unabhängigkeit **116,** 197 f
- Geschäfte mit der eigenen Gesellschaft **116,** 180 ff
- Insidergeschäfte **116,** 183
- Interessenkonflikte **116,** 188 f, 199 ff
- Konkurrenzmandate **116,** 202 ff
- Konkurrenzunternehmen **116,** 193
- Kontrollentscheidungen **116,** 196
- Modifikation **116,** 190 ff
- Nebenamt **116,** 190 ff
- Organisation eines Streiks **116,** 209 ff
- Organtätigkeit **116,** 173 ff
- persönliche Vorteile **116,** 175
- Pflichtenkollision **116,** 188 f
- Provision **116,** 175
- rechtmäßiger Streik **116,** 206 ff
- rechtswidriger Streik **116,** 212

- Stimmenthaltung **116,** 189, 201
- Streiks **116,** 205 ff
- Tätigkeit außerhalb der Organfunktion **116,** 177 ff
- Übernahmerecht **116,** 203 f, 213
- unternehmerisches Ermessen **116,** 91
- Vergütung **116,** 175
- Wohl der Gesellschaft **116,** 173

Treuhandgesellschaft
- Einsichts- und Prüfungsrecht des Aufsichtsrats **111,** 423

Überkreuzverflechtung **100,** 58 ff
- Auslandsbezug **100,** 62
- fakultativer Aufsichtsrat **100,** 63
- Fälle **100,** 58 ff
- gesetzliche Vertreter **100,** 60
- Inkompatibilität **105,** 25
- Vorstand **100,** 61

Übernachtungskosten
- Aufwendungsersatzanspruch von Aufsichtsratsmitgliedern **113,** 19

Übernahmerecht **111,** 724 ff
- Aufsichtsrat **111,** 77, 106, 724 ff
- Aufsichtsratssitzung **109,** 19
- Bestellung der Aufsichtsratsmitglieder **101,** 37
- Bieter **111,** 728 f
- Deutscher Corporate Governance Kodex **111,** 788 ff, 809
- Einflussnahme auf die Gesellschaft **117,** 140
- gerichtliche Bestellung von Aufsichtsratsmitgliedern **104,** 58
- Großbritannien **111,** 731
- Hauptversammlung **111,** 738 f
- Interessenkonflikte von Aufsichtsratsmitgliedern **100,** 161, 174 ff
- Italien **111,** 731
- Neutralitätspflicht **111,** 731 f
- Österreich **111,** 731
- Sorgfaltspflicht der Aufsichtsratsmitglieder **116,** 138 ff
- Treuepflichten der Aufsichtsratsmitglieder **116,** 203 f, 213
- unternehmerisches Ermessen **111,** 740 ff
- unternehmerisches Ermessen des Aufsichtsrats **116,** 106
- Verteidigungsmaßnahmen **111,** 736 ff
- Vorratsermächtigung **111,** 737
- Werbemaßnahmen **111,** 737
- Zielgesellschaft **111,** 730 ff
- Zustimmungsvorbehalt des Aufsichtsrats **111,** 654

Überwachungsaufgabe des Aufsichtsrats **111,** 150 ff, 159 ff
- Abberufung von Aufsichtsratsmitgliedern (s dort)
- Abberufung von Vorstandsmitgliedern **111,** 346 f
- abgestufte Überwachungspflicht **111,** 313 ff
- abhängige Gesellschaften **111,** 381 ff
- Absatzentwicklung **111,** 163
- Abschlussprüfer (s dort)
- ADHGB **111,** 254
- Ad-hoc-Mitteilung **111,** 199
- Aktiengesetz 1937 **111,** 159, 254
- Aktiengesetz 1965 **111,** 254
- Aktionsplan der Kommission **111,** 872
- Angestellte **111,** 177, 252 ff
- ARAG/Garmenbeck-Entscheidung **111,** 238, 278, 352 ff
- Art **111,** 310
- audit commitee **111,** 200
- Ausfüllung des Auftrages **111,** 262 ff
- Ausschüttungssperren **111,** 201
- Behauptungen entlassener Mitarbeiter **111,** 242
- Beirat **95,** 45
- Belange der Allgemeinheit **111,** 303
- Beraterverträge mit Aufsichtsratsmitgliedern **111,** 300
- Beratung des Vorstands **111,** 288 ff
- Berichte des Vorstands **111,** 174 f, 326 ff
- Besetzung des Vorstands **111,** 167 ff
- Beteiligung an unternehmerischen Entscheidungen **111,** 282 ff
- Beweislast **111,** 189
- bilanzpolitische Maßnahmen **111,** 194
- Bilanzrechtsreformgesetz **111,** 206
- Billigung des Konzernabschlusses **111,** 197 ff
- compliance **111,** 246 f
- controlling **111,** 210 ff
- Detailkontrolle **111,** 262 f
- Deutscher Corporate Governance Kodex **111,** 169, 247
- Dichte der Überwachung **111,** 267 ff
- Dritte **111,** 177 f
- Eigeninitiative des Aufsichtsrats **111,** 172 f
- Einberufung der Hauptversammlung **111,** 345
- eingegliederte Gesellschaften **111,** 381 ff
- Einsichts- und Prüfungsrecht (s Einsichts- und Prüfungsrecht des Aufsichtsrats)
- Einwirkungsinstrumente **111,** 336 ff
- einzelne Aufgaben **111,** 167 ff
- Erfüllungsklagen gegen den Vorstand **111,** 348 ff
- Ermessen **111,** 155 f
- Ermittlungspflicht **111,** 238 ff

- Europäische Aktiengesellschaft **111,** 850, 860
- Europäisches Recht **111,** 869 ff
- faktischer Konzern **111,** 372
- Feststellung des Jahresabschlusses **111,** 197 ff
- follow up **111,** 163
- Formen **111,** 280 ff
- Frankreich **111,** 873 ff
- Funktion **111,** 150 ff
- Gegenstand **111,** 159 ff
- Geltung **111,** 157 f
- Gemeinschaftsunternehmen **111,** 165
- Gerüchte **111,** 242
- Geschäftsordnung **111,** 304
- Geschäftsordnung des Vorstands **111,** 168
- Geschäftsordnungen für den Vorstand **111,** 338 ff
- Gewinnverwendung **111,** 201
- Grenzen **111,** 365 ff
- Großbritannien **111,** 874
- Großprojekte **111,** 165
- Gründung der Aktiengesellschaft **111,** 202 f
- Haftung **111,** 387 ff
- Hauptversammlung **111,** 260 f
- Hinweise auf Fehlverhalten **111,** 238 ff
- IAS/IFRS **111,** 195
- Informationsgrenzen **111,** 188 f
- Informationsintervalle **111,** 179
- Informationsordnung **111,** 182 ff
- Informationspflicht des Vorstands **111,** 170 f
- Informationsversorgung des Aufsichtsrats **111,** 170 ff
- Insolvenzantragstellung **111,** 302
- Instrumente **111,** 325 ff
- Intensität **111,** 310 ff
- Interessen **111,** 152
- international anerkannte Rechnungslegungsgrundsätze **111,** 378
- interne Revision **111,** 177 f
- internes Kontrollsystem **111,** 210 ff
- Interorganklagen **111,** 351
- investor relation **111,** 245
- Jahresabschluss **111,** 191 ff
- Kapitalmaßnahmen **111,** 202
- Kartellrecht **111,** 302
- Kernaufgabe **111,** 150 ff
- klageweise Erzwingung **111,** 384 ff
- Konkretisierung **111,** 162
- KonTraG **111,** 153, 182
- Konzern **111,** 158, 369 ff
- Konzernabschluss **111,** 191 ff
- Konzernabschlussprüfung **111,** 377 ff
- Konzerninteresse **111,** 371
- Kreditausschuss **111,** 181
- Kreditwesengesetz **111,** 302
- Krise **111,** 188
- Liquiditätsübersichten **111,** 180
- litigation committee **111,** 244
- Management-Informationssystem **111,** 186
- Maßstab **111,** 301 ff
- Mindestmass **111,** 155 f
- Mindeststandard laufender Kontrolle **111,** 323 f
- Mitarbeiter **111,** 251 ff
- Mitbestimmung **111,** 376
- öffentliche Interessen **111,** 303
- Offshore-Engagement **111,** 195
- Opel-Entscheidung **111,** 350
- Ordnungsgemäßheit der Geschäftsführung **111,** 309
- Organisation des Vorstands **111,** 167 ff
- Österreich **111,** 873
- Pensionseinrichtungen **111,** 232
- Personalangelegenheiten **111,** 232
- Personenkreis **111,** 248 ff
- Pflichtverletzung des Vorstands **111,** 234 ff
- präventive Kontrolle **111,** 265 f
- Produktionsentwicklung **111,** 163
- Prüfung der Unternehmensabschlüsse **111,** 191 ff
- Prüfung und Kontrolle **111,** 280 ff
- Prüfungsausschuss **111,** 200
- Prüfungsmaßstab **111,** 267 ff
- Prüfungsmittel **111,** 325 ff
- Publizitätsrichtlinie **111,** 871
- Qualität **111,** 301 ff
- Rechnungslegung **111,** 154
- Rechnungslegungsvorschriften **111,** 302
- Rechtsmäßigkeit der Geschäftsführung **111,** 301 ff
- Rechtsmäßigkeit der Hauptversammlungsbeschlüsse **111,** 261
- Rechtsvergleichung **111,** 873 ff
- Redepflicht **111,** 218
- Rentabilität **111,** 164, 181
- Richtigkeit der Buchführung und Rechnungslegung **111,** 154
- Risikoerkennungssystem **111,** 153
- Risikomanagement (s dort)
- risikoreiche Geschäfte **111,** 181
- Sanktionierung **111,** 384 ff
- Sarbanes-Oxley-Act **111,** 186, 211, 217
- Satzung **111,** 304
- Schweiz **111,** 876
- Sonderberichte des Vorstands **111,** 326
- Sorgfaltmaßstab **111,** 322
- Sorgfaltspflicht der Aufsichtsratsmitglieder **116,** 135 ff

- soziale Belange **111,** 232
- Steuerrecht **111,** 302
- Strukturrichtlinie **111,** 869 f
- Tochterunternehmen **111,** 165, 369 f
- TransPuG **111,** 151, 377 ff
- Überwachung der Geschäftsführung **111,** 159 ff
- Überwachungsinstrumente **111,** 325 ff
- Überwachungsrechte und Überwachungspflichten **111,** 255 ff
- UMAG **111,** 267, 358 ff, 388
- Umfang **111,** 310
- Umwandlung **111,** 202 f
- Umweltrecht **111,** 302
- Umweltschutz **111,** 233
- Unterlassungsklagen **111,** 385
- Unternehmensplanung **111,** 205 ff
- unternehmerische Entscheidungen des Aufsichtsrats **111,** 275 ff
- unternehmerisches Ermessen des Vorstands **111,** 267 ff
- US-amerikanisches Recht **111,** 156, 167, 210, 874
- US-GAAP **111,** 195
- verbundene Unternehmen **111,** 369 ff
- Verlustausgleich **111,** 372
- Verträge mit Aufsichtsratsmitgliedern **114,** 13 ff
- Vertretbarkeit des Vorstandshandelns **111,** 271 ff
- Vielschichtigkeit **111,** 157 f
- vorbeugende Überwachung **111,** 204 ff
- Vorstand **111,** 248 ff
- Vorstandsmitglieder **111,** 177
- vorstandsunabhängige Information **111,** 329 f
- Wettbewerbsrecht **111,** 302
- Wirtschaftlichkeit der Geschäftsführung **111,** 306 ff
- wöchentliche Berichte **111,** 188
- Wohlfahrtseinrichtungen **111,** 232
- Zeitpunkt **111,** 264 ff
- Ziele **111,** 150 ff
- zukunftsorientierte Überwachung **111,** 204 ff
- Zustimmungsvorbehalte **111,** 341 ff
- Zweckmäßigkeit der Geschäftsführung **111,** 306 ff

Ultra vires conduct
- Unternehmerisches Ermessen **116,** 95

UMAG
- Aufsichtsrat **111,** 104
- Einflussnahme auf die Gesellschaft **117,** 36, 102, 201 f, 247 f
- Haftung der Aufsichtsratsmitglieder **116,** 24 f, 305
- Sorgfaltspflicht der Aufsichtsratsmitglieder **116,** 24 f, 36, 52, 74 ff, 158
- Überwachungsaufgabe des Aufsichtsrats **111,** 267, 358 ff, 388
- Unternehmerisches Ermessen **116,** 75 ff
- Vergütung von Aufsichtsratsmitgliedern **113,** 42 f
- Verschwiegenheitspflicht der Aufsichtsratsmitglieder **116,** 24 f

Umsatzsteuer
- Vergütung von Aufsichtsratsmitgliedern **113,** 135 ff

Umstrukturierung
- Aufsichtsratssitzung **110,** 67

Umwandlung
- Amtszeit von Arbeitnehmervertretern **102,** 68
- Amtszeit von Aufsichtsratsmitgliedern **102,** 38
- Entsendung von Aufsichtsratsmitgliedern **101,** 112
- gerichtliche Bestellung von Aufsichtsratsmitgliedern **104,** 45 ff, 47, 58
- Mitbestimmung bei der Europäischen Gesellschaft **96,** 60
- Statusverfahren **97,** 12 ff
- Überwachungsaufgabe des Aufsichtsrats **111,** 202 f
- Vergütung von Aufsichtsratsmitgliedern **113,** 75
- Vertretung der Aktiengesellschaft gegenüber Vorstandsmitgliedern **112,** 45 f

Umweltrecht
- Überwachungsaufgabe des Aufsichtsrats **111,** 302

Umweltschutz **111,** 233

Unabhängigkeit von Aufsichtsratsmitgliedern **100,** 86 ff
- Abschlussprüfer **111,** 498 f
- Aktionsplan der EU-Kommission **100,** 14, 87 ff, 213 f
- Arbeitnehmervertreter **100,** 90 ff, 194
- Aufsichtsratsvorsitzender **107,** 76
- Besetzung von Aufsichtsratsausschüssen **107,** 299, 322 ff, 331 ff, 339, 490, 493
- Beschlussfassung **108,** 67 ff
- Cool-off-Periode **100,** 93
- Deutscher Corporate Governance Kodex **100,** 93 f, 190 ff; **107,** 490, 493; **115,** 40
- ehemalige Vorstandsmitglieder **100,** 88, 93, 188 f; **107,** 471 f
- Empfehlung der EU-Kommission zur Unabhängigkeit (s dort)
- Europäische Aktiengesellschaft **100,** 199 ff
- Großbritannien **100,** 95

- High Level Group of Company Law Experts **100,**14, 87 ff, 213 f
- Konzern **100,** 93, 194
- lead independant director **100,** 95
- litigation committee **107,** 351
- Sarbanes-Oxley-Act **100,** 91
- senior independant director **100,** 95
- US-amerikanisches Recht **100,** 95
- Verträge mit Aufsichtsratsmitgliedern **114,** 72 f
- Vertretung der Aktiengesellschaft gegenüber Vorstandsmitgliedern **112,** 117

Unbescholtenheit
- Aufsichtsratsmitglieder **100,** 19
- Bestellung der Aufsichtsratsmitglieder **100,** 19

unentgeltliche Zuwendungen
- Sorgfaltspflicht der Aufsichtsratsmitglieder **116,** 162 ff

Untergesellschaft
- Einsichts- und Prüfungsrecht des Aufsichtsrats **111,** 435 ff

Unterkapitalisierung
- Einberufung der Hauptversammlung durch den Aufsichtsrat **111,** 544

Unterlassungsklagen
- Überwachungsaufgabe des Aufsichtsrats **111,** 385

Unternehmensinteresse (s auch Wohl der Gesellschaft)
- Aufsichtsrat **111,** 103 ff
- Deutscher Corporate Governance Kodex **111,** 769 f
- Einberufung der Hauptversammlung durch den Aufsichtsrat **111,** 545 ff
- Einflussnahme auf die Gesellschaft **117,** 14 ff
- Einsichts- und Prüfungsrecht des Aufsichtsrats **111,** 409
- gerichtliche Abberufung von Aufsichtsratsmitgliedern **103,** 54 f
- Sorgfaltspflicht der Aufsichtsratsmitglieder **116,** 34 ff
- Treuepflichten der Aufsichtsratsmitglieder **116,** 173
- unternehmerisches Ermessen **116,** 81 ff

Unternehmenskauf
- Sorgfaltspflicht der Aufsichtsratsmitglieder **116,** 140
- Verschwiegenheitspflicht der Aufsichtsratsmitglieder **116,** 238
- Verträge mit Aufsichtsratsmitgliedern **114,** 21
- Zustimmungsvorbehalt des Aufsichtsrats **111,** 654

Unternehmenspublizität
- Risikomanagement **111,** 224

Unternehmerisches Ermessen 116, 72 ff
- Abberufung von Vorstandsmitgliedern **116,** 102
- ARAG/Garmenbeck-Entscheidung **116,** 72 ff
- Aufsichtsrat (s Unternehmerisches Ermessen des Aufsichtsrats)
- Bezugsrechtsausschluss **116,** 90, 100
- Deutscher Corporate Governance Kodex **116,** 97
- Einflussnahme auf die Gesellschaft **117,** 7 f, 203 ff
- eingeschränktes Ermessen **116,** 100 ff
- Existenz der Gesellschaft **116,** 84
- fraud **116,** 95
- Gesetzestreue **116,** 95 ff
- Hauptversammlungsbeschluss **116,** 94
- illegality **116,** 95
- Information **116,** 80
- Insolvenzantragspflicht **116,** 100
- Misstrauensvotum **116,** 102
- Organpflichten **116,** 92 f
- Prognosen **116,** 98
- Rezeption **116,** 72 ff
- Sanierungsversuche **116,** 82
- Satzung **116,** 94
- Treuepflicht **116,** 91
- ultra vires conduct **116,** 95
- UMAG **116,** 75 ff
- unbestimmte Rechtsbegriffe **116,** 98
- unklare Rechtslagen **116,** 98
- unternehmerische Entscheidung **116,** 86 ff
- US-amerikanisches Recht **116,** 73, 87
- Verträge mit Aufsichtsratsmitgliedern **114,** 49 f
- waste **116,** 81
- Wertentscheidungen **116,** 98
- Wohl der Gesellschaft **116,** 81 ff

Unternehmerisches Ermessen des Aufsichtsrats 116, 105 ff
- ARAG/Garmenbeck-Entscheidung **116,** 105, 110
- Bezugsrechtsausschluss **116,** 108
- existenzgefährdene Geschäfte **116,** 108
- Insolvenzantragstellung **116,** 108
- Kontrollermessen **116,** 112 ff
- nachträgliche Kontrolle **116,** 109 ff
- präventive Kontrolle **116,** 107 f
- Übernahmerecht **116,** 106
- US-amerikanisches Recht **116,** 111
- Vetretbarkeit des Vorstandhandelns **116,** 108
- Zustimmungsvorbehalte **116,** 107

Unternehmensverfassung (s auch Corporate Governance), (s Organisationsverfassung)

Unterpool
- Bestellung der Aufsichtsratsmitglieder **101,** 27

Unzulässige Einflussnahme auf die Gesellschaft (s Einflussnahme auf die Gesellschaft)

US-amerikanisches Recht
- Abberufung von Aufsichtsratsmitglieder durch die Hauptversammlung **103,** 108
- Abschlussprüfer **111,** 440, 498
- Aufsichtsrat **95,** 10; **111,** 91, 874
- Aufsichtsratsausschuss **107,** 508
- Aufsichtsratsmitglieder **100,** 217
- Aufsichtsratssitzung **109,** 94; **110,** 93
- Aufsichtsratsvorsitzender **107,** 508
- Beschlussfassung des Aufsichtsrats **108,** 200 ff
- Besetzung des Aufsichtsrates **95,** 125
- Bestellung der Aufsichtsratsmitglieder **100,** 217; **101,** 246
- Einberufung des Aufsichtsrats **110,** 93
- Einberufungsverlangen **110,** 93
- Einflussnahme auf die Gesellschaft **117,** 280 ff
- Einsichts- und Prüfungsrecht des Aufsichtsrats **111,** 874
- fehlerhafte Aufsichtsratsbeschlüsse **108,** 200 ff
- gerichtliche Bestellung von Aufsichtsratsmitgliedern **104,** 134
- Geschäftsführungsverbot des Aufsichtsrats **111,** 565
- Haftung der Aufsichtsratsmitglieder **116,** 289, 343
- Inkompatibilität **100,** 217
- Interessenkonflikte von Aufsichtsratsmitgliedern **100,** 217
- Kreditgewährung an Aufsichtsratsmitglieder **115,** 44
- Prüfungsausschuss **107,** 312, 318, 323
- Sorgfaltspflicht der Aufsichtsratsmitglieder **116,** 73, 131, 343
- Überwachungsaufgabe des Aufsichtsrats **111,** 156, 167, 210, 874
- Unabhängigkeit von Aufsichtsratsmitgliedern **100,** 95
- Unternehmerisches Ermessen **116,** 73, 87
- Unternehmerisches Ermessen des Aufsichtsrats **116,** 111
- Vergütung von Aufsichtsratsmitgliedern **113,** 37, 166
- Vergütungsausschüsse **107,** 333
- Verschwiegenheitspflicht der Aufsichtsratsmitglieder **116,** 343
- vorstandsunabhängige Information des Aufsichtsrats **111,** 509
- Zustimmungsvorbehalt des Aufsichtsrats **111,** 874

US-GAAP
- Aufwendungsersatzanspruch von Aufsichtsratsmitgliedern **113,** 20
- Überwachungsaufgabe des Aufsichtsrats **111,** 195
- Vergütung von Aufsichtsratsmitgliedern **113,** 140

UWG
- Einflussnahme auf die Gesellschaft **117,** 104

Verband
- Aufsichtsratsmitglieder **100,** 16
- Bestellung der Aufsichtsratsmitglieder **100,** 16

Verbundene Unternehmen
- Bestellung der Organmitglieder von Tochtergesellschaften **112,** 66 ff
- Kreditgewährung an Aufsichtsratsmitglieder **115,** 23
- Überwachungsaufgabe des Aufsichtsrats **111,** 369 ff
- Vergütung von Aufsichtsratsmitgliedern **113,** 12, 108 ff
- Verträge mit Aufsichtsratsmitgliedern **114,** 38 ff

Verdachtsgründe
- Einsichts- und Prüfungsrecht des Aufsichtsrats **111,** 411

Verein
- Aufsichtsratsmitglieder **100,** 16
- Beschlussfassung des Aufsichtsrats **108,** 24
- Bestellung der Aufsichtsratsmitglieder **100,** 16

Vereinfachte Kapitalherabsetzung
- Tantieme **113,** 124

Verfassung der Aktiengesellschaft (s Aufsichtsrat)

Vergleich
- Haftung der Aufsichtsratsmitglieder **116,** 298

Vergütung
- Arbeitnehmer (s Vergütung der Arbeitnehmer)
- Aufsichtsratsmitglieder (s Vergütung von Aufsichtsratsmitgliedern), (s Vergütung von Aufsichtsratsmitgliedern)
- Aufwendungsersatzanspruch (s Aufwendungsersatzanspruch von Aufsichtsratsmitgliedern)
- Beirat **95,** 41, 48
- gerichtliche Bestellung von Aufsichtsratsmitgliedern **104,** 123 ff
- Sorgfaltspflicht der Aufsichtsratsmitglieder **116,** 149

- Stellvertreter von Vorstandsmitgliedern **105**, 70
- Tantieme (s dort)
- Treuepflichten der Aufsichtsratsmitglieder **116**, 175

Vergütung der Arbeitnehmer **113**, 127 ff
- Freistellungsanspruch **113**, 128
- Konzern **113**, 129
- Lohnfortzahlung **113**, 127

Vergütung von Aufsichtsratsmitgliedern **113**, 1 ff
- Abberufung von Aufsichtsratsmitglieder durch die Hauptversammlung **103**, 21
- Abfindung für Optionsansprüche **113**, 82
- Abführung der Vergütung **113**, 152
- Abschlussprüfer **111**, 470
- Abwicklung der Aktiengesellschaft **113**, 74
- Aktiengeschäfte **113**, 141
- Aktiengesetz 1937 **113**, 2, 66, 102
- Aktiengesetz 1965 **113**, 2
- aktienkursbasierte Vergütungssysteme **113**, 36
- aktienkursorientierte Tantiemen **113**, 47
- Aktienoption **113**, 37, 40 f
- Aktionsplan der Kommission **113**, 164 f
- Altersvorsorge **113**, 34
- Altverträge **113**, 99
- Anfechtungsklage **113**, 106
- Angemessenheit **113**, 56 ff
- Anhang **113**, 138
- Anspruch **113**, 9 ff
- Anzahlungen **115**, 18
- Arbeitnehmervertreter **113**, 10 f
- Arbeitsbelastung **113**, 70
- Art **113**, 32 ff
- Aufgabe der Aufsichtsratsmitgliedern **113**, 56 ff
- Aufsichtsratsvorsitzender **107**, 77
- Aufwendungsersatzanspruch (s Aufwendungsersatzanspruch von Aufsichtsratsmitgliedern)
- Ausleihungen **115**, 19
- Auszahlungen ohne Festsetzung **113**, 112 f
- Bankeinlagen **115**, 19
- Beratervertrag **113**, 98, 108 ff
- besondere Verantwortungsträger **113**, 145 ff
- Bewilligung durch die Hauptversammlung **113**, 87 ff
- Bilanzrichtlinie **113**, 163
- Bilanzrichtliniengesetz **113**, 2
- Bundesbeamte **113**, 11
- Bürgschaften **115**, 18
- Corporate Governance **113**, 8, 37
- D&O-Versicherung **113**, 50 ff, 159
- Darlehen **115**, 18
- Delegation **113**, 71 f
- Deutscher Corporate Governance Kodex **113**, 63, 143 ff
- Dienstalter **113**, 70
- Dienstwagen **113**, 32
- Dienstwohnungen **113**, 32
- Differenzierung **113**, 67 ff
- Diskriminierungsverbot **113**, 68
- economic value added **113**, 49
- Ehrensold **113**, 13
- Ehrenvorsitzender **113**, 13
- Eigenverwaltung **113**, 73
- Einkommensteuer **113**, 133 f
- Einreden **113**, 78 ff
- Einsichts- und Prüfungsrecht des Aufsichtsrats **111**, 432
- Energiedeputate **113**, 32
- Entsendung von Aufsichtsratsmitgliedern **101**, 142
- Entstehung **113**, 76
- erfolgsabhängige Vergütung **113**, 35 ff, 64 ff, 149 f
- erster Aufsichtsrat **113**, 114 ff
- Erwerb eigener Aktien **113**, 40 f
- Europäische Aktiengesellschaft **113**, 160 f
- Europäisches Recht **113**, 162 ff
- Fälligkeit **113**, 77
- feste Vergütung **113**, 32 ff, 148
- Festsetzung **113**, 83 ff
- Finanzinstrumente **113**, 154
- Frankreich **113**, 166
- freie Dienstleistungen **113**, 32
- Funktionsabhängigkeit **113**, 144
- Garantien **115**, 18
- Gartenpflege **113**, 32
- Gebührenordnung für Aufsichtsräte **113**, 62
- gerichtlich bestellte Aufsichtsratsmitglieder **113**, 10
- Gesamtvergütung **113**, 91 ff
- Gewähren von Sicherheiten **115**, 18
- Gewerkschaft **113**, 11
- Gewinnbeteiligung **113**, 38 f
- Gleichheitsgrundsatz **113**, 67 ff, 106
- Großbritannien **113**, 166
- Grundsatzbeschluss **113**, 88
- Hauptversammlung **113**, 87 ff
- Herabsetzung der Vergütung **113**, 95 f
- Hinterbliebenenversorgung **113**, 34
- historische Entwicklung **113**, 1 f
- IAS/IFRS **113**, 140
- individuelle Offenlegung **113**, 142, 156 ff
- Insolvenzverfahrenseröffnung **113**, 73
- Interessenkonflikte von Aufsichtsratsmitgliedern **100**, 150 f

- Invaliditätsversorgung **113**, 34
- Kombination fester und erfolgsabhängiger Vergütung **113**, 49
- kommunale Eigengesellschaften **113**, 14
- Konsumgenossenschaften **113**, 14
- Kontenbereitstellung **115**, 19
- KonTraG **113**, 40
- Konzern **113**, 69
- Körperschaftsteuer **113**, 131 f
- Kraftstoffkontingente **113**, 32
- Kreditgewährung (s Kreditgewährung an Aufsichtsratsmitglieder)
- Lage der Gesellschaft **113**, 56 ff
- Lageabhängigkeit **113**, 144
- langfristiger Unternehmenserfolg **113**, 151
- Limitierung **113**, 62
- Liquidationserlös **113**, 74
- Lohnfortzahlung **113**, 129
- Löschung der Aktiengesellschaft **113**, 73
- Mitbestimmung **113**, 7
- Mobilcom-Entscheidung **113**, 36
- Nebenleistungen **113**, 32
- Nichtigkeit der Bestellung von Aufsichtsratsmitgliedern **101**, 219
- Österreich **113**, 40, 166
- Pensionsansprüche **113**, 34
- phantom stocks **113**, 47
- Professionalisierung der Aufsichtsräte **113**, 57
- Publizität **113**, 138 ff, 153 ff
- Qualifikation **113**, 70
- Rechtsgrund **113**, 16 f
- Rechtstatsachen **113**, 14
- Rechtsvergleichung **113**, 166
- Rückgewähr **113**, 112
- Sanktion **113**, 60 f
- Satzung **113**, 83 ff
- Schuldbeitritte **115**, 18
- Schuldrechtsmodernisierung **113**, 81
- Schweiz **113**, 166
- Sicherheiten **115**, 18
- Sittenwidrigkeit **113**, 60
- Sondervergütung **113**, 17, 102 ff
- Spaltung **113**, 75
- steuerliche Behandlung **113**, 131 ff
- stillschweigender Grundsatzbeschluss **113**, 89
- stock appreciation rights **113**, 47
- stock options **113**, 40
- Strukturrichtlinie **113**, 162
- Stundenbasis **113**, 33
- Stundungen **115**, 18
- Tageshonorar **113**, 33
- Tantieme (s dort)
- UMAG **113**, 42 f
- Umsatzsteuer **113**, 135 ff
- Umwandlung **113**, 75
- unregelmäßige Verwahrung **115**, 19
- Untätigkeit **113**, 78 ff
- US-amerikanisches Recht **113**, 37, 166
- US-GAAP **113**, 140
- verbundene Unternehmen **113**, 12, 108 ff
- Vergütungsanspruch **113**, 9 ff
- Verjährung **113**, 81
- Vermögensübertragung **113**, 75
- Verschmelzung **113**, 75
- Verteilungsmodus **113**, 91 ff
- vertragliche Vereinbarung **113**, 97 ff
- virtuelle Aktienoptionen **113**, 47
- Vorschüsse **115**, 18
- Vorstandsoffenlegungsgesetz **113**, 138 ff
- vorübergehende Bestellung zum Vorstandsmitglied **113**, 72
- vorzeitiges Ausscheiden **113**, 71 f
- Wandelschuldverschreibung **113**, 42 ff
- Warenlieferung zu Vorzugspreisen **113**, 32

Vergütung von Vorstandsmitgliedern
- Aufsichtsrat **111**, 70

Vergütungsausschuss 107, 333 ff
- Aufgaben **107**, 335 ff
- Aufsichtsratsmitglieder **111**, 142
- Besetzung **107**, 339
- Deutscher Corporate Governance Kodex **107**, 495, **111**, 783
- europäische Vorgaben **107**, 334 f
- High Level Group of Company Law Experts **107**, 333
- internationale Vorbilder **107**, 333 ff
- US-amerikanisches Recht **107**, 333
- Vertretung der Aktiengesellschaft gegenüber Vorstandsmitgliedern **112**, 36

Verlustausgleich
- Überwachungsaufgabe des Aufsichtsrats **111**, 372

Vermittlungsausschuss
- Aufsichtsratsausschuss **107**, 348 f
- Aufsichtsratsmitglieder **111**, 142

Vermögensübertragung
- Vergütung von Aufsichtsratsmitgliedern **113**, 75

Vermögensverhältnisse
- Aufsichtsratsmitglieder **100**, 104
- Bestellung der Aufsichtsratsmitglieder **100**, 104

Verschmelzung
- Mitbestimmung bei der Europäischen Gesellschaft **96**, 61
- Vergütung von Aufsichtsratsmitgliedern **113**, 75

- Vertretung der Aktiengesellschaft gegenüber Vorstandsmitgliedern **112,** 45 f

Verschwiegenheitspflicht der Aufsichtsratsmitglieder 116, 215 ff
- Abhängigkeitsbericht **116,** 262
- Absatzstrategie **116,** 249
- Abstimmungsgeheimnis **116,** 230
- Abwicklung der Aktiengesellschaft **116,** 16
- Ad-hoc-Mitteilung **116,** 263
- Adressat **116,** 12 ff
- aktienrechtliche Offenlegungspflichten **116,** 260 ff
- Aktionsplan der Kommission **116,** 29, 328, 341
- Amtszeit **116,** 277
- Arbeitnehmervertreter **116,** 57, 219 ff
- Assistenten **116,** 269
- Aufsichtsratsausschuss **107,** 442; **116,** 257 f
- Aufsichtsratsmitglieder **111,** 149
- Aufsichtsratsprotokolle **116,** 240
- Aufsichtsratsvorsitzender **107,** 143 f
- Auskunftspersonen **116,** 268 f
- Auskunftsrecht der Aktionäre **116,** 261
- Bedeutung **116,** 215
- Beginn **116,** 12, 225
- Behörden **116,** 265
- Belegschaft **116,** 223
- Berater **116,** 268 f
- Beratungen des Aufsichtsrats **116,** 250 ff
- Beratungsgeheimnis **116,** 230
- Berichte **116,** 230
- Beteiligungserwerb **116,** 261
- Betriebsrat **116,** 216, 222, 267
- betriebswirtschaftliche Kenndaten **116,** 249
- Corporate Governance **116,** 21 ff
- Dauer **116,** 12 ff, 277
- Desinvestitionsvorhaben **116,** 249
- Deutscher Corporate Governance Kodex **116,** 23, 218, 330
- director's disqualification **116,** 328
- Dispositivität **116,** 10
- disqualification **116,** 29
- Dritte **116,** 246 f
- due diligence **116,** 253
- Ehrenmitglieder **116,** 246
- Einsichts- und Prüfungsrecht des Aufsichtsrats **111,** 438
- einzelne Aufsichtsratsmitglieder **116,** 241 ff
- Ende **116,** 13 f, 225, 277
- Entsender **116,** 246
- Entsendung von Aufsichtsratsmitgliedern **116,** 224
- Ermessensspielraum **116,** 234 ff
- Ersatzmitglied **116,** 246
- Europäische Aktiengesellschaft **116,** 334 ff
- Europäisches Recht **116,** 339 ff
- faktischer Konzern **116,** 273 ff
- finanzielle Daten **116,** 248
- Forschung **116,** 249
- Frankreich **116,** 342
- Gebietskörperschaften **116,** 278
- Geheimniss **116,** 226 ff
- Geltung **116,** 219 ff
- Geschäftsordnung **116,** 244 f
- Gewerkschaft **116,** 216, 219 ff
- gleiche Pflichten **116,** 41 ff
- Grenzen **116,** 260 ff
- Großbritannien **116,** 342
- Grundsatz gleicher Pflichten **116,** 41 ff
- Gründung der Aktiengesellschaft **116,** 16
- Hauptversammlung **116,** 256
- hauseigene Experten **116,** 269
- Hilfskräfte **116,** 269
- historische Entwicklung **116,** 1 ff
- Indisponiblität **116,** 232 f
- innerhalb des Aufsichtsrats **116,** 254 ff
- Insiderrecht **116,** 209
- Insolvenzverfahren **116,** 16
- internationales Privatrecht **116,** 338
- Investitonsplanung **116,** 249
- Kapitalanleger-Musterverfahrensgesetz **116,** 26
- Kapitalerhöhung **116,** 248
- Kapitalmarktinformationshaftungsgesetz **116,** 26, 263
- kapitalmarktrechtliche Offenlegungspflichten **116,** 260 ff
- Klagezulassungsverfahren **116,** 24 f
- Konkretisierung **116,** 234 ff
- Konzern **116,** 16, 231, 273 ff
- Konzernabschlussprüfer **116,** 247
- Konzernrechtsrichtlinie **116,** 340
- Kompetenz **116,** 234 ff
- Kreditwesengesetz **116,** 264
- Kundendaten **116,** 249
- Leitlinien **116,** 248 ff
- Meinungsfreiheit **116,** 227
- Mitarbeiter **116,** 246, 268 f
- Mitbestimmung **116,** 219 ff
- Nichtanzeige geplanter Straftaten **116,** 266
- öffentlich-rechtliche Offenlegungspflichten **116,** 264 ff
- öffentliche Hand **116,** 278
- Organkompetenz **116,** 239 f
- Österreich **116,** 342
- Personalentscheidungen **116,** 249
- Produktentwicklung **116,** 249
- Protokolle **116,** 240

- Rechtsnatur **116,** 216
- Rechtstatsachen **116,** 21 f
- Rechtsvergleichung **116,** 342 f
- Reform **116,** 24 ff
- Risikomanagement **116,** 261
- Satzung **116,** 244 f
- Satzungsstrenge **116,** 10
- Schweiz **116,** 342
- Sekretariat **116,** 269
- Sonderprüfer **116,** 247
- Strafrecht **116,** 327
- Streiks **116,** 57
- Strukturrichtlinie **116,** 339
- überwiegende Eigeninteressen **116,** 276
- UMAG **116,** 24 f
- Umfang **116,** 226 ff
- Unternehmenskauf **116,** 238
- Unternehmensplanung **116,** 249
- US-amerikanisches Recht **116,** 343
- TransPuG **116,** 215
- Verlustquellen bei Wertpapierverkäufe **116,** 261
- vertrauliche Beratungen **116,** 230
- Vertraulichkeit **116,** 226 ff
- Vorstand **116,** 254 f
- Zeugnisverweigerungsrecht **116,** 270 ff

Versicherungsaufsichtsbehörde
- Einberufungsverlangen **110,** 57

Versicherungsunternehmen
- Abschlussprüfer **111,** 450
- Risikomanagement **111,** 223

Vertagungsklauseln
- Beschlussfassung des Aufsichtsrats **108,** 78

Verteidigungsmaßnahmen (s Abwehrmaßnahmen)

Verträge mit Aufsichtsratsmitgliedern 114, 1 ff
- Abschlussprüfer **114,** 46
- Aktiengesetz 1965 **114,** 1
- Aktionärszustimmung **114,** 54
- Altverträge **114,** 31 ff
- Anhang **114,** 63
- Arbeitnehmervertreter **114,** 65
- Architekt **114,** 10
- Aufrechnungsverbot **114,** 56 f
- Aufsichtsratsausschuss **114,** 29, 48
- Ausschuss **114,** 29, 48
- Beratungsaufgaben des Aufsichtsrats **114,** 13 ff
- Beratungsverträge **114,** 22 ff
- Bereicherungsansprüche **114,** 59 ff
- Beschluss der Hauptversammlung **114,** 54
- Corporate Governance **114,** 9
- Deutscher Corporate Governance Kodex **114,** 64
- Dienstleistungsverträge **114,** 65
- Dienstverträge **114,** 10 ff
- Einwilligung **114,** 47
- Emissionen **114,** 21
- Empfehlung der Kommission **114,** 64, 77
- Erzieher **114,** 10
- Europäische Aktiengesellschaft **114,** 74 f
- Europäisches Recht **114,** 76 f
- fehlende Zustimmung **114,** 55 ff
- Finanzierungsmaßnahmen **114,** 19
- Form der Zustimmung **114,** 51 ff
- Frankreich **114,** 78
- Genehmigung **114,** 47
- Großbritannien **114,** 78
- Hauptversammlungsbeschluss **114,** 54
- historische Entwicklung **114,** 1 ff
- human resources **114,** 19
- Inhalt der Zustimmung **114,** 51 ff
- Inkassobeauftragter **114,** 10
- Kaufverträge **114,** 12
- KonTraG **114,** 3
- Konzern **114,** 38 ff
- Kreditverträge **114,** 12
- Krise **114,** 27
- Leasingverträge **114,** 12
- Lehrer **114,** 10
- Mietverträge **114,** 12
- Mitbestimmung **114,** 8
- Organisationsmaßnahmen **114,** 19
- organschaftliche Tätigkeit **114,** 17
- Österreich **114,** 78
- Personalausschuss **114,** 48
- Personalplanung **114,** 21
- Personenhandelsgesellschaften **114,** 43
- Privatbeamte **114,** 10
- Prozessführung **114,** 21
- Publizität **114,** 63 f
- Rechtsbeistände **114,** 10
- Rechtsgutachten **114,** 21
- Rechtsvergleichung **114,** 78
- Rückgewähranspruch der Gesellschaft **114,** 55 ff
- Schenkungsverträge **114,** 12
- Sonderfälle **114,** 27 ff
- Sonderleistungen **114,** 13
- Steuerberater **114,** 21
- Strukturrichtlinie **114,** 76
- Tagesgeschäft **114,** 21
- Transparenz **114,** 70 f
- übergeordnete Fragen der Unternehmenspolitik **114,** 19
- Umstrukturierungsmaßnahmen **114,** 19
- Unabhängigkeit **114,** 72 f
- Unternehmenskauf **114,** 21

- Unternehmensplanung **114,** 19
- unternehmerisches Ermessen **114,** 49 f
- verbundene Unternehmen **114,** 38 ff
- vor Amtsantritt geschlossene Verträge **114,** 31 ff
- Warenkreditverträge **114,** 12
- Werbeberater **114,** 10
- Werkverträge **114,** 10 ff
- Wirksamkeitserfordernis **114,** 47 ff
- Wirtschaftsberater **114,** 10
- Wirtschaftsprüfer **114,** 10
- Zeitpunkt des Abschlusses **114,** 30 ff
- Zurückbehaltungsrecht **114,** 57
- zusätzliche Vergütung **114,** 13
- Zustimmung **114,** 69
- Zustimmung des Aufsichtsrats **114,** 47 ff
- zustimmungsbedürftige Verträge **114,** 10 ff

Vertrauensarzt
- Inkompatibilität **105,** 46

Vertraulichkeit (s Verschwiegenheitspflicht der Aufsichtsratsmitglieder)

Vertretung der Aktiengesellschaft
- Abschlussprüfer **111,** 461 ff
- Aufsichtsrat (s Vertretung der Aktiengesellschaft gegenüber Vorstandsmitgliedern)

Vertretung der Aktiengesellschaft gegenüber Vorstandsmitgliedern 112, 1 ff
- Abberufung des Vorstands **112,** 17
- Abschlussprüfer **112,** 57 ff
- ADHGB **112,** 1
- Aktiengesetz 1937 **112,** 2, 21
- Aktiengesetz 1965 **112,** 23
- Aktienoption **112,** 17, 48
- Aktionärsklagen **112,** 70
- amtierende Vorstandsmitglieder **112,** 18
- Anfechungsklage **112,** 9, 55
- Angehörige **112,** 38 f
- Anstellungsvertrag **112,** 17
- Aufsichtsratsausschuss **112,** 87
- Aufsichtsratsmitglieder **112,** 64
- Aufsichtsratspräsidium **112,** 36
- ausgeschiedene Vorstandsmitglieder **112,** 25 ff
- ausschließliche Vertretungsmacht **112,** 12
- außergerichtliche Handlungen **112,** 10
- außergewöhnliche Geschäfte **112,** 33
- Ausübung **112,** 71 ff
- Beraterverträge **112,** 35
- Beschränkung **112,** 10
- Bestellung der Vorstandsmitglieder **112,** 17
- Beteiligung von Vorstandsmitgliedern **112,** 74 f
- Bewerber **112,** 20
- Corporate Governance **112,** 15
- Delegation **112,** 82 ff
- Deutscher Corporate Governance Kodex **112,** 117 ff
- Dritte **112,** 42 ff, 51 f
- Ehegatten **112,** 38
- eingetragene Lebenspartner **112,** 38
- Entpflichtung **112,** 98 f
- Erklärungsbevollmächtigter **112,** 11
- Ersatzansprüche der Gesellschaft **112,** 54
- Europäische Aktiengesellschaft **112,** 119 f
- Europäisches Recht **112,** 121
- faktische Vorstandsmitglieder **112,** 40
- Falschbezeichnung **112,** 116
- fehlerhaft bestellte Vorstandsmitglieder **112,** 40
- Feststellung des Jahresabschlusses **112,** 56
- Form der Beschlussfassung **112,** 81
- Frankreich **112,** 122
- Geltendmachung von Ersatzansprüchen **112,** 17, 54
- Genehmigung **112,** 109
- gerichtliche Handlungen **112,** 10
- Gesamtaufsichtsrat **112,** 71 ff
- Geschäfte des täglichen Lebens **112,** 17, 53
- Grundbuchverfahren **112,** 101
- Haftung **112,** 98 f
- Hilfsgeschäfte **112,** 60 ff
- historische Entwicklung **112,** 1 ff
- Insichgeschäfte **112,** 9
- Kapitalerhöhung **112,** 56
- Kapitalherabsetzung **112,** 56
- Kinder **112,** 38
- KonTraG **112,** 57
- Kreditgewährung an Aufsichtsratsmitglieder **112,** 118
- Mietverträge über Dienstwohnungen **112,** 47
- Mitbestimmung **112,** 14
- Nachweis der Vertretungsmacht **112,** 100 ff
- nahe Verwandte **112,** 38
- neutrale Geschäfte **112,** 31 f
- Nichtigerklärung der Gesellschaft **112,** 56
- Nichtigkeitsklage **112,** 9, 55
- Normzweck **112,** 4 ff
- Organmitglieder anderer Gesellschaften **112,** 66 ff
- Österreich **112,** 122
- Passivvertretung **112,** 77 f
- Pensionszusagen **112,** 17
- Personalausschuss **112,** 36
- Prozess **112,** 76
- Publizitätsrichtlinie **112,** 9, 121
- Rechtsfolgen eines Verstoßes **112,** 104 ff
- Rechtsnatur **112,** 9
- Rechtsvergleichung **112,** 122

- Satzung **112,** 10
- Schadensersatzansprüche gegen Vorstandsmitglieder **112,** 75
- Schriftform **112,** 81
- Sitzungsprotokoll **112,** 81
- spezialgesetzliche Vertretungsbefugnisse **112,** 55 ff
- Stellvertreter von Vorstandsmitgliedern **112,** 41
- Umfang **112,** 16 ff, 28 ff
- Umwandlungen **112,** 45 f
- Unabhängigkeit **112,** 117
- Vergütungsausschuss **112,** 36
- Verschmelzung **112,** 45 f
- Verstoß **112,** 104 ff
- Verträge **112,** 17
- Vertreter ohne Vertretungsmacht **112,** 108
- Vertretung **112,** 81
- Vor-AG **112,** 16
- Vorstandsmitglieder **112,** 18 ff
- Vorstandsstellvertreter **112,** 41
- Wettbewerbsverbot **112,** 17
- Widerruf der Bestellung eines Vorstandsmitgliedes **112,** 21 ff
- wirtschaftlich günstige Geschäfte für den Vorstand **112,** 65
- wirtschaftliche Identität **112,** 43
- Wissenszurechnung **112,** 79 f
- Witwe **112,** 38
- Zeugen **112,** 97
- zukünftige Vorstandsmitglieder **112,** 19

Verwaltungsrat
- Aufsichtsrat **95,** 1 ff
- Ausgestaltung des Aufsichtsrats nach ADHGB und HGB 1897 **95,** 5, 7 ff
- international vorherrschendes Modell **95,** 124
- Konvergenz von Aufsichtsrats- und board-System **111,** 91 ff
- Wahlrecht **95,** 123

Verwaltungsorgan der Europäischen Aktiengesellschaft
- Abberufung Mitglieder **103,** 107
- Anzahl Mitglieder **95,** 116 ff
- Amtsdauer **102,** 77, 79
- Ausschüsse **107,** 503
- Bekanntmachung Änderungen **106,** 29
- Beschlussfassung **108,** 196, 198
- Bestellung Mitglieder **101,** 240 f
- Beraterverträge **114,** 75
- Einberufung **110,** 89 ff
- Erfordernis eines Beschluss des Verwaltungsorgans **111,** 863
- europarechtskonforme Ausgestaltung **111,** 867 f
- gerichtliche Bestellung **104,** 132
- Geschäftsordnung **107,** 503
- Haftung **116,** 334, 337
- Inkompatibilität **105,** 78
- Kredite **115,** 42
- Mitbestimmung **96,** 58 ff
- Niederschrift **107,** 502
- Oberleitung der SE **111,** 858
- SEAG **95,** 113
- Statusverfahren **97,** 78; **98,** 55; **99,** 45
- stellvertretender Vorsitzender **107,** 501
- Teilnahme an Sitzungen **109,** 102
- Überwachung **111,** 845 f, 858 ff
- Vergütung **113,** 161
- Verordnung **95,** 110
- Verschwiegenheitspflicht **116,** 335, 337
- Vertretung **112,** 120
- Voraussetzung Mitglieder **100,** 199 ff, 204 ff
- Vorsitzender **107,** 500
- Zustimmungsvorbehalt **111,** 863

Verwandte
- Kreditgewährung an Aufsichtsratsmitglieder **115,** 16

Verzicht
- Haftung der Aufsichtsratsmitglieder **116,** 298

Videokonferenz
- Aufsichtsratssitzung **110,** 69 ff
- Beschlussfassung des Aufsichtsrats **108,** 110
- Beschlussfassung des Aufsichtsrats ohne Sitzung **108,** 117
- Einberufung des Aufsichtsrats **110,** 18

Virtuelle Aktienoptionen
- Vergütung von Aufsichtsratsmitgliedern **113,** 47

Vor-AG
- gerichtliche Bestellung von Aufsichtsratsmitgliedern **104,** 41, 47
- Vertretung der Aktiengesellschaft gegenüber Vorstandsmitgliedern **112,** 16

Vorbereitende Ausschüsse 107, 240, 269

Vorentscheidungen
- Beschlussfassung des Aufsichtsrats **108,** 16

Vorherige Zustimmung
- Kreditgewährung an Aufsichtsratsmitglieder **115,** 25 ff

Vorratsermächtigung
- Übernahmerecht **111,** 737

Vorschüsse
- Kreditgewährung an Aufsichtsratsmitglieder **115,** 18
- Vergütung von Aufsichtsratsmitgliedern **115,** 18

Vorstand
- Abschlussprüfer **111,** 451 f, 472 ff

– Anstellung (s Anstellung von Vorstandsmitgliedern)
– Aufsichtsrat **111,** 27 ff, 79 ff
– Deutscher Corporate Governance Kodex **107,** 459 ff
– Einberufung des Aufsichtsrats **110,** 43 f
– Einberufungsverlangen **110,** 32 f
– gerichtliche Bestellung von Aufsichtsratsmitgliedern **104,** 27 ff
– Statusverfahren **98,** 23 ff
– Überkreuzverflechtung **100,** 61
– Überwachungsaufgabe des Aufsichtsrats **111,** 248 ff
– Verschwiegenheitspflicht der Aufsichtsratsmitglieder **116,** 254 f
– Zustimmungsvorbehalt des Aufsichtsrats **111,** 639 f
Vorstandsberichte (s Berichte des Vorstands)
Vorstandsmitglieder
– Arbeitsdirektor (s dort)
– Aufsichtsratsausschuss **109,** 38 f
– Aufsichtsratsausschusssitzungen **109,** 74
– Aufsichtsratsmitglieder **100,** 188 f
– Aufsichtsratssitzung **109,** 27 ff; **110,** 82 f
– Bestellung der Aufsichtsratsmitglieder **100,** 188 f
– Entsendung von Aufsichtsratsmitgliedern **105,** 48 ff
– Einflussnahme auf die Gesellschaft (s dort)
– Inkompatibilität (s dort)
– Überwachungsaufgabe des Aufsichtsrats **111,** 177
– unzulässige Einflussnahme auf die Gesellschaft (s Einflussnahme auf die Gesellschaft)
– Vertretung der Aktiengesellschaft gegenüber Vorstandsmitgliedern **112,** 18 ff
Vorstandsvorsitzender
– Ernennung **107,** 234, 383
– Vorstandssprecher **107,** 383
Vorstandsoffenlegungsgesetz 113, 138 ff
Vorstandsunabhängige Information des Aufsichtsrats 111, 502 ff
– Abschlussprüfer (s dort)
– Aktionär **111,** 534 f
– Angestellte **111,** 508 ff, 511 ff
– Aufsichtsratsassistent **111,** 530 ff
– Aufsichtsratsvorsitzender **111,** 528
– Belgien **111,** 523
– company secretary **111,** 502, 530 ff
– Deutscher Corporate Governance Kodex **111,** 520
– Dritte **111,** 534 ff
– Einsichts- und Prüfungsrecht (s Einsichts- und Prüfungsrecht des Aufsichtsrats)
– Frankreich **111,** 531
– Großbritannien **111,** 502, 531, 538
– Informationsordnung **111,** 516 ff
– internationale Entwicklung **111,** 502 f
– interne Revision **111,** 519 ff
– investor relation **111,** 538
– key managers **111,** 502
– klassisches Leitbild **111,** 504
– Konzern **111,** 529
– MaRisk **111,** 510
– Niederlande **111,** 518, 531
– Nominierungsausschuss **111,** 537
– OECD Principles of Corporate Governance **111,** 502
– Presse **111,** 535
– Prüfungsausschuss **111,** 523 ff, 537
– Sachverständige **111,** 537
– Sarbanes-Oxley-Act **111,** 509
– Schweiz **111,** 531
– Sekretär des Aufsichtsrats **111,** 530 ff
– US-amerikanisches Recht **111,** 509
– vorstandszentrierte Informationen **111,** 505 f
– whistleblowing **111,** 508 ff
Vorstandsvorsitzender
– Aufsichtsratsausschuss **107,** 383
Vorstrafen
– Aufsichtsratsmitglieder **100,** 104
– Bestellung der Aufsichtsratsmitglieder **100,** 104
Vorzugspreise
– Interessenkonflikte von Aufsichtsratsmitgliedern **100,** 145
VW-Gesetz
– Entsendung von Aufsichtsratsmitgliedern **101,** 171 ff

Wahl
– Aufsichtsratsmitglieder (s Wahl der Aufsichtsratsmitglieder)
– Delegierte (s Wahl der Delegierten)
Wahl der Aufsichtsratsmitglieder
– Anfechtungsklage (s Anfechtung der Wahl von Aufsichtsratsmitgliedern)
– acting in concert **101,** 37
– Annahme **101,** 82 ff
– Anteilseignervertreter **101,** 18 ff, 231
– Amtsbeginn **101,** 90
– Arbeitnehmervertreter **101,** 14
– Blockwahl **101,** 44 ff, 231
– cumulative voting **101,** 66
– Deutscher Corporate Governance Kodex **101,** 230 ff
– Diskussion **101,** 81
– Einzelwahl **101,** 42 ff, 231 f

- Entsendung (s dort)
- Hauptversammlung **101,** 13, 18 ff
- Information **101,** 80
- gerichtliche Bestellung (s dort)
- Globalwahl **101,** 44, 231
- Listenwahl **101,** 44 ff, 231
- Mehrheitserfordernisse **101,** 78 f
- Minderheitenvertreter **101,** 57 ff
- Nichtigkeit (s Nichtigkeit der Wahl von Aufsichtsratsmitgliedern)
- Simultanwahl **101,** 43
- Stimmrechtsbindungen **101,** 33
- Stimmbindungsverträge **101,** 25 ff
- Verhältniswahl **101,** 62 ff
- Wahlfreiheit **101,** 20 ff
- Wahlvereinbarungen **101,** 25 ff
- Wahlvorschläge (s dort)

Wahlmänner (s Delegierte)

Wahlvorschläge
- Aktionär (s Wahlvorschläge von Aktionären)
- Aufsichtsrat **101,** 67 f
- Sorgfaltspflicht der Aufsichtsratsmitglieder **116,** 123
- Unzuständigkeit des Vorstands **101,** 71
- Vorschlag des Abschlussprüfers **111,** 448 ff, 480, 485

Wandelschuldverschreibung
- Vergütung von Aufsichtsratsmitgliedern **113,** 42 ff

Warenkredite
- Kreditgewährung an Aufsichtsratsmitglieder **115,** 12, 20 ff

Warenlieferung zu Vorzugspreisen
- Vergütung von Aufsichtsratsmitgliedern **113,** 32

Waste
- business judgment rule **116,** 81, 166
- Sorgfaltspflicht der Aufsichtsratsmitglieder **116,** 166
- unternehmerisches Ermessen **116,** 81

Weiterbildung
- Aufwendungsersatzanspruch von Aufsichtsratsmitgliedern **113,** 20

Werbeberater
- Verträge mit Aufsichtsratsmitgliedern **114,** 10

Werbemaßnahmen
- Übernahmerecht 111, 737

Wettbewerbsrecht
- Überwachungsaufgabe des Aufsichtsrats **111,** 302

Wettbewerbsverbot
- Haftung **116,** 193
- Interessenkonflikte von Aufsichtsratsmitgliedern **100,** 141
- Stellvertreter von Vorstandsmitgliedern **105,** 68
- Vertretung der Aktiengesellschaft gegenüber Vorstandsmitgliedern **112,** 17
- Zustimmungsvorbehalt des Aufsichtsrats **111,** 599

Whistleblowing
- Prüfungsausschuss **111,** 484
- vorstandsunabhängige Information des Aufsichtsrats **111,** 508 ff

Willensmängel
- fehlerhafte Aufsichtsratsbeschlüsse **108,** 143

Wirtschaftsberater
- Inkompatibilität **105,** 46
- Verträge mit Aufsichtsratsmitgliedern **114,** 10

Wirtschaftsgenossenschaften
- Statusverfahren **97,** 5

Wirtschaftsprüfer
- Abschlussprüfer (s dort)
- Aufsichtsratssitzung **109,** 53
- Verträge mit Aufsichtsratsmitgliedern **114,** 10

Wohl der Gesellschaft (s auch Unternehmensinteresse)
- Aufsichtsrat **111,** 103 ff; **116,** 34 ff
- UMAG **111,** 103 ff; **116,** 34 ff

Wohlfahrtseinrichtungen
- Überwachungsaufgabe des Aufsichtsrats **111,** 232

Wohnsitz
- Aufsichtsratsmitglieder **100,** 19
- Bekanntmachung bei Wechsel von Aufsichtsratsmitgliedern **106,** 12
- Bestellung der Aufsichtsratsmitglieder **100,** 19

Zahlungsstromschwankungen
- Risikomanagement **111,** 224

Zeugen
- Vertretung der Aktiengesellschaft gegenüber Vorstandsmitgliedern **112,** 97

Zeugnisverweigerungsrecht
- Verschwiegenheitspflicht der Aufsichtsratsmitglieder **116,** 270 ff

Zielgesellschaft
- Übernahmerecht **111,** 730 ff

Zusatzprüfungen
- Abschlussprüfer **111,** 469

Zusammenwirken von Vorstand und Aufsichtsrat
- Beratung **111,** 288 ff, 777 f
- Deutscher Corporate Governance Kodex **111,** 761 ff
- Funktionswandel des Aufsichtsrats **95,** 13 ff
- Geschäfte von grundlegender Bedeutung **111,** 605 ff, 794 ff

- Information **111,** 170 ff, 812 ff
- Krise **111,** 319 f
- Organisationsverfassung **111,** 79 ff
- Übernahmen **111,** 788 ff
- Wohl der Gesellschaft **111,** 103, 769 ff
- Zustimmungsvorbehalt **111,** 605 ff, 794 ff

Zustimmungsvorbehalt des Aufsichtsrats 111, 583 ff
- Abberufung des Vorstands **111,** 711 ff
- Abschlussprüfer **111,** 496 f, 634
- ADHGB **111,** 619
- Ad-hoc-Beschluss **111,** 594
- Aktiengesetz 1965 **111,** 619 ff
- Aktionsplan der Kommission **111,** 872
- Aufsichtsrat **111,** 590 ff
- Aufstellung des Jahresabschlusses **111,** 645
- außergewöhnliche Spenden **111,** 636
- Ausschuss **107,** 392 ff; **111,** 592, 660 f
- Autorisierung des Vorstands **111,** 677
- Befreiung von einem Wettbewerbsverbot **111,** 599
- Begriff **111,** 638 ff
- Bekanntmachung der Gesellschaft **111,** 645
- Beschlusserfordernis **111,** 660 ff
- Bestätigung der Vertretbarkeit der Entscheidung des Vorstands **111,** 673 ff
- Bestimmung **111,** 590 ff
- Betriebsvereinbarungen **111,** 656
- Beteiligungsverkauf **111,** 629, 654
- D&O-Versicherung **111,** 635
- Deutscher Corporate Governance Kodex **111,** 613 ff, 648 f
- Einberufung der Hauptversammlung **111,** 645
- Einführung **111,** 595 ff
- Einwirkungsinstrument **111,** 341 ff
- Einwilligung **111,** 680
- einzelne Geschäfte **111,** 650 f
- einzelne Zustimmungsvorbehalte **111,** 652 ff
- Entscheidung der Hauptversammlung **111,** 718 ff
- Entsprechenserklärung **111,** 648 f
- Erfordernis eines festen Katalogs **111,** 627 ff
- Erklärung der Rechtmäßigkeit des Vorstandshandelns **111,** 676 ff
- Ermessen **111,** 631 ff
- Ermessensentscheidung des Aufsichtsrats **111,** 667 ff
- Erteilung **111,** 660 ff
- Erwerb eigener Aktien **111,** 657
- Europäisches Recht **111,** 869 ff
- fehlerhaft angesehene grundlegende Entscheidungen **111,** 622 ff
- Feststellung des Jahresabschlusses **111,** 599
- Finanzpläne **111,** 652
- Frankreich **111,** 873 ff
- Funktion **111,** 583 ff
- Gelatine **111,** 540, 545, 589, 611, 621
- Geltungsumfang **111,** 663 ff
- Genehmigung **111,** 680
- Generalzustimmung **111,** 665
- Geschäfte grundlegender Bedeutung **111,** 605 ff
- Geschäftsordnung des Vorstands **111,** 339
- gesetzliche Zustimmungsvorbehalte **111,** 598 f
- Globalbeschluss **111,** 665
- Großbritannien **111,** 874
- Grenzen **111,** 639 ff
- Grundsatz **111,** 583 ff
- Haftung **111,** 711 ff
- Hauptversammlung **111,** 718 ff
- Haustarife **111,** 656
- Holzmüller-Rechtsprechung **111,** 619
- Information des Aufsichtsrats **111,** 586 ff
- Insolvenzantragstellung **111,** 645
- interne Revision **111,** 634
- Investitionspläne **111,** 652
- Katalog **111,** 627 ff
- Klöckner-Entscheidung **111,** 603
- kollusives Handeln **111,** 703
- Konzern **111,** 685 ff
- konzernweite Zustimmungsvorbehalte **111,** 685 f
- letter of intent **111,** 659
- M&A-Geschäfte **111,** 654
- Maßnahmen des gewöhnlichen Geschäftsbetriebs **111,** 641 f
- Mitbestimmung **111,** 616, 646
- Obergesellschaft **111,** 685 ff
- Option **111,** 658
- Organisationsverfassung **111,** 639 f
- Österreich **111,** 873
- Personalentscheidungen **111,** 655 f
- Pflicht zur Einführung **111,** 595 ff, 694 f
- pflichtwidrige Einführung **111,** 697 ff
- pflichtwidrige Zustimmungserteilung bzw. -verweigerung **111,** 700 f
- Planungsentscheidungen **111,** 652 ff
- potentiell existenzgefährdende Geschäfte **111,** 625 f
- Publizitätsrichtlinie **111,** 705 ff, 871
- Rahmenvertrag **111,** 658
- Rahmenzustimmung **111,** 665
- Rechtsvergleichung **111,** 873 ff
- Ressortermächtigung **111,** 657
- Risikomanagement **111,** 634
- Sanktion **111,** 697 ff

- Satzung **111,** 590 ff
- Schweiz **111,** 876
- Sozialaufwendungen **111,** 636
- Spenden **111,** 636
- spezialgesetzliche Zustimmungsvorbehalte **111,** 598
- Strukturrichtlinie **111,** 869 f
- Tochtergesellschaft **111,** 696
- TransPuG **111,** 602 ff
- Übernahmesituation **111,** 654
- Umfang **111,** 671 ff
- Unterlassen **111,** 647
- Unternehmenskauf **111,** 654
- Unternehmerisches Ermessen des Aufsichtsrats **116,** 107
- US-amerikanisches Recht **111,** 874
- Verhinderung rechtswidriger Geschäftsführungsmaßnahmen **111,** 595 ff
- Verlustanzeige **111,** 645
- Versagung der Zustimmung **111,** 595, 624, 718
- Verträge mit Aufsichtsratsmitgliedern **114,** 10 ff
- Verwaltungsvollmacht **111,** 657
- Veto-Position **111,** 585
- Vorhand **111,** 658
- vorherige Einholung **111,** 681
- Vorstand **111,** 639 f
- Vorstandshandeln bei fehlender Zustimmung **111,** 702 ff
- Vorwegeinwilligung **111,** 665
- Wahlfreiheit der Zustimmungsvorbehalte **111,** 631 ff
- Wettbewerbsverbot **111,** 599
- Widerruf der Bestellung eines Vorstandsmitgliedes **111,** 712
- Wirkung der Zustimmung **111,** 714 ff
- Zeitpunkt **111,** 658 f, 680 ff
- Zuständigkeit **111,** 660 ff
- Zustimmungskatalog **111,** 627 ff
- zustimmungspflichtige Geschäfte **111,** 638 ff
- Zweck **111,** 583 ff

Zuverlässigkeit
- Aufsichtsratsmitglieder **100,** 19

Zweigniederlassung
- Bekanntmachung der Änderung im Aufsichtsrat **106,** 21

Hinweis

Die folgende Bandtitelei (S. I bis XL) für Band 6 wird vor die Kommentierung der §§ 148–178 (3. Lieferung) eingebunden.
Die Zählung der Paragraphen in der Bandtitelei und auf der Einbanddecke beginnt mit § 150. Die §§ 148, 149 waren bei Erscheinen der 3. Lieferung (1993) aufgehoben. In der Zwischenzeit sind diese beiden Paragraphen vom Gesetzgeber wieder mit Inhalt versehen worden. Die §§ 148, 149 gehören nunmehr zum Vierten Teil des Aktiengesetzes und damit an den Schluss von Band 5.

Der Verlag

Großkommentare der Praxis

RECHT

Aktiengesetz

Großkommentar

4., neubearbeitete Auflage

herausgegeben von

Klaus J. Hopt, Herbert Wiedemann

Sechster Band

§§ 150–220

Bearbeiter:

§§ 150–178: Herbert Brönner
§§ 179–191: Herbert Wiedemann
§§ 192–201: Kaspar Frey
§§ 202–220: Heribert Hirte
Sachregister: Sebastian Mock

W DE G RECHT

De Gruyter Recht · Berlin

Erscheinungsdaten der Lieferungen:

§§ 148–178	(3. Lieferung):	August 1993
§§ 179–191	(5. Lieferung):	März 1995
§§ 192–206	(18. Lieferung):	September 2001
§§ 207–220	(9. Lieferung):	November 1998
Sachregister	(25. Lieferung):	Oktober 2006

Zitiervorschlag z.B.: *Hirte* in Großkomm AktG, § 208 Rdn. 50

Verzeichnis späterer Normänderungen: Mirja Bötel, Hamburg
Sachregister: Sebastian Mock, Hamburg

Hinweis:
Die Zählung der Paragraphen in der Bandtitelei und auf der Einbanddecke beginnt mit § 150. Die §§ 148, 149 waren bei Erscheinen der 3. Lieferung (1993) aufgehoben. In der Zwischenzeit sind diese beiden Paragraphen vom Gesetzgeber wieder mit Inhalt versehen worden. Die §§ 148, 149 gehören nunmehr zum Vierten Teil des Aktiengesetzes und damit an den Schluss von Band 5.

ISBN-13: 978-3-89949-375-7
ISBN-10: 3-89949-375-3

Bibliografische Information der Deutschen Nationalbibliothek

Die Deutsche Nationalbibliothek verzeichnet diese Publikation in der Deutschen Nationalbibliografie; detaillierte bibliografische Daten sind im Internet über http://dnb.d-nb.de abrufbar.

Datenkonvertierung/Satz: WERKSATZ Schmidt & Schulz GmbH, D-06773 Gräfenhainichen
Druck: Druckerei H. Heenemann GmbH, D-12103 Berlin
Bindearbeiten: Bruno Helm Buchbinderei, Berlin
Printed in Germany

Verzeichnis der Bearbeiter der 4. Auflage

Dr. **Heinz-Dieter Assmann**, LL.M., Universitätsprofessor an der Universität Tübingen
Dr. **Harald Baum**, Privatdozent, Wissenschaftlicher Referent am Max-Planck-Institut für ausländisches und internationales Privatrecht, Hamburg
Dr. **Gerold Bezzenberger**, Rechtsanwalt, Berlin
Dr. **Oliver C. Brändel**, Rechtsanwalt beim BGH, Karlsruhe
Dr. Dr. **Herbert Brönner**, Wirtschaftsprüfer und Steuerberater, Berlin
Dr. **Christian E. Decher**, Rechtsanwalt, Frankfurt am Main
Dr. **Ulrich Ehricke**, LL.M. (London), M.A., Richter am Oberlandesgericht a.D., Universitätsprofessor an der Universität zu Köln
Dr. **Holger Fleischer**, Dipl.-Kfm., LL.M., Universitätsprofessor an der Rheinischen Friedrich-Wilhelms-Universität Bonn
Dr. **Kaspar Frey**, Universitätsprofessor an der Europa-Universität Viadrina, Frankfurt (Oder)
Dr. **Markus Gehrlein**, Richter am BGH, Dozent an der Universität Mannheim
Dr. Dr. **Stefan Grundmann**, LL.M. (Berkeley), Universitätsprofessor an der Humboldt-Universität zu Berlin
Dr. **Mathias Habersack**, Universitätsprofessor an der Universität Mainz
Dr. **Kai Hasselbach**, Rechtsanwalt, Köln
Dr. **Peter Hemeling**, Rechtsanwalt, München
Dr. **Hartwig Henze**, Richter am BGH a.D., Honorarprofessor an der Universität Konstanz
Dr. **Heribert Hirte**, LL.M. (Berkeley), Universitätsprofessor an der Universität Hamburg
Dr. Dr. Dr. h.c. mult. **Klaus J. Hopt**, Universitätsprofessor, Direktor des Max-Planck-Instituts für ausländisches und internationales Privatrecht, Hamburg, vormals Richter am OLG Stuttgart
Dr. **Peter M. Huber**, Universitätsprofessor an der Ludwig-Maximilians-Universität München
Dr. **Michael Kort**, Universitätsprofessor an der Universität Augsburg
Dr. **Hanno Merkt**, LL.M. (Univ. of Chicago), Universitätsprofessor an der Albert-Ludwigs-Universität Freiburg
Dr. **Peter O. Mülbert**, Universitätsprofessor, Direktor des Instituts für deutsches und internationales Recht des Spar-, Giro- und Kreditwesens an der Johannes-Gutenberg Universität Mainz
Richard L. Notz, Rechtsanwalt, Chicago
Dr. **Hartmut Oetker**, Universitätsprofessor an der Christian-Albrechts-Universität zu Kiel
Dr. Dr. h.c. **Harro Otto**, em. Universitätsprofessor an der Universität Bayreuth
Dr. **Hans-Joachim Priester**, Notar, Honorarprofessor an der Universität Hamburg
Dr. h.c. **Volker Röhricht**, Vors. Richter am BGH i.R., Karlsruhe
Dr. **Markus Roth**, Wissenschaftlicher Referent am Max-Planck-Institut für ausländisches und internationales Privatrecht, Hamburg
Dr. **Michael Schlitt**, Rechtsanwalt, Frankfurt am Main, Lehrbeauftragter an der Universität zu Köln
Dr. Dres. h.c. **Karsten Schmidt**, em. Universitätsprofessor an der Rheinischen Friedrich-Wilhelms-Universität Bonn, Präsident der Bucerius Law School Hamburg
Dr. **Rolf Sethe**, LL.M. (London), Universitätsprofessor an der Martin-Luther-Universität Halle-Wittenberg
Dr. **Winfried Werner** (†), Rechtsanwalt, Frankfurt am Main

Verzeichnis der Bearbeiter der 4. Auflage

Dr. **Herbert Wiedemann**, em. Universitätsprofessor an der Universität zu Köln, vormals Richter am OLG Düsseldorf

Dr. **Christine Windbichler**, LL.M. (Berkeley), Universitätsprofessor an der Humboldt-Universität Berlin

Inhaltsübersicht

Verzeichnis späterer Normänderungen IV
Abkürzungsverzeichnis XXIX

AKTIENGESETZ

ERSTES BUCH
AKTIENGESELLSCHAFT

Fünfter Teil
Rechnungslegung. Gewinnverwendung

Erster Abschnitt	Jahresabschluss und Lageberichtt. Entsprechenserklärung	§§ 150–161
Zweiter Abschnitt	Prüfung des Jahresabschlusses	§§ 162–171
1. Unterabschnitt	Prüfung durch den Abschlußprüfer	*§§ 162–169*
2. Unterabschnitt	Prüfung durch den Aufsichtsrat	§§ 170–171
Dritter Abschnitt	Feststellung des Jahresabschlusses. Gewinnverwendung	§§ 172–176
1. Unterabschnitt	Feststellung des Jahresabschlusses	§§ 172–173
2. Unterabschnitt	Gewinnverwendung	§ 174
3. Unterabschnitt	Ordentliche Hauptversammlung	§§ 175–176
Vierter Abschnitt	Bekanntmachung des Jahresabschlusses	*§§ 177–178*

Sechster Teil
Satzungsänderung. Maßnahmen der Kapitalbeschaffung und Kapitalherabsetzung

Erster Abschnitt	Satzungsänderung	§§ 179–181
Zweiter Abschnitt	Maßnahmen der Kapitalbeschaffung	§§ 182–221
1. Unterabschnitt	Kapitalerhöhung gegen Einlagen	§§ 182–191
2. Unterabschnitt	Bedingte Kapitalerhöhung	§§ 192–201
3. Unterabschnitt	Genehmigtes Kapital	§§ 202–206
4. Unterabschnitt	Kapitalerhöhung aus Gesellschaftsmitteln	§§ 207–220

Sachregister

Verzeichnis späterer Normänderungen

ERLÄUTERUNG

In „**Übersicht I**" wird die aktuelle Fassung des Gesetzes der kommentierten gegenübergestellt. Unterstrichene Normpassagen markieren Erweiterungen des Gesetzeswortlautes gegenüber der kommentierten Fassung, durchgestrichene hingegen Streichungen des kommentierten Textes. Soweit der Wortlaut einzelner Normen durch mehr als ein Änderungsgesetz gegenüber dem Stand der Kommentierung geändert worden ist, sind diese Normen mit einem „*" gekennzeichnet; in der „**Übersicht II**" findet sich für diese Normen auch der zwischenzeitlich gültige Wortlaut mit entsprechender Kennzeichnung der Änderungen.

Übersicht I

Aktueller Wortlaut

[§§ 150–151 ***unverändert,*** *die Überschrift des Ersten Abschnitts des Fünften Teils des Ersten Buchs wurde durch das TransPuG wie folgt gefasst: „Jahresabschluss und Lagebericht. Entsprechenserklärung"]*

§ 152 Vorschriften zur Bilanz
(StückAG v 25.3.1998, BGBl I 590 [gültig seit dem 1.4.1998])
(1) Das Grundkapital ist in der Bilanz als gezeichnetes Kapital auszuweisen. <u>Dabei ist der auf jede Aktiengattung entfallende Betrag des Grundkapitals gesondert anzugeben.</u> Bedingtes Kapital ist mit dem Nennbetrag zu vermerken. Bestehen Mehrstimmrechtsaktien, so sind beim gezeichneten Kapital die Gesamtstimmenzahl der Mehrstimmrechtsaktien und die der übrigen Aktien zu vermerken.
(2), (3) ***unverändert***

[§§ 153–159 unverändert]

§ 160 Vorschriften zum Anhang*
(KapCoRiLiG v 24.2.2000, BGBl I 154 [gültig seit dem 9.3.2000])
(1) In jedem Anhang sind auch Angaben zu machen über

Wortlaut der Kommentierung

[§§ 148, 149 zum 1.11.2005 vor dem Fünften Teil eingefügt (UMAG v 22.9.2005, BGBl I 2802); §§ 148, 149, 150a, 151 aufgehoben]

§ 152 Vorschriften zur Bilanz
(BiRiLiG v 19.12.1985, BGBl I 2355 [gültig vom 1.1.1986 bis zum 31. 3. 1998])
(1) Das Grundkapital ist in der Bilanz als gezeichnetes Kapital auszuweisen. ~~Dabei sind die Gesamtnennbeträge der Aktien jeder Gattung gesondert anzugeben.~~ Bedingtes Kapital ist mit dem Nennbetrag zu vermerken. Bestehen Mehrstimmrechtsaktien, so sind beim gezeichneten Kapital die Gesamtstimmenzahl der Mehrstimmrechtsaktien und die der übrigen Aktien zu vermerken.
(2) …

(§§ 153–157, 159 ***aufgehoben)***

§ 160 Vorschriften zum Anhang
(BiRiLiG v 19.12.1985, BGBl I 2355 [gültig vom 1.1.1986 bis zum 31.3.1998])
(1) In jedem Anhang sind auch Angaben zu machen über

1. *unverändert;*	1. …
2. den Bestand an eigenen Aktien der Gesellschaft, die sie, ein abhängiges oder im Mehrheitsbesitz der Gesellschaft stehendes Unternehmen oder ein anderer für Rechnung der Gesellschaft oder eines abhängigen oder eines im Mehrheitsbesitz der Gesellschaft stehenden Unternehmens erworben oder als Pfand genommen hat; dabei sind die Zahl dieser Aktien und der auf sie entfallende Betrag des Grundkapitals sowie deren Anteil am Grundkapital, für erworbene Aktien ferner der Zeitpunkt des Erwerbs und die Gründe für den Erwerb anzugeben. Sind solche Aktien im Geschäftsjahr erworben oder veräußert worden, so ist auch über den Erwerb oder die Veräußerung unter Angabe der Zahl dieser Aktien, des auf sie entfallenden Betrags des Grundkapitals, des Anteils am Grundkapital und des Erwerbs- oder Veräußerungspreises, sowie über die Verwendung des Erlöses zu berichten;	2. den Bestand an eigenen Aktien der Gesellschaft, die sie, ein abhängiges oder im Mehrheitsbesitz der Gesellschaft stehendes Unternehmen oder ein anderer für Rechnung der Gesellschaft oder eines abhängigen oder eines im Mehrheitsbesitz der Gesellschaft stehenden Unternehmens erworben oder als Pfand genommen hat; dabei sind die Zahl ~~und der Nennbetrag~~ dieser Aktien sowie deren Anteil am Grundkapital, für erworbene Aktien ferner der Zeitpunkt des Erwerbs und die Gründe für den Erwerb anzugeben. Sind solche Aktien im Geschäftsjahr erworben oder veräußert worden, so ist auch über den Erwerb oder die Veräußerung unter Angabe der Zahl ~~und des Nennbetrags~~ dieser Aktien, des Anteils am Grundkapital und des Erwerbs- oder Veräußerungspreises, sowie über die Verwendung des Erlöses zu berichten;
3. die Zahl und bei Nennbetragsaktien den Nennbetrag der Aktien jeder Gattung, sofern sich diese Angaben nicht aus der Bilanz ergeben; davon sind Aktien, die bei einer bedingten Kapitalerhöhung oder einem genehmigten Kapital im Geschäftsjahr gezeichnet wurden, jeweils gesondert anzugeben;	3. die Zahl und den Nennbetrag der Aktien jeder Gattung, sofern sich diese Angaben nicht aus der Bilanz ergeben; davon sind Aktien, die bei einer bedingten Kapitalerhöhung oder einem genehmigten Kapital im Geschäftsjahr gezeichnet wurden, jeweils gesondert anzugeben;
4. *unverändert;*	4. …
5. die Zahl der Bezugsrechte gemäß § 192 Abs. 2 Nr. 3, der Wandelschuldverschreibungen und vergleichbaren Wertpapiere unter Angabe der Rechte, die sie verbriefen;	5. die Zahl der Wandelschuldverschreibungen und vergleichbaren Wertpapiere unter Angabe der Rechte, die sie verbriefen;
6., 7. *unverändert;*	6. …
8. das Bestehen einer Beteiligung, die nach § 20 Abs. 1 oder Abs. 4 dieses Gesetzes oder nach § 21 Abs. 1 oder Abs. 1a des Wertpapierhandelsgesetzes mitgeteilt worden ist; dabei ist der nach § 20 Abs. 6 dieses Gesetzes oder der nach § 25 Abs. 1 des Wertpapierhandelsgesetzes veröffentlichte Inhalt der Mitteilung anzugeben.	8. ~~das Bestehen einer Beteiligung an der Gesellschaft, die ihr nach § 20 Abs. 1 oder 4 mitgeteilt worden ist; dabei ist anzugeben, wem die Beteiligung gehört und ob sie den vierten Teil aller Aktien der Gesellschaft übersteigt oder eine Mehrheitsbeteiligung (§ 16 Abs. 1) ist.~~
(2) unverändert	*(2)* …

§ 161 Erklärung zum Corporate Governance Kodex**
(Eingefügt durch TransPuG v 19.7.2002, BGBl I 2681 [gültig seit dem 26.7.2002])
Vorstand und Aufsichtsrat der börsennotierten Gesellschaft erklären jährlich, dass den vom Bundesministerium der Justiz im amtlichen Teil des elektronischen Bundesanzeigers bekannt gemachten Empfehlungen der „Regierungskommission Deutscher Corporate Governance Kodex" entsprochen wurde und wird oder welche Empfehlungen nicht angewendet wurden oder werden. Die Erklärung ist den Aktionären dauerhaft zugänglich zu machen.

(§ 161 aufgehoben)

*[§§ 162–169 **unverändert**]*

(§§ 162–169 aufgehoben)

§ 170 Vorlage an den Aufsichtsrat*
(BilReG v 4.12.2004, BGBl I 3166 [gültig seit dem 10.12.2004])
(1) Der Vorstand hat den Jahresabschluß und den Lagebericht unverzüglich nach ihrer Aufstellung dem Aufsichtsrat vorzulegen. Satz 1 gilt entsprechend für einen Einzelabschluss nach § 325 Abs. 2a des Handelsgesetzbuchs sowie bei Mutterunternehmen (§ 290 Abs. 1, 2 des Handelsgesetzbuchs) für den Konzernabschluss und den Konzernlagebericht.
*(2) **unverändert***
(3) Jedes Aufsichtsratsmitglied hat das Recht, von den Vorlagen und Prüfungsberichten Kenntnis zu nehmen. Die Vorlagen und Prüfungsberichte sind auch jedem Aufsichtsratsmitglied oder, soweit der Aufsichtsrat dies beschlossen hat, den Mitgliedern eines Ausschusses zu übermitteln.

§ 170 Vorlage an den Aufsichtsrat
(BiRiLiG v 19.12.1985, BGBl I 2355 [gültig vom 1.1.1986 bis zum 30.4.1998])
(1) Der Vorstand hat den Jahresabschluß und den Lagebericht unverzüglich nach ihrer Aufstellung dem Aufsichtsrat vorzulegen. ~~Ist der Jahresabschluß durch einen Abschlußprüfer zu prüfen, so sind diese Unterlagen zusammen mit dem Prüfungsbericht des Abschlußprüfers unverzüglich nach dem Eingang des Prüfungsberichts dem Aufsichtsrat vorzulegen.~~
(2) …
(3) Jedes Aufsichtsratsmitglied hat das Recht, von den Vorlagen Kenntnis zu nehmen. ~~Die Vorlagen sind auch jedem Aufsichtsratsmitglied auf Verlangen auszuhändigen, soweit der Aufsichtsrat nichts anderes beschlossen hat.~~

§ 171 Prüfung durch den Aufsichtsrat*
(G v 8.7.2006, BGBl I 1426 [gültig seit dem 14.7.2006])
(1) Der Aufsichtsrat hat den Jahresabschluß, den Lagebericht und den Vorschlag für die Verwendung des Bilanzgewinns zu prüfen, bei Mutterunternehmen (§ 290 Abs. 1, 2 des Handelsgesetzbuchs) auch

§ 171 Prüfung durch den Aufsichtsrat
(BiRiLiG v 19.12.1985, BGBl I 2355 [gültig vom 1.1.1986 bis zum 30.4.1998])
(1) Der Aufsichtsrat hat den Jahresabschluß, den Lagebericht und den Vorschlag für die Verwendung des Bilanzgewinns zu prüfen. ~~Ist der Jahresabschluß durch einen Abschlußprüfer zu prüfen, so hat der Ab-~~

** Der schwerpunktmäßig den Aufsichtsrat betreffende Deutsche Corporate Governance Kodex ist in der Fassung vom 12. Juni 2006 vor § 95 abgedruckt.

den Konzernabschluß und den Konzernlagebericht. Ist der Jahresabschluss oder der Konzernabschluss durch einen Abschlußprüfer zu prüfen, so hat dieser an den Verhandlungen des Aufsichtsrats oder eines Ausschusses über diese Vorlagen teilzunehmen, und über die wesentlichen Ergebnisse seiner Prüfung zu berichten.	~~schlußprüfer auf Verlangen des Aufsichtsrats an dessen Verhandlungen über diese Vorlage teilzunehmen.~~
(2) Der Aufsichtsrat hat über das Ergebnis der Prüfung schriftlich an die Hauptversammlung zu berichten. In dem Bericht hat der Aufsichtsrat auch mitzuteilen, in welcher Art und in welchem Umfang er die Geschäftsführung der Gesellschaft während des Geschäftsjahrs geprüft hat; bei börsennotierten Gesellschaften hat er insbesondere anzugeben, welche Ausschüsse gebildet worden sind, sowie die Zahl seiner Sitzungen und die der Ausschüsse mitzuteilen und auch die Angaben nach § 289 Abs. 4, 315 Abs. 4 des Handelsgesetzbuchs zu erläutern. Ist der Jahresabschluß durch einen Abschlußprüfer zu prüfen, so hat der Aufsichtsrat ferner zu dem Ergebnis der Prüfung des Jahresabschlusses durch den Abschlußprüfer Stellung zu nehmen. Am Schluß des Berichts hat der Aufsichtsrat zu erklären, ob nach dem abschließenden Ergebnis seiner Prüfung Einwendungen zu erheben sind und ob er den vom Vorstand aufgestellten Jahresabschluß billigt. Bei Mutterunternehmen (§ 290 Abs. 1, 2 des Handelsgesetzbuchs) finden die Sätze 3 und 4 entsprechende Anwendung auf den Konzernabschluss.	(2) Der Aufsichtsrat hat über das Ergebnis der Prüfung schriftlich an die Hauptversammlung zu berichten. In dem Bericht hat der Aufsichtsrat auch mitzuteilen, in welcher Art und in welchem Umfang er die Geschäftsführung der Gesellschaft während des Geschäftsjahrs geprüft hat. Ist der Jahresabschluß durch einen Abschlußprüfer zu prüfen, so hat der Aufsichtsrat ferner zu dem Ergebnis der Prüfung des Jahresabschlusses durch den Abschlußprüfer Stellung zu nehmen. Am Schluß des Berichts hat der Aufsichtsrat zu erklären, ob nach dem abschließenden Ergebnis seiner Prüfung Einwendungen zu erheben sind und ob er den vom Vorstand aufgestellten Jahresabschluß billigt.
(3) Der Aufsichtsrat hat seinen Bericht innerhalb eines Monats, nachdem ihm die Vorlagen zugegangen sind, dem Vorstand zuzuleiten. Wird der Bericht dem Vorstand nicht innerhalb der Frist zugeleitet, hat der Vorstand dem Aufsichtsrat unverzüglich eine weitere Frist von nicht mehr als einem Monat zu setzen. Wird der Bericht dem Vorstand nicht vor Ablauf der weiteren Frist zugeleitet, gilt der Jahresabschluß als vom Aufsichtsrat nicht gebilligt; bei Mutterunternehmen (§ 290 Abs. 1, 2 des Handelsgesetzbuchs) gilt das Gleiche hinsichtlich des Konzernabschlusses.	(3) Der Aufsichtsrat hat seinen Bericht innerhalb eines Monats, nachdem ihm die Vorlagen zugegangen sind, dem Vorstand zuzuleiten. Wird der Bericht dem Vorstand nicht innerhalb der Frist zugeleitet, hat der Vorstand dem Aufsichtsrat unverzüglich eine weitere Frist von nicht mehr als einem Monat zu setzen. Wird der Bericht dem Vorstand nicht vor Ablauf der weiteren Frist zugeleitet, gilt der Jahresabschluß als vom Aufsichtsrat nicht gebilligt~~.~~
(4) Die Absätze 1 bis 3 gelten auch hin-	

sichtlich eines Einzelabschlusses nach § 325 Abs. 2a des Handelsgesetzbuchs. Der Vorstand darf den in Satz 1 genannten Abschluss erst nach dessen Billigung durch den Aufsichtsrat offen legen.

[§ 172 unverändert]

§ 173 Feststellung durch die Hauptversammlung
(TransPuG v 19.7.2002, BGBl I 2681 [gültig seit dem 26.7.2002])
(1) Haben Vorstand und Aufsichtsrat beschlossen, die Feststellung des Jahresabschlusses der Hauptversammlung zu überlassen, oder hat der Aufsichtsrat den Jahresabschluß nicht gebilligt, so stellt die Hauptversammlung den Jahresabschluß fest. Hat der Aufsichtsrat eines Mutterunternehmens (§ 290 Abs. 1, 2 des Handelsgesetzbuchs) den Konzernabschluss nicht gebilligt, so entscheidet die Hauptversammlung über die Billigung.
(2), (3) unverändert

§ 173 Feststellung durch die Hauptversammlung
(BiRiLiG v 19.12.1985, BGBl I 2355 [gültig vom 1.1.1986 bis zum 25.7.2002])
(1) Haben Vorstand und Aufsichtsrat beschlossen, die Feststellung des Jahresabschlusses der Hauptversammlung zu überlassen, oder hat der Aufsichtsrat den Jahresabschluß nicht gebilligt, so stellt die Hauptversammlung den Jahresabschluß fest.
(2) ...

§ 174 [Gewinnverwendung]
(TransPuG v 19.7.2002, BGBl I 2681 [gültig seit dem 26.7.2002])
(1) unverändert
(2) In dem Beschluß ist die Verwendung des Bilanzgewinns im einzelnen darzulegen, namentlich sind anzugeben
1. unverändert
2. der an die Aktionäre auszuschüttende Betrag oder Sachwert;
3., 4. unverändert
(3) unverändert

§ 174 [Gewinnverwendung]
(BiRiLiG v 19.12.1985, BGBl I 2355 [gültig vom 1.1.1986 bis zum 25.7.2002])
(1) ...
(2) In dem Beschluß ist die Verwendung des Bilanzgewinns im einzelnen darzulegen, namentlich sind anzugeben
1. ...
2. der an die Aktionäre auszuschüttende Betrag;
3. ...
(3) ...

§ 175 Einberufung*
(BilReG v 4.12.2004, BGBl I 3166 [gültig seit dem 10.12.2004])
(1) Unverzüglich nach Eingang des Berichts des Aufsichtsrats hat der Vorstand die Hauptversammlung zur Entgegennahme des festgestellten Jahresabschlusses und des Lageberichts, eines vom Aufsichtsrat gebilligten Einzelabschlusses nach § 325 Abs. 2a des Handelsgesetzbuchs sowie zur Beschlußfassung über die Verwendung eines Bilanzgewinns, bei einem Mutter-

§ 175 Einberufung
(BiRiLiG v 24.12.1985, BGBl I 2355 [gültig vom 1.1.1986 bis zum 25.7.2002])
(1) Unverzüglich nach Eingang des Berichts des Aufsichtsrats hat der Vorstand die Hauptversammlung zur Entgegennahme des festgestellten Jahresabschlusses und des Lageberichts sowie zur Beschlußfassung über die Verwendung eines Bilanzgewinns einzuberufen. Die Hauptversammlung hat in den ersten acht Monaten des Geschäftsjahrs stattzufinden.

unternehmen (§ 290 Abs. 1, 2 des Handelsgesetzbuchs) auch zur Entgegennahme des vom Aufsichtsrat gebilligten Konzernabschlusses und des Konzernlageberichts, einzuberufen. Die Hauptversammlung hat in den ersten acht Monaten des Geschäftsjahrs stattzufinden.	
(2) Der Jahresabschluß, ein vom Aufsichtsrat gebilligter Einzelabschluss nach § 325 Abs. 2a des Handelsgesetzbuchs, der Lagebericht, der Bericht des Aufsichtsrats und der Vorschlag des Vorstands für die Verwendung des Bilanzgewinns sind von der Einberufung an in dem Geschäftsraum der Gesellschaft zur Einsicht der Aktionäre auszulegen. Auf Verlangen ist jedem Aktionär unverzüglich eine Abschrift der Vorlagen zu erteilen. Bei einem Mutterunternehmen (§ 290 Abs. 1, 2 des Handelsgesetzbuchs) gelten die Sätze 1 und 2 auch für den Konzernabschluss, den Konzernlagebericht und den Bericht des Aufsichtsrats hierüber.	(2) Der Jahresabschluß, der Lagebericht, der Bericht des Aufsichtsrats und der Vorschlag des Vorstands für die Verwendung des Bilanzgewinns sind von der Einberufung an in dem Geschäftsraum der Gesellschaft zur Einsicht der Aktionäre auszulegen. Auf Verlangen ist jedem Aktionär unverzüglich eine Abschrift der Vorlagen zu erteilen.
(3) Hat die Hauptversammlung den Jahresabschluss festzustellen oder hat sie über die Billigung des Konzernabschlusses zu entscheiden, so gelten für die Einberufung der Hauptversammlung zur Feststellung des Jahresabschlusses oder zur Billigung des Konzernabschlusses und für die Auslegung der Vorlagen und die Erteilung von Abschriften die Absätze 1 und 2 sinngemäß. Die Verhandlungen über die Feststellung des Jahresabschlusses und über die Verwendung des Bilanzgewinns sollen verbunden werden.	(3) ~~Hat die Hauptversammlung den Jahresabschluß festzustellen, so gelten für die Einberufung der Hauptversammlung zur Feststellung des Jahresabschlusses und für die Auslegung der Vorlagen und die Erteilung von Abschriften die Absätze 1 und 2 sinngemäß.~~ Die Verhandlungen über die Feststellung des Jahresabschlusses und über die Verwendung des Bilanzgewinns sollen verbunden werden.
(4) Mit der Einberufung der Hauptversammlung zur Entgegennahme des festgestellten Jahresabschlusses oder, wenn die Hauptversammlung den Jahresabschluß festzustellen hat, der Hauptversammlung zur Feststellung des Jahresabschlusses sind Vorstand und Aufsichtsrat an die in dem Bericht des Aufsichtsrats enthaltenen Erklärungen über den Jahresabschluß (§§ 172, 173 Abs. 1) gebunden. Bei einem Mutterunternehmen (§ 290 Abs. 1, 2 des Handelsgesetzbuchs) gilt Satz 1 für die Erklärung des Aufsichtsrats über die Billigung des Konzernabschlusses entsprechend.	(4) Mit der Einberufung der Hauptversammlung zur Entgegennahme des festgestellten Jahresabschlusses oder, wenn die Hauptversammlung den Jahresabschluß festzustellen hat, der Hauptversammlung zur Feststellung des Jahresabschlusses sind Vorstand und Aufsichtsrat an die in dem Bericht des Aufsichtsrats enthaltenen Erklärungen über den Jahresabschluß (§§ 172, 173 Abs. 1) gebunden.

§ 176 Vorlagen. Anwesenheit des Abschlussprüfers
(BilReG v 4.12.2004, BGBl I 2570 [gültig seit dem 10.12.2004])
(1) unverändert
(2) Ist der Jahresabschluß von einem Abschlußprüfer zu prüfen, so hat der Abschlußprüfer an den Verhandlungen über die Feststellung des Jahresabschlusses teilzunehmen. Satz 1 gilt entsprechend für die Verhandlungen über die Billigung eines Konzernabschlusses. Der Abschlußprüfer ist nicht verpflichtet, einem Aktionär Auskunft zu erteilen.

[§§ 177–179 unverändert]

§ 179a Verpflichtung zur Übertragung des ganzen Gesellschaftsvermögens
(Eingefügt durch UmwBerG v 28.10.1994, BGBl I 3210 [gültig seit dem 9.11.1994])
(1) Ein Vertrag, durch den sich eine Aktiengesellschaft zur Übertragung des ganzen Gesellschaftsvermögens verpflichtet, ohne daß die Übertragung unter die Vorschriften des Umwandlungsgesetzes fällt, bedarf auch dann eines Beschlusses der Hauptversammlung nach § 179, wenn damit nicht eine Änderung des Unternehmensgegenstandes verbunden ist. Die Satzung kann nur eine größere Kapitalmehrheit bestimmen.
(2) Der Vertrag ist von der Einberufung der Hauptversammlung an, die über die Zustimmung beschließen soll, in dem Geschäftsraum der Gesellschaft zur Einsicht der Aktionäre auszulegen. Auf Verlangen ist jedem Aktionär unverzüglich eine Abschrift zu erteilen. In der Hauptversammlung ist der Vertrag auszulegen. Der Vorstand hat ihn zu Beginn der Verhandlung zu erläutern. Der Niederschrift ist er als Anlage beizufügen.
(3) Wird aus Anlaß der Übertragung des Gesellschaftsvermögens die Gesellschaft aufgelöst, so ist der Anmeldung der Auflösung der Vertrag in Ausfertigung oder öffentlich beglaubigter Abschrift beizufügen.

[§§ 180–181 unverändert]

§ 176 Vorlagen. Anwesenheit des Abschlussprüfers
(gültig vom 1.1.1966 bis zum 9.12.2004)

(1) …
(2) Ist der Jahresabschluß von einem Abschlußprüfer zu prüfen, so hat der Abschlußprüfer an den Verhandlungen über die Feststellung des Jahresabschlusses teilzunehmen. Der Abschlußprüfer ist nicht verpflichtet, einem Aktionär Auskunft zu erteilen.

(§§ 177, 178 aufgehoben)

§ 182 Voraussetzungen
(StückAG v 25.3.1998, BGBl I 590 [gültig seit dem 1.4.1998])

(1) Eine Erhöhung des Grundkapitals gegen Einlagen kann nur mit einer Mehrheit beschlossen werden, die mindestens drei Viertel des bei der Beschlußfassung vertretenen Grundkapitals umfaßt. Die Satzung kann eine andere Kapitalmehrheit, für die Ausgabe von Vorzugsaktien ohne Stimmrecht jedoch nur eine größere Kapitalmehrheit bestimmen. Sie kann weitere Erfordernisse aufstellen. Die Kapitalerhöhung kann nur durch Ausgabe neuer Aktien ausgeführt werden. Bei Gesellschaften mit Stückaktien muß sich die Zahl der Aktien in demselben Verhältnis wie das Grundkapital erhöhen.

(2) unverändert

(3) Sollen die neuen Aktien für einen höheren Betrag als den geringsten Ausgabebetrag ausgegeben werden, so ist der Mindestbetrag, unter dem sie nicht ausgegeben werden sollen, im Beschluß über die Erhöhung des Grundkapitals festzusetzen.

(4) unverändert

§ 183 Kapitalerhöhung mit Sacheinlagen
(StückAG v 25.3.1998, BGBl I 590 [gültig seit dem 1.4.1998])

(1) Wird eine Sacheinlage (§ 27 Abs. 1 und 2) gemacht, so müssen ihr Gegenstand, die Person, von der die Gesellschaft den Gegenstand erwirbt, und der Nennbetrag, bei Stückaktien die Zahl der bei der Sacheinlage zu gewährenden Aktien im Beschluß über die Erhöhung des Grundkapitals festgesetzt werden. Der Beschluß darf nur gefaßt werden, wenn die Einbringung von Sacheinlagen und die Festsetzungen nach Satz 1 ausdrücklich und ordnungsgemäß (§ 124 Abs. 1) bekanntgemacht worden sind.

(2) Ohne diese Festsetzung sind Verträge über Sacheinlagen und die Rechtshandlungen zu ihrer Ausführung der Gesellschaft gegenüber unwirksam. Ist die Durchführung der Erhöhung des Grundkapitals eingetragen, so wird die Gültigkeit der Kapitalerhöhung durch diese Unwirksamkeit

§ 182 Voraussetzungen
(G v 2.8.1994, BGBl I 1961 [gültig vom 10.8.1994 bis zum 31.3.1998])

(1) Eine Erhöhung des Grundkapitals gegen Einlagen kann nur mit einer Mehrheit beschlossen werden, die mindestens drei Viertel des bei der Beschlußfassung vertretenen Grundkapitals umfaßt. Die Satzung kann eine andere Kapitalmehrheit, für die Ausgabe von Vorzugsaktien ohne Stimmrecht jedoch nur eine größere Kapitalmehrheit bestimmen. Sie kann weitere Erfordernisse aufstellen. Die Kapitalerhöhung kann nur durch Ausgabe neuer Aktien ausgeführt werden.

(2) …

(3) Sollen die neuen Aktien für einen höheren Betrag als den Nennbetrag ausgegeben werden, so ist der Mindestbetrag, unter dem sie nicht ausgegeben werden sollen, im Beschluß über die Erhöhung des Grundkapitals festzusetzen.

(4) …

§ 183 Kapitalerhöhung mit Sacheinlagen
(G v 13.12.1978, BGBl I 1959 [gültig vom 1.7.1979 bis zum 31.3.1998])

(1) Wird eine Sacheinlage (§ 27 Abs. 1 und 2) gemacht, so müssen ihr Gegenstand, die Person, von der die Gesellschaft den Gegenstand erwirbt, und der Nennbetrag der bei der Sacheinlage zu gewährenden Aktien im Beschluß über die Erhöhung des Grundkapitals festgesetzt werden. Der Beschluß darf nur gefaßt werden, wenn die Einbringung von Sacheinlagen und die Festsetzung nach Satz 1 ausdrücklich und ordnungsgemäß (§ 124 Abs. 1) bekanntgemacht worden sind.

(2) Ohne diese Festsetzung sind Verträge über Sacheinlagen und die Rechtshandlungen zu ihrer Ausführung der Gesellschaft gegenüber unwirksam. Ist die Durchführung der Erhöhung des Grundkapitals eingetragen, so wird die Gültigkeit der Kapitalerhöhung durch diese Unwirksamkeit

nicht berührt. Der Aktionär ist verpflichtet, den Ausgabebetrag der Aktien einzuzahlen. Die Unwirksamkeit kann durch Satzungsänderung nicht geheilt werden, nachdem die Durchführung der Erhöhung des Grundkapitals in das Handelsregister eingetragen worden ist.

nicht berührt. Der Aktionär ist verpflichtet, den ~~Nennbetrag oder den höheren~~ Ausgabebetrag der Aktien einzuzahlen. Die Unwirksamkeit kann durch Satzungsänderung nicht geheilt werden, nachdem die Durchführung der Erhöhung des Grundkapitals in das Handelsregister eingetragen worden ist.

(3) Bei der Kapitalerhöhung mit Sacheinlagen hat eine Prüfung durch einen oder mehrere Prüfer stattzufinden. § 33 Abs. 3 bis 5, § 34 Abs. 2 und 3, § 35 gelten sinngemäß. Das Gericht kann die Eintragung ablehnen, wenn der Wert der Sacheinlage nicht unwesentlich hinter dem geringsten Ausgabebetrag der dafür zu gewährenden Aktien zurückbleibt.

(3) Bei der Kapitalerhöhung mit Sacheinlagen hat eine Prüfung durch einen oder mehrere Prüfer stattzufinden. § 33 Abs. 3 bis 5, § 34 Abs. 2 und 3, § 35 gelten sinngemäß. Das Gericht kann die Eintragung ablehnen, wenn der Wert der Sacheinlage nicht unwesentlich hinter dem ~~Nennbetrag~~ der dafür zu gewährenden Aktien zurückbleibt.

[§ 184 unverändert]

§ 185 Zeichnung der neuen Aktien
(StückAG v 25.3.1998, BGBl I 590 [gültig seit dem 1.4.1998])

(1) Die Zeichnung der neuen Aktien geschieht durch schriftliche Erklärung (Zeichnungsschein), aus der die Beteiligung nach der Zahl und bei Nennbetragsaktien dem Nennbetrag und, wenn mehrere Gattungen ausgegeben werden, der Gattung der Aktien hervorgehen muß. Der Zeichnungsschein soll doppelt ausgestellt werden. Er hat zu enthalten

1., 2. unverändert

3. die bei einer Kapitalerhöhung mit Sacheinlagen vorgesehenen Festsetzungen und, wenn mehrere Gattungen ausgegeben werden, den auf jede Aktiengattung entfallenden Betrag des Grundkapitals;

4. unverändert

(2)–(4) unverändert

§ 185 Zeichnung der neuen Aktien
(gültig vom 1.1.1966 bis zum 31.3.1998)

(1) Die Zeichnung der neuen Aktien geschieht durch schriftliche Erklärung (Zeichnungsschein), aus der die Beteiligung nach der Zahl~~,~~ dem Nennbetrag und, wenn mehrere Gattungen ausgegeben werden, der Gattung der Aktien hervorgehen muß. Der Zeichnungsschein soll doppelt ausgestellt werden. Er hat zu enthalten

1. …

3. die bei der Kapitalerhöhung mit Sacheinlagen vorgesehenen Festsetzungen und, wenn mehrere Gattungen ausgegeben werden, den ~~Gesamtnennbetrag einer jeden Aktiengattung~~;

4. …

(2) …

§ 186 Bezugsrecht*
(TransPuG v 19.7.2002, BGBl I 2681 [gültig seit dem 26.7.2002])

(1) unverändert

(2) Der Vorstand hat den Ausgabebetrag oder die Grundlagen für seine Festlegung und zugleich eine Bezugsfrist gemäß Absatz 1 in den Gesellschaftsblättern bekannt zu machen. Sind nur die Grundlagen der

§ 186 Bezugsrecht
(G v 2.8.1994, BGBl I 1961 [gültig vom 3.8.1998 bis zum 28.10.1997])

(1) …

(2) ~~Der Vorstand hat den Ausgabebetrag und zugleich eine nach Absatz 1 bestimmte Frist in den Gesellschaftsblättern bekannt zumachen.~~

Festlegung angegeben, so hat er spätestens drei Tage vor Ablauf der Bezugsfrist den Ausgabebetrag in den Gesellschaftsblättern und über ein elektronisches Informationsmedium bekannt zu machen.

(3), (4) unverändert

(5) Als Ausschluß des Bezugsrechts ist es nicht anzusehen, wenn nach dem Beschluß die neuen Aktien von einem Kreditinstitut oder einem nach § 53 Abs. 1 Satz 1 oder § 53b Abs. 1 Satz 1 oder Abs. 7 des Gesetzes über das Kreditwesen tätigen Unternehmen mit der Verpflichtung übernommen werden sollen, sie den Aktionären zum Bezug anzubieten. Der Vorstand hat dieses Bezugsangebot mit den Angaben gemäß Absatz 2 Satz 1 und einen endgültigen Ausgabebetrag gemäß Absatz 2 Satz 2 bekannt zu machen; gleiches gilt, wenn die neuen Aktien von einem anderen als einem Kreditinstitut oder Unternehmen im Sinne des Satzes 1 mit der Verpflichtung übernommen werden sollen, sie den Aktionären zum Bezug anzubieten.

(3) …

(5) Als Ausschluß des Bezugsrechts ist es nicht anzusehen, wenn nach dem Beschluß die neuen Aktien von einem ~~Kreditinstitut~~ mit der Verpflichtung übernommen werden sollen, sie den Aktionären zum Bezug anzubieten. ~~Der Vorstand hat das Bezugsangebot des Kreditinstituts unter Angabe des für die Aktien zu leistenden Entgelts und einer für die Annahme des Angebots gesetzten Frist in den Gesellschaftsblättern bekanntzumachen;~~ gleiches gilt, wenn die neuen Aktien von einem anderen als einem Kreditinstitut mit der Verpflichtung übernommen werden sollen, sie den Aktionären zum Bezug anzubieten.

[§§ 187–195 unverändert]

§ 196 Bekanntmachung der Eintragung

(1. JuMoG v 24.8.2004, BGBl I 2198 [gültig seit dem 1.9.2004])

In die Bekanntmachung der Eintragung des Beschlusses über die bedingte Kapitalerhöhung sind außer deren Inhalt die nach § 194 bei der Einbringung von Sacheinlagen vorgesehenen Festsetzungen und ein Hinweis auf den Bericht über die Prüfung von Sacheinlagen (§ 194 Abs. 4) aufzunehmen. Für die Festsetzungen nach § 194 genügt die Bezugnahme auf die beim Gericht eingereichten Urkunden.

§ 196 Bekanntmachung der Eintragung

(G v 13.12.1978, BGBl I 1959 [gültig vom 1.7.1979 bis zum 30.8.2004])

In die Bekanntmachung der Eintragung des Beschlusses über die bedingte Kapitalerhöhung sind außer deren Inhalt ~~die Feststellungen nach § 193 Abs. 2,~~ die nach § 194 bei der Einbringung von Sacheinlagen vorgesehenen Festsetzungen und ein Hinweis auf den Bericht über die Prüfung von Sacheinlagen (§ 194 Abs. 4) aufzunehmen. Für die Festsetzungen nach § 194 genügt die Bezugnahme auf die beim Gericht eingereichten Urkunden.

[§§ 197–206 unverändert]

§ 207 Voraussetzungen

(TransPuG v 19.7.2002, BGBl I 2681 [gültig seit dem 26.7.2002])

(1), (2) unverändert

(3) Dem Beschluß ist eine Bilanz zugrunde zu legen.

§ 207 Voraussetzungen

(StückAG v 25.3.1998, BGBl I 590 [gültig vom 1.4.1998 bis zum 25.7.2002])

(1) …

(3) ~~Die Erhöhung kann erst beschlossen werden, nachdem der Jahresabschluß für das letzte vor der Beschlußfassung über die~~

~~Kapitalerhöhung abgelaufene Geschäftsjahr (letzter Jahresabschluß) festgestellt ist.~~
~~(4)~~ Dem Beschluß ist eine Bilanz zugrunde zu legen.

*[§ 208 **unverändert**]*

§ 209 Zugrunde gelegte Bilanz
(BilReG v 4.12.2004, BGBl I 3166 [gültig seit dem 10.12.2004]).
(1)–(3) unverändert
(4) Wenn die Hauptversammlung keinen anderen Prüfer wählt, gilt der Prüfer als gewählt, der für die Prüfung des letzten Jahresabschlusses von der Hauptversammlung gewählt oder vom Gericht bestellt worden ist. Soweit sich aus der Besonderheit des Prüfungsauftrags nichts anderes ergibt, sind auf die Prüfung § 318 Abs. 1 Satz 3, § 319 Abs. 1 bis 4, § 319a Abs. 1, § 320 Abs. 1, 2, §§ 321, 322 Abs. 7 und § 323 des Handelsgesetzbuchs entsprechend anzuwenden.
(5), (6) unverändert

§ 209 Zugrunde gelegte Bilanz
(KonTraG v 27.4.1998, BGBl I 786 [gültig vom 1.5.1998 bis zum 9.12.2004])
(1) …
(4) Wenn die Hauptversammlung keinen anderen Prüfer wählt, gilt der Prüfer als gewählt, der für die Prüfung des letzten Jahresabschlusses von der Hauptversammlung gewählt oder vom Gericht bestellt worden ist. Soweit sich aus der Besonderheit des Prüfungsauftrags nichts anderes ergibt, sind auf die Prüfung § 318 Abs. 1 Satz 3, ~~§ 319 Abs. 1 bis 3, § 320 Abs. 1, 2, §§ 321, 322 Abs. 5~~ und § 323 des Handelsgesetzbuchs entsprechend anzuwenden.
(5) …

*[§§ 210–213 **unverändert**]*

§ 214 Aufforderung an die Aktionäre
(4. FinanzmarktförderungsG v 21.6.2002, BGBl I 2010 [gültig seit dem 1.7.2002])
(1), (2) unverändert
(3) Nach Ablauf eines Jahres seit der letzten Bekanntmachung der Androhung hat die Gesellschaft die nicht abgeholten Aktien für Rechnung der Beteiligten zum Börsenpreis und beim Fehlen eines Börsenpreises durch öffentliche Versteigerung zu verkaufen. § 226 Abs. 3 Satz 2 bis 6 gilt sinngemäß.
(4) unverändert

§ 214 Aufforderung an die Aktionäre
(StückAG v 25.3.1998, BGBl I 590 [gültig vom 1.4.1998 bis zum 30.6.2002])
(1) …
(3) Nach Ablauf eines Jahres seit der letzten Bekanntmachung der Androhung hat die Gesellschaft die nicht abgeholten Aktien für Rechnung der Beteiligten ~~zum amtlichen Börsenpreis durch Vermittlung eines Kursmaklers~~ und beim Fehlen eines Börsenpreises durch öffentliche Versteigerung zu verkaufen. § 226 Abs. 3 Satz 2 bis 6 gilt sinngemäß.
(4) …

*[§§ 215–220 **unverändert**]*

Übersicht II

In „Übersicht II“ werden Normen mit mehreren Änderungen des Gesetzestextes gegenüber der kommentierten Fassung zusätzlich mit den jeweils zwischenzeitlich gültigen Fassungen dargestellt. Die Veranschaulichung der Änderungen der einzelnen Norm beginnt mit der kommentierten Fassung und endet mit dem aktuellen Gesetzeswortlaut. Unterstrichene Normpassagen markieren Erweiterungen des Gesetzeswortlautes gegenüber der vorherigen Fassung, durchgestrichene hingegen Streichungen des zuvor gültigen Gesetzestextes.

§ 160 Vorschriften zum Anhang

BiRiLiG v 19.12.1985, BGBl I 2355 (gültig vom 25.12.1985 bis zum 31.3.1998)

(1) In jedem Anhang sind auch Angaben zu machen über

1. …

2. den Bestand an eigenen Aktien der Gesellschaft, die sie, ein abhängiges oder im Mehrheitsbesitz der Gesellschaft stehendes Unternehmen oder ein anderer für Rechnung der Gesellschaft oder eines abhängigen oder eines im Mehrheitsbesitz der Gesellschaft stehenden Unternehmens erworben oder als Pfand genommen hat; dabei sind die Zahl ~~und der Nennbetrag~~ dieser Aktien sowie deren Anteil am Grundkapital, für erworbene Aktien ferner der Zeitpunkt des Erwerbs und die Gründe für den Erwerb anzugeben. Sind solche Aktien im Geschäftsjahr erworben oder veräußert worden, so ist auch über den Erwerb oder die Veräußerung unter Angabe der Zahl ~~und des Nennbetrags~~ dieser Aktien, des Anteils am Grundkapital und des Erwerbs- oder Veräußerungspreises, sowie über die Verwendung des Erlöses zu berichten;

3. die Zahl und den Nennbetrag der Aktien jeder Gattung, sofern sich diese Angaben nicht aus der Bilanz ergeben; davon sind Aktien, die bei einer bedingten Kapitalerhöhung oder einem genehmigten Kapital im Geschäftsjahr gezeichnet wurden, jeweils gesondert anzugeben;

4. das genehmigte Kapital;

5. die Zahl der Wandelschuldverschreibungen und vergleichbaren Wertpapiere unter Angabe der Rechte, die sie verbriefen;

6., 7. …

8. das Bestehen einer Beteiligung an der Gesellschaft, die ihr nach § 20 Abs. 1 oder 4 mitgeteilt worden ist; dabei ist anzugeben, wem die Beteiligung gehört und ob sie den vierten Teil aller Aktien der Gesellschaft übersteigt oder eine Mehrheitsbeteiligung (§ 16 Abs. 1) ist.

(2) …

Geändert durch StückAG v 25.3.1998, BGBl I 590 (gültig vom 1.4.1998 bis zum 30.4.1998)

(1) In jedem Anhang sind auch Angaben zu machen über

1. (unverändert);

2. den Bestand an eigenen Aktien der Gesellschaft, die sie, ein abhängiges oder im Mehrheitsbesitz der Gesellschaft stehendes Unternehmen oder ein anderer für Rechnung der Gesellschaft oder eines abhängigen oder eines im Mehrheitsbesitz der Gesellschaft stehenden Unternehmens erworben oder als Pfand genommen hat; dabei sind die Zahl dieser Aktien und der auf sie entfallende Betrag des Grundkapitals sowie deren Anteil am Grundkapital, für erworbene Aktien ferner der Zeitpunkt des Erwerbs und die Gründe für den Erwerb anzugeben. Sind solche Aktien im Geschäftsjahr erworben oder veräußert worden, so ist auch über den Erwerb oder die Veräußerung unter Angabe der Zahl dieser Aktien, des auf sie entfallenden Betrags des Grundkapitals, des Anteils am Grundkapital und des Erwerbs- oder Veräußerungspreises, sowie über die Verwendung des Erlöses zu berichten;

3. die Zahl und bei Nennbetragsaktien den Nennbetrag der Aktien jeder Gattung, sofern sich diese Angaben nicht aus der Bilanz ergeben; davon sind Aktien, die bei einer bedingten Kapitalerhöhung oder einem genehmigten Kapital im Geschäftsjahr gezeichnet wurden, jeweils gesondert anzugeben;

4.–8. unverändert

(2) unverändert

Geändert durch KonTraG v. 27.4.1998, BGBl I 786 (gültig vom 1.5.1998 bis zum 8.3.2000)

(1) In jedem Anhang sind auch Angaben zu machen über

1.–4. unverändert, davon 2., 3. unverändert idF des StückAG

5. die Zahl der Bezugsrechte gemäß § 192 Abs. 2 Nr. 3, der Wandelschuldverschreibungen und vergleichbaren Wertpapiere unter Angabe der Rechte, die sie verbriefen;

6.–8. unverändert

(2) unverändert

Geändert durch KapCoRiLiG v 24.2.2000, BGBl I 154 (gültig seit dem 9.3.2000)

(1) In jedem Anhang sind auch Angaben zu machen über

1.–7. unverändert, davon 2., 3. idF des StückAG, 5. idF des KonTraG;

8. das Bestehen einer Beteiligung, die nach § 20 Abs. 1 oder 4 dieses Gesetzes oder nach § 21 Abs. 1 oder Abs. 1a des Wertpapierhandelsgesetzes mitgeteilt worden ist; dabei ist der nach § 20 Abs. 6 dieses Gesetzes oder der nach § 25 Abs. 1 des Wertpapierhandelsgesetzes veröffentlichte Inhalt der Mitteilungen anzugeben.

(2) (unverändert)

§ 170 Vorlage an den Aufsichtsrat

BiRiLiG v 19.12.1985, BGBl I 2355 [gültig vom 1.1.1986 bis zum 30.4.1998])

(1) Der Vorstand hat den Jahresabschluß und den Lagebericht unverzüglich nach ihrer Aufstellung dem Aufsichtsrat vorzulegen. ~~Ist der Jahresabschluß durch einen Abschlußprüfer zu prüfen, so sind diese Unterlagen zusammen mit dem Prüfungsbericht des Abschlußprüfers unverzüglich nach dem Eingang des Prüfungsberichts dem Aufsichtsrat vorzulegen.~~

(2) ...

(3) Jedes Aufsichtsratsmitglied hat das Recht, von den Vorlagen Kenntnis zu nehmen. ~~Die Vorlagen sind auch jedem Aufsichtsratsmitglied auf Verlangen auszuhändigen, soweit der Aufsichtsrat nichts anderes beschlossen hat.~~

Geändert durch KonTraG v 27.4.1998 BGBl I 786 (gültig vom 1.5.1998 bis zum 25.7.2002)

(1) Der Vorstand hat den Jahresabschluß und den Lagebericht unverzüglich nach ihrer Aufstellung dem Aufsichtsrat vorzulegen.

(2) unverändert

(3) Jedes Aufsichtsratsmitglied hat das Recht, von den Vorlagen <u>und Prüfungsberichten</u> Kenntnis zu nehmen. <u>Die Vorlagen und Prüfungsberichte sind auch jedem Aufsichtsratsmitglied oder, soweit der Aufsichtsrat dies beschlossen hat, den Mitgliedern eines Ausschusses</u> ~~auszuhändigen~~.

Geändert durch TransPuG v 19.7.2002, BGBl I 2681 (gültig vom 26.7.2002 bis zum 9.12.2004)

(1) Der Vorstand hat den Jahresabschluß und den Lagebericht unverzüglich nach ihrer Aufstellung dem Aufsichtsrat vorzulegen. <u>Bei Mutterunternehmen (§ 290 Abs. 1, 2 des Handelsgesetzbuchs) gilt Satz 1 entsprechend für den Konzernabschluss und den Konzernlagebericht.</u>

(2) unverändert

(3) Jedes Aufsichtsratsmitglied hat das Recht, von den Vorlagen und Prüfungsberichten Kenntnis zu nehmen. Die Vorlagen und Prüfungsberichte sind auch jedem Aufsichtsratsmitglied oder, soweit der Aufsichtsrat dies beschlossen hat, den Mitgliedern eines Ausschusses <u>zu übermitteln</u>.

Geändert durch BilReG v 4.12.2004, BGBl I 3166 (gültig seit dem 10.12.2004)

(1) Der Vorstand hat den Jahresabschluß und den Lagebericht unverzüglich nach ihrer Aufstellung dem Aufsichtsrat vorzulegen. <u>Satz 1 gilt entsprechend für einen Einzelabschluss nach § 325 Abs. 2a des Handelsgesetzbuchs sowie bei Mutterunternehmen (§ 290 Abs. 1, 2 des Handelsgesetzbuchs) für den Konzernabschluss und den Konzernlagebericht.</u>

(2), (3) unverändert, (3) idF des TransPuG

§ 171 Prüfung durch den Aufsichtsrat

BiRiLiG v 19.12.1985, BGBl I 2355 (gültig vom 1.1.1986 bis zum 30.4.1998)

(1) Der Aufsichtsrat hat den Jahresabschluß, den Lagebericht und den Vorschlag für die Verwendung des Bilanzgewinns zu prüfen. ~~Ist der Jahresabschluß durch einen Abschlußprüfer zu prüfen, so hat der Abschlußprüfer auf Verlangen des Aufsichtsrats an dessen Verhandlungen über diese Vorlage teilzunehmen.~~

(2) Der Aufsichtsrat hat über das Ergebnis der Prüfung schriftlich an die Hauptversammlung zu berichten. In dem Bericht hat der Aufsichtsrat auch mitzuteilen, in welcher Art und in welchem Umfang er die Geschäftsführung der Gesellschaft während des Geschäftsjahrs geprüft hat~~.~~ Ist der Jahresabschluß durch einen Abschlußprüfer zu prüfen, so hat der Aufsichtsrat ferner zu dem Ergebnis der Prüfung des Jahresabschlusses durch

den Abschlußprüfer Stellung zu nehmen. Am Schluß des Berichts hat der Aufsichtsrat zu erklären, ob nach dem abschließenden Ergebnis seiner Prüfung Einwendungen zu erheben sind und ob er den vom Vorstand aufgestellten Jahresabschluß billigt.

(3) Der Aufsichtsrat hat seinen Bericht innerhalb eines Monats, nachdem ihm die Vorlagen zugegangen sind, dem Vorstand zuzuleiten. Wird der Bericht dem Vorstand nicht innerhalb der Frist zugeleitet, hat der Vorstand dem Aufsichtsrat unverzüglich eine weitere Frist von nicht mehr als einem Monat zu setzen. Wird der Bericht dem Vorstand nicht vor Ablauf der weiteren Frist zugeleitet, gilt der Jahresabschluß als vom Aufsichtsrat nicht gebilligt.

Geändert durch KonTraG v 27.4.1998, BGBl I 786 (gültig vom 1.5.1998 bis zum 25.7.2002)

(1) Der Aufsichtsrat hat den Jahresabschluß, den Lagebericht und den Vorschlag für die Verwendung des Bilanzgewinns zu prüfen, bei Mutterunternehmen ~~im Sinne des § 290 des Handelsgesetzbuchs~~ auch den Konzernabschluß und Konzernlagebericht. Ist der Jahresabschluß durch einen Abschlußprüfer zu prüfen, so hat dieser an den Verhandlungen des Aufsichtsrats oder eines Ausschusses über diese Vorlagen teilzunehmen und über die wesentlichen Ergebnisse seiner Prüfung zu berichten.

(2) Der Aufsichtsrat hat über das Ergebnis der Prüfung schriftlich an die Hauptversammlung zu berichten. In dem Bericht hat der Aufsichtsrat auch mitzuteilen, in welcher Art und in welchem Umfang er die Geschäftsführung der Gesellschaft während des Geschäftsjahrs geprüft hat; bei börsennotierten Gesellschaften hat er insbesondere anzugeben, welche Ausschüsse gebildet worden sind, sowie die Zahl seiner Sitzungen und die der Ausschüsse mitzuteilen. Ist der Jahresabschluß durch einen Abschlußprüfer zu prüfen, so hat der Aufsichtsrat ferner zu dem Ergebnis der Prüfung des Jahresabschlusses durch den Abschlußprüfer Stellung zu nehmen. Am Schluß des Berichts hat der Aufsichtsrat zu erklären, ob nach dem abschließenden Ergebnis seiner Prüfung Einwendungen zu erheben sind und ob er den vom Vorstand aufgestellten Jahresabschluß billigt.

(3) unverändert

Geändert durch TransPuG v 19.7.2002, BGBl I 2681 (gültig vom 26.7.2002 bis zum 9.12.2004)

(1) Der Aufsichtsrat hat den Jahresabschluß, den Lagebericht und den Vorschlag für die Verwendung des Bilanzgewinns zu prüfen, bei Mutterunternehmen (§ 290 Abs. 1, 2 des Handelsgesetzbuchs) auch den Konzernabschluß und Konzernlagebericht. Ist der Jahresabschluß oder der Konzernabschluss durch einen Abschlußprüfer zu prüfen, so hat dieser an den Verhandlungen des Aufsichtsrats oder eines Ausschusses über diese Vorlagen teilzunehmen und über die wesentlichen Ergebnisse seiner Prüfung zu berichten.

(2) Der Aufsichtsrat hat über das Ergebnis der Prüfung schriftlich an die Hauptversammlung zu berichten. In dem Bericht hat der Aufsichtsrat auch mitzuteilen, in welcher Art und in welchem Umfang er die Geschäftsführung der Gesellschaft während des Geschäftsjahrs geprüft hat; bei börsennotierten Gesellschaften hat er insbesondere anzugeben, welche Ausschüsse gebildet worden sind, sowie die Zahl seiner Sitzungen und die der Ausschüsse mitzuteilen. Ist der Jahresabschluß durch einen Abschlußprüfer zu prüfen, so hat der Aufsichtsrat ferner zu dem Ergebnis der Prüfung des Jahresabschlusses durch den Abschlußprüfer Stellung zu nehmen. Am Schluß des Berichts hat der Aufsichtsrat zu erklären, ob nach dem abschließenden Ergebnis seiner Prüfung Einwendungen zu erheben sind und ob er den vom Vorstand aufgestellten Jahresabschluß billigt. Bei

Mutterunternehmen (§ 290 Abs. 1, 2 des Handelsgesetzbuchs) finden die Sätze 3 und 4 entsprechende Anwendung auf den Konzernabschluss.

(3) Der Aufsichtsrat hat seinen Bericht innerhalb eines Monats, nachdem ihm die Vorlagen zugegangen sind, dem Vorstand zuzuleiten. Wird der Bericht dem Vorstand nicht innerhalb der Frist zugeleitet, hat der Vorstand dem Aufsichtsrat unverzüglich eine weitere Frist von nicht mehr als einem Monat zu setzen. Wird der Bericht dem Vorstand nicht vor Ablauf der weiteren Frist zugeleitet, gilt der Jahresabschluß als vom Aufsichtsrat nicht gebilligt; bei Mutterunternehmen (§ 290 Abs. 1, 2 des Handelsgesetzbuchs) gilt das Gleiche hinsichtlich des Konzernabschlusses.

Geändert durch BilReG v 4.12.2004, BGBl I 3166 (gültig seit dem 10.12.2004)

(1)–(3) unverändert idF des TransPuG

(4) Die Absätze 1 bis 3 gelten auch hinsichtlich eines Einzelabschlusses nach § 325 Abs. 2a des Handelsgesetzbuchs. Der Vorstand darf den in Satz 1 genannten Abschluss erst nach dessen Billigung durch den Aufsichtsrat offen legen.

Geändert durch G v 8.7.2006, BGBl I 1426 (gültig seit dem 14.7.2006)

(1) unverändert idF des TransPuG

(2) Der Aufsichtsrat hat über das Ergebnis der Prüfung schriftlich an die Hauptversammlung zu berichten. In dem Bericht hat der Aufsichtsrat auch mitzuteilen, in welcher Art und in welchem Umfang er die Geschäftsführung der Gesellschaft während des Geschäftsjahrs geprüft hat; bei börsennotierten Gesellschaften hat er insbesondere anzugeben, welche Ausschüsse gebildet worden sind, sowie die Zahl seiner Sitzungen und die der Ausschüsse mitzuteilen und auch die Angaben nach § 289 Abs. 4, § 315 Abs. 4 des Handelsgesetzbuchs zu erläutern. Ist der Jahresabschluß durch einen Abschlußprüfer zu prüfen, so hat der Aufsichtsrat ferner zu dem Ergebnis der Prüfung des Jahresabschlusses durch den Abschlußprüfer Stellung zu nehmen. Am Schluß des Berichts hat der Aufsichtsrat zu erklären, ob nach dem abschließenden Ergebnis seiner Prüfung Einwendungen zu erheben sind und ob er den vom Vorstand aufgestellten Jahresabschluß billigt. Bei Mutterunternehmen (§ 290 Abs. 1, 2 des Handelsgesetzbuchs) finden die Sätze 3 und 4 entsprechende Anwendung auf den Konzernabschluß.

(3), (4) unverändert, (3) idF TransPuG, (4) idF des BilReG

§ 175 Einberufung

BiRiLiG v 24.12.1985, BGBl I 2355 (gültig vom 1.1.1986 bis zum 25.7.2002)

(1) Unverzüglich nach Eingang des Berichts des Aufsichtsrats hat der Vorstand die Hauptversammlung zur Entgegennahme des festgestellten Jahresabschlusses und des Lageberichts sowie zur Beschlußfassung über die Verwendung eines Bilanzgewinns einzuberufen. Die Hauptversammlung hat in den ersten acht Monaten des Geschäftsjahrs stattzufinden.

(2) Der Jahresabschluß, der Lagebericht, der Bericht des Aufsichtsrats und der Vorschlag des Vorstands für die Verwendung des Bilanzgewinns sind von der Einberufung an in dem Geschäftsraum der Gesellschaft zur Einsicht der Aktionäre auszulegen. Auf Verlangen ist jedem Aktionär unverzüglich eine Abschrift der Vorlagen zu erteilen.

(3) ~~Hat die Hauptversammlung den Jahresabschluß festzustellen, so gelten für die Einberufung der Hauptversammlung zur Feststellung des Jahresabschlusses und für die~~

Auslegung der Vorlagen und die Erteilung von Abschriften die Absätze 1 und 2 sinngemäß. Die Verhandlungen über die Feststellung des Jahresabschlusses und über die Verwendung des Bilanzgewinns sollen verbunden werden.

(4) Mit der Einberufung der Hauptversammlung zur Entgegennahme des festgestellten Jahresabschlusses oder, wenn die Hauptversammlung den Jahresabschluß festzustellen hat, der Hauptversammlung zur Feststellung des Jahresabschlusses sind Vorstand und Aufsichtsrat an die in dem Bericht des Aufsichtsrats enthaltenen Erklärungen über den Jahresabschluß (§§ 172, 173 Abs. 1) gebunden.

Geändert durch TransPuG v 19.7.2002, BGBl I 2681 (gültig vom 26.7.2002 bis zum 9.12.2004)

(1) Unverzüglich nach Eingang des Berichts des Aufsichtsrats hat der Vorstand die Hauptversammlung zur Entgegennahme des festgestellten Jahresabschlusses und des Lageberichts sowie zur Beschlußfassung über die Verwendung eines Bilanzgewinns, bei einem Mutterunternehmen (§ 290 Abs. 1, 2 des Handelsgesetzbuchs) auch zur Entgegennahme des vom Aufsichtsrat gebilligten Konzernabschlusses und des Konzernlageberichts, einzuberufen. Die Hauptversammlung hat in den ersten acht Monaten des Geschäftsjahrs stattzufinden.

(2) Der Jahresabschluß, der Lagebericht, der Bericht des Aufsichtsrats und der Vorschlag des Vorstands für die Verwendung des Bilanzgewinns sind von der Einberufung an in dem Geschäftsraum der Gesellschaft zur Einsicht der Aktionäre auszulegen. Auf Verlangen ist jedem Aktionär unverzüglich eine Abschrift der Vorlagen zu erteilen. Bei einem Mutterunternehmen (§ 290 Abs. 1, 2 des Handelsgesetzbuchs) gelten die Sätze 1 und 2 auch für den Konzernabschluss, den Konzernlagebericht und den Bericht des Aufsichtsrats hierüber.

(3) Hat die Hauptversammlung den Jahresabschluß festzustellen oder hat sie über die Billigung des Konzernabschlusses zu entscheiden, so gelten für die Einberufung der Hauptversammlung zur Feststellung des Jahresabschlusses oder zur Billigung des Konzernabschlusses und für die Auslegung der Vorlagen und die Erteilung von Abschriften die Absätze 1 und 2 sinngemäß. Die Verhandlungen über die Feststellung des Jahresabschlusses und über die Verwendung des Bilanzgewinns sollen verbunden werden.

(4) Mit der Einberufung der Hauptversammlung zur Entgegennahme des festgestellten Jahresabschlusses oder, wenn die Hauptversammlung den Jahresabschluß festzustellen hat, der Hauptversammlung zur Feststellung des Jahresabschlusses sind Vorstand und Aufsichtsrat an die in dem Bericht des Aufsichtsrats enthaltenen Erklärungen über den Jahresabschluß (§§ 172, 173 Abs. 1) gebunden. Bei einem Mutterunternehmen (§ 290 Abs. 1, 2 des Handelsgesetzbuchs) gilt Satz 1 für die Erklärung des Aufsichtsrats über die Billigung des Konzernabschlusses entsprechend.

Geändert durch BilReG v 4.12.2004, BGBl I 3166 (gültig seit dem 10.12.2004)

(1) Unverzüglich nach Eingang des Berichts des Aufsichtsrats hat der Vorstand die Hauptversammlung zur Entgegennahme des festgestellten Jahresabschlusses und des Lageberichts, eines vom Aufsichtsrat gebilligten Einzelabschlusses nach § 325 Abs. 2a des Handelsgesetzbuchs sowie zur Beschlußfassung über die Verwendung eines Bilanzgewinns, bei einem Mutterunternehmen (§ 290 Abs. 1, 2 des Handelsgesetzbuchs) auch zur Entgegennahme des vom Aufsichtsrat gebilligten Konzernabschlusses und des Konzernlageberichts einzuberufen. Die Hauptversammlung hat in den ersten acht Monaten des Geschäftsjahrs stattzufinden.

(2) Der Jahresabschluß, ein vom Aufsichtsrat gebilligter Einzelabschluss nach § 325 Abs. 2a des Handelsgesetzbuchs, der Lagebericht, der Bericht des Aufsichtsrats und der Vorschlag des Vorstands für die Verwendung des Bilanzgewinns sind von der Einberufung an in dem Geschäftsraum der Gesellschaft zur Einsicht der Aktionäre auszulegen. Auf Verlangen ist jedem Aktionär unverzüglich eine Abschrift der Vorlagen zu erteilen. Bei einem Mutterunternehmen (§ 290 Abs. 1, 2 des Handelsgesetzbuchs) gelten die Sätze 1 und 2 auch für den Konzernabschluss, den Konzernlagebericht und den Bericht des Aufsichtsrats gegenüber.

(3), (4) unverändert idF des TransPuG

§ 186 Bezugsrecht

G v 2.8.1994, BGBl I 1961 (gültig vom 3.8.1998 bis zum 28.10. 1997)

(1) ...

(2) Der Vorstand hat den Ausgabebetrag und zugleich eine nach Absatz 1 bestimmte Frist in den Gesellschaftsblättern bekannt zu machen.

(3), (4) ...

(5) Als Ausschluß des Bezugsrechts ist es nicht anzusehen, wenn nach dem Beschluß die neuen Aktien von einem ~~Kreditinstitut~~ mit der Verpflichtung übernommen werden sollen, sie den Aktionären zum Bezug anzubieten. Der Vorstand hat das Bezugsangebot des ~~Kreditinstituts~~ unter Angabe des für die Aktien zu leistenden Entgelts und einer für die Annahme des Angebots gesetzten Frist in den Gesellschaftsblättern bekanntzumachen; gleiches gilt, wenn die neuen Aktien von einem anderen als einem ~~Kreditinstitut~~ mit der Verpflichtung übernommen werden sollen, sie den Aktionären zum Bezug anzubieten.

Geändert durch G v 22.10.1997, BGBl I 2567 (gültig vom 1.1.1998 bis zum 25.7. 2002)

(1) unverändert

(2) ~~Der Vorstand hat den Ausgabebetrag und zugleich eine nach Absatz 1 bestimmte Frist in den Gesellschaftsblättern bekannt zu machen.~~

(3), (4) unverändert

(5) Als Ausschluß des Bezugsrechts ist es nicht anzusehen, wenn nach dem Beschluß die neuen Aktien von einem Kreditinstitut oder einem nach § 53 Abs. 1 Satz 1 oder § 53b Abs. 1 Satz 1 oder Abs. 7 des Gesetzes über das Kreditwesen tätigen Unternehmen mit der Verpflichtung übernommen werden sollen, sie den Aktionären zum Bezug anzubieten. ~~Der Vorstand hat das Bezugsangebot des Kreditinstituts oder Unternehmens im Sinne des Satzes 1 unter Angabe des für die Aktien zu leistenden Entgelts und einer für die Annahme des Angebots gesetzten Frist in den Gesellschaftsblättern bekanntzumachen;~~ gleiches gilt, wenn die neuen Aktien von einem anderen als einem Kreditinstitut oder Unternehmen im Sinne des Satzes 1 mit der Verpflichtung übernommen werden sollen, sie den Aktionären zum Bezug anzubieten.

Geändert durch TransPuG v 19.7.2002, BGBl I 2681 (gültig seit dem 26.7.2002)

(1) unverändert

(2) Der Vorstand hat den Ausgabebetrag oder die Grundlagen für seine Festlegung und zugleich eine Bezugsfrist gemäß Absatz 1 in den Gesellschaftsblättern bekannt zu

machen. Sind nur die Grundlagen der Festlegung angegeben, so hat er spätestens drei Tage vor Ablauf der Bezugsfrist den Ausgabebetrag in den Gesellschaftsblättern und über ein elektronisches Informationsmedium bekannt zu machen.

(3), (4) unverändert

(5) Als Ausschluß des Bezugsrechts ist es nicht anzusehen, wenn nach dem Beschluß die neuen Aktien von einem Kreditinstitut oder einem nach § 53 Abs. 1 Satz 1 oder § 53b Abs. 1 Satz 1 oder Abs. 7 des Gesetzes über das Kreditwesen tätigen Unternehmen mit der Verpflichtung übernommen werden sollen, sie den Aktionären zum Bezug anzubieten. Der Vorstand hat dieses Bezugsangebot mit den Angaben gemäß Absatz 2 Satz 1 und einen endgültigen Ausgabebetrag gemäß Absatz 2 Satz 2 bekannt zu machen; gleiches gilt, wenn die neuen Aktien von einem anderen als einem Kreditinstitut oder Unternehmen im Sinne des Satzes 1 mit der Verpflichtung übernommen werden sollen, sie den Aktionären zum Bezug anzubieten.

Ergänzendes Abkürzungsverzeichnis

einschließlich ausgewählter abgekürzt zitierter Literatur*

aA	anderer Ansicht
AAB-WP	Allgemeine Auftragsbedingungen für Wirtschaftsprüfer und Wirtschaftsprüfungsgesellschaften
aaO	am angegebenen Ort
abl	ablehnen(d)
ABl	Amtsblatt
ABlEG, ABlEU	Amtsblatt der Europäischen Gemeinschaften, der Europäischen Union (Nummer, Seite, Datum)
Abs	Absatz
AcP	Archiv für die civilistische Praxis (Band, Jahr, Seite)
ADHGB	Allgemeines Deutsches Handelsgesetzbuch
ADS	Adler, Düring, Schmaltz, Rechnungslegung und Prüfung der Unternehmen, 6. Auflage 1995–2001
aE	am Ende
aF	alte Fassung
AG	Amtsgericht; Aktiengesellschaft(en); Die Aktiengesellschaft, Zeitschrift für das gesamte Aktienwesen (Jahr, Seite)
AG-S	Die Aktiengesellschaft, Zeitschrift für das gesamte Aktienwesen, Sonderheft (Jahr, Seite)
AGB	Allgemeine Geschäftsbedingungen
AktG	Gesetz über Aktiengesellschaften und Kommanditgesellschaften auf Aktien (Aktiengesetz) v 6.9.1965 (BGBl I 1089; BGBl III/FNA 4121-1)
AktG 1937	Gesetz über Aktiengesellschaften und Kommanditgesellschaften auf Aktien (Aktiengesetz) v 30.1.1937 (RGBl I 107), nunmehr AktG 1965 (AktG)
AktR	Aktienrecht
allg	allgemein
allgM	allgemeine Meinung
Alt	Alternative
aM	anderer Meinung
Amtl Begr	Amtliche Begründung
Anm	Anmerkung
Art	Artikel

* Aktualisierte Kurzfassung des im ersten Band abgedruckten allgemeinen Abkürzungsverzeichnisses. Die abgekürzt zitierte Literatur wird in der aktuellen Auflage angegeben. In den erschienenen Lieferungen kann auf Vorauflagen Bezug genommen worden sein. Insoweit wird auf die hochgestellte Ziffer hinter selbständigen Werken verwiesen, die die benutzte Auflage bezeichnet.

Assmann/Schneider	Wertpapierhandelsgesetz, Kommentar, 4. Auflage 2006
Assmann/Schütze	Handbuch des Kapitalanlagerechts, 2. Auflage 1997
Aufl	Auflage
BaFin	Bundesanstalt für Finanzdienstleistungsaufsicht, durch FinDAG ab 1.5.2002, zuvor BAKred, BAV und BAWe
BAKred	Bundesaufsichtsamt für das Kreditwesen, seit 1.5.2002 BaFin
Bank-Betrieb	Bank-Betrieb, seit 1977 Die Bank (Jahr und Seite)
Baumbach/Hopt	Handelsgesetzbuch, 32. Auflage 2006
Baumbach/Hueck	Aktiengesetz, 13. Auflage 1968
Baumbach/Hueck GmbHG	GmbH-Gesetz, 18. Auflage 2006
BausparkG	Gesetz über Bausparkassen idF v 15.2.1991 (BGBl I 454; BGBl III/FNA 7691-2)
BAV	Bundesaufsichtsamt für das Versicherungswesen, seit 1.5.2002 BaFin
BAWe	Bundesaufsichtsamt für den Wertpapierhandel, seit 1.5.2002 BaFin
BayObLG	Bayerisches Oberstes Landesgericht (aufgelöst ab 1.7.2006)
BayObLGZ	Entscheidungen des Bayerischen Obersten Landesgerichts in Zivilsachen (Jahr, Seite)
BB	Betriebs-Berater (Jahr, Seite)
Bd, Bde	Band, Bände
Bearb	Bearbeitung
BeckBil-Komm	Beck'scher Bilanz-Kommentar, 6. Auflage 2006
Begr	Begründung
Begr RegE	Begründung Regierungsentwurf
Beil	Beilage
Bek	Bekanntmachung
Beschl	Beschluss
BetrVG	Betriebsverfassungsgesetz idF v 23.12.1998 (BGBl 1989 I 1; BGBl III/FNA 801-7)
BeurkG	Beurkundungsgesetz v 28.8.1969 (BGBl I 1513; BGBl III/FNA 303-13)
BFH	Bundesfinanzhof
BFHE	Sammlung der Entscheidungen des Bundesfinanzhofs (Band, Seite)
BFuP	Betriebswirtschaftliche Forschung und Praxis (Jahr, Seite)
BGB	Bürgerliches Gesetzbuch idF v 2.1.2002 (BGBl I 42, ber 2909 und 2003 I 738; BGBl III/FNA 400-2)
BGBl I, II, III	Bundesgesetzblatt Teil I, II und III
BGH	Bundesgerichtshof
BGHSt	Entscheidungen des Bundesgerichtshofes in Strafsachen (Band, Seite)
BGHVGrS	Bundesgerichtshof, Vereinigter Großer Senat
BGHZ	Entscheidungen des Bundesgerichtshofes in Zivilsachen (Band, Seite)
BiRiLiG	Gesetz zur Durchführung der Vierten, Siebenten und Achten Richtlinie des Rates der Europäischen Gemeinschaften zur Koordinierung des Gesellschaftsrechts (Bilanzrichtlinien-Gesetz) v 19.12.1985 (BGBl I 2355; BGBl III/FNA 4100-1)

BörsG	Börsengesetz v 21.6.2002 (BGBl I 2010; BGBl III/FNA 4110-8)
Bonner HdR	Bonner Handbuch der Rechnungslegung, hrsg v Hofbauer, Kupsch, Scherrer, Grewe, Loseblatt
BR	Bundesrat
BRD	Bundesrepublik Deutschland
BRDrucks	Bundesrats-Drucksache
BReg	Bundesregierung
Brodmann	Aktienrecht, Kommentar, 1928
BSG	Bundessozialgericht
BSGE	Entscheidungen des Bundessozialgerichts
Bsp	Beispiel
BStBl	Bundessteuerblatt (Band, Jahr, Seite)
BT	Bundestag
BTDrucks	Bundestags-Drucksache
BVerfG	Bundesverfassungsgericht
BVerfGE	Entscheidungen des Bundesverfassungsgerichts (Band, Seite)
BVerwG	Bundesverwaltungsgericht
BVerwGE	Entscheidungen des Bundesverwaltungsgerichts (Band, Seite)
bzgl	bezüglich
bzw	beziehungsweise
ca	circa
c.i.c.	culpa in contrahendo
CorpGov	Corporate Governance
DAX	Deutscher Aktienindex
DB	Der Betrieb (Jahr, Seite)
DBW	Die Betriebswirtschaft (Jahr, Seite)
DCGK	Deutscher Corporate Governance Kodex idF v 12.6.2006, eBAnz AT39 2006 B1 v 24.7.2006
ders	derselbe
dh	das heißt
dies	dieselbe(n)
Diss	Dissertation
DJT	Deutscher Juristentag
DNotZ	Deutsche Notar-Zeitschrift, früher Zeitschrift des Deutschen Notarvereins (Jahr, Seite)
DR	Deutsches Recht, ab 1939 vereinigt mit Juristische Wochenschrift (1931–1945, zitiert Jahr, Seite)
DStBl	Deutsches Steuerblatt (Jahr, Seite)
DStR	Deutsches Steuerrecht (Jahr, Seite)
DVO	Durchführungsverordnung
DWiR, DZWir	Deutsche Zeitschrift für Wirtschaftsrecht (1991–1998), ab 1999 DZWIR, (Jahr, Seite)
DZWIR	Deutsche Zeitschrift für Wirtschafts- und Insolvenzrecht (Jahr, Seite), vor 1999 DZWir
E	Entwurf
Ebenroth/Boujong/Joost	Handelsgesetzbuch, Kommentar, 2001

EBOR	European Business Organization Law Review (Band, Jahr, Seite)
ECFR	European Company and Financial Law Review (Jahr, Seite)
EDV	Elektronische Datenverarbeitung
EG	Einführungsgesetz; Europäische Gemeinschaft(en)
EGAktG	Einführungsgesetz zum Aktiengesetz v 6.9.1965 (BGBl I 1185; BGBl III/FNA 4121-2)
EGBGB	Einführungsgesetz zum Bürgerlichen Gesetzbuch idF v 21.9.1994 (BGBl I 2494, ber 1997 I 1061; BGBl III/FNA 400-1)
EGHGB	Einführungsgesetz zum Handelsgesetzbuche v 10.5.1897 (RGBl 437; BGBl III/FNA 4101-1)
EGKomm	Kommission der Europäischen Gemeinschaften
Einf	Einführung
Einl	Einleitung
end	endgültig
Entsch	Entscheidung
entspr	entsprechend
ErgG	Ergänzungsgesetz
Erman	Bürgerliches Gesetzbuch, Handkommentar, 11. Auflage 2004
etc	et cetera
EU	Europäische Union, auch Vertrag über die EU v 7.2.1992 (BGBl II 1251)
EuGH	Gerichtshof der Europäischen Gemeinschaft
€	Euro
EuroEG	Gesetz zur Einführung des Euro v 9.6.1998 (BGBl I 1242)
EUV	Vertrag über die Europäische Union
EuZW	Europäische Zeitschrift für Wirtschaftsrecht (Jahr, Seite)
evtl	eventuell
EWG	Europäische Wirtschaftsgemeinschaft
EWiR	Entscheidungen zum Wirtschaftsrecht (Jahr, Seite)
EWIV	Europäische wirtschaftliche Interessenvereinigung
f, ff	folgende, fortfolgende
FASB	Financial Accounting Standards Board
FG	Finanzgericht
FGG	Gesetz über die Angelegenheiten der freiwilligen Gerichtsbarkeit idF v 20.5.1898 (RGBl 771; BGBl III/FNA 315-1)
FinG	Finanzgericht, siehe auch FG
FN	Fachnachrichten, Institut der Wirtschaftsprüfer in Deutschland e.V. (Jahr, Seite)
FNA	Fundstellennachweis A, Bundesrecht ohne völkerrechtliche Verträge (zuvor BGBl III)
fragl	fraglich
FS	Festschrift
Fußn	Fußnote
G	Gesetz
GBl	Gesetzblatt
GbR	Gesellschaft bürgerlichen Rechts

gem	gemäß
GenG	Gesetz betreffend die Erwerbs- und Wirtschaftsgenossenschaften (Genossenschaftsgesetz) idF v 19.8.1994 (BGBl I 2202; BGBl III/FNA 4125-1)
Ges	Gesellschaft
GesR	Gesellschaftsrecht
GesRZ	Der Gesellschafter, Zeitschrift für Gesellschaftsrecht, Wien (Jahr, Seite)
J. H. Geßler	Jörg Geßler, Aktiengesetz, Kommentar, Loseblatt
Geßler	Aktiengesetz, Kommentar, hrsg v Geßler (Ernst), Hefermehl, Eckardt, Kropff, 1973 ff, 2. Auflage siehe MünchKommAktG (MünchKomm)
GG	Grundgesetz für die Bundesrepublik Deutschland v 23.5.1949 (BGBl 1; BGBl III/FNA 100-1)
ggf	gegebenenfalls
GmbH	Gesellschaft mit beschränkter Haftung
GmbHG	Gesetz betr die Gesellschaften mit beschränkter Haftung idF v 20.5.1898 (RGBl I 846; BGBl III/FNA 4123-1)
GmbHR	GmbH-Rundschau, vorher Rundschau für GmbH (Jahr, Seite)
(v) Godin/Wilhelmi	Aktiengesetz, Kommentar, begr v Freiherr von Godin, H. Wilhelmi, 4. Auflage 1971
grds	grundsätzlich
Groß	Kapitalmarktrecht, 3. Auflage 2006
Großkomm	Aktiengesetz, Großkommentar, begr v Gadow, Heinichen, 1. Auflage 1939, 2. Auflage 1961/65, 3. Auflage 1970ff, 4. Auflage hrsg v Hopt, Wiedemann, 1992 ff
GrS	Großer Senat
GS	Gedächtnisschrift
GuV	Gewinn- und Verlustrechnung
GVBl	Gesetz- und Verordnungsblatt
hA	herrschende Ansicht
Hachenburg	GmbH-Gesetz, Großkommentar, hrsg v Ulmer, 8. Auflage 1992–1997
Happ	Aktienrecht, 1. Auflage 1995
Hb, Hdb	Handbuch
HdR	Handbuch der Rechnungslegung, hrsg von Küting, Weber, 5. Auflage 2002
Henn	Handbuch des Aktienrechts, 7. Auflage 2002
Heymann	Kommentar zum Handelsgesetzbuch, 2. Auflage hrsg v Horn, 1995 ff
HFA	Hauptfachausschuss des Instituts der Wirtschaftsprüfer in Deutschland e.V.
HGB	Handelsgesetzbuch vom 10.5.1897 (RGBl 219; BGBl III/FNA 4100-1)
Hirte Kapitalgesellschaftsrecht	Kapitalgesellschaftsrecht, 5. Auflage 2006
hL	herrschende Lehre
hM	herrschende Meinung
HoldhMSchr	Monatsschrift für Handelsrecht und Bankwesen, Steuer- und Stempelfragen, begr v Holdheim (Jahr, Seite)

Hopt Kapitalanlegerschutz	Der Kapitalanlegerschutz im Recht der Banken, Gesellschafts-, bank- und börsenrechtliche Anforderungen an das Beratungs- und Verwaltungsverhalten der Kreditinstitute, 1975
HReg	Handelsregister
HRR	Höchstrichterliche Rechtsprechung (1928–1942, zitiert Jahr, Nummer), bis 1927: Die Rechtsprechung, Beilage zur Zeitschrift Juristische Rundschau
Hrsg, hrsg	Herausgeber, herausgegeben
HRV	Handelsregisterverordnung v 12.8.1937 (RMBl 515; DJ 1251; BGBl III/FNA 315-20)
Hs	Halbsatz
Hüffer	Aktiengesetz, 7. Auflage 2006
HV	Hauptversammlung
IAS	International Accounting Standards (seit 1.4.2001 IFRS)
IASB	International Accounting Standards Board (vor dem 1.4.2001 IASC)
IASC	International Accounting Standards Committee (seit 1.4.2001 IASB)
IBA	International Bar Association
idF	in der Fassung
idR	in der Regel
IDW	Institut der Wirtschaftsprüfer in Deutschland e.V.
IDW FG	Fachgutachten des IDW
IDW FN	IDW-Fachnachrichten
IDW NA	Stellungnahmen des Sonderausschusses Neues Aktienrecht und des Hauptfachausschusses des IDW zu Fragen des neuen Aktienrechts
IDW PS	IDW Prüfungsstandard
IDW RH	IDW Rechnungslegungshinweise
IDW RS	IDW Stellungnahme zur Rechnungslegung
IDW S	IDW Standards
iE	im Ergebnis
IFRS	International Financial Reporting Standards (vor dem 1.4.2001 IAS)
insb, insbes	insbesondere
InsO	Insolvenzordnung v 5.10.1994 (BGBl I 2866; BGBl III/FNA 311-13)
IPRax	Praxis des internationalen Privat- und Verfahrensrechts (Jahr, Seite)
iVm	in Verbindung mit
JBl	Justizblatt, Juristische Blätter, Wien (Jahr, Seite)
Jg	Jahrgang
jew	jeweils
JR	Juristische Rundschau (Jahr, Seite)
JuS	Juristische Schulung (Jahr, Seite)
JW	Juristische Wochenschrift (Jahr, Seite)
JZ	Juristenzeitung (Jahr, Seite)
Kallmeyer	Umwandlungsgesetz, 3. Auflage 2006

KapCoRiLiG	Gesetz zur Durchführung der Richtlinie des Rates der Europäischen Union zur Änderung der Bilanz- und der Konzernbilanzrichtlinie hinsichtlich ihres Anwendungsbereichs (90/605/EWG), zur Verbesserung der Offenlegung von Jahresabschlüssen und zur Änderung anderer handelsrechtlicher Bestimmungen (Kapitalgesellschaften- und Co-Richtlinie-Gesetz) v 24. 2. 2000 (BGBl I 154)
KfH	Kammer für Handelssachen
Kfm	Kaufmann
KG	Kommanditgesellschaft, Kammergericht
KGaA	Kommanditgesellschaft auf Aktien
KGJ	Jahrbuch für Entscheidungen des Kammergerichts in Sachen der freiwilligen Gerichtsbarkeit (Band, Seite)
KK	Kölner Kommentar zum Aktiengesetz, hrsg v Zöllner, 1. Auflage 1970 ff, 2. Auflage 1988 ff, 3. Auflage hrsg v Zöllner, Noack, 2004 ff, siehe auch KöKo
Klausing	Gesetz über Aktiengesellschaften und Kommanditgesellschaften auf Aktien (Aktiengesetz) nebst Einführungsgesetz und „Amtlicher Begründung“ (AktG 1937)
KO	Konkursordnung idF v 20.5.1898 (RGBl 612), aufgehoben durch die Insolvenzordnung
KöKo	Kölner Kommentar zum Aktiengesetz, hrsg v Zöllner, 1. Auflage 1970 ff, 2. Auflage 1988 ff, 3. Auflage hrsg v Zöllner, Noack, 2004 ff, siehe auch KK
Koller/Roth/Morck	Handelsgesetzbuch, 5. Auflage 2005
Komm	Kommentar
KonTraG	Gesetz zur Kontrolle und Transparenz im Unternehmensbereich v 27.4.1998 (BGBl I 786; BGBl III/FNA 4121-1)
krit	kritisch
Kropff AktG	Aktiengesetz vom 6.9.1965 und Einführungsgesetz zum Aktiengesetz mit Begründung des Regierungsentwurfs, 1965
Kübler/Assmann GesR	Gesellschaftsrecht, 6. Auflage 2006, 5. Auflage *Kübler* 1998
KWG	Gesetz über das Kreditwesen idF v 9.9.1998 (BGBl I 2776; BGBl III/FNA 7610-1)
LAG	Landesarbeitsgericht
Lfg	Lieferung
LG	Landgericht
li Sp	linke Spalte
lit	littera (Buchstabe)
Lit	Literatur
Losebl	Loseblattsammlung
LS	Leitsatz
Lutter	Umwandlungsgesetz, Kommentar, 3. Auflage 2004
Lutter/Hommelhoff GmbHG	GmbH-Gesetz, Kommentar, 16. Auflage 2004
m	mit
maW	mit anderen Worten
MDR	Monatsschrift für Deutsches Recht (Jahr, Seite)

Mülbert Aktiengesellschaft	Aktiengesellschaft, Unternehmensgruppe und Kapitalmarkt. Die Aktionärsgruppe bei Bildung und Umbildung einer Unternehmensgruppe zwischen Verbands- und Anlegerschutzrecht, 2. Auflage 1996
MünchHdbAG	Münchener Handbuch des Gesellschaftsrechts Band 4: Aktiengesellschaft, hrsg v Hoffmann-Becking, 2. Auflage 1999
MünchKommAktG (MünchKomm)	Münchener Kommentar zum Aktiengesetz, hrsg v Kropff, Semler, 2. Auflage 2000 ff, 1. Auflage s Geßler
MünchKommBGB	Münchener Kommentar zum Bürgerlichen Gesetzbuch, hrsg v Rebmann, Säcker, Rixecker, 4. Auflage 2000 ff
MünchKommHGB	Münchener Kommentar zum Handelsgesetzbuch, 1. Auflage Band 1–6 hrsg v K. Schmidt, 1996 ff, 2. Auflage hrsg v K. Schmidt 2005 ff
mwN	mit weiteren Nachweisen
MwSt	Mehrwertsteuer
mWv	mit Wirkung vom
Nachw	Nachweis
NaStraG	Gesetz zur Namensaktie und zur Erleichterung der Stimmrechtsausübung (Namensaktiengesetz) v 18.1.2001 (BGBl I 123; BGBl III/FNA 4121-1)
nF	neue Fassung
NJ	Neue Justiz (Jahr, Seite)
NJW	Neue Juristische Wochenschrift (Jahr, Seite)
NJW-RR	NJW-Rechtsprechungs-Report Zivilrecht (Jahr, Seite)
Nr(n)	Nummer(n)
NZG	Neue Zeitschrift für Gesellschaftsrecht (Jahr, Seite)
OECD	Organisation for Economic Cooperation and Development
OFD	Oberfinanzdirektion (Jahr, Seite)
OGH	Oberster Gerichtshof für die Britische Zone
OGHZ	Entscheidungen des Obersten Gerichtshofes für die Britische Zone in Zivilsachen (1949/50, zitiert Band, Seite)
OHG	Offene Handelsgesellschaft
OLG	Oberlandesgericht
OLGE	Die Rechtsprechung der Oberlandesgerichte (Band, Seite)
OLGR	OLG-Report (Jahr, Seite)
OLGZ	Entscheidungen der Oberlandesgerichte in Zivilsachen (Jahr, Seite)
OVG	Oberverwaltungsgericht
Palandt	Bürgerliches Gesetzbuch, 65. Auflage 2006
PublG	Publizitätsgesetz v 15.8.1969 (BGBl I S 1189, ber 1970 I 1113; BGBl III/FNA 4120-7)
pVV	positive Vertragsverletzung
RabelsZ	Rabels Zeitschrift für ausländisches und internationales Privatrecht (Band, Jahr, Seite)

RAG	Reichsarbeitsgericht, Entscheidungen des Reichsarbeitsgerichts (Band, Seite)
Raiser	Mitbestimmungsgesetz, Kommentar, 4. Auflage 2002
Raiser Kapitalgesellschaften	Recht der Kapitalgesellschaften, 3. Auflage 2001, 4. Auflage Raiser/Veil
Raiser/Veil Kapitalgesellschaften	Recht der Kapitalgesellschaften, 4. Auflage 2006
RdA	Recht der Arbeit (Jahr, Seite)
RdW	Recht der Wirtschaft, Wien (Jahr, Seite)
Recht	Das Recht (Jahr, Nummer der Entscheidung; bei Aufsätzen: Jahr, Seite)
RefE	Referentenentwurf
RegE	Regierungsentwurf
re Sp	rechte Spalte
RG	Reichsgericht (Band, Seite)
RGBl I, II	Reichsgesetzblatt, von 1922–1945 Teil I und Teil II (Jahr, Seite)
RGZ	Entscheidungen des Reichsgerichts in Zivilsachen (Band, Seite)
Ritter	Aktiengesetz, 2. Auflage 1939
RIW	Recht der internationalen Wirtschaft (Jahr, Seite)
RJA	Entscheidungen in Angelegenheiten der freiwilligen Gerichtsbarkeit, zusammengestellt vom Reichsjustizamt (Band, Seite)
RL	Richtlinie
Rn	Randnummer(n), siehe auch Rdn
ROHG	Reichsoberhandelsgericht
ROHGE	Entscheidungen des Reichsoberhandelsgerichts (Band, Seite)
Röhricht/Graf von Westphalen	Handelsgesetzbuch, Kommentar, 2. Auflage 2001
Rowedder/Schmidt-Leithoff	GmbHG, Kommentar, 4. Auflage 2002
Roth/Altmeppen	GmbHG, Kommentar, 5. Auflage 2005
Rpfleger, RPfl	Der Deutsche Rechtspfleger (Jahr, Seite)
RpflG	Rechtspflegergesetz v 5.11.1969 (BGBl I 2065; BGBl III/FNA 302-2)
Rspr	Rechtsprechung
s	siehe
S	Seite, Satz
sa	siehe auch
Schlegelberger/Quassowski	Aktiengesetz, Kommentar, 3. Auflage 1939
K. Schmidt GesR	Gesellschaftsrecht, 4. Auflage 2002
Scholz	Kommentar zum GmbH-Gesetz, 9. Auflage 2000/2002
Schwark	Kapitalmarktrechts-Kommentar, 3. Auflage 2004
SE	Societas Europaea, Europäische Aktiengesellschaft
SeuffArch	Seufferts Archiv für Entscheidungen der obersten Gerichte (Band, Nummer)
Slg	Sammlung
Soergel	Kommentar zum Bürgerlichen Gesetzbuch, 13. Auflage 1999 ff
sog	sogenannte(r)
Staub	Handelsgesetzbuch, Großkommentar, 4. Auflage hrsg v Canaris, Schilling, Ulmer, 1983–2005

Staudinger	Kommentar zum Bürgerlichen Gesetzbuch, 13. Bearbeitung 1993 ff
StGB	Strafgesetzbuch idF v 13.11.1998 (BGBl I 3322; BGBl III/FNA 450-2)
str	strittig, streitig
st Rspr	ständige Rechtsprechung
StückAG	Gesetz über die Zulassung von Stückaktien (Stückaktiengesetz) v 25.3.1998 (BGBl I 590; BGBl III/FNA 4121-1)
SZW/RSDA	Schweizerische Zeitschrift für Wirtschaftsrecht, Revue suisse de droit des affaires (früher SchweizAG, zitiert Jahr, Seite)
Teichmann/Koehler	Aktiengesetz, Kommentar, 3. Auflage 1950
Tz	Textziffer, -zahl
u	unten
ua	unter anderem, und andere
überw	überwiegend
UBGG	Gesetz über Unternehmensbeteiligungsgesellschaften idF v 9.9.1998 (BGBl I 2765; BGBl III/FNA 4126-1)
UmwG	Umwandlungsgesetz v 28.10.1994 (BGBl I 3210, ber 2005 I 428; BGBl III/FNA 4120-9-2)
unstr	unstreitig
unzutr	unzutreffend
Urt	Urteil
USA	United States of America
US-GAAP	United States Generally Accepted Accounting Principles
usw	und so weiter
uU	unter Umständen
UWG	Gesetz gegen den unlauteren Wettbewerb v 3.7.2004 (BGBl I 1414; BGBl III/FNA 43-7)
v	von, vom
VAG	Versicherungsaufsichtsgesetz idF v 17.12.1992 (BGBl 1993 I 2; BGBl III/FNA 7631-1)
VerfGH, VfGH	Verfassungsgerichtshof
VerglO	Vergleichsordnung v 26.2.1935 (RGBl I 321), aufgehoben durch die InsO
VersR	Versicherungsrecht, Juristische Rundschau für die Individualversicherung (Jahr, Seite)
vgl	vergleiche
VO(en)	Verordnung(en)
Voraufl	Vorauflage
Vorb, Vorbem	Vorbemerkung
WiB	Wirtschaftsrechtliche Beratung (Jahr, Seite)
Wiedemann Gesellschaftsrecht	Gesellschaftsrecht, Band I 1980, Band II 2004
Widmann/Mayer	Kommentar zum Umwandlungsrecht, Loseblatt
wistra	Zeitschrift für Wirtschafts- und Steuerstrafrecht (Jahr, Seite)
WM	Wertpapier-Mitteilungen (Jahr, Seite)

WP	Das Wertpapier (Jahr, Seite)
WPg	Die Wirtschaftsprüfung (Jahr, Seite)
WpHG	Wertpapierhandelsgesetz idF v 9.9.1998 (BGBl I 2708; BGBl III/FNA 4110-4)
WPK	Wirtschaftsprüferkammer
WuB	Entscheidungssammlung zum Wirtschafts- und Bankrecht
Würdinger	Aktienrecht und das Recht der verbundenen Unternehmen (bis zur 3. Auflage: Aktien- und Konzernrecht), 4. Auflage 1981
WuR	Wirtschaft und Recht (Jahr, Seite)
ZAkDR	Zeitschrift der Akademie für Deutsches Recht (1934–44, zitiert Jahr, Seite)
zB	zum Beispiel
ZBB	Zeitschrift für Bankrecht und Bankwirtschaft (Jahr, Seite)
ZEuP	Zeitschrift für Europäisches Privatrecht (Jahr, Seite)
ZfA	Zeitschrift für Arbeitsrecht (Band, Jahr, Seite)
ZfB	Zeitschrift für Betriebswirtschaft (Band, Jahr, Seite)
ZfbF	Schmalenbachs Zeitschrift für betriebswirtschaftliche Forschung (Band, Jahr, Seite)
ZfgK	Zeitschrift für das gesamte Kreditwesen (Jahr, Seite)
ZfRV	Zeitschrift für Rechtsvergleichung, Internationales Privatrecht u. Europarecht (Jahr, Seite)
ZGR	Zeitschrift für Unternehmens- und Gesellschaftsrecht (Jahr, Seite)
ZHR	Zeitschrift für das gesamte Handelsrecht und Wirtschaftsrecht (Band, Jahr, Seite)
ZIP	Zeitschrift für Wirtschaftsrecht (Jahr, Seite)
ZPO	Zivilprozessordnung idF v 12.9.1950 (BGBl I 533; BGBl III/FNA 310-4)
ZRP	Zeitschrift für Rechtspolitik (Jahr, Seite)
zutr	zutreffend
ZVglRWiss	Zeitschrift für Vergleichende Rechtswissenschaft (Band, Jahr, Seite)
ZZP	Zeitschrift für Zivilprozess (Band, Jahr, Seite)

Hinweis

Das folgende Sachregister (S. 1–37) für Band 6 wird hinter die Kommentierung der §§ 207–220 (9. Lieferung) eingebunden.

Der Verlag

Sachregister

Die fetten Zahlen verweisen auf die Paragraphen, die mageren auf die Randnummern

Abfindung außenstehender Aktionäre
- Kapitalerhöhung gegen Einlagen **189,** 15
- Kapitalerhöhung mit Sacheinlagen **189,** 15
- Satzungsänderung **179,** 179 ff

Abhängige Gesellschaften
- Anhang **160,** 33 ff
- genehmigtes Kapital **202,** 206; **203,** 18
- Kapitalerhöhung aus Gesellschaftsmitteln **216,** 79
- Zeichnungserklärung **185,** 12

Abhängigkeitsbericht
- Prüfungsbericht des Aufsichtsrats **171,** 15, 39

Abschlagszahlungen
- Gewinnverwendungsvorschlag **170,** 15

Abschlussprüfer
- Aktionär **176,** 17
- Anwesenheitspflicht **171,** 19 ff
- Aufsichtsrat **Vor 170,171,** 1 ff
- Auskunftspflicht **176,** 15 ff
- Bestätigungsvermerk **173,** 17
- Feststellung des Jahresabschlusses **176,** 14
- Hauptversammlung **176,** 12 ff
- Kapitalerhöhung aus Gesellschaftsmitteln **209,** 16 ff, 39 ff
- Nachtragsprüfung **173,** 15 ff
- Prüfungsbericht (s Prüfungsbericht des Abschlussprüfers)
- Prüfungsbericht des Aufsichtsrats **171,** 8, 19 ff
- Teilnahmepflicht an der Hauptversammlung **176,** 12 ff
- Teilnahmepflicht an Aufsichtsratssitzungen **171,** 19 ff
- Teilnahmepflicht an Ausschusssitzungen **171,** 20

Abschreibung
- Bezugsaktien **199,** 57 ff

Abspaltung
- genehmigtes Kapital **203,** 55, 166

Abtretung
- Teilrechte **213,** 12

Abwicklung
- bedingte Kapitalerhöhung **192,** 158
- genehmigtes Kapital **202,** 200 ff
- Kapitalerhöhung aus Gesellschaftsmitteln **207,** 155
- Kapitalerhöhung gegen Einlagen **182,** 93 f
- Satzungsänderung **179,** 82, 167

Abwicklungserlös
- Kapitalerhöhung aus Gesellschaftsmitteln **216,** 23

ADHGB
- Bezugsrecht **186,** 2; **187,** 1
- Kapitalerhöhung gegen Einlagen **182,** 1; **184,** 1
- Kapitalerhöhung mit Sacheinlagen **183,** 1; **184,** 1; **188,** 1
- Satzungsänderung **179,** 1, 3

Agio
- Kapitalbeschaffung **Vor 182,** 86 ff
- Kapitalerhöhung **182,** 102 ff; **188,** 33
- Kapitalrücklage **152,** 22
- über-pari-Ausgabe (s dort)

Aktie
- Bezugsrecht (s dort)
- Grundkapital **152,** 14
- naked warrants (s dort)

Aktienausgabe
- Ausgabeverbot **191,** 5 ff
- Bezugsaktien (s Ausgabe von Bezugsaktien)
- genehmigtes Kapital **203,** 1 ff
- Stückaktien **207,** 43

Aktiengattungen
- Anhang **160,** 18 ff
- bedingte Kapitalerhöhung **193,** 9 ff, 16
- Bezugsrecht **186,** 69 ff
- Bezugsrechtsausschluss **186,** 175
- Bezugsrechtsausschluss durch Vorstandsentscheidung **203,** 105
- genehmigtes Kapital **202,** 101
- Grundkapital **152,** 13 ff
- Kapitalerhöhung **182,** 59 f
- Kapitalerhöhung aus Gesellschaftsmitteln **216,** 12 ff
- Kapitalerhöhung gegen Einlagen **182,** 59 f

– Satzungsänderung **179,** 84, 142 ff
– Zeichnungserklärung **185,** 26
Aktiengesetz 1937
– Ausgabe der Bezugsaktien **199,** 1 ff; **200,** 1; **201,** 1
– bedingte Kapitalerhöhung **Vor 192–201,** 32; **192,** 1, 7; **193,** 1 ff; **196,** 1; **197,** 3
– bedingte Kapitalerhöhung mit Sacheinlagen **195,** 2; **196,** 1; **197,** 3
– Bezugserklärung **198,** 1
– Bezugsrecht **186,** 5; **187,** 2
– Feststellung des Jahresabschlusses **172,** 1 ff
– genehmigtes Kapital **202,** 1 ff; **203,** 1; **204,** 1; **206,** 1
– Grundkapital **152,** 1
– Kapitalerhöhung gegen Einlagen **182,** 1; **189,** 1; **190,** 1; **191,** 1
– Kapitalerhöhung mit Sacheinlagen **183,** 1; **189,** 1; **190,** 1; **191,** 1
– Satzungsänderung **179,** 2; **180,** 1; **181,** 1
– Zeichnung neuer Aktien **185,** 1
Aktiengesetz 1965
– bedingte Kapitalerhöhung **192,** 6; **197,** 4
– bedingte Kapitalerhöhung mit Sacheinlagen **197,** 4
– Bezugserklärung **198,** 1
– Bezugsrecht **186,** 6 f
– Feststellung des Jahresabschlusses **172,** 2
– genehmigtes Kapital **202,** 4; **205,** 1
– Kapitalerhöhung aus Gesellschaftsmitteln **207,** 6 f; **219,** 1
– ordentliche Hauptversammlung **175,** 1
– Prüfungsbericht des Aufsichtsrats **171,** 1
– Satzungsänderung **179,** 2
– Teilrechte **213,** 1
Aktienoptionspläne (s stock options)
Aktienübernahme
– bedingte Kapitalerhöhung **198,** 1 ff
– genehmigtes Kapital **203,** 1 ff
Aktienurkunden
– Nebenleistungen **180,** 11
– Nebenverpflichtungen der Aktionäre **180,** 11
Aktionär
– Bezugsrecht (s dort)
– Dividende (s Gewinnausschüttung)
– Finanzplankredit (s dort)
– Satzungsänderung **179,** 127 f
Aktiva (s Bilanzrecht)
Altaktien 215, 27 ff
Altrücklagen 207, 179
Amtslöschung
– genehmigtes Kapital **202,** 124
– Kapitalerhöhung aus Gesellschaftsmitteln **210,** 41 f
– Kapitalerhöhung gegen Einlagen **189,** 50 ff
– Satzungsänderung **181,** 61 ff
Anderer Vertragsteil
– Kapitalerhöhung aus Gesellschaftsmitteln **216,** 82
Anfechtungsklage
– bedingte Kapitalerhöhung **193,** 79 ff
– Bericht über den Bezugsrechtsausschluss **186,** 131 ff
– Beschluss über die Verwendung des Bilanzgewinnes (s Anfechtung des Beschlusses über die Verwendung des Bilanzgewinnes)
– Feststellung des Jahresabschlusses **172,** 22 f; **173,** 23
– genehmigtes Kapital **202,** 118, 128 f
– Gewinnverwendungsbeschluss **150,** 57; **174,** 54
– Informationsrecht des Aktionärs **175,** 19
– Kapitalerhöhung aus Gesellschaftsmitteln **207,** 124; **208,** 55 f; **210,** 34, 45 f
– Kapitalerhöhung gegen Einlagen (s Anfechtung der Kapitalerhöhung gegen Einlagen)
– Kapitalerhöhung mit Sacheinlagen **183,** 69
– Satzungsänderung **179,** 177; **181,** 25, 27, 69
Anhang 160, 1 ff
– Aktiengattung **160,** 18 ff
– Anleihen **160,** 24
– bedingte Kapitalerhöhung **160,** 19
– Besserungsscheine **160,** 26 ff
– Bilanzrichtlinie **160,** 2
– Bilanzrichtliniengesetz **160,** 1
– eigene Aktien **160,** 12 ff
– Fehlanzeigen **160,** 5
– genehmigtes Kapital **160,** 22 ff
– Genussrechte **160,** 26 ff
– Gewinnrücklagen **160,** 38
– Gewinnschuldverschreibungen **160,** 24, 29
– historische Entwicklung **160,** 1
– Inpfandnahme **160,** 16
– Kapitalrücklage **160,** 38
– Kapitalschutzrichtlinie **160,** 2
– Leeraktien **160,** 8
– Mehrheitsbeteiligungen **160,** 34
– mitgeteilte Beteiligungen **160,** 33
– Optionsanleihe **160,** 24
– Pfandentlassung **160,** 16
– Rücklagen **160,** 37
– Sanktionen **160,** 42
– Schutzklausel **160,** 40
– Sonderprüfer **160,** 42
– Staatswohl **160,** 40
– Übersichtlichkeit **160,** 4
– Vorratsaktien **160,** 7 ff
– Wahlrechte **160,** 36

- Wandelschuldverschreibungen **160,** 24
- wechselseitige Beteiligungen **160,** 31 f
- Wertaufholungen **160,** 37
- Wesentlichkeit **160,** 4
- Zusatzangaben **160,** 7 ff

Anmeldung zum Handelsregister
- Kapitalerhöhung aus Gesellschaftsmitteln **207,** 136 ff
- Kapitalerhöhung gegen Einlagen **184,** 9 ff
- Kapitalerhöhung mit Sacheinlagen **184,** 9 ff
- Satzungsänderung **181,** 5 ff

Arbeitnehmeraktien (s Belegschaftsaktien)

Arbeitnehmergewinnbeteiligung 194, 89

Arbeitnehmervertreter
- Prüfungsbericht des Aufsichtsrats **171,** 3

Asset swap Vor 182, 140

Audit committee 171, 3

Aufforderung an die Aktionäre 214, 1 ff
- Abholung **214,** 27
- Aktiengesellschaften ohne Aktienurkunden **214,** 47 ff
- Aushändigung der Aktienurkunden **214,** 16 ff
- Auskehrung des Erlöses **214,** 38 ff
- Betrag **214,** 11
- fehlende Abholung **214,** 32
- Form **214,** 10
- Globalaktien **214,** 47 ff
- guter Glauben **214,** 42 ff
- historische Entwicklung **214,** 1
- Inhalt **214,** 11 ff
- mittelbarer Stellvertreter **214,** 34
- Musterformular **214,** 7
- Nennbetragsaktien **214,** 19 ff
- Normzweck **214,** 4 ff
- Ort **214,** 14
- Sammelurkunden **214,** 47 ff
- Stückaktiengesetz **214,** 1
- Teilrechte **214,** 54 ff
- Verhältnis **214,** 11
- Verkauf der neuen Anteilsrechte **214,** 25 ff
- Verstoß **214,** 15
- Zeit **214,** 14
- Zeitpunkt **214,** 9 ff

Aufgeld (s Agio)

Auflösung der Gesellschaft
- bedingte Kapitalerhöhung **192,** 158
- genehmigtes Kapital **202,** 201 f, 204

Aufrechnung
- Kapitalerhöhung mit Sacheinlagen **188,** 14

Aufsichtsrat
- Abschlussprüfung **Vor 170,171,** 5 ff
- Ausgabe der Bezugsaktien **199,** 22 f
- Betriebsgeheimnisse **Vor 170,171,** 12
- Bilanzrichtliniengesetz **Vor 170,171,** 9 f
- Feststellung des Jahresabschlusses **172,** 5 ff
- Gegenstände **Vor 170,171,** 3 f
- Gewinnverwendungsvorschlag **170,** 9 ff
- Jahresabschluss **170,** 3 ff
- Prüfung des Jahresabschlusses **Vor 170,171,** 1 ff
- Prüfungsbericht des Abschlussprüfers **170,** 6 f
- Satzungsänderung **179,** 106 ff
- Strafrecht **Vor 170,171,** 11
- unrichtige Darstellung **Vor 170,171,** 11
- Vorlage des Jahresabschlusses **170,** 3 ff

Aufsichtsratsausschüsse
- Feststellung des Jahresabschlusses **172,** 9
- Prüfungsausschuss **171,** 20
- Prüfungsbericht des Aufsichtsrats **171,** 3
- Teilnahme des Abschlussprüfers an Sitzungen **171,** 20

Aufsichtsratsmitglieder
- Jahresabschluss **170,** 20 ff
- Kapitalerhöhung aus Gesellschaftsmitteln **216,** 70 ff
- Vorlage des Jahresabschlusses **170,** 20 ff

Aufsichtsratsvorsitzender
- bedingte Kapitalerhöhung **195,** 12
- bedingte Kapitalerhöhung mit Sacheinlagen **195,** 12
- Kapitalerhöhung aus Gesellschaftsmitteln **210,** 8
- Kapitalerhöhung gegen Einlagen **184,** 13
- Kapitalerhöhung mit Sacheinlagen **184,** 13

Aufspaltung
- genehmigtes Kapital **203,** 55, 166

Ausgabe von Aktien (s Aktienausgabe)

Ausgabe von Bezugsaktien 199, 1 ff
- Aktiengesetz 1937 **199,** 1 ff; **200,** 1; **201,** 1
- anmeldeberechtigte Personen **201,** 10 f
- Anmeldeerklärung **201,** 9 ff
- Anmeldung **201,** 1 ff
- Aufbewahrung von Schriftstücken **201,** 43
- Aufsichtsrat **199,** 22 f
- Begebungsvertrag **200,** 7
- Begriff **199,** 12; **200,** 4
- Beherrschungsvertrag **200,** 20
- Bekanntmachung **201,** 41
- Bilanzrichtliniengesetz **199,** 3
- Eingliederung **200,** 20
- Empfänger **199,** 27 ff
- Europäisches Gemeinschaftsrecht **199,** 8; **200,** 3; **201,** 6
- fehlender Zeichnungsvertrag **200,** 10
- Gegenwert **199,** 32
- Gesellschaft mit beschränkter Haftung **200,** 1
- Gewinnabführungsvertrag **200,** 20
- Globalurkunden **199,** 18 ff

– gutgläubiger Erwerb **200,** 11 ff
– historische Entwicklung **199,** 1 ff; **200,** 1; **201,** 1 ff
– Internationales Privatrecht **200,** 3; **201,** 6
– Kapitalschutzrichtlinie **199,** 8 f
– Kosten **201,** 42
– Leistung des Gegenwertes **199,** 32
– Mängel **200,** 7
– Mitgliedschaft **200,** 14
– Normzweck **199,** 5 ff; **200,** 2; **201,** 5
– Objekt **199,** 13
– Österreich **199,** 10; **200,** 3; **201,** 6
– Prüfung durch das Registergericht **201,** 32 ff
– Rechtsschein **200,** 11 ff
– Rechtsvergleichung **199,** 10; **200,** 3; **201,** 6
– Reform **199,** 11; **201,** 7
– richtige Zahlungsweise **199,** 35 ff
– Sacheinlageverträge **201,** 28
– Satzungsänderung **201,** 19
– Schweiz **199,** 10; **200,** 3; **201,** 6
– Spaltung **200,** 15 ff
– Steuern **201,** 42
– Tatbestand **199,** 12 ff
– Treuhänder **199,** 30
– Übereignungstatbestände **199,** 17
– Unternehmenszusammenschluss **200,** 15 ff
– unwirksame Ausgabe **200,** 31
– unwirksamer Zeichnungsvertrag **200,** 10
– Urkunde **200,** 6
– Verschmelzung **200,** 15 ff
– Verzeichnis neuer Aktionäre **201,** 22
– Vorleistungspflicht **199,** 33
– Vorstand **199,** 22 f
– Widerruf der Anmeldung **201,** 18
– Zeichnungsvertrag **199,** 24 ff; **200,** 10
– zuständiges Registergericht **201,** 9
– Zuständigkeit **200,** 5
– Zweckerfüllung **199,** 31
– Zweitschriften der Bezugserklärungen **201,** 21
– Zwischenschein **199,** 15 f

Ausgabebetrag der Aktien
– Agio (s dort)
– bedingte Kapitalerhöhung **193,** 36 ff
– Bericht über den Bezugsrechtsausschluss **186,** 127
– Bezugserklärung **198,** 27
– Bezugsrechtsausschluss durch Vorstandsentscheidung **203,** 97 ff
– Kapitalerhöhung gegen Einlagen **182,** 61 ff
– Kapitalerhöhung mit Sacheinlagen **183,** 51 f
– Optionsanleihe **193,** 47 ff
– stock options **193,** 53 ff
– Wandelanleihen **193,** 43, 47 ff
– Zeichnungserklärung **185,** 19

Ausgliederung
– bedingte Kapitalerhöhung **192,** 87

Aushungerung der Aktionäre 174, 13

Auskunftspflicht des Abschlussprüfers 176, 15 ff

Außenfinanzierung (s Kapitalbeschaffung)

Austrittsrecht
– Satzungsänderung **179,** 179 ff

Bankbestätigung
– Kapitalerhöhung gegen Einlagen **188,** 62
– Kapitalerhöhung mit Sacheinlagen **188,** 62

Bankkredite Vor 182, 151 ff

Bareinlage
– Bezugsrechtsausschluss **186,** 154 ff
– freiwillige Mehrleistungen **188,** 33
– Kapitalerhöhung **Vor 182,** 79
– Mehrleistungen **188,** 33
– Mindesthöhe **188,** 11 ff
– Zeichnungsvertrag **185,** 42

Bar-Koppel-Geschäfte 183, 112

Bedingte Kapitalerhöhung Vor 192–201, 1 ff; **192,** 1 ff; **200,** 1 ff
– Abschriften **195,** 22 f
– Aktien auf Abruf **192,** 22
– Aktiengattung **193,** 9 ff, 16
– Aktiengesetz 1937 **Vor 192–201,** 32; **192,** 1, 7; **193,** 1 ff; **195,** 2; **196,** 1; **197,** 3
– Aktiengesetz 1965 **192,** 6; **197,** 4
– Änderung von Ausgabebeträgen **193,** 46
– Änderungsbeschluss **192,** 146 ff
– Anfechtungsklage **193,** 79 ff
– Anhang **160,** 19
– Ankündigung des Beschlusses **193,** 7
– Anlagen **195,** 22 f
– anmeldeberechtigte Personen **195,** 9 ff
– Anmeldung **195,** 1 ff
– Antrag **195,** 22 f
– Aufbewahrung der Schriftstücke **195,** 37
– Aufhebungsbeschluss **195,** 40
– Auflösung **192,** 158
– Aufsichtsratsvorsitzender **195,** 12
– Ausgabebetrag der Aktien **193,** 36 ff
– Ausgeber **197,** 15 ff
– Ausgliederung **192,** 87
– Bedingtheit **192,** 18 f
– Bedingung **192,** 18 f; **193,** 18
– Befristung **193,** 18
– Beherrschungsverträge **192,** 87
– Bekanntmachung **196,** 1 ff
– Beschluss **193,** 1 ff
– Beteiligungshöhe **200,** 24
– Bezugsanspruch **197,** 37 ff
– Bezugsberechtigte **193,** 27 ff

- Bezugserklärung (s dort)
- Bezugsrecht **192,** 30
- Bezugsrechtseinräumung **193,** 20
- Bilanzierung **152,** 18; **160,** 19; **192,** 166 ff
- Definition **192,** 17 ff
- Dritte **200,** 26 ff
- eigene Aktien **192,** 139
- Eingliederung **192,** 87, 161
- Eintragung **195,** 38 ff
- einzureichende Schriftstücke **195,** 25 ff
- Emissionsbank **197,** 17 f
- Ersetzungsbeschluss **195,** 40
- Europäische Aktiengesellschaft **Vor 192–201,** 43
- Europäisches Gemeinschaftsrecht **Vor 192–201,** 37 ff; **192,** 10 ff; **193,** 5; **195,** 6; **197,** 8
- Festofferte **192,** 38
- formelle Beschlussanforderungen **193,** 7 ff
- Formwechsel **192,** 157
- gemischte Gesamtvertretung **195,** 11
- genehmigtes Kapital **Vor 192–201,** 22; **192,** 139; **202,** 140 f, 150 ff, 188, 194 f
- Genehmigungsurkunde **195,** 35 f
- Gesellschaft mit beschränkter Haftung **196,** 1
- gestaffelte Ausgabebeträge **193,** 45
- Gewinnabführungsvertrag **192,** 87
- going-public-Optionsanleihe **192,** 41
- Grundkapital **152,** 18; **192,** 27 ff; **200,** 21
- Gründungssatzung **192,** 24 ff
- Hauptversammlungsbeschluss **192,** 23 ff; **193,** 1 ff
- Herkunft geschuldeter Aktien **192,** 45 f
- historische Entwicklung **Vor 192–201,** 31 ff; **192,** 1 ff; **193,** 1 ff; **195,** 2 ff; **196,** 1; **197,** 1 ff
- Höchstgrenze **192,** 132 ff
- inhaltliche Beschlussanforderungen **193,** 14 ff
- Internationales Privatrecht **Vor 192–201,** 44; **192,** 12; **193,** 5; **195,** 6; **197,** 8
- Kapitalbeschaffung **Vor 182,** 34 f
- Kapitalerhöhung aus Gesellschaftsmitteln **192,** 137, 159; **218,** 1 ff
- Kapitalerhöhung gegen Einlagen **182,** 90
- Kapitalschutzrichtlinie **Vor 192–201,** 33, 37 ff; **192,** 10 f; **195,** 6
- kombinierte Kapitalveränderungen **192,** 136
- KonTraG **Vor 192–201,** 33; **192,** 7
- Kosten **192,** 165
- Kosten der Eintragung **195,** 44
- Laufzeit **192,** 20
- leitende Angestellte **197,** 16
- Liquidation **192,** 158
- Mehrheitserfordernisse **193,** 8 ff
- Mitgliedschaft **200,** 23
- Nichtigkeit der Aktienurkunden **197,** 20 ff
- Nichtigkeit entgegenstehender Beschlüsse **192,** 144 ff
- Niederschrift des Hauptversammlungsbeschlusses **195,** 26
- Normzweck **193,** 3 f; **195,** 5; **196,** 2; **197,** 5 ff
- Optionsanleihe (s dort)
- Optionsrechte **192,** 30 ff, 39
- ordentliche Kapitalerhöhung **Vor 192–201,** 15 ff; **192,** 138
- Österreich **Vor 192–201,** 45; **195,** 6; **197,** 8
- Portugal **Vor 192–201,** 45
- Prokurist **197,** 16
- Prüfung durch das Registergericht **195,** 38 ff
- Prüfungsbericht **195,** 28
- Publizitätsrichtlinie **Vor 192–201,** 37
- Rechnungslegung **200,** 25
- Rechtsfolgen **200,** 21 ff
- Rechtstatsachen **Vor 192–201,** 34 ff
- Rechtsvergleichung **Vor 192–201,** 45; **192,** 12; **193,** 5; **195,** 6; **197,** 8
- Reform **192,** 13 ff; **193,** 6; **196,** 4
- richtlinienkonforme Auslegung **Vor 192–201,** 42
- Rücknahme der Anmeldung **195,** 24
- Sacheinlage (s Bedingte Kapitalerhöhung mit Sacheinlagen)
- Satzungsänderung **Vor 192–201,** 23 ff; **200,** 22
- Schweiz **192,** 12; **195,** 6; **197,** 8
- Sicherungszweck **192,** 21
- Sozialversicherung **200,** 30
- Spaltung **192,** 87, 157
- Spaltungsrichtlinie **192,** 10
- Steuern **192,** 169; **200,** 29
- stock options (s dort)
- Stückaktien **192,** 142
- Stückaktiengesetz **Vor 192–201,** 33
- stückweise Aufgabe **192,** 22
- Tagesordnung **193,** 7
- Übernahmeangebot **192,** 35 f
- Umtauschrechte **192,** 30 ff, 164; **193,** 84
- Umwandlung **192,** 157
- Unternehmensvertrag **192,** 87
- Unternehmenszusammenschluss **Vor 192–201,** 36; **192,** 85 ff; **193,** 23 ff, 31 ff, 52
- verbotene Aktienausgabe **197,** 1 ff
- Verschmelzung **192,** 87, 157
- Verschmelzungsrichtlinie **192,** 10
- Verträge über Sacheinlage **195,** 31
- Verwässerung **192,** 160
- Voraussetzungen **200,** 4 ff
- Vorstand **195,** 10
- vorzeitige Ausgabe von Aktienurkunden **197,** 9 ff

- Vorzugsaktie **193,** 10 ff
- Vorzugsaktien ohne Stimmrecht **192,** 141
- Wandelanleihe **192,** 43
- Wandelschuldverschreibungen (s dort)
- Wiederholung von Zeichnungsvertrag **197,** 24 f
- Wirksamwerden **200,** 1 ff
- Zeichnungsvertrag **192,** 30; **197,** 24 f
- Zusicherungen **193,** 13
- zuständiges Registergericht **195,** 8
- Zustimmungserfordernisse **193,** 8 ff
- Zwecke **192,** 49 ff
- Zweckfestsetzung **193,** 21 ff
- Zwischenscheine **197,** 10

Bedingte Kapitalerhöhung mit Sacheinlagen 194, 1 ff; **200,** 1 ff
- Ablauf **194,** 20
- Abschriften **195,** 22 f
- Aktiengesetz 1937 **195,** 2; **196,** 1; **197,** 3
- Aktiengesetz 1965 **197,** 4
- Anlagen **195,** 22 f
- anmeldeberechtigte Personen **195,** 9 ff
- Anmeldung **195,** 1 ff
- Antrag **195,** 22 f
- Aufbewahrung der Schriftstücke **195,** 37
- Aufhebungsbeschluss **195,** 40
- Aufsichtsratsvorsitzender **195,** 12
- Ausgeber **197,** 15 ff
- bedingte Kapitalerhöhung mit Sacheinlagen **194,** 76 f
- Bekanntmachung **194,** 98; **196,** 1 ff
- Beteiligungshöhe **200,** 24
- Bezugsanspruch **197,** 37 ff
- Bezugserklärung (s dort)
- Dritte **200,** 26 ff
- Eintragung **195,** 38 ff
- einzureichende Schriftstücke **195,** 25 ff
- Emissionsbank **197,** 17 f
- Ersetzungsbeschluss **195,** 40
- Europäisches Gemeinschaftsrecht **194,** 9 ff; **195,** 6; **197,** 8
- fehlende Festsetzung **194,** 99 ff
- früher Bewertungszeitpunkt **194,** 106 ff
- Geldeinlage **194,** 2
- gemischte Gesamtvertretung **195,** 11
- Genehmigungsurkunde **195,** 35 f
- Genussrechte **194,** 76 f
- Gesellschaft mit beschränkter Haftung **196,** 1
- Grundkapital **200,** 21
- Hauptversammlungsbeschluss **194,** 95 ff
- historische Entwicklung **194,** 1 ff; **195,** 2 ff; **196,** 1; **197,** 1 ff
- Internationales Privatrecht **194,** 14; **195,** 6; **197,** 8
- Kapitalschutzrichtlinie **194,** 9; **195,** 6
- Kosten der Eintragung **195,** 44
- leitende Angestellte **197,** 16
- Mitgliedschaft **200,** 23
- Nichtigkeit der Aktienurkunden **197,** 20 ff
- Niederschrift des Hauptversammlungsbeschlusses **195,** 26
- Normzweck **194,** 3 ff; **195,** 5; **196,** 2; **197,** 5 ff
- Optionsgenussrechte **194,** 76 f
- Österreich **194,** 14; **195,** 6; **197,** 8
- Prokurist **197,** 16
- Prüfung der Sacheinlage **194,** 102 ff
- Prüfung durch das Registergericht **195,** 38 ff
- Prüfungsbericht **195,** 28
- Rechnungslegung **200,** 25
- Rechtsfolgen **200,** 21 ff
- Rechtsvergleichung **194,** 14; **195,** 6; **197,** 8
- Reform **196,** 4
- Rücknahme der Anmeldung **195,** 24
- Sacheinlage **194,** 102 ff; **196,** 10 ff
- Satzungsänderung **200,** 22
- Schuldverschreibung (s dort)
- Schweiz **194,** 14; **195,** 6; **197,** 8
- Sozialversicherung **200,** 30
- Steuern **200,** 29
- Unternehmenszusammenschluss **194,** 18, 84 ff
- verbotene Aktienausgabe **197,** 1 ff
- Verträge über Sacheinlage **195,** 31
- Voraussetzungen **200,** 4 ff
- Vorstand **195,** 10
- vorzeitige Ausgabe von Aktienurkunden **197,** 9 ff
- Wandelgenussrechte **194,** 76 f
- Wertdeckung des Ausgabebetrages **194,** 104 f
- wiederholter Zeichnungsvertrag **197,** 24 f
- Wirksamwerden **200,** 1 ff
- wirtschaftliche Bedeutung **194,** 16 ff
- Zeichnungsvertrag **197,** 24 f
- zuständiges Registergericht **195,** 8
- Zwischenscheine **197,** 10

Bedingtes Kapital (s Bedingte Kapitalerhöhung mit Sacheinlagen), (s Bedingte Kapitalerhöhung)

Befreiungsverbot 188, 14

Beherrschungsvertrag
- Ausgabe der Bezugsaktien **200,** 20
- bedingte Kapitalerhöhung **192,** 87
- Satzungsänderung **179,** 61
- Unternehmensgegenstand **179,** 61

Bekanntmachung (s Bekanntmachung des Registergerichts), (s Bekanntmachungen der Gesellschaft)

Bekanntmachung der Gesellschaft
- bedingte Kapitalerhöhung mit Sacheinlagen **194,** 98
- Bezugsrecht **186,** 99 f
- Kapitalerhöhung mit Sacheinlagen **183,** 56

Bekanntmachung des Registergerichts
- bedingte Kapitalerhöhung **196,** 1 ff
- bedingte Kapitalerhöhung mit Sacheinlagen **196,** 1 ff
- Bezugsaktien **201,** 41
- genehmigtes Kapital **202,** 122; **203,** 46 f, 53
- Kapitalerhöhung aus Gesellschaftsmitteln **210,** 39
- Kapitalerhöhung gegen Einlagen **184,** 27; **190,** 1 ff
- Kapitalerhöhung mit Sacheinlagen **184,** 27; **190,** 1 ff
- Sacheinlage **196,** 10 ff
- Satzungsänderung **181,** 39 ff
- stock options **196,** 9
- Wandelschuldverschreibungen **196,** 8

Belastungsverbot 180, 4
Belegschaftsaktien (s stock options)
Belgien
- Bezugsrecht **186,** 28
- Kapitalerhöhung gegen Einlagen **182,** 19
- Kapitalerhöhung mit Sacheinlagen **183,** 13
- Satzungsänderung **179,** 18

Bericht über den Bezugsrechtsausschluss 186, 113 ff
- Anfechtungsklage **186,** 131 ff
- Aufgabe **186,** 116 ff
- Ausgabebetrag der Aktien **186,** 127
- Bezugsrechtsausschluss durch Vorstandsentscheidung **203,** 66 ff, 106 ff
- erleichterte Berichterstattung **186,** 129
- fehlerhafter Bericht **186,** 130 ff
- genehmigtes Kapital **203,** 21
- gerichtliche Nachprüfung **186,** 189
- Grenzen **186,** 128
- Holzmann-Entscheidung **186,** 123
- Informationspflicht **186,** 114
- Inhalt **186,** 123
- Kontrollfunktion **186,** 117
- lückenhafter Bericht **186,** 130 ff
- Mindestanforderungen **186,** 124 ff
- Nachinformation **186,** 122
- Nachprüfung **186,** 189
- Rechtsnatur **186,** 114 f
- Satzungsstrenge **186,** 114
- Schadenersatz **186,** 133
- stock options **192,** 118 ff
- Verfahren **186,** 119 ff
- Vorabinformation **186,** 120 f
- Warnfunktion **186,** 117

Berichtspflicht (s Bericht über den Bezugsrechtsausschluss)
Beschlussmängel
- Satzungsänderung **181,** 53 ff

Besserungsscheine
- Anhang **160,** 26 ff
- gesetzliche Rücklage **150,** 21

Bestätigungsvermerk
- Kapitalerhöhung aus Gesellschaftsmitteln **209,** 22 ff, 43 f
- Prüfungsbericht des Aufsichtsrats **171,** 6 f

Beteiligungserwerb
- Bezugsrechtsausschluss **186,** 171 ff
- Satzungsänderung **179,** 62
- Unternehmensgegenstand **179,** 62

Betriebsgeheimnis Vor 170, 171, 12
Betriebspacht
- Satzungsänderung **179,** 61
- Unternehmensgegenstand **179,** 61

Betriebsvermögen
- Bezugsrecht **186,** 225, 228

Bevollmächtigte in der Hauptversammlung
- Kapitalerhöhung aus Gesellschaftsmitteln **210,** 9

Bezugsaktien
- Abschreibungen **199,** 57 ff
- Art **199,** 13
- Ausgabe (s Ausgabe der Bezugsaktien)
- Bezugserklärung (s dort)
- Disagio **199,** 64
- Erklärung (s Bezugserklärung)
- Gewinnrücklagen **199,** 53 f
- Gewinnvortrag **199,** 56
- Herkunft **199,** 13
- Optionsanleihe **199,** 39
- Restabschreibung **199,** 58
- Rücklagenverwendung **199,** 46 ff
- Sacheinlage **199,** 49
- Umtausch **199,** 38 ff
- unwirksame Aktienausgabe **199,** 70 f
- Verbriefung **199,** 14
- Wandelgenussrechte **199,** 42
- Wandelschuldverschreibungen **199,** 39 ff
- wirksame Aktienausgabe **199,** 68
- Zuzahlung **199,** 46 ff
- Zuzahlungspflicht **199,** 69

Bezugserklärung 198, 1 ff
- Aktiengesetz 1937 **198,** 1
- Aktiengesetz 1965 **198,** 1
- Ausgabebetrag der Aktien **198,** 27
- Auslegung **198,** 33
- Ausübung **198,** 9

- Begriff **198,** 8 ff
- Beschränkungen **198,** 36 ff
- doppelte Ausstellung **198,** 22 ff
- Einlagepflicht **198,** 31 f
- Europäisches Gemeinschaftsrecht **198,** 5
- falsche Angaben **198,** 35
- Fälschung **198,** 58
- fehlende Angaben **198,** 35
- fehlende Schriftform **198,** 47
- Festsetzungen **198,** 29
- Feststellungen **198,** 28
- gegenseitiger Vertrag **198,** 19
- generelle Angaben **198,** 26
- Geschäftsfähigkeit **198,** 58
- gesetzliche Erfordernisse **198,** 20 ff
- Gestaltungsgrenzen **198,** 34 ff
- Heilung von Mängeln **198,** 50 ff
- historische Entwicklung **198,** 1 ff
- individuelle Angaben **198,** 30 ff
- Insolvenz **198,** 17 ff
- Internationales Privatrecht **198,** 5
- Kaduzierungsverfahren **198,** 18
- körperlicher Zwang **198,** 58
- Nebenpflichten **198,** 39
- Normzweck **198,** 4
- notwendiger Inhalt **198,** 25 ff
- Optionserklärung **198,** 12
- Österreich **198,** 5
- Praxis **198,** 20
- Rechtsvergleichung **198,** 5
- Reform **198,** 6 f
- Schriftform **198,** 21
- Schweiz **198,** 5
- Umtauscherklärung **198,** 13
- Verschmelzung **198,** 11
- Verstoß **198,** 46 ff
- Wandlungserklärung **198,** 13
- Wesen **198,** 8 ff
- Zeichnungsvertrag **198,** 14 f

Bezugsrecht 186, 1 ff
- ADHGB **186,** 2; **187,** 1
- Aktiengattung **186,** 69 ff
- Aktiengesetz 1937 **186,** 5; **187,** 2
- Aktiengesetz 1965 **186,** 6 f
- Aktionär **186,** 64
- allgemeines Bezugsrecht **186,** 60
- Arten **186,** 51 ff
- Aufgabe **186,** 56 ff
- Ausschluss (s Bezugsrechtsausschluss)
- Ausschlussfrist **186,** 97
- Ausübung **186,** 88 ff
- Ausübungsfrist **186,** 94 ff
- bedingte Kapitalerhöhung **192,** 30
- Begriff **186,** 49 f
- Bekanntmachungen der Gesellschaft **186,** 99 f
- Belgien **186,** 28
- Bericht (s Bericht über den Bezugsrechtsausschluss)
- Betriebsvermögen **186,** 225, 228
- Bezugsberechtigte **186,** 64 ff
- Bezugsrechtsausschluss (s dort)
- Bezugsstammrecht **186,** 60
- culpa in contrahendo **186,** 89
- Dänemark **186,** 35
- Depotaktien **186,** 92 f
- Durchführung **186,** 94 ff
- eigene Aktien **186,** 65
- Einflusserhaltung **186,** 13
- Erfüllung **186,** 101
- Europäische Aktiengesellschaft **186,** 21 f
- Europäisches Gemeinschaftsrecht **186,** 16 ff
- Frankreich **186,** 23 ff
- Gegenstand **186,** 46 f
- genehmigtes Kapital **203,** 16 ff
- gesetzliches Bezugsrecht **186,** 44 ff
- Griechenland **186,** 36
- Handelsgesetzbuch **186,** 3
- historische Grundlagen **186,** 1 ff; **187,** 1 f
- Inhalt **186,** 44 ff, 54 f
- Italien **186,** 29 f
- Japan **186,** 41
- Kapitalschutzrichtlinie **186,** 16 ff
- konkretes Bezugsrecht **186,** 61 f
- Legitimation **186,** 91
- Mischbezugsrecht **186,** 69
- mitgliedschaftliches Bezugsrecht **186,** 49
- mittelbares Bezugsrecht **186,** 15
- nachrangiges Bezugsrecht **186,** 53
- Nichterfüllung **186,** 102
- Niederlande **186,** 34
- Nießbrauch **186,** 71 ff
- Normzweck **187,** 3 f
- opération blanche **186,** 93
- Optionsanleihe **187,** 9
- Optionsgeschäft **186,** 87
- Österreich **186,** 38
- Pfandrecht **186,** 76 ff
- Portugal **186,** 32
- Privatvermögen **186,** 226, 229
- Rechtscharakter **186,** 48
- Rechtsnatur **186,** 59
- Reform **186,** 42 f
- Schadenersatz **186,** 103
- Schweiz **186,** 37
- Sicherungsübereignung **186,** 82 ff
- Spanien **186,** 31
- Stammaktien **186,** 69

- Steuerrecht **186,** 223 ff
- Termingeschäft **186,** 86
- U.S. amerikanisches Recht **186,** 39 f
- Übertragbarkeit **186,** 63
- Unternehmensverbund **186,** 66 ff
- Veräußerung **186,** 224 ff
- Vereinigtes Königreich **186,** 33
- Verlangen **186,** 88 ff
- Vermögenserhaltung **186,** 13
- Victoria-Entscheidung **186,** 4
- vinkulierte Namensaktien **186,** 70
- Vorab-Bezugsrecht **186,** 52
- vorbehaltslose Zusicherung **187,** 14
- Vorerbschaft **186,** 84 f
- Wandelanleihen **187,** 9
- Zusicherung nach dem Kapitalerhöhungsbeschluss **187,** 11 ff
- Zusicherung vor dem Kapitalerhöhungsbeschluss **187,** 8 ff
- Zuteilung **186,** 90

Bezugsrechtsausschluss 186, 104 ff
- Abwehr neuer Aktionäre **186,** 161 ff
- Aktiengattung **186,** 175
- anderweitiger Rechtsschutz **186,** 107
- Ankündigung **186,** 112
- Arbeitnehmeraktien **186,** 142, 156
- Bareinlage **186,** 154 ff
- Bedeutung **186,** 104
- Bericht des Vorstands (s Bericht über den Bezugsrechtsausschluss)
- Beteiligungserwerb **186,** 171 ff
- Beweislast **186,** 188
- Börseneinführung **186,** 159 f
- Börsenkurs **186,** 142, 152 f
- Delisting **186,** 164
- eigene Aktien **186,** 105 f
- Eignung **186,** 144 f
- Erforderlichkeit **186,** 144 f
- Erschwerungen **186,** 176 ff
- Erwerb von Gegenständen **186,** 168
- faktischer Bezugsrechtsauschluss **186,** 176 ff
- Forderungstilgung **186,** 169
- formelle Voraussetzungen **186,** 108 ff
- genehmigtes Kapital **202,** 177 ff; **203,** 18 ff; **204,** 17
- Gesellschaftsinteresse **186,** 139 ff
- gesetzlicher Ausschluss **186,** 105 f
- Gewinnung neuer Aktionäre **186,** 166
- Gleichbehandlungsgrundsatz **186,** 143
- going private **186,** 164
- going public **186,** 159 f
- Kali und Salz Entscheidung (s dort)
- Kapitalerhöhung gegen Einlagen **182,** 45 f
- Kapitalerhöhung mit Sacheinlagen **183,** 57 f
- Kapitalerhöhungsbeschluss **186,** 108 ff
- Kapitalschutzrichtlinie **186,** 104
- Konzern **186,** 171
- materielle Beschlusskontrolle **192,** 121 ff
- materielle Voraussetzungen **186,** 134 ff
- mittelbares Bezugsrecht (s dort)
- Optionsanleihe **186,** 157 f
- Sacheinlage **186,** 167 ff
- sachlicher Grund **186,** 137 ff
- Spitzenbildung **186,** 155
- stock options **192,** 117 ff, 124 ff
- Tagesordnung **186,** 112
- Teilanfechtung **186,** 191
- Teilausschluss **186,** 180 ff
- Teilnichtigkeit **186,** 192
- Tilgung von Forderungen **186,** 169
- Übernahme **186,** 161 ff
- Unternehmenserwerb **186,** 171 ff
- Unternehmenszusammenschluss **192,** 123
- vereinfachter Bezugsrechtsausschluss **186,** 148 ff
- Verhältnismäßigkeit **186,** 146 f
- Verschmelzung **186,** 106
- Wandelanleihen **186,** 157 f
- Wandelschuldverschreibungen **192,** 122

Bezugsrechtsausschluss durch Vorstandsentscheidung 203, 56 ff
- Aktiengattung **203,** 105
- Angemessenheit des Ausgabekurses **203,** 97 ff
- Ausgabebetrag der Aktien **203,** 97 ff
- ausländische Börse **203,** 92
- Barkapitalerhöhung **203,** 99
- Belegschaftsaktien **203,** 91
- Bereicherungsansprüche **203,** 151 ff
- Bericht über den Bezugsrechtsausschluss **203,** 66 ff, 106 ff
- Bookbuilding-Verfahren **203,** 92
- börsennotierte Publikumsgesellschaft **203,** 100, 113
- Entlastungsverweigerung **203,** 155
- Ermächtigungsbeschluss **203,** 77
- Ersatzpflichten des Vorstands **203,** 148
- Erwerb von Vermögensgegenständen **203,** 91
- fehlerhafte Berichterstattung **203,** 135 ff
- formelle Voraussetzungen **203,** 57 ff
- geschlossene Gesellschaft **203,** 99
- Greenshoe **203,** 93
- Gründe **203,** 90 ff
- Holzmüller-Entscheidung **203,** 68
- Kali und Salz-Entscheidung (s dort)
- Kapitalschutzrichtlinie **203,** 74
- Kontrolle **203,** 84 ff

- Mängel des Ermächtigungsbeschlusses **203,** 120 ff
- materielle Voraussetzungen **203,** 63 ff
- nachträgliche Ergänzung **203,** 58
- Naturalrestitution **203,** 140
- Optionsrechte **203,** 91
- poison pills **203,** 95
- qualifiziert faktische Abhängigkeit **203,** 96
- rechtswidrige Ermächtigung **203,** 125 ff
- Sachkapitalerhöhung **203,** 103
- Sanierungskapital **203,** 92
- Schadenersatzansprüche **203,** 141 ff, 145 f
- Schranken der Ermächtigung **203,** 62
- Siemens/Nold-Entscheidung **203,** 66
- Sonderprüfung **203,** 155
- Spitzenbeträge **203,** 91
- stock options **203,** 91, 110
- Stufenermächtigung **203,** 115
- Übernahmeangebot **203,** 110
- Übernahmerichtlinie **203,** 95
- Übernahmeversuche **203,** 95
- Unternehmensverbindungen **203,** 91
- vereinfachter Bezugsrechtsausschluss **203,** 97, 114 ff
- Verstoß **203,** 119 ff
- Verweigerung der Entlastung **203,** 155
- Verwendungszwecke **203,** 81 ff
- Vorstandsbeschluss **203,** 78 ff
- Wandelanleihe **203,** 91
- zeitliche Grenzen **203,** 59 ff
- zweistufiges Emissionsverfahren **203,** 102

BGB-Gesellschaft (s Gesellschaft bürgerlichen Rechts)

Bilanz 152, 1 ff
- Darstellung **152,** 29 ff
- Darstellungsform **152,** 31
- Darstellungstiefe **152,** 30
- Fußnoten **152,** 34
- Gesetzliche Rücklage (s dort)
- Gewinnrücklagen (s dort)
- größenabhängige Erleichterung **152,** 35
- Grundkapital (s dort)
- horizontale Methode **152,** 33
- Jahresabschluss (s dort)
- Kapitalrücklage (s dort)
- kleine Aktiengesellschaften **152,** 35
- mittelgroße Aktiengesellschaft **152,** 35
- Rücklagen (s dort)
- vertikale Methode **152,** 32

Bilanzgewinn
- Gewinn- und Verlustrechnung **158,** 18
- Gewinnverwendungsbeschluss **174,** 21
- Gewinnverwendungsvorschlag **170,** 18
- Kapitalerhöhung aus Gesellschaftsmitteln **208,** 12 ff
- Nichtigkeit des Beschlusses über die Verwendung des Bilanzgewinnes (s dort)

Bilanzierungshilfen
- Jahresfehlbetrag **150,** 39
- Kapitalerhöhung aus Gesellschaftsmitteln **208,** 28

Bilanzrecht
- bedingte Kapitalerhöhung **192,** 166 ff; **200,** 25
- Bilanzierungshilfen (s dort)
- Bilanzrichtlinie (s dort)
- Bilanzrichtliniengesetz (s dort)
- Genussrechte **Vor 182,** 114
- International Accounting Standards (s dort)
- Kapitalerhöhung aus Gesellschaftsmitteln **207,** 88 ff, 92, 122; **209,** 16 ff; **210,** 21 f
- Kapitalerhöhung gegen Einlagen **189,** 5 ff
- Kapitalerhöhung mit Sacheinlagen **183,** 33, 53 ff; **189,** 5 ff
- Optionsanleihe **192,** 166 ff
- stille Gesellschaft **Vor 182,** 97 f
- stock options **192,** 178 ff
- swap **Vor 182,** 147
- Wandelanleihen **192,** 166 ff

Bilanzrichtlinie
- Anhang **160,** 2
- Rücklagen **150,** 10

Bilanzrichtliniengesetz
- Anhang **160,** 1
- Aufsichtsrat **Vor 170,171,** 9 f
- Ausgabe der Bezugsaktien **199,** 3
- Feststellung des Jahresabschlusses **172,** 3; **173,** 1
- genehmigtes Kapital **204,** 2
- Gewinn- und Verlustrechnung **158,** 1
- Gewinnverwendungsbeschluss **174,** 1
- Grundkapital **152,** 1
- Kapitalerhöhung aus Gesellschaftsmitteln **208,** 1; **209,** 2
- ordentliche Hauptversammlung **175,** 2
- Prüfungsbericht des Aufsichtsrats **171,** 1
- Rücklagen **150,** 1, 9

Bilanzverlust 158, 19

Bookbuilding-Verfahren 203, 92

Börsengang
- Bezugsrechtsausschluss **186,** 159 f

Börsenkurs 186, 142, 152 f

Börsennotierung
- Kapitalerhöhung aus Gesellschaftsmitteln **207,** 161

Börsensteuer 207, 188
Börsenzulassungsrichtlinie 202, 47

Caps Vor 182, 130
Collars Vor 182, 130
Convertible bond Vor 182, 101
Culpa in contrahendo
- Bezugsrecht **186,** 89
Currency swap Vor 182, 142

Dänemark
- Bezugsrecht **186,** 35
- Kapitalerhöhung gegen Einlagen **182,** 26
- Kapitalerhöhung mit Sacheinlagen **183,** 18
Delisting 186, 164
Depotanteil
- Bezugsrecht **186,** 92 f
Dienstleistungen
- Kapitalerhöhung mit Sacheinlagen **183,** 45
Differenzhaftung des Sacheinlegers
- Zeichnung neuer Aktien **185,** 70
Direktinvestitionen
- Satzungsänderung **179,** 64
- Unternehmensgegenstand **179,** 64
Disagio
- Bezugsaktien **199,** 64
- Kapitalerhöhung aus Gesellschaftsmitteln **208,** 44
DividendenabgabeVO 215, 1; **216,** 1
Dividendenergänzungsrücklage 208, 50
DM-Bilanzgesetz 150, 31; **216,** 1
Doppelmandate
- stock options **192,** 98
Doppelwährungsanleihen Vor 182, 134 ff
Dual currency bonds Vor 182, 126

Effektive Kapitalerhöhung 207, 150 f, 153
Effektive Kapitalherabsetzung 207, 153
Eigene Aktien
- Anhang **160,** 12 ff
- bedingte Kapitalerhöhung **192,** 139
- Berichterstattungspflicht **160,** 14
- Bezugsrecht **186,** 65
- Bezugsrechtsausschluss **186,** 105 f
- genehmigtes Kapital **202,** 150 ff, 188
- Inpfandnahme **160,** 16
- Kapitalerhöhung aus Gesellschaftsmitteln **208,** 40; **215,** 7 ff
- Kapitalerhöhung gegen Einlagen **182,** 83 ff
- Pfandentlassung **160,** 16
- Zeichnungserklärung **185,** 12
Eigenkapital Kapitalbeschaffung (s dort)
Eigenkapitalersetzende Gesellschafterleistungen (s kapitalersetzende Gesellschafterleistungen)

Eingliederung
- Ausgabe der Bezugsaktien **200,** 20
- bedingte Kapitalerhöhung **192,** 87, **192,** 161
Einlagen
- Bezugserklärung **198,** 31 f
- genehmigtes Kapital **203,** 156 ff
- Kapitalerhöhung aus Gesellschaftsmitteln **211,** 12 f
- Kapitalerhöhung gegen Einlagen **182,** 81 f
Eintragung in das Handelsregister
- Kapitalerhöhung aus Gesellschaftsmitteln **210,** 38, 40 ff
- Satzungsänderung **179,** 126; **181,** 37 f
Emissionsbegleiter
- bedingte Kapitalerhöhung **197,** 17 f
- bedingte Kapitalerhöhung mit Sacheinlagen **197,** 17 f
Entlastung
- Bezugsrechtsausschluss durch Vorstandsentscheidung **203,** 155
- ordentliche Hauptversammlung **175,** 6
Entnahmerecht
- Kapitalrücklage **158,** 6 f
Equity note 192, 84
Erwerb eigener Aktien (s Eigene Aktien)
Erwerb von Vermögensgegenständen
- Bezugsrechtsausschluss durch Vorstandsentscheidung **203,** 91
Euro Commercial Paper Programme Vor 182, 167 f
Euro-Einführungsgesetz
- genehmigtes Kapital **202,** 7 ff
- Kapitalerhöhung aus Gesellschaftsmitteln **207,** 13 ff, 16 ff: **215,** 30 f
Euromarkt Vor 182, 154 ff
Euronotes Vor 182, 164 ff
Europäische Aktiengesellschaft
- bedingte Kapitalerhöhung **Vor 192–201,** 43
- Bezugsrecht **186,** 21 f
- genehmigtes Kapital **202,** 57 ff, 187
- Kapitalerhöhung aus Gesellschaftsmitteln **207,** 52 ff
- Kapitalerhöhung gegen Einlagen **182,** 16; **184,** 6
- Kapitalerhöhung mit Sacheinlagen **183,** 8 f; **184,** 6
- Satzungsänderung **179,** 16; **180,** 6
Europäisches Gemeinschaftsrecht
- Ausgabe der Bezugsaktien **199,** 8; **200,** 3; **201,** 6
- bedingte Kapitalerhöhung **Vor 192–201,** 37 ff; **192,** 10 ff; **193,** 5; **195,** 6; **197,** 8

- bedingte Kapitalerhöhung mit Sacheinlagen **194,** 9 ff; **195,** 6; **197,** 8
- Bezugserklärung **198,** 5
- Bezugsrecht **186,** 16 ff
- genehmigtes Kapital **202,** 39 ff
- Kapitalerhöhung aus Gesellschaftsmitteln **207,** 45 ff; **212,** 3
- Kapitalerhöhung gegen Einlagen **182,** 10 ff; **184,** 5 ff; **189,** 3
- Kapitalerhöhung mit Sacheinlagen **183,** 5 ff; **184,** 5 ff; **189,** 3
- Rücklagen **150,** 10
- Satzungsänderung **179,** 11 ff
- **180,** 6
- Zeichnung neuer Aktien **185,** 4 ff

Faktische Satzungsänderung (s Satzungsdurchbrechung)
Feststellung des Jahresabschlusses 172, 1 ff
- Abschlussprüfer **176,** 14
- Aktiengesetz 1937 **172,** 1 ff
- Aktiengesetz 1965 **172,** 2
- Anfechtung **172,** 22 f; **173,** 23
- Auflagen **172,** 14 f
- Aufsichtsrat **172,** 5 ff
- Aufsichtsratsauschuss **172,** 9
- Bedingung **172,** 14 f
- Beschlussfassung im Aufsichtsrat **172,** 8 ff
- Bilanzrichtliniengesetz **172,** 3; **173,** 1
- Bindungswirkung **175,** 23 ff
- Delegationsmöglichkeit **172,** 9
- Hauptversammlung **173,** 1 ff
- historische Entwicklung **172,** 1 ff; **173,** 1
- Kapitalerhöhung aus Gesellschaftsmitteln **207,** 88 ff; **209,** 25
- Nachtragsprüfung **173,** 15 ff
- Nichtigkeit **172,** 19 ff; **173,** 22 f
- Prüfungsbericht des Aufsichtsrats **172,** 17
- Rücklagenbildung **172,** 18
- Übertragungsbeschluss **173,** 5 ff
- Zuständigkeitsverteilung **172,** 7
Feststellungsklage
- Satzungsänderung **179,** 177
Finanzanlagen 179, 63
- Unternehmensgegenstand **179,** 63
Finanzierung
- Satzungsänderung **179,** 83 ff
- Schuldverschreibung **194,** 35 ff
Finanzplankredit Vor 182, 15
Firma
- Satzungsänderung **179,** 78
Floating rate notes Vor 182, 130
Floors Vor 182, 130
Forderungen
- Kapitalerhöhung mit Sacheinlagen **183,** 39 f
Formwechsel
- bedingte Kapitalerhöhung **192,** 157
Frankreich
- Bezugsrecht **186,** 23 ff
- genehmigtes Kapital **202,** 68 ff
- Kapitalerhöhung aus Gesellschaftsmitteln **207,** 63 ff
- Kapitalerhöhung gegen Einlagen **182,** 17 f; **189,** 3
- Kapitalerhöhung mit Sacheinlagen **183,** 10 ff; **189,** 3
- Satzungsänderung **179,** 17
Freihändiger Verkauf 185, 38
Fremdkapital (s Kapitalbeschaffung)

Gegengeschäfte
- Kapitalerhöhung mit Sacheinlagen **183,** 88 ff
Gemeinnützige Aktiengesellschaften 174, 25
Gemeinnützige Wohnungsbauunternehmen 207, 141
Gemischte Gesamtvertretung
- bedingte Kapitalerhöhung mit Sacheinlagen **195,** 11
Genehmigtes Kapital 202, 1 ff
- abhängige Gesellschaft **202,** 206; **203,** 18
- Ablehnung der Eintragung **202,** 118 ff; **203,** 45
- Abspaltung **203,** 55, 166
- Aktiengattung **202,** 101
- Aktiengesetz 1937 **202,** 1 ff; **203,** 1; **204,** 1; **206,** 1
- Aktiengesetz 1965 **202,** 4; **205,** 1
- Änderung der Ermächtigung **202,** 104
- Anfechtbarkeit des Ermächtigungsbeschlusses **202,** 118, 128 f
- Anhang **160,** 22 ff
- Anmeldung der Ermächtigung **202,** 105 ff
- Anmeldung der Kapitalerhöhung **203,** 29 ff
- Arbeitnehmeraktien **203,** 165; **204,** 29 ff; **205,** 25 ff
- Auflösung der Gesellschaft **202,** 201 f
- Aufsichtsrat **202,** 167
- Aufspaltung **203,** 55, 166
- Ausgabe der Aktien **204,** 1 ff
- Ausgabe neuer Aktien **203,** 1 ff
- Ausnutzung der Ermächtigung **202,** 164 ff
- ausstehende Einlagen **203,** 156 ff
- bedingte Kapitalerhöhung **192,** 139; **202,** 140 f, 194 f
- Beendigung der Gesellschaft **202,** 204

– Bekanntmachung der Eintragung 202, 122; 203, 46 f, 53
– Belegschaftsaktien 202, 174 ff
– Bericht über den Bezugsrechtsausschluss 203, 21
– Beschränkung der Ermächtigung 202, 138
– Bezugsrecht 203, 16 ff
– Bezugsrechtsausschluss 202, 177 ff; 203, 18 ff; 204, 17
– Bezugsrechtsausschluss durch Vorstandsentscheidung (s dort)
– Bezugszusicherungen 203, 27 f
– Bilanzrichtliniengesetz 204, 2
– Börsenhandel 202, 218
– Börsenzulassungsrichtlinie 202, 47
– Durchgriffszuständigkeit 202, 210
– eigene Aktien 202, 150 ff, 188
– Eintragung der Kapitalerhöhung 203, 46 f
– Eintragung des Ermächtigungsbeschlusses 202, 121
– Entscheidung des Vorstands 202, 165 f
– Ermächtigungsbeschluss 202, 97 ff
– Erweiterung der Ermächtigung 202, 137
– Euro-Einführungsgesetz 202, 7 ff
– Europäische Aktiengesellschaft 202, 57 ff, 187
– Europäisches Gemeinschaftsrecht 202, 39 ff
– fehlende Zustimmung des Aufsichtsrats 202, 252 f
– Frankreich 202, 68 ff
– Fünfjahresfrist 202, 142 ff
– Genossenschaft 202, 163
– Gesellschaft mit beschränkter Haftung 202, 18
– Grundkapital 202, 93 f
– Grundsatz verhältniswahrender Kapitalerhöhung 202, 117
– Gründungsvorschriften 206, 12 ff
– Hälfte des Grundkapitals 202, 148 ff
– herrschendes Unternehmen 202, 207 ff
– historische Entwicklung 202, 1 ff; 203, 1 ff; 204, 1; 205, 1 ff; 206, 1 ff
– Holzmüller-Entscheidung 202, 162
– Inhalt der Ermächtigung 202, 133 ff
– Insiderrichtlinie 202, 47
– Insolvenz 202, 205
– Investmentaktiengesellschaft 202, 190
– Italien 202, 73
– Kali und Salz-Entscheidung (s dort)
– Kapitalbeschaffung Vor 182, 36 f
– Kapitalerhöhung aus Gesellschaftsmitteln 202, 196 f; 210, 28; 218, 32 ff
– Kapitalerhöhung gegen Einlagen 182, 90
– Kapitalmarkt 202, 215 ff
– Kapitalschutzrichtlinie 202, 5, 40 ff; 203, 2; 205, 2
– Kleine Aktiengesellschaft 202, 6
– Kommanditgesellschaft auf Aktien 202, 189
– KonTraG 202, 17
– Konzern 202, 206 ff
– Kosten 202, 114, 220 ff; 203, 48
– Liquidation 202, 200 ff
– Löschung von Amts wegen 202, 124
– Mehrheitserfordernisse 202, 99 ff
– Mitgliedschaftsrecht 203, 49
– mittelbares Bezugsrecht 203, 24; 204, 9
– Musterformular 202, 38; 203, 8; 204, 4
– Nachgründung 206, 15
– nichtige Ermächtigungsbeschlüsse 202, 123 f
– Nichtigkeit des Ermächtigungsbeschlusses 202, 118
– Niederschrift über die Hauptversammlung 202, 112
– Normzweck 202, 19 ff; 203, 4 ff; 204, 3
– Notarkosten 202, 222 ff
– ordentliche Kapitalerhöhung 202, 191 ff
– Österreich 202, 67
– Pflicht 202, 91 f
– Prüfung durch das Registergericht 202, 115 ff; 203, 39 ff
– Publizitätsrichtlinie 206, 2
– rechtsformspezifische Ausnahmen 202, 163
– Rechtsvergleichung 202, 66 ff
– Reform 202, 86; 203, 10
– Sacheinlage 203, 44; 205, 7 ff; 206, 6 ff
– sachliche Rechtfertigung 202, 98
– Sachübernahmen 205, 5
– satzungsändernder Beschluss 202, 97 ff
– Satzungsänderung 203, 49 ff
– Schranken der Ermächtigung 202, 133 ff
– Schütt-aus-Hol-zurück-Verfahren 205, 10
– Schweiz 202, 78 ff
– Siemens/Nold-Entscheidung 202, 89
– Sonderbeschluss 202, 101 f
– Spanien 202, 74
– Spruchverfahren 203, 10
– staatliche Genehmigung 202, 114
– Steuern 202, 241
– stock options 202, 195; 204, 18
– Stückaktien 202, 168 ff, 254
– Stückaktiengesetz 202, 8
– Subsidiarität der Aktienausgabe 203, 156 ff
– Tranchen 203, 160
– U.S. amerikanisches Recht 202, 81 f
– Übernahmeangebot 202, 139, 219
– Übernahmekodex 202, 155 ff

- Übernahmerichtlinie **202,** 52 ff
- Unbedenklichkeitsverfahren **203,** 10
- unmittelbare Kapitalerhöhung **202,** 93 f
- unwirksame Verwaltungsentscheidungen **202,** 250 f
- vereinfachter Bezugsrechtsausschluss **203,** 23; **204,** 12
- Vereinigtes Königreich **202,** 75 ff
- Verfahren **202,** 22 ff
- Verlängerung der Frist **202,** 147
- Verschmelzung **203,** 55, 166
- Verschmelzungsrichtlinie **202,** 44, 48
- Versicherungsgesellschaften **203,** 164
- Versicherungsverein auf Gegenseitigkeit **202,** 163
- Verstoß **202,** 242 ff
- Verträge über Sacheinlagen **206,** 1 ff
- Verwaltungskosten **202,** 240
- Vorstand **202,** 165 f
- Vorzugsaktie **202,** 102, 149; **204,** 22 ff
- Wertpapierhandel **202,** 216 ff
- Wertpapierzulassung **202,** 215
- Wirksamwerden der Kapitalerhöhung **203,** 49 ff
- wirtschaftliche Bedeutung **202,** 87 ff
- Zeichnung neuer Aktien **203,** 13 ff
- Zeichnungsschein **205,** 13 f
- Zusammenfassung mit anderen Kapitalmaßnahmen **202,** 198 f
- Zusicherung des Bezugsrechts **203,** 27 f
- Zustimmung des Aufsichtsrats **202,** 167; **203,** 41; **204,** 15 f
- zwingender Inhalt der Ermächtigung **202,** 133 ff
- Zwischenverfügung **202,** 119 f

Genossenschaft 202, 163

Genussrechte Vor 182, 108 ff
- Anhang **160,** 26 ff
- Ausschüttungen **Vor 182,** 115
- bedingte Kapitalerhöhung mit Sacheinlagen **194,** 76 f
- Bilanz **Vor 182,** 114
- dauerhafte Vermögensüberlassung **Vor 182,** 111
- gesetzliche Rücklage **150,** 21
- Gewinnbeteiligung **Vor 182,** 113
- Kapitalerhöhung aus Gesellschaftsmitteln **216,** 77
- Kapitalerhöhung gegen Einlagen **189,** 15
- Kapitalerhöhung mit Sacheinlagen **189,** 15
- Optionsgenussrechte **194,** 76 f
- Verlustbeteiligung **Vor 182,** 112
- Wandelgenussrechte **194,** 76 f

Geregelter Markt
- Kapitalerhöhung aus Gesellschaftsmitteln **207,** 162

Geschäftsfähigkeit
- Bezugserklärung **198,** 58
- Kapitalerhöhung aus Gesellschaftsmitteln **207,** 108

Geschäftsführung
- stock options **192,** 96
- Unternehmensgegenstand **179,** 67 ff

Geschäftsgeheimnisse Vor 170,171, 12

Geschäftsjahr
- Satzungsänderung **179,** 85

Geschäftsordnung des Vorstands 179, 91 f

Gesellschaft bürgerlichen Rechts
- mittelbares Bezugsrecht **186,** 204
- Teilrechte **213,** 21 f
- Zeichnungserklärung **185,** 11

Gesellschaft mit beschränkter Haftung
- Ausgabe der Bezugsaktien **200,** 1
- bedingte Kapitalerhöhung **196,** 1
- bedingte Kapitalerhöhung mit Sacheinlagen **196,** 1
- genehmigtes Kapital **202,** 18
- Kapitalerhöhung aus Gesellschaftsmitteln **207,** 30; **209,** 4 ff; **210,** 2; **211,** 3; **215,** 2 ff; **216,** 2; **217,** 2 f; **220,** 1
- Teilrechte **213,** 1

Gesellschafterklage
- Kapitalerhöhung **Vor 182,** 80

Gesellschaftsdauer
- Satzungsänderung **179,** 81 f

Gesellschaftsinteresse
- Bezugsrechtsausschluss **186,** 139 ff

Gesellschaftssteuer
- Kapitalerhöhung aus Gesellschaftsmitteln **207,** 188

Gesellschaftsvertrag
- Kapitalbeschaffung **Vor 182,** 17

Gesellschaftszweck Vor 182, 18
- Satzungsänderung **179,** 54 ff

Gesetzliche Rücklage 150, 14 ff
- absolute Grenze **150,** 23
- Auflösung **150,** 32 ff
- Auflösungsreihenfolge **150,** 52
- Ausgleich eines Verlustvortrages **150,** 41 ff, 46
- Berechnungsgrundlage **150,** 19
- Besserungsscheine **150,** 21
- Bilanzierungshilfen **150,** 39
- Bildung **150,** 14 f
- eingegliederte Gesellschaften **150,** 27
- Entnahmen **150,** 54
- erneute Dotierung **150,** 50

- Genussscheine 150, 21
- Gesetzliche Rücklage 150, 20
- gesetzlicher Reservefonds 150, 14, 16
- Gewinn- und Verlustrechnung 158, 9, 15
- Gewinnanteile 150, 21
- Gewinnrücklagen 150, 38
- Gewinnverwendungsbeschluss 174, 6
- Gewinnvortrag 150, 21
- Gläubigerschutzfälle 150, 54
- Grundkapital 150, 24
- Haftung 150, 55
- Hauptversammlung 150, 28
- Jahresfehlbetrag 150, 35
- Jahresüberschuss 150, 18 ff
- Kapitaländerung 150, 51
- Kapitalerhöhung aus Gesellschaftsmitteln 150, 33 f, 44, 47 ff; 208, 15 ff
- Kapitalrücklage 150, 16
- Nichtigkeit des Jahresabschlusses 150, 18, 26, 53
- Obergrenze 150, 22 ff
- Reihenfolge der Auflösung 150, 52
- Rücklagen für eigene Anteile 150, 39
- Satzung 150, 25
- satzungsmäßige Rücklagen 150, 38
- Satzungsstrenge 150, 15
- Sonderposten mit Rücklagenanteil 150, 39
- stille Reserven 150, 40
- Tantiemebeträge 150, 21
- Überdotierung 150, 56
- Umwandlung 150, 48
- Unternehmensvertrag 150, 16 f
- Verlustvortrag 150, 20, 35
- Verstoß 150, 53 ff
- Verwendung 150, 32 ff
- Voraussetzungen 150, 17
- Vorstand 150, 28
- zusätzliches Kapital 150, 14
- Zuständigkeit 150, 28
- Zuweisung 150, 16 ff
- zwingender Charakter 150, 53 ff

Gewinn- und Verlustrechnung 158, 1 ff
- andere Gewinnrücklagen 158, 12
- Ausgleichszahlungen 158, 28
- Bilanzgewinn 158, 18
- Bilanzrichtliniengesetz 158, 1
- Bilanzverlust 158, 19
- Einstellung in die Kapitalrücklage 158, 22 ff
- Einstellungen in die gesetzlichen Rücklage 158, 15
- Einstellungen in die Gewinnrücklage 158, 13
- Einstellungen in die Rücklage für eigene Aktien 158, 16
- Einziehung von Aktien 158, 24
- Entnahmen aus der gesetzlichen Rücklage 158, 9
- Entnahmen aus der Gewinnrücklage 158, 8, 12
- Entnahmen aus der Kapitalrücklage 158, 6 f
- Entnahmen aus der Rücklage für eigene Aktien 158, 10
- Entnahmen aus der satzungsmäßigen Rücklage 158, 11
- ergänzender Posten im Anhang 158, 3 ff, 26 f
- Ertrag aus Kapitalherabsetzung 158, 21
- gesetzliche Rücklage 158, 9, 15
- Gewinnabführungsvertrag 158, 28
- Gewinnrücklagen 158, 8, 12 f
- Gewinnvortrag 158, 4 f
- historische Entwicklung 158, 1
- Kapitalerhöhung aus Gesellschaftsmitteln 158, 7
- Kapitalherabsetzung 158, 21
- Kapitalrücklage 158, 6 f
- Rentengarantie 158, 28
- Rücklage für eigene Aktien 158, 10, 16
- satzungsmäßige Rücklage 158, 11
- Sonderprüfung 158, 25
- swap Vor 182, 147
- Unternehmensvertrag 158, 28
- vereinfachte Kapitalherabsetzung 158, 22 ff
- Verlustvortrag 158, 4 f
- Wahlrechte 158, 26 f
- Wandelschuldverschreibungen Vor 182, 107
- zusätzliche Posten 158, 20 ff

Gewinnabführungsvertrag
- Ausgabe der Bezugsaktien 200, 20
- bedingte Kapitalerhöhung 192, 87
- Gewinn- und Verlustrechnung 158, 28
- Gewinnverwendungsbeschluss 174, 10

Gewinnanteilsscheine 183, 44

Gewinnausschüttung
- Genussrechte Vor 182, 115
- Gewinnverwendungsbeschluss 174, 22 ff
- Kapitalerhöhung aus Gesellschaftsmitteln 208, 28; 217, 9 ff
- Satzungsänderung 179, 86 ff

Gewinnbeteiligung
- Gewinnverwendungsbeschluss 174, 10
- Kapitalerhöhung gegen Einlagen 182, 77 f

Gewinngemeinschaft 174, 10

Gewinnrücklagen
- Anhang 160, 38
- Ausweis 152, 24 ff
- Begriff 150, 6
- Bezugsaktien 199, 53 f
- Bilanzgewinn des Vorjahres 152, 25

- Darstellung **152,** 29 ff
- Entnahmen **152,** 27 f
- Fußnote **152,** 34
- Gewinn- und Verlustrechnung **158,** 8, 12 f
- Gewinnverwendungsbeschluss **174,** 6, 26 f
- Gewinnverwendungsvorschlag **170,** 16
- Jahresüberschuss des Geschäftsjahres **152,** 26
- Kapitalerhöhung aus Gesellschaftsmitteln **152,** 27; **208,** 9 ff
- Kleine Aktiengesellschaft **152,** 35
- mittelgroße Aktiengesellschaft **152,** 35

Gewinnschuldverschreibung
- Anhang **160,** 24, 29
- Kapitalbeschaffung **Vor 182,** 116 ff
- Kapitalerhöhung aus Gesellschaftsmitteln **216,** 77
- Kapitalerhöhung gegen Einlagen **189,** 15
- Kapitalerhöhung mit Sacheinlagen **189,** 15

Gewinnübernahmeverträge
- Satzungsänderung **179,** 61
- Unternehmensgegenstand **179,** 61

Gewinnverwendung
- Gewinn- und Verlustrechnung (s dort)
- Nichtigkeit des Beschlusses über die Verwendung des Bilanzgewinnes (s dort)
- Rücklagen (s dort)

Gewinnverwendungsbeschluss 174, 1 ff
- Abschlagszahlungen **174,** 13
- Änderung des Jahressabschlusses **174,** 52
- Anfechtungsklage **150,** 57; **174,** 54
- Aushungerung **174,** 13
- Ausschüttung **174,** 22 ff
- Bilanzgewinn **174,** 21
- Bilanzrichtliniengesetz **174,** 1
- Bindung der Hauptversammlung **174,** 11 ff
- Erweiterung des Gliederungsschemas **174,** 51
- gemeinnützige Aktiengesellschaften **174,** 25
- gesetzliche Rücklage **174,** 6
- Gewinnabführungsvertrag **174,** 10
- Gewinnausschüttungssperren **174,** 13
- Gewinnbeteiligungen **174,** 10
- Gewinngemeinschaft **174,** 10
- Gewinnrücklagen **174,** 6, 26 f
- Gewinnthesaurierung **174,** 4
- Gewinnvortrag **174,** 25 ff
- Gliederung **174,** 17 ff
- historische Entwicklung **174,** 1
- Kapitalerhöhung aus Gesellschaftsmitteln **207,** 90 f
- Kapitalrücklagen **174,** 6
- Körperschaftssteuer **174,** 5, 28, 41, 50
- Nichtigkeit (s Nichtigkeit des Beschlusses über die Verwendung des Bilanzgewinnes)
- steuerliche Vorschriften **174,** 13
- Teilgewinnabführungsverträge **174,** 10
- Unternehmensvertrag **174,** 10
- zusätzlicher Aufwand **174,** 41 ff
- zusätzlicher Ertrag **174,** 49 ff
- Zuständigkeit **174,** 10

Gewinnverwendungsvorschlag
- Abschlagszahlungen **170,** 15
- Abweichung von der Gliederung **170,** 19
- Aufsichtsrat **170,** 9 ff
- Bilanzgewinn **170,** 18
- Einstellung in Gewinnrücklagen **170,** 16
- Gewinnrücklagen **170,** 16
- Gewinnvortrag **170,** 17
- Gliederungsabweichung **170,** 19
- Inhalt **170,** 12 ff
- Prüfungsbericht des Aufsichtsrats **171,** 14
- Verteilung an die Aktionäre **170,** 15
- Vorlage an den Aufsichtsrat **170,** 9 ff

Gewinnvorrecht 216, 20

Gewinnvortrag
- Bezugsaktien **199,** 56
- Gewinn- und Verlustrechnung **158,** 4 f
- Gewinnverwendungsbeschluss **174,** 25 ff
- Gewinnverwendungsvorschlag **170,** 17
- Kapitalerhöhung aus Gesellschaftsmitteln **208,** 14
- Rücklagen **150,** 6

Gleichbehandlungsgrundsatz
- Bezugsrechtsausschluss **186,** 143
- Kapitalerhöhung aus Gesellschaftsmitteln **212,** 13 f; **216,** 31 ff; **217,** 33
- Satzungsänderung **179,** 174

Globalaktien
- Aufforderung an die Aktionäre **214,** 47 ff
- Ausgabe der Bezugsaktien **199,** 18 ff

Going-public-Optionsanleihe 192, 41

Greenshoe 203, 93

Griechenland
- Bezugsrecht **186,** 36
- Kapitalerhöhung gegen Einlagen **182,** 27
- Kapitalerhöhung mit Sacheinlagen **183,** 19
- Satzungsänderung **179,** 23

Großbritannien (s Vereinigtes Königreich)

Grundkapital
- Aktiengattung **152,** 13 ff
- Aktiengesetz 1937 **152,** 1
- Ausweis **152,** 9
- bedingte Kapitalerhöhung **192,** 27 ff; **200,** 21
- bedingtes Kapital **152,** 18
- Begriff **152,** 5 ff
- Bilanzausweis **152,** 20
- Bilanzrichtliniengesetz **152,** 1
- genehmigtes Kapital **202,** 93 f
- gezeichnetes Kapital **152,** 5

– Gläubigerschutz **152,** 7
– historische Entwicklung **152,** 1 f
– Kapitalanteile persönlich haftender Gesellschafter **152,** 10
– kapitalersetzende Gesellschafterdarlehen **152,** 19
– Kommanditgesellschaft auf Aktien **152,** 8 ff, 10
– Leerposten **152,** 10
– Mehrstimmrechtsaktien **152,** 16 f
– Mindestnominalbetrag **152,** 7
– persönlich haftender Gesellschafter **152,** 10
– Rechengröße **152,** 6
– Satzungsänderung **179,** 83
– Stammaktien **152,** 14
– Verlustabschreibung **152,** 11
– Vorzugsaktie **152,** 15
Grundlagengeschäft
– Satzung **179,** 45 f
– Satzungsänderung **179,** 45 f
Gründung der Aktiengesellschaft
– bedingte Kapitalerhöhung **192,** 24 ff
– Satzungsänderung **179,** 166

Haftung der Aufsichtsratsmitglieder
– Gesetzliche Rücklage **150,** 55
– Kapitalrücklage **150,** 55
– Rücklagen **150,** 55
Haftung der Vorstandsmitglieder
– Gesetzliche Rücklage **150,** 55
– Kapitalrücklage **150,** 55
– Rücklagen **150,** 55
Handelsregister (s Anmeldung zum Handelsregister), (s Eintragung in das Handelsregister)
Hauptversammlung
– Abschlussprüfer **176,** 12 ff
– Feststellung des Jahresabschlusses **173,** 1 ff
– gesetzliche Rücklage **150,** 28
– Kapitalerhöhung **Vor 182,** 57
– Prüfungsbericht des Aufsichtsrats **171,** 22 ff
– Satzungsänderung **179,** 102 ff
– Unternehmensgegenstand **179,** 69 ff
Hauptversammlungsbeschluss
– bedingte Kapitalerhöhung **192,** 23 ff; **193,** 1 ff
– bedingte Kapitalerhöhung mit Sacheinlagen **194,** 95 ff
Heilung
– Kapitalerhöhung aus Gesellschaftsmitteln **210,** 40
– verdeckte Sacheinlagen **183,** 114 ff
Herrschendes Unternehmen
– genehmigtes Kapital **202,** 207 ff
– Kapitalerhöhung aus Gesellschaftsmitteln **216,** 81
Holzmüller-Entscheidung
– Bericht über den Bezugsrechtsausschluss **186,** 123
– Bezugsrechtsausschluss durch Vorstandsentscheidung **203,** 68
– genehmigtes Kapital **202,** 162
– Kapitalerhöhung gegen Einlagen **182,** 97 ff
Hucke-Pack-Emission
– Schuldverschreibung **192,** 81
– Wandelschuldverschreibungen **192,** 81

Idealverein (s Verein)
Industrieobligationen
– Kapitalbeschaffung **Vor 182,** 123 ff
Informationsrecht des Aktionärs 175, 12 ff
– Abschriften **175,** 14 ff
– Anfechtungsklage **175,** 19
– Auslegung der Unterlagen **175,** 13
– Bilanzmethoden **175,** 9
– Durchsetzbarkeit **175,** 18 f
– Einsichtsrecht **175,** 13
– Erläuterungen **175,** 6 ff
– Sinn **175,** 12
– Verlesung von Unterlagen **175,** 16
– Verletzung **175,** 11
– Verzicht **175,** 17
– Vorlagepflicht **175,** 4 f
– Zweck **175,** 12
Inhaberaktie
– Satzungsänderung **179,** 84
Insiderhandel
– genehmigtes Kapital **202,** 47
– Kapitalerhöhung aus Gesellschaftsmitteln **207,** 164
Insolvenz
– Bezugserklärung **198,** 17 ff
– genehmigtes Kapital **202,** 205
– Kapitalerhöhung aus Gesellschaftsmitteln **207,** 156 f
– Kapitalerhöhung gegen Einlagen **182,** 95 f
– Satzungsänderung **179,** 167
Interest rate swap Vor 182, 141
Interimschein (s Zwischenschein)
Internationales Privatrecht
– Ausgabe der Bezugsaktien **200,** 3; **201,** 6
– bedingte Kapitalerhöhung **Vor 192–201,** 44; **192,** 12; **193,** 5; **195,** 6; **197,** 8
– bedingte Kapitalerhöhung mit Sacheinlagen **194,** 14; **195,** 6; **197,** 8
– Bezugserklärung **198,** 5
Investitionsdarlehen Vor 182, 13 ff
Investmentaktiengesellschaft 202, 190

Irland
- Kapitalerhöhung gegen Einlagen **182,** 25
- Kapitalerhöhung mit Sacheinlagen **183,** 17

Italien
- Bezugsrecht **186,** 29 f
- genehmigtes Kapital **202,** 73
- Kapitalerhöhung aus Gesellschaftsmitteln **207,** 66
- Kapitalerhöhung gegen Einlagen **182,** 21
- Kapitalerhöhung mit Sacheinlagen **183,** 14
- Satzungsänderung **179,** 19

Jahresabschluss
- Abschlussprüfung (s dort)
- Anhang (s dort)
- Aufsichtsrat **170,** 3 ff
- Aufsichtsratsmitglieder **170,** 20 ff
- bedingte Kapitalerhöhung **192, 166** ff
- Bilanz (s dort)
- Feststellung **172,** 1 ff; **173,** 1 ff
- Genussrechte Vor **182,** 114
- Gewinn- und Verlustrechnung (s dort)
- Kapitalerhöhung aus Gesellschaftsmitteln **207,** 88 ff, 92, 122; **209,** 10 ff, 16 ff; **210,** 21 f
- Kapitalerhöhung gegen Einlagen **189,** 5 ff
- Kapitalerhöhung mit Sacheinlagen **183,** 33, 53 ff; **189,** 5 ff
- Lagebericht (s dort)
- Optionsanleihe **192, 166** ff
- Prüfung durch den Aufsichtsrat (s Prüfungsbericht des Aufsichtsrats)
- stille Gesellschaft **Vor 182,** 97 f
- stock options **192,** 178 ff
- swap **Vor 182,** 147
- Vorlage an den Aufsichtsrat **170,** 3 ff
- Wandelanleihen **192,** 166 ff

Jahresfehlbetrag
- Ausgleich **150,** 36 ff, 45
- Bilanzierungshilfen **150,** 39
- Erläuterung **176,** 9
- Gewinn- und Verlustrechnung **158,** 4
- Rücklagen **150,** 35

Jahresüberschuss 150, 18 ff

Japan
- Bezugsrecht **186,** 41

Kaduzierung 198, 18

Kali und Salz Entscheidung
- Bezugsrechtsausschluss **186,** 137
- Bezugsrechtsausschluss durch Vorstandsentscheidung **203,** 63 ff
- Satzungsänderung **179,** 182

Kapitalbeschaffung Vor 182, 1 ff
- Agio **Vor 182,** 86 ff
- Anleihen mit variabler Verzinsung **Vor 182,** 130 ff
- Bankkredite **Vor 182,** 151 ff
- bedingte Kapitalerhöhung **Vor 182,** 34 f
- caps **Vor 182,** 130
- collars **Vor 182,** 130
- convertible bond **Vor 182,** 101
- Dividendenkapitalerhöhung **Vor 182,** 40 f
- Doppelwährungsanleihen **Vor 182,** 134 ff
- dual currency bonds **Vor 182,** 126
- Eigenkapital **Vor 182,** 1 ff
- Ergänzungseigenkapital **Vor 182,** 8 ff
- Erhöhung des Grundkapitals **Vor 182,** 31 ff
- Euro Commercial Paper Programme **Vor 182,** 167 f
- Euromarkt **Vor 182,** 154 ff
- Euronotes **Vor 182, 164** ff
- Finanzplandarlehen **Vor 182,** 15
- floating rate notes **Vor 182,** 130
- floors **Vor 182,** 130
- freiwillig Kapitalleistungen **Vor 182,** 89 f
- Fremdkapital **Vor 182,** 1 ff, 120 ff
- genehmigtes Kapital **Vor 182,** 36 f
- Genussrechte (s dort)
- Gesellschaftsvertrag **Vor 182,** 17
- Gesellschaftszweck **Vor 182,** 18
- Gewinnabhängigkeit **Vor 182,** 7
- Gewinnschuldverschreibungen **Vor 182,** 116 ff
- Haftkapital **Vor 182,** 11 f
- Industrieobligationen **Vor 182,** 123 ff
- inländische Finanzmärkte **Vor 182,** 121
- Investitionsdarlehen **Vor 182,** 13 ff
- Kapitalerhöhung (s dort)
- Kapitalerhöhung aus Gesellschaftsmitteln **Vor 182,** 38 f
- Kapitalerhöhung gegen Einlagen (s dort)
- Kapitalrücklage **Vor 182,** 83 ff
- Kapitalsammelbecken **Vor 182,** 51
- Kapitalstruktur **Vor 182,** 22
- Kerneigenkapital **Vor 182,** 2 ff
- Krisendarlehen **Vor 182,** 21
- langfristige Bankkredite **Vor 182,** 151 ff
- Nachrangigkeit **Vor 182,** 6
- naked warrants (s dort)
- Null-Kupon-Anleihen **Vor 182,** 126 ff
- Optionsanleihe **Vor 182,** 102
- ordentliche Kapitalerhöhung **Vor 182,** 32 f
- Principal-Agent-Beziehung **Vor 182,** 48 f
- Privilegierung **Vor 182,** 28 ff
- reale Kapitalerhöhung **Vor 182,** 42 ff
- Rechtstatsachen **Vor 182,** 169 ff
- reversal floater **Vor 182,** 130
- roll-over-Kredit **Vor 182,** 160 ff

- Sacheinlage (s dort)
- Sanierungsdarlehen **Vor 182,** 13 ff
- Schuldscheindarlehen **Vor 182,** 148 f
- Schuldverschreibung **Vor 182,** 102, 122 ff
- stille Gesellschaft (s dort)
- Subordination **Vor 182,** 28 ff
- swap (s dort)
- venire contra factum proprium **Vor 182,** 14
- Verlustbeteiligung **Vor 182,** 6
- Wandelanleihe **Vor 182,** 101
- Wandelschuldverschreibungen (s dort)
- warrant bond **Vor 182,** 102
- zero-bonds **Vor 182,** 126 ff

Kapitalerhöhung Vor 182, 56 ff
- Ausgabebetrag der Aktien **Vor 182,** 60
- Außenrechtsverhältnis **Vor 182,** 65 ff, 78 ff
- Beschlusskontrolle **Vor 182,** 71 ff
- Binnenrechtsverhältnisse **Vor 182,** 57 ff, 70 ff
- Geldeinlage **Vor 182,** 79
- Gesellschafterklage **Vor 182,** 80
- Hauptversammlung **Vor 182,** 57
- nicht korrekte Kapitalerhöhungen **Vor 182,** 70 ff
- Pflichtprüfung **Vor 182,** 64
- Publizität **Vor 182,** 69
- Registergericht **Vor 182,** 82
- Sacheinlage **Vor 182,** 81
- Satzungsänderung **179,** 168
- Vinkulierung **180,** 14 ff
- Vorstandbericht **Vor 182,** 62
- Wirtschaftsprüfer **Vor 182,** 68

Kapitalerhöhung aus Gesellschaftsmitteln 207, 1 ff; **208,** 1 ff; **209,** 1 ff
- abhängige Gesellschaft **216,** 79
- Ablehnung der Eintragung **210,** 34
- Abschlussprüfung **209,** 16 ff, 39 ff
- Aktiengattung **216,** 12 ff
- Aktiengesetz 1965 **207,** 6 f; **219,** 1
- Aktienurkunden **207,** 43
- Aktionärsrechte **216,** 9 ff
- Altaktien **215,** 27 ff
- Altrücklagen **207,** 179
- anderer Vertragsteil **216,** 82
- anfechtbare Kapitalerhöhungsbeschlüsse **210,** 45 f
- Anfechtbarkeit des Beschlusses **208,** 55 f; **210,** 34
- Anfechtungsklage **207,** 124
- Anlagegitter **220,** 15 ff
- anmeldeberechtigte Personen **210,** 8 f
- Anmeldung **207,** 41, 136 ff; **210,** 7 ff
- Anschaffungskosten **220,** 7 ff
- Anwendungsbereich **207,** 141 ff
- Aufbewahrung eingereichter Schriftstücke **210,** 50 f
- Aufforderung an die Aktionäre (s dort)
- Aufhebung des Beschlusses **207,** 140
- Aufsichtsratsmitglieder **216,** 70 ff
- Aufsichtsratsvorsitzender **210,** 8
- Ausführung **207,** 121
- Ausschüttungssperre **208,** 28
- außerbörsliches öffentliches Angebot **207,** 163
- Ausweis der umzuwandelnden Beträge **208,** 33 ff
- Ausweis des erhöhten Kapitals **211,** 8
- bedingte Kapitalerhöhung **192,** 137, 159
- bedingtes Kapital **218,** 1 ff
- Bedingung **207,** 139
- Befristung **207,** 138
- Beginn der Gewinnberechtigung **207,** 134
- Beginn der Gewinnverteilung **217,** 1 ff
- Bekanntmachung **210,** 39
- Berechtigte **212,** 1 ff
- Beschluss der Hauptversammlung **207,** 40
- Bestätigungsvermerk **209,** 22 ff, 43 f
- Bevollmächtigte **210,** 9
- Bilanz **207,** 92, 122; **209,** 16 ff; **210,** 21 f
- Bilanzgewinn **208,** 12 ff
- bilanzieller Passivtausch **207,** 31
- Bilanzierungshilfen **208,** 28
- Bilanzrichtliniengesetz **208,** 1; **209,** 2
- Börsenhandel **207,** 165
- Börsennotierung **207,** 161
- Börsensteuer **207,** 188
- Delegation des Beschlusses **207,** 105
- Disagios bei Wandelanleihen **208,** 44
- DividendenabgabeVO **215,** 1; **216,** 1
- Dividendenergänzungsrücklage **208,** 50
- DM-Bilanzgesetz **216,** 1
- Dritte **212,** 12 ff; **216,** 58 ff
- effektive Kapitalerhöhung **207,** 150 f
- effektive Kapitalherabsetzung **207,** 153
- eigene Aktien **208,** 40; **215,** 7 ff
- Eigentumsrecht **212,** 5 ff
- Einlagepflicht **211,** 12 f
- Eintragung **210,** 38, 40 ff
- Eintragung der Kapitalerhöhung **207,** 42
- Entstehen neuer Mitgliedschaftsrechte **211,** 9 ff
- Erhöhungsbetrag **207,** 119 f
- Erhöhungsverhältnis **207,** 120
- Euroeinführungsgesetz **207,** 16 ff
- Euro-Einführungsgesetz **207,** 13 ff
- Europäische Aktiengesellschaft **207,** 52 ff
- Europäisches Gemeinschaftsrecht **207,** 45 ff; **212,** 3

- Euro-Umstellung **215,** 30 f
- fakultativer Inhalt **207,** 127 ff
- Feststellung der Bilanz **209,** 25
- Feststellung des Jahresabschlusses **207,** 88 ff
- Form der Anmeldung **210,** 12 f
- Frankreich **207,** 63 ff
- Gegenposten zum Eigenkapital **208,** 21 ff
- gemeinnützige Wohnungsunternehmen **207,** 141
- genehmigtes Kapital **202,** 196 f; **210,** 28; **218,** 32 ff
- Genussrechte **216,** 77
- geregelter Markt **207,** 162
- Gesellschaft mit beschränkter Haftung **207,** 30; **209,** 4 ff; **210,** 2; **211,** 3; **215,** 2 ff; **216,** 2; **217,** 2 f; **220,** 1
- Gesellschaftssteuer **207,** 188
- gesetzliche Rücklage **150,** 47 ff; **208,** 15 ff
- Gewinn- und Verlustrechnung **158,** 7
- Gewinnrücklagen **152,** 27; **208,** 9 ff
- Gewinnschuldverschreibungen **216,** 77
- Gewinnverteilung **217,** 9 ff
- Gewinnverwendungsbeschluss **207,** 90 f
- Gewinnvorrecht **216,** 20
- Gewinnvortrag **208,** 14
- Gleichbehandlungsgrundsatz **212,** 13 f; **217,** 33
- Gratisaktien **207,** 35
- Handelbarkeit der Aktien **207,** 36
- Handelsregister **207,** 136 ff
- Heilung nichtiger Kapitalerhöhungsbeschlüsse **210,** 40
- herrschendes Unternehmen **216,** 81
- historische Entwicklung **207,** 1 ff; **208,** 1 ff; **209,** 1 ff; **210,** 1; **211,** 1 f; **212,** 1; **215,** 1; **216,** 1; **217,** 1; **218,** 1 f; **219,** 1; **220,** 1 f
- Inhalt der Anmeldung **210,** 12 f
- Insidertatsache **207,** 164
- Insolvenz **207,** 156 f
- Italien **207,** 66
- Jahresabschluss **207,** 88 ff
- Jahresbilanz **209,** 10 ff
- Kapitalberichtigung **207,** 32
- Kapitalbeschaffung **Vor 182,** 38 f
- Kapitalerhöhungsbeschluss **207,** 85 ff, 102 ff
- Kapitalerhöhungsgesetz **207,** 1 ff, 4 ff
- Kapitalherabsetzung **207,** 153 f
- Kapitalmarkt **207,** 161 ff
- Kapitalmaßnahmen **207,** 143 ff
- Kapitalrücklage **150,** 47 ff; **208,** 8 ff, 15 ff
- Kapitalschutzrichtlinie **207,** 46 ff
- Kleine Aktiengesellschaft **209,** 13, 18, 36
- KonTraG **207,** 26; **209,** 3
- Konzern **207,** 158 ff; **216,** 78 ff
- Körperschaftssteuer **207,** 176 ff
- Kosten **207,** 167 ff; **210,** 23, 52
- Kreditinstitut **209,** 36
- Lastenausgleich-Vermögensabgabe **208,** 44
- laufendes Geschäftsjahr **217,** 11
- leitende Angestellte **216,** 68
- Liquidation **207,** 155
- Liquidationserlös **216,** 23
- Löschung von Amts wegen **210,** 41 f
- mehrere Aktiengattungen **216,** 17 ff
- Mehrheitserfordernisse **207,** 106 ff
- Mehrstimmrechtsaktien **216,** 19
- Minderjährige **207,** 108
- Mitgliedschaftsrecht **219,** 12 ff
- Musterformular **207,** 44; **210,** 5; **216,** 7
- naked warrants **218,** 25
- Nebenverpflichtung der Aktionäre **216,** 83 ff
- Nennbetragsaktien **207,** 128 ff; **211,** 13
- neue Aktien **212,** 1 ff
- Neufassung der Satzung **210,** 18 ff
- nichtige Kapitalerhöhungsbeschlüsse **210,** 40
- Nichtigkeit **212,** 15 ff
- Nichtigkeit des Beschlusses **210,** 34
- Nichtigkeit des Erhöhungsbeschlusses **208,** 52 ff
- Niederschrift über die Hauptversammlung **210,** 15
- Normzweck **207,** 31 ff; **208,** 3 ff; **209,** 8; **210,** 4; **211,** 4; **212,** 2; **215,** 5; **216,** 4 ff; **217,** 4 ff; **218,** 3 f; **219,** 2; **220,** 3 f
- Notarkosten **207,** 169
- Optionsanleihe **211,** 18; **216,** 77; **218,** 25 ff
- Österreich **207,** 62
- Pflicht **207,** 94 ff
- Prokurist **210,** 9; **216,** 68
- Prüfung der Bilanz **209,** 16 ff, 38
- Prüfungspflicht des Registergerichts **210,** 29 ff
- Rechtsmittel **210,** 36 f
- rechtstatsächliche Untersuchungen **207,** 38
- Rechtsvergleichung **207,** 61 ff
- Reform **207,** 80 f
- Rücklagen **150,** 47 ff; **207,** 122; **208,** 7 ff
- Rücklagen für eigene Aktien **208,** 40
- sachliche Schranken **207,** 113 ff
- Satzung **207,** 109
- Satzungsänderung **207,** 100 ff; **216,** 26 ff
- schuldrechtliche Nebenleistungspflichten **216,** 85
- Schütt-aus-Hol-zurück-Verfahren **207,** 8 ff, 196 ff
- Schweiz **207,** 69 f
- Selbstfinanzierung **207,** 35

- Sonderbeschluss **207,** 104, 117
- Sonderbilanz **209,** 31 ff
- Sonderposten mit Rücklagenteil **208,** 41 f
- Sonderrücklage **218,** 16 ff
- Spanien **207,** 67
- Spitzenbildung **215,** 23 ff
- staatliche Genehmigung **210,** 23
- Steuern **207,** 176 ff
- stille Reserven **208,** 38 ff
- stock dividends **207,** 35
- Strukturrichtlinie **207,** 51
- Stückaktien **207,** 103, 115; **211,** 13; **215,** 26
- Stückaktiengesetz **207,** 14 f; **212,** 1; **217,** 1; **218,** 1; **220,** 1
- Stückelung der neuen Aktien **207,** 132 f
- tantiemeberechtigte Personen **216,** 64 ff
- teileingezahlte Aktien **215,** 10 ff; **216,** 34 ff
- Teilrechte (s dort)
- U.S. amerikanisches Recht **207,** 71 f
- Übertragbarkeit der neuen Aktien **207,** 132 f
- umwandlungsfähige Rücklagen **208,** 7 ff
- umwandlungsunfähige Rücklagen **208,** 38 ff
- Ungleichbehandlung **216,** 31 ff
- unmittelbarer Rechtserwerb **212,** 8 ff
- Unternehmensbeteiligungsgesellschaft **207,** 166
- Urkunden **210,** 14 ff
- verborgene Kapitalerhöhung **211,** 15 ff
- Verbot der Spitzenbildung **215,** 23 ff
- vereinfachte Kapitalherabsetzung **207,** 99, 153; **211,** 14
- Vereinigtes Königreich **207,** 68
- Verfahren **207,** 39 ff
- Verfügung über künftige Mitgliedschaftsrechte **219,** 12 ff
- Verlust **208,** 22 f
- Verlustvortrag **208,** 22 f
- Vermögensberichtigung **207,** 32
- Vermögensminderung **210,** 24 ff
- Vermögenssteuer **207,** 176
- Vermögensumgruppierung **207,** 32
- Verschweigen erheblicher Umstände **210,** 26
- Versicherungen **209,** 36
- Verstoß **207,** 123 ff; **209,** 50 ff
- vertragliche Beziehungen zu Dritten **216,** 58 ff
- vertragliche Pflicht **207,** 97
- Verwaltungskosten **207,** 175
- vorausgegangenes Geschäftsjahr **217,** 14 ff
- Voraussetzungen **207,** 85 ff
- Vorstand **210,** 8
- Vorstandsbeschluss **207,** 105
- Vorstandsmitglieder **216,** 65 ff
- Vorzugsaktie **216,** 18, 21
- Wandelanleihen **208,** 44; **211,** 18; **216,** 77
- Wertansätze **220,** 1 ff
- Wertpapierhandel **207,** 164 ff
- Wertpapierzulassung **207,** 161 ff
- Wirksamwerden **211,** 1 ff
- wirtschaftliche Bedeutung **207,** 82 ff
- Zeitpunkt der Anmeldung **210,** 12 f
- Ziel **207,** 35
- Zuführungen zu den Rücklagen **208,** 35
- Zusammenfassung mit anderen Kapitalmaßnahmen **207,** 143 ff
- zweckgebundene Gewinnrücklagen **208,** 43 ff
- Zweigniederlassung **210,** 22
- Zweites Finanzmarktförderungsgesetz **215,** 29
- Zwischenbilanz **209,** 35
- Zwischenscheine **219,** 4 ff
- Zwischenverfügung **210,** 36 f

Kapitalerhöhung gegen Einlagen 182, 1 ff
- Abfindung **189,** 15
- Ablehnung der Eintragung **184,** 26; **188,** 71
- ADHGB **182,** 1; **184,** 1
- Agio (s dort)
- Aktienart **182,** 59 f
- Aktiengesetz 1937 **182,** 1; **189,** 1; **190,** 1; **191,** 1
- aliud-Leistung **188,** 26
- Änderungsverbot **188,** 15 ff
- Anfechtung (s Anfechtung der Kapitalerhöhung gegen Einlagen)
- Anmeldung **188,** 4 ff, 49 ff; **189,** 24
- Anmeldung zum Handelsregister **184,** 9 ff
- Art der Aktien **182,** 59 f
- Aufrechnungsverbot **188,** 14
- Aufsichtsratsvorsitzender **184,** 13
- Ausgabebetrag der Aktien **182,** 61 ff
- Ausgabeverbot **191,** 5 ff
- Ausgeberhaftung **191,** 9 ff
- Ausnahmetatbestände **182,** 88 ff
- ausstehende Einlagen **182,** 81
- Bankbestätigung **188,** 62
- bedingte Kapitalerhöhung **182,** 90
- Befreiungsverbot **188,** 14
- Bekanntmachung **184,** 27; **190,** 1 ff
- Belgien **182,** 19
- Bestandsschutz **189,** 35
- Bezugsrechtsausschluss **182,** 45 f
- Bezugsrechtsausschluss durch Vorstandsentscheidung **203,** 99
- Bilanzierung **189,** 5 ff
- Dänemark **182,** 26
- debitorisches Gesellschafterkonto **188,** 31 f
- Dritte **189,** 15 ff
- Durchführungsfrist **182,** 56 f

- Durchgriffszuständigkeit **182,** 100
- eigene Aktien **182,** 83 ff
- Einbringungsvertrag **189,** 23
- Einlageleistung **189,** 23
- Einstimmigkeit **182,** 40
- einstweiliger Bestandsschutz **189,** 36
- Eintragung **184,** 27; **189,** 4 ff
- Eintragungshindernis **182,** 92
- Eintragungswirkung **184,** 29 f
- endgültiger Bestandsschutz **189,** 37 f
- Erfüllung **188,** 20
- Erfüllungsgebot **188,** 11 ff
- Erhöhungsbetrag **182,** 55
- Ermächtigung des Aufsichtsrats **182,** 79
- Ersetzungsverbot **188,** 15 ff
- Europäische Aktiengesellschaft **182,** 16; **184,** 6
- Europäisches Gemeinschaftsrecht **182,** 10 ff; **184,** 5 ff; **189,** 3
- Fälligkeit **182,** 76
- fehlerhafte Eintragung **184,** 31
- fehlerhafte Kapitalerhöhung **189,** 34 ff
- fehlerhafte Organisationsakte **189,** 25 ff
- Forderungen **188,** 7
- Forderungsbegründung **188,** 31 f
- Frankreich **182,** 17 f; **189,** 3
- freie Verfügung **188,** 19
- freiwillige Mehrleistungen **188,** 33
- freiwillige Zuzahlungen der Aktionäre **182,** 102 ff
- genehmigtes Kapital **182,** 90
- Genussrechte **189,** 15
- gesetzliche Pflicht zur Kapitalerhöhung **182,** 36
- Gewinnberechtigung **182,** 77 f
- Gewinnschuldverschreibungen **189,** 15
- Griechenland **182,** 27
- Grundfall **182,** 8
- Handelsregister **184,** 9 ff; **188,** 49 ff
- historische Entwicklung **182,** 1 f; **189,** 1; **190,** 1; **191,** 1
- Höchstgrenze **182,** 55
- Holzmüller-Entscheidung **182,** 97 ff
- Inhalt des Kapitalerhöhungsbeschlusses **182,** 54 ff
- Insolvenz **182,** 95 f
- Irland **182,** 25
- Italien **182,** 21
- junge Aktien **182,** 61 ff
- Kapitalerhöhungsbeschluss **182,** 36 ff; **189,** 21
- Kapitalschutzrichtlinie **182,** 6, 10 ff; **184,** 1; **184,** 5; **189,** 3; **190,** 1
- Konzern **182,** 97 ff
- Konzernleitungszuständigkeit **182,** 101
- Kosten **182,** 107 f
- Leistung an Dritte **188,** 28 ff
- Leitungsformen **188,** 11 ff
- Liquidation **182,** 93 f
- Löschungsverfahren **189,** 50 ff
- Luxemburg **182,** 20
- Mängel **189,** 20 ff
- Mehr-Geldleistungen **188,** 13
- Mehrheitserfordernisse **182,** 39 ff
- Mehrleistungen **188,** 33
- Mindest-Geldeinlagen **188,** 11
- Mindestgrenze **182,** 55
- Missbrauch **182,** 47
- Mitgliedschaftsrecht **189,** 13 f
- Nennbetrag **182,** 59 f
- Neuvornahme **189,** 47 ff
- Nichterfüllung **188,** 39
- Nichtigkeit **189,** 40 ff
- Nichtleistung **188,** 26
- Niederlande **182,** 26
- Normzweck **184,** 4; **188,** 3; **189,** 2 f; **190,** 2; **191,** 2
- Notarkosten **182,** 113
- Optionsanleihe **189,** 15
- Österreich **182,** 29; **184,** 7
- Pflicht zur Kapitalerhöhung **182,** 36 ff
- Portugal **182,** 23
- Prospekthaftung **182,** 106
- Prospektpflicht **182,** 105
- Prüfung durch das Registergericht **184,** 22 ff; **188,** 67 ff
- Quotenschutz **182,** 43
- realisierbare Einlagen **182,** 82
- Rechtsvergleichung **182,** 17 ff; **189,** 3
- Reform **184,** 8
- Reformvorschläge **182,** 35
- Reparaturmaßnahmen **189,** 45 ff
- Rest-Geldleistungen **188,** 13
- Restleistungen **188,** 34
- richterliches Umgehungsverbot **188,** 18 ff
- Rückflussverbot **188,** 23 ff
- Rückgewähr **188,** 27
- Rücknahme der Anmeldung **184,** 21
- Sacheinlage **188,** 59, 68 f
- sachliche Schranken **182,** 42 ff
- Satzungsänderung **188,** 65 f; **189,** 12
- Schuldtilgung **188,** 29 f
- Schweiz **182,** 28
- Sofort-Geldeinlagen **188,** 11
- Sonderbeschluss **182,** 48 ff
- Spanien **182,** 22
- staatliche Genehmigung **188,** 61
- Steuern **182,** 115 f

– Steuerrecht **189,** 8 f
– steuerrechtliche Unbedenklichkeitsbescheinigung **188,** 63
– stille Gesellschaft **189,** 15
– Strukturänderung **182,** 5 f
– Subsidiarität **182,** 80 ff
– Tantieme **189,** 15
– U.S. amerikanisches Recht **182,** 30 ff
– Umgehungsverbot **188,** 18 ff
– unerhebliche Ausstände **182,** 88
– Unversehrtheit **188,** 38
– verdeckte Sacheinlage **188,** 22
– Vereinigtes Königreich **182,** 24 f
– Verfahren **182,** 8
– Verfügungsverbot **191,** 3 f
– Vermögensschutz **182,** 44
– Versicherungsaktiengesellschaften **182,** 89
– Verstöße **182,** 91 f
– vertragliche Pflicht zur Kapitalerhöhung **182,** 37
– Vorfinanzierung **188,** 36 f
– Vorschuss **188,** 27
– Vorstand **184,** 13
– Wandelanleihen **189,** 15
– Wesen **182,** 3
– Wirksamkeit **182,** 91
– Wirksamwerden **189,** 1 ff
– Zeichnung **189,** 22
– Zeichnungsvertrag **188,** 41 ff
– Ziel **182,** 7
– Zusatzgründung **182,** 4
– Zustimmungspflicht **182,** 38
– Zwischenleistungen **188,** 34
– Zwischenpersonen **188,** 35
Kapitalerhöhung mit Sacheinlagen 183, 1 ff
– Abfindung **189,** 15
– Ablehnung der Eintragung **184,** 26; **188,** 71
– ADHGB **183,** 1; **184,** 1; **188,** 1
– Aktiengesetz 1937 **183,** 1; **189,** 1; **190,** 1; **191,** 1
– aliud-Leistung **188,** 26
– Änderungsverbot **188,** 15 ff
– Anfechtung der Kapitalerhöhung gegen Einlagen **183,** 69
– Anmeldung **188,** 4 ff, 49 ff; **189,** 24
– Anmeldung zum Handelsregister **184,** 9 ff
– Aufrechnungsverbot **188,** 14
– Aufsichtsratsvorsitzender **184,** 13
– Ausgabebetrag der Aktien **183,** 51 f
– Ausgabeverbot **191,** 5 ff
– Ausgeberhaftung **191,** 9 ff
– Bankbestätigung **188,** 62
– Bar-Koppel-Geschäfte **183,** 112
– bedingte Ansprüche **183,** 47
– Befreiung von einer Verbindlichkeit **183,** 46
– Befreiungsverbot **188,** 14
– befristete Ansprüche **183,** 47
– Begriff **183,** 26 ff
– Bekanntgabe **183,** 56
– Bekanntmachung **184,** 27; **190,** 1 ff
– Belgien **183,** 13
– Bestandsschutz **189,** 35
– Bewertung **183,** 62 ff
– Bewertungsprüfung **183,** 80
– Bezugsrechtsausschluss **183,** 57 f
– Bezugsrechtsausschluss durch Vorstandsentscheidung **203,** 103
– Bilanz **183,** 53 ff
– Bilanzfähigkeit **183,** 33
– Bilanzierung **189,** 5 ff
– Dänemark **183,** 18
– Darlehen **183,** 42
– debitorisches Gesellschafterkonto **188,** 31 f
– Dienstleistungen **183,** 45
– Dritte **189,** 15 ff
– Einbringungsvertrag **183,** 73; **189,** 23
– einlagefähige Gegenstände **183,** 30 ff
– Einlageleistung **189,** 23
– einstweiliger Bestandsschutz **189,** 36
– Eintragung **184,** 27; **189,** 4 ff
– Eintragungswirkung **184,** 29 f
– endgültiger Bestandsschutz **189,** 37 f
– Erfüllung **188,** 20
– Erfüllungsfrist **183,** 49
– Erfüllungsgebot **188,** 11 ff
– Ersetzungsverbot **188,** 15 ff
– Ersetzungsverfahren **183,** 116
– Europäische Aktiengesellschaft **183,** 8 f; **184,** 6
– Europäisches Gemeinschaftsrecht **183,** 5 ff; **184,** 5 ff; **189,** 3
– Fälligkeit **183,** 48 f
– fehlende Einlagefähigkeit **183,** 47
– fehlerhafte Eintragung **184,** 31
– fehlerhafte Festsetzung **183,** 75 ff
– fehlerhafte Kapitalerhöhung **189,** 34 ff
– fehlerhafte Organisationsakte **189,** 25 ff
– Festsetzungen **183,** 50
– feststellbarer Vermögenswert **183,** 31
– Forderungen **183,** 39 f; **188,** 7
– Forderungsbegründung **188,** 31 f
– Frankreich **183,** 10 ff; **189,** 3
– freie Verfügung **188,** 19
– freiwillige Mehrleistungen **188,** 33
– fremdnützige Treuhänder **183,** 94
– Gegengeschäfte **183,** 88 ff
– Geldeinlagepflicht **183,** 79
– Genussrechte **189,** 15

- Gewinnansprüche **183,** 112
- Gewinnanteilesscheine **183,** 44
- Gewinnschuldverschreibungen **189,** 15
- gewöhnliche Umsatzgeschäfte **183,** 94
- Griechenland **183,** 19
- Handelsregister **184,** 9 ff; **188,** 49 ff
- Heilung **183,** 78
- Heilung der verdeckten Sacheinlage **183,** 114 ff
- historische Entwicklung **183,** 1 f; **188,** 1 ff; **189,** 1; **190,** 1; **191,** 1
- Irland **183,** 17
- Italien **183,** 14
- Kapitalerhöhungsbeschluss **183,** 50 ff; **189,** 21
- kapitalersetzende Gesellschafterleistungen **183,** 42
- Kapitalnutzungsrechte **183,** 41
- Kapitalschutzrichtlinie **183,** 2, 5 ff; **184,** 1, 5; **189,** 3; **190,** 1
- Kontrolle **183,** 4
- konzernfinale Kapitalerhöhung **183,** 60 f
- Kreditinstitut **183,** 94
- Leistung an Dritte **188,** 28 ff
- Leitungsformen **188,** 11 ff
- Löschungsverfahren **189,** 50 ff
- Luxemburg **183,** 13
- Mängel **189,** 20 ff
- Mehr-Geldleistungen **188,** 13
- Mehrleistungen **188,** 33
- Mindest-Geldeinlagen **188,** 11
- Mitgliedschaften **183,** 43 f
- Mitgliedschaftsrecht **189,** 13 f
- Nachgründung **183,** 29
- Neuvornahme **189,** 47 ff
- Nichterfüllung **188,** 39
- Nichtigkeit **189,** 40 ff
- Nichtigkeit des Hauptversammlungsbeschlusses **183,** 67 f
- Nichtleistung **188,** 26
- Niederlande **183,** 18
- Normzweck **183,** 3 f; **184,** 4; **188,** 3; **189,** 2 f; **190,** 2; **191,** 2
- Nutzungsrechte **183,** 37 f
- Obligationen **183,** 43
- obligatorische Nutzungsrechte **183,** 37 f
- Optionsanleihe **189,** 15
- Österreich **183,** 21; **184,** 7
- Prüfung der Sacheinlage **183,** 80 ff
- Prüfung durch das Registergericht **183,** 84 ff; **184,** 22 ff; **188,** 67 ff
- Publizität **183,** 3
- Rechtsgeschäfte zur Sacheinlage **183,** 70 ff
- Rechtsvergleichung **183,** 10 ff; **189,** 3
- Reform **183,** 24; **184,** 8
- Reparaturmaßnahmen **189,** 45 ff
- Rest-Geldleistungen **188,** 13
- richterliches Umgehungsverbot **188,** 18 ff
- Rückflussverbot **188,** 23 ff
- Rückgewähr **188,** 27
- Rücknahme der Anmeldung **184,** 21
- Sacheinlage **188,** 59, 68 f
- Sachen **183,** 35 f
- Sachgesamtheiten **183,** 35 f
- Sachübernahme **183,** 29
- Satzungsänderung **188,** 65 f; **189,** 12
- Schuldtilgung **188,** 29 f
- Schweiz **183,** 20
- Sofort-Geldeinlagen **188,** 11
- Spanien **183,** 15
- staatliche Genehmigung **188,** 61
- Steuerrecht **189,** 8 f
- steuerrechtliche Unbedenklichkeitsbescheinigung **188,** 63
- stille Gesellschaft **189,** 15
- Tantieme **189,** 15
- U.S. amerikanisches Recht **183,** 22 f
- Übertragbarkeit **183,** 34
- Umgehungsgeschäfte **183,** 88 ff
- Umgehungsverbot **188,** 18 ff
- Umsatzgeschäfte **183,** 94
- Unternehmensverbund **183,** 59 ff
- Unversehrtheit **188,** 38
- Unwirksamkeit **183,** 76 f
- verdeckte Sacheinlage **183,** 88 ff; **188,** 22
- Vereinigtes Königreich **183,** 16 f
- Verfügbarkeit **183,** 32
- Verfügungsverbot **191,** 3 f
- Verkehrsgeschäfte **183,** 109
- Verpflichtungsvertrag **183,** 71
- verschmelzungsfinale Kapitalerhöhung **183,** 60 f
- Vollzugsvertrag **183,** 74
- Vorfinanzierung **188,** 36 f
- Vorschuss **188,** 27
- Vorstand **184,** 13
- Wandelanleihen **189,** 15
- Wirksamwerden **189,** 1 ff
- wirtschaftliche Bedeutung **183,** 25
- Zeichnung **189,** 22
- Zeichnungsvertrag **183,** 72; **188,** 41 ff
- Zwischenleistungen **188,** 34
- Zwischenpersonen **188,** 35

Kapitalerhöhungsbeschluss
- Kapitalerhöhung aus Gesellschaftsmitteln **207,** 85 ff, 102 ff
- Kapitalerhöhung gegen Einlagen **189,** 21

- Kapitalerhöhung mit Sacheinlagen **183,** 50 ff; **189,** 21
- Kontrolle (s Beschlusskontrolle)
- Optionsanleihe **193,** 22
- stock options **193,** 26
- Wandelanleihen **193,** 22

Kapitalerhöhungsgesetz 207, 1 ff, 4 ff

Kapitalersetzende Gesellschafterleistungen
- Grundkapital **152,** 19
- Kapitalerhöhung mit Sacheinlagen **183,** 42

Kapitalherabsetzung
- Gewinn- und Verlustrechnung **158,** 21
- Kapitalerhöhung aus Gesellschaftsmitteln **207,** 153 f
- Kapitalrücklagen **150,** 30
- Rücklagen **150,** 13

Kapitalmarkt
- genehmigtes Kapital **202,** 215 ff, 218
- Kapitalerhöhung aus Gesellschaftsmitteln **207,** 161 ff, 165

Kapitalmaßnahmen 207, 143 ff

Kapitalnutzungsrechte 183, 41

Kapitalrücklage
- Agio **152,** 22
- Anhang **160,** 38
- Auflösung **150,** 32 ff
- Auflösungsreihenfolge **150,** 52
- Ausgleich eines Verlustvortrages **150,** 41 ff, 46
- Ausweis **152,** 21 ff
- Begriff **150,** 6
- Beteiligungsentwertungskonto **150,** 31
- Bilanzierungshilfen **150,** 39
- Darstellung **152,** 29 ff
- DM-Bilanzgesetz **150,** 31
- eingezogene Aktien **152,** 22
- Einstellungen **152,** 22
- Entnahmen **150,** 54; **152,** 23
- erneute Dotierung **150,** 50
- Fußnote **152,** 34
- gesetzliche Rücklage **150,** 16
- Gewinn- und Verlustrechnung **158,** 6 f
- Gewinnrücklagen **150,** 38
- Gewinnverwendungsbeschluss **174,** 6
- Gläubigerschutzfälle **150,** 54
- Haftung **150,** 55
- Jahresfehlbetrag **150,** 35
- Kapitaländerung **150,** 51
- Kapitalbeschaffung **Vor 182,** 83 ff
- Kapitalerhöhung aus Gesellschaftsmitteln **150,** 33 f, 44, 47 ff; **208,** 8 ff, 15 ff
- Kapitalherabsetzung **150,** 30
- Kapitalneufestsetzung **150,** 31
- Kleine Aktiengesellschaft **152,** 35
- mittelgroße Aktiengesellschaft **152,** 35
- Nichtigkeit des Jahresabschlusses **150,** 53
- Optionsrechte **152,** 22
- Reihenfolge der Auflösung **150,** 52
- Rücklagen (s dort)
- Rücklagen für eigene Anteile **150,** 39
- satzungsmäßige Rücklagen **150,** 38
- Sonderposten mit Rücklagenanteil **150,** 39
- Sonderverlustkonto **150,** 31
- stille Reserven **150,** 40
- Überdotierung **150,** 56
- über-pari-Ausgabe **150,** 29
- Umwandlung **150,** 48
- vereinfachte Kapitalherabsetzung **152,** 22
- Verlustvortrag **150,** 35
- Verstoß **150,** 53 ff
- Verwendung **150,** 32 ff
- Wandelschuldverschreibungen **152,** 22
- Zuweisungen **150,** 29 ff
- Zuzahlungen der Aktionäre **152,** 22
- zwingender Charakter **150,** 53 ff

Kapitalschutzrichtlinie
- Anhang **160,** 2
- Ausgabe der Bezugsaktien **199,** 8 f
- bedingte Kapitalerhöhung **Vor 192–201,** 33, 37 ff; **192,** 10 f; **195,** 6
- bedingte Kapitalerhöhung mit Sacheinlagen **194,** 9; **195,** 6
- Bezugsrecht **186,** 16 ff
- Bezugsrechtsausschluss **186,** 104
- Bezugsrechtsausschluss durch Vorstandsentscheidung **203,** 74
- Europäisches Gemeinschaftsrecht (s dort)
- genehmigtes Kapital **202,** 5, 40 ff; **203,** 2; **205,** 2
- Kapitalerhöhung aus Gesellschaftsmitteln **207,** 46 ff
- Kapitalerhöhung gegen Einlagen **182,** 6, 10 ff; **184,** 1; **184,** 5; **189,** 3; **190,** 1
- Kapitalerhöhung mit Sacheinlagen **183,** 2, 5 ff; **184,** 1, 5; **189,** 3; **190,** 1
- Satzungsänderung **179,** 6, 12 ff
- Zeichnung neuer Aktien **185,** 4 ff

Kleine Aktiengesellschaft
- genehmigtes Kapital **202,** 6
- Gewinnrücklagen **152,** 35
- Kapitalerhöhung aus Gesellschaftsmitteln **209,** 13, 18, 36
- Kapitalrücklage **152,** 35

Kommanditgesellschaft auf Aktien
- genehmigtes Kapital **202,** 189
- Grundkapital **152,** 8 ff, 10
- Kapitalanteile persönlich haftender Gesellschafter **152,** 10

– Leerposten **152,** 10
– persönlich haftender Gesellschafter **152,** 10
– Verlustabschreibung **152,** 11
Konsortialvertrag 186, 204 f
KonTraG
– bedingte Kapitalerhöhung **192,** 7
Vor 192–201, 33
– genehmigtes Kapital **202,** 17
– Kapitalerhöhung aus Gesellschaftsmitteln **207,** 26; **209,** 3
Konzern
– Bezugsrechtsausschluss **186,** 171
– genehmigtes Kapital **202,** 206 ff
– Kapitalerhöhung aus Gesellschaftsmitteln **207,** 158 ff; **216,** 78 ff
– Kapitalerhöhung gegen Einlagen **182,** 97 ff
Konzernbildung 179, 66 ff
Körperschaftssteuer
– Gewinnverwendungsbeschluss **174,** 5, 28, 41, 50
– Kapitalerhöhung aus Gesellschaftsmitteln **207,** 176 ff
Kreditinstitute 209, 36
– Kapitalerhöhung mit Sacheinlagen **183,** 94
– mittelbares Bezugsrecht **186,** 199 f

Lagebericht
– Prüfungsbericht des Aufsichtsrats **171,** 13
– Vorlage an den Aufsichtsrat **170,** 4
Langfristige Bankkredite Vor 182, 151 ff
Lastenausgleich-Vermögensabgabe 208, 44
Leeraktien 160, 8
Leitende Angestellte
– bedingte Kapitalerhöhung **197,** 16
– bedingte Kapitalerhöhung mit Sacheinlagen **197,** 16
– Kapitalerhöhung aus Gesellschaftsmitteln **216,** 68
Liability swap Vor 182, 140
Lösungsrecht
– Satzungsänderung **180,** 5
Luxemburg
– Kapitalerhöhung gegen Einlagen **182,** 20
– Kapitalerhöhung mit Sacheinlagen **183,** 13
– Satzungsänderung **179,** 18

Materielle Beschlusskontrolle (s Beschlusskontrolle)
Mehrheitsbeteiligung
– Anhang **160,** 34
– Zeichnungserklärung **185,** 12
Mehrstimmrecht
– Grundkapital **152,** 16 f
– Kapitalerhöhung aus Gesellschaftsmitteln **216,** 19
Mischbezugsrecht 186, 69
Mitgliedschaftsrecht
– Ausgabe der Bezugsaktien **200,** 14
– bedingte Kapitalerhöhung **200,** 23
– genehmigtes Kapital **203,** 49
– Kali und Salz-Entscheidung (s dort)
– Kapitalerhöhung aus Gesellschaftsmitteln **211,** 9 ff; **216,** 9 ff; **219,** 12 ff
– Kapitalerhöhung gegen Einlagen **189,** 13 f
– Kapitalerhöhung mit Sacheinlagen **183,** 13 f, 43 f
Mittelbares Bezugsrecht 186, 193 ff
– Abtretung **186,** 221
– Aktionär **186,** 206, 212 ff
– Bedeutung **186,** 196
– Bezugsrechtshandel **186,** 221
– Doppelverpflichtung **186,** 212
– Doppelzuständigkeit **186,** 212
– Entwicklung **186,** 193
– genehmigtes Kapital **203,** 24; **204,** 9
– Gesellschaft **186,** 210 ff
– Gesellschaft bürgerlichen Rechts **186,** 204
– Inhalt **186,** 194 f
– Kapitalerhöhungsbeschluss **186,** 198
– Konsortium **186,** 204 f
– Konsortium als Zeichner **186,** 204 f
– Kreditinstitut **186,** 199 f
– Kreditinstitut als Aktionär **186,** 206
– Kreditinstitut als Vermittler **186,** 207
– Kreditinstitut als Zeichner **186,** 201 ff
– Prospekt **186,** 220
– Treuhandvertrag **186,** 208
– Übernahmekonsortium **186,** 201
– Vermittler **186,** 207
– Vermittlungskonsortium **186,** 201
– Vertrag zugunsten Dritter **186,** 209
– Vertragsangebot **186,** 215 f
– Voraussetzungen **186,** 197 ff
– Wert **186,** 222
– Zeichner **186,** 201 ff
Mittelgroße Aktiengesellschaft
– Gewinnrücklagen **152,** 35
Mitzeichner 185, 77 ff

Nachgründung
– genehmigtes Kapital **206,** 15
– Kapitalerhöhung mit Sacheinlagen **183,** 29
Nachrang
– Schuldverschreibung **194,** 78 ff
Nachtragsprüfung
– Feststellung des Jahresabschlusses **173,** 15 ff

Naked warrants
- Kapitalerhöhung aus Gesellschaftsmitteln **218,** 25
- Schuldverschreibung **192,** 63 ff
- Wandelschuldverschreibungen **192,** 63 ff

Namensaktien
- Satzungsänderung **179,** 84

Nebenabreden
- Zeichnung neuer Aktien **185,** 83
- Zeichnungsvertrag **185,** 83

Nebenordnungen
- Satzung **179,** 33

Nebenverpflichtungen der Aktionäre
- Abmilderung **180,** 10
- Aktienurkunden **180,** 11
- Aufhebung **180,** 10
- Bezugserklärung **198,** 39
- Ermächtigung **180,** 9
- Kapitalerhöhung aus Gesellschaftsmitteln **216,** 83 ff
- nachträgliche Einführung **180,** 8
- Satzungsänderung **180,** 7 ff
- Zwischenscheine **180,** 11

Nennbetrag
- Kapitalerhöhung gegen Einlagen **182,** 59 f
- Zeichnungserklärung **185,** 25

Nennbetragsaktien
- Aufforderung an die Aktionäre **214,** 19 ff
- Kapitalerhöhung aus Gesellschaftsmitteln **207,** 128 ff

Nichtigkeit des Jahresabschlusses
- Gesetzliche Rücklage **150,** 18, 26, 53
- Kapitalrücklage **150,** 53
- Rücklagen **150,** 53

Nichtigkeit von Hauptversammlungsbeschlüssen
- Feststellung des Jahresabschlusses **172,** 19 ff; **173,** 22 f
- genehmigtes Kapital **202,** 118
- Gewinnverwendungsbeschluss **174,** 53
- Kapitalerhöhung aus Gesellschaftsmitteln **210,** 34, 40; **212,** 15 ff
- Kapitalerhöhung mit Sacheinlagen **183,** 67 f
- Satzungsänderung **181,** 23

Nichtigkeitsklage
- Kapitalerhöhung aus Gesellschaftsmitteln **208,** 52 ff
- Satzungsänderung **181,** 69

Niederlande
- Bezugsrecht **186,** 34
- Kapitalerhöhung gegen Einlagen **182,** 26
- Kapitalerhöhung mit Sacheinlagen **183,** 18
- Satzungsänderung **179,** 23

Niederschrift der Hauptversammlung
- bedingte Kapitalerhöhung **195,** 26
- genehmigtes Kapital **202,** 112
- Kapitalerhöhung aus Gesellschaftsmitteln **210,** 15

Nießbrauch 186, 71 ff

Notarkosten
- Kapitalerhöhung aus Gesellschaftsmitteln **207,** 169
- Kapitalerhöhung gegen Einlagen **182,** 113

Null-Kupon-Anleihen Vor 182, 126 ff

Nutzungsrechte 183, 37 f

Obligationen 183, 43

Obligatorische Nutzungsrechte 183, 37 f

Opération blanche 186, 93

Optionsanleihen
- Anhang **160,** 24
- Ausgabebetrag der Aktien **193,** 47 ff
- Bezugsaktien **199,** 39
- Bezugsberechtigte **193,** 30
- Bezugsrecht **187,** 9
- Bezugsrechtsausschluss **186,** 157 f
- Bilanzierung **192,** 166 ff
- Kapitalbeschaffung **Vor 182,** 102
- Kapitalerhöhung aus Gesellschaftsmitteln **211,** 18; **216,** 77; **218,** 25 ff
- Kapitalerhöhung gegen Einlagen **189,** 15
- Kapitalerhöhung mit Sacheinlagen **189,** 15
- Kapitalerhöhungsbeschluss **193,** 22
- Rechtstatsachen **Vor 192–201,** 35
- Steuern **192,** 170 ff
- Wandelschuldverschreibungen **Vor 182,** 102

Optionsgenussrechte
- bedingte Kapitalerhöhung mit Sacheinlagen **194,** 76 f
- Genussrechte (s dort)
- Schuldverschreibung **194,** 76 f

Optionsrechte
- bedingte Kapitalerhöhung **192,** 30 ff, 39
- Bezugsrecht **186,** 87
- Bezugsrechtsausschluss durch Vorstandsentscheidung **203,** 91
- Kapitalrücklage **152,** 22

Ordentliche Hauptversammlung 175, 1 ff
- Aktiengesetz 1965 **175,** 1
- Aufgaben **175,** 5 ff
- Bilanzrichtliniengesetz **175,** 2
- Einberufung **175,** 10 f
- Entlastung **175,** 6
- historische Entwicklung **175,** 1
- Verhandlungsgegenstände **175,** 21 f
- Vorbereitung **175,** 9 ff, 20

Ordentliche Kapitalerhöhung
- bedingte Kapitalerhöhung **Vor 192–201,** 15 ff; **192,** 138
- genehmigtes Kapital **202,** 191 ff
- Kapitalbeschaffung **Vor 182,** 32 f

Österreich
- Ausgabe der Bezugsaktien **199,** 10; **200,** 3; **201,** 6
- bedingte Kapitalerhöhung **Vor 192–201,** 45; **195,** 6; **197,** 8
- bedingte Kapitalerhöhung mit Sacheinlagen **194,** 14; **195,** 6; **197,** 8
- Bezugserklärung **198,** 5
- Bezugsrecht **186,** 38
- genehmigtes Kapital **202,** 67
- Kapitalerhöhung aus Gesellschaftsmitteln **207,** 62
- Kapitalerhöhung gegen Einlagen **182,** 29; **184,** 7
- Kapitalerhöhung mit Sacheinlagen **183,** 21; **184,** 7
- Satzungsänderung **179,** 24

Passiva (s Bilanzrecht)
Persönlich haftender Gesellschafter 152, 10
Pfandrecht
- Bezugsrecht **186,** 76 ff

Phantomaktien 192, 107 f
Poison pills 203, 95
Portfolio-Investitionen
- Satzungsänderung **179,** 63
- Unternehmensgegenstand **179,** 63

Portugal
- bedingte Kapitalerhöhung **Vor 192–201,** 45
- Bezugsrecht **186,** 32
- Kapitalerhöhung gegen Einlagen **182,** 23
- Satzungsänderung **179,** 20

Principal-agent-Problem Vor 182, 48 f
Prokura
- bedingte Kapitalerhöhung **197,** 16
- bedingte Kapitalerhöhung mit Sacheinlagen **197,** 16
- Kapitalerhöhung aus Gesellschaftsmitteln **210,** 9; **216,** 68

Prospekt
- Kapitalerhöhung gegen Einlagen **182,** 105
- mittelbares Bezugsrecht **186,** 220

Prospekthaftung
- Kapitalerhöhung gegen Einlagen **182,** 106

Prüfung durch das Registergericht
- bedingte Kapitalerhöhung mit Sacheinlagen **195,** 38 ff
- genehmigtes Kapital **202,** 115 ff; **203,** 39 ff
- Kapitalerhöhung mit Sacheinlagen **188,** 67 ff

Prüfungsbericht des Abschlussprüfers
- Aufsichtsrat **170,** 6 f
- Prüfungsbericht des Aufsichtsrats **171,** 31 ff

Prüfungsbericht des Aufsichtsrats 171, 3 ff
- Abhängigkeitsbericht **171,** 15, 39
- Abschlussprüfer **171,** 8, 19 ff
- Aktiengesetz 1965 **171,** 1
- Arbeitnehmervertreter **171,** 3
- audit committee **171,** 3
- Ausschuss **171,** 3
- Bestätigungsvermerk **171,** 6 f
- Bilanzrichtliniengesetz **171,** 1
- Feststellung des Jahresabschlusses **172,** 17
- Gegenstand **171,** 9 f
- Gesetzmäßigkeitskontrolle **171,** 16 f
- Gewinnverwendungsvorschlag **171,** 14
- Hauptversammlung **171,** 22 ff
- historische Entwicklung **171,** 1
- Informationsrecht des Aktionärs **175,** 10
- Jahresabschluss **171,** 12
- Lagebericht **171,** 13
- Prüfungsbericht des Abschlussprüfers **171,** 31 ff
- Prüfungsvorgang **171,** 16 ff
- Sachverständige **171,** 5
- Stellungnahme zum Prüfungsbericht des Abschlussprüfers **171,** 31 ff
- Umfang **171,** 4 ff, 11 ff
- uneingeschränkter Bestätigungsvermerk **171,** 6
- Verletzung **171,** 45
- Verschwiegenheitspflicht **171,** 5
- Vorlage an den Vorstand **171,** 40 ff
- Vorstand **171,** 40 ff
- Wirtschaftsprüfungsgesellschaft **171,** 19 ff
- Zweckmäßigkeitskontrolle **171,** 16 f

Publizität Bilanzrecht (s dort)
Publizitätsrichtlinie
- bedingte Kapitalerhöhung **Vor 192–201,** 37
- genehmigtes Kapital **206,** 2
- Satzungsänderung **179,** 11; **181,** 2

Qualifiziert faktischer Konzern 203, 96

Rechnungslegung (s Bilanzrecht)
Rechtsfähiger Verein (s Verein)
Rechtsscheinhaftung 185, 61
Rechtsvergleichung
- Ausgabe der Bezugsaktien **199,** 10; **201,** 6
- bedingte Kapitalerhöhung **Vor 192–201,** 45; **192,** 12; **193,** 5; **195,** 6; **197,** 8
- bedingte Kapitalerhöhung mit Sacheinlagen **194,** 14; **195,** 6; **197,** 8
- Bezugserklärung **198,** 5

– genehmigtes Kapital **202,** 66 ff
– Kapitalerhöhung aus Gesellschaftsmitteln **207,** 61 ff
– Kapitalerhöhung gegen Einlagen **182,** 17 ff
– Satzungsänderung **179,** 17 ff
Reserven
– Rücklagen **150,** 4
Restabschreibung
– Bezugsaktien **199,** 58
Reversal floater Vor 182, 130
Roll-over-Kredit Vor 182, 160 ff
Rückflussverbot
– Kapitalerhöhung mit Sacheinlagen **188,** 23 ff
Rücklage für eigene Aktien
– Gewinn- und Verlustrechnung **158,** 10, 16
– Kapitalerhöhung aus Gesellschaftsmitteln **208,** 40
Rücklagen 150, 1 ff
– Anhang **160,** 37
– Auflösung **150,** 32 ff
– Auflösungsreihenfolge **150,** 52
– Ausgleich eines Verlustvortrages **150,** 41 ff, 46
– Ausschüttungssperrbetrag **150,** 1
– Begriff **150,** 1
– Bilanzierungshilfen **150,** 39
– Bilanzrichtlinie **150,** 10
– Bilanzrichtliniengesetz **150,** 1, 9
– Entnahmen **150,** 54
– erneute Dotierung **150,** 50
– Europäisches Gemeinschaftsrecht **150,** 10
– Feststellung des Jahresabschlusses **172,** 18
– freiwillige Rücklagen **150,** 7
– Funktion **150,** 2
– gesetzlicher Reservefonds **150,** 12
– Gewinnregulierung **150,** 2
– Gewinnrücklagen **150,** 38 (s dort)
– Gewinnvortrag **150,** 6
– Gläubigerschutzfälle **150,** 54
– Haftung **150,** 55
– historische Entwicklung **150,** 9
– Jahresfehlbetrag **150,** 35
– Kapitaländerung **150,** 51
– Kapitalerhöhung aus Gesellschaftsmitteln **150,** 44, 47 ff; **207,** 122; **208,** 7 ff
– Kapitalherabsetzung **150,** 13
– Kapitalrücklage (s dort)
– Kapitalsicherung **150,** 3
– Kapitalstärkung **150,** 3
– Nichtigkeit des Jahresabschlusses **150,** 53
– offene Rücklagen **150,** 5
– Rechengröße **150,** 12
– Reihenfolge der Auflösung **150,** 52
– Reserven **150,** 4
– Rücklagen für eigene Anteile **150,** 39
– Rückstellungen **150,** 8
– Satzungsänderung **179,** 86 ff
– satzungsmäßige Rücklagen **150,** 38
– selbständiger Posten **150,** 11
– Sonderposten mit Rücklagenanteil **150,** 39
– stille Reserven **150,** 5, 40
– Überdotierung **150,** 56
– Umwandlung **150,** 48
– verdeckte Rücklagen **150,** 5
– Verlustvortrag **150,** 35
– Verstoß **150,** 53 ff
– Zuzahlungen **150,** 13
– zwingender Charakter **150,** 53 ff
Rückstellungen 150, 8

Sacheinlage
– Ausgabe der Bezugsaktien **201,** 28
– bedingte Kapitalerhöhung **193,** 44; **196,** 10 ff
– bedingte Kapitalerhöhung mit Sacheinlagen **194,** 102 ff; **196,** 10 ff
– Bekanntmachung **196,** 10 ff
– Bezugsaktien **199,** 49
– Bezugsrechtsausschluss **186,** 167 ff
– gemischte Sacheinlage (s dort)
– genehmigtes Kapital **203,** 44; **205,** 7 ff; **206,** 6 ff
– Kapitalerhöhung **Vor 182,** 81
– Kapitalerhöhung gegen Einlagen **188,** 59, 68 f
– Kapitalerhöhung mit Sacheinlagen **188,** 59, 68 f
– stock options **192,** 116
– Zeichnungserklärung **185,** 20
– Zeichnungsvertrag **185,** 43 ff
Sachgesamtheiten 183, 35 f
Sachkapitalerhöhung (s Kapitalerhöhung gegen Sacheinlagen)
Sachübernahme
– genehmigtes Kapital **205,** 5
– Kapitalerhöhung mit Sacheinlagen **183,** 29
Sachverständige 171, 5
Sammelurkunden 214, 47 ff
Sanierung
– Bezugsrechtsausschluss durch Vorstandsentscheidung **203,** 92
– Kapitalbeschaffung **Vor 182,** 13 ff
Satzung
– Arten **179,** 34 ff
– Begriff **179,** 32
– echte Satzungsbestandteile **179,** 36 ff
– formelle Satzungsbestandteile **179,** 34 ff
– Gestaltungsmöglichkeiten **179,** 41 ff

- Grundlagenentscheidungen **179,** 45 f
- Inhalt **179,** 32 ff
- Kapitalerhöhung aus Gesellschaftsmitteln **207,** 109
- materielle Satzungsbestandteile **179,** 34 ff
- Nebenordnungen **179,** 33
- Sachbereiche **179,** 32
- schuldrechtliche Nebenabreden **179,** 47
- Strukturentscheidungen **179,** 45 f
- unechte Satzungsbestandteile **179,** 36 ff

Satzungsänderung 179, 1 ff; **180,** 1 ff; **181,** 1 ff
- Abfindungsrecht **179,** 179 ff
- Abwicklung **179,** 167
- ADHGB **179,** 1, 3
- Aktiengattung **179,** 84, 142 ff
- Aktiengesetz 1937 **179,** 2; **180,** 1; **181,** 1
- Aktiengesetz 1965 **179,** 2
- Aktionär **179,** 127 f
- Änderung **179,** 183
- Änderungsbeschluss des Aufsichtsrats **179,** 110
- anfechtbare Hauptversammlungsbeschlüsse **181,** 25
- Anfechtungsklage **179,** 177; **181,** 27
- Anfechtungsurteil **181,** 69
- Ankündigung **179,** 126
- Anmeldung zum Handelsregister **181,** 5 ff
- Anspruch **179,** 155 ff
- Aufsichtsrat **179,** 106 ff
- Ausgabe der Bezugsaktien **201,** 19
- Ausgleichsanspruch **179,** 178
- Ausschüttungsregelungen **179,** 86 ff
- außenstehende Dritter **179,** 135 f
- Austrittsrecht **179,** 179 ff
- bedingte Kapitalerhöhung **Vor 192–201,** 23 ff; **200,** 22
- Bedingung **179,** 161 f
- Befristung **179,** 159 f
- Beherrschungsverträge **179,** 61
- Bekanntmachung der Eintragung **181,** 39 ff
- Belastungsverbot **180,** 4
- Belgien **179,** 18
- Beschlussmängel **181,** 53 ff
- Beschwerde **181,** 67
- Beteiligungserwerb **179,** 62
- Betriebspacht **179,** 61
- Deutlichkeitserfordernis **179,** 118
- dingliche Mitberechtigte **179,** 129
- Direktinvestitionen **179,** 64
- echte Bedingung **179,** 161
- echte Befristung **179,** 159
- einfache Stimmmehrheit **179,** 114
- Einstimmigkeit **179,** 121
- Eintragung **179,** 126; **181,** 37 f
- Eintragungsgebot **181,** 33 ff
- Eintragungsverbot **181,** 30 ff
- Erzwingung **179,** 155 ff
- Europäische Aktiengesellschaft **179,** 16; **180,** 6
- Europäisches Gemeinschaftsrecht **179,** 11 ff; **180,** 6
- faktische Satzungsänderung **179,** 96
- Fassungsänderungen **179,** 106 ff
- fehlende Zustimmung **180,** 20
- fehlerhafte Eintragungen **181,** 52 ff
- fehlerhaftes Eintragungsverfahren **181,** 48 ff
- Feststellungsklage **179,** 177
- Finanzanlagen **179,** 63
- Finanzverfassung **179,** 83 ff
- Firma **179,** 78
- Frankreich **179,** 17
- Gegenstand **179,** 49
- genehmigte Satzungsänderung **179,** 104 f
- genehmigtes Kapital **202,** 97 ff; **203,** 49 ff
- Geschäftsjahr **179,** 85
- Geschäftsordnung **179,** 91 f
- Gesellschafsdauer **179,** 81 f
- Gesellschaftszweck **179,** 54 ff
- Gewinnübernahmeverträge **179,** 61
- Gleichbehandlungsgrundsatz **179,** 174
- Grenzen **179,** 158 ff
- Griechenland **179,** 23
- Grundkapital **179,** 83
- Grundlagenentscheidungen **179,** 45 f
- Gründung **179,** 166
- Handelsregister **179,** 126; **181,** 5 ff
- Hauptversammlung **179,** 102 ff
- historische Entwicklung **179,** 1 ff
- Identitätsmerkmale **179,** 78 ff
- Inhaberaktie **179,** 84
- Inhaltskontrolle **179,** 169
- Insolvenz **179,** 167
- Italien **179,** 19
- Kali und Salz-Entscheidung (s dort)
- Kapitalerhöhung **179,** 168
- Kapitalerhöhung aus Gesellschaftsmitteln **207,** 100 ff; **216,** 26 ff
- Kapitalerhöhung gegen Einlagen **188,** 65 f; **189,** 12
- Kapitalerhöhung mit Sacheinlagen **188,** 65 f; **189,** 12
- Kapitalschutzrichtlinie **179,** 6, 12 ff
- Konkurs **179,** 167
- Liquidationsstadium **179,** 82
- Löschung auf Antrag der Gesellschaft **181,** 70
- Löschung von Amts wegen **181,** 61 ff
- Lösungsrecht **180,** 5
- Luxemburg **179,** 18

- materielle Beschlusskontrolle **179,** 173
- Mehrheitserfordernisse **179,** 112 ff
- Missbrauchskontrolle **179,** 169
- Namensaktien **179,** 84
- Nebenverpflichtungen der Aktionäre (s dort)
- nichtige Hauptversammlungsbeschlüsse **181,** 23
- Nichtigkeitsurteil **181,** 69
- Niederlande **179,** 23
- Normzweck **179,** 3 ff
- Österreich **179,** 24
- Portfolio-Investitionen **179,** 63
- Portugal **179,** 20
- Publizitätsrichtlinie **179,** 11; **181,** 2
- qualifizierte Kapitalmehrheit **179,** 112 ff
- Rechtsvergleichung **179,** 17 ff; **180,** 6
- Reformvorschläge **179,** 28 ff
- Registgerkontrolle **180,** 21; **181,** 21 ff
- Rücklagen **179,** 86 ff
- Rücknahme der Anmeldung **181,** 20
- Rücksichtspflicht **179,** 174
- Rückwirkung **179,** 163 ff
- sachliche Grenzen **179,** 169 ff
- Satzungsdurchbrechung (s dort)
- satzungsmäßige Mehrheitserfordernisse **179,** 116 ff, 133 ff
- Satzungsstrenge (s dort)
- Schadenersatzanspruch **179,** 178
- schwebend unwirksame Hauptversammlungsbeschlüsse **181,** 24
- Schweiz **179,** 24
- Sitz **179,** 79
- Sonderbeschluss (s dort)
- Sonderrechte **179,** 128
- Sonderregeln **179,** 50
- Spanien **179,** 20
- staatliche Genehmigung **179,** 130
- Staatsangehörigkeit **179,** 80
- Strukturentscheidungen **179,** 45 f
- Strukturrichtlinie **180,** 6
- Tagesordnung **179,** 126
- Treuepflicht **179,** 157
- U.S. amerikanisches Recht **179,** 25 ff
- Umdeutung **179,** 4
- Umwandlung von Aktien **179,** 84
- unechte Bedingung **179,** 162
- unechte Befristung **179,** 160
- unechte Satzungsbestandteile **179,** 51 ff
- Unternehmensgegenstand **179,** 57 ff
- Unternehmensvertrag **179,** 61
- unternehmerische Beteiligungen **179,** 64
- Unwirksamkeit trotz Eintragung **181,** 46
- Urkunden **181,** 14
- Verbandsautonomie **179,** 4 ff
- Vereinigtes Königreich **179,** 21 f
- Verfahrensfragen **179,** 131 f
- Verlustübernahmeverträge **179,** 61
- Vertrauensschutz **179,** 165
- Verwaltungsorganisation **179,** 89 ff
- Vinkulierung **180,** 12 ff
- Vorratsbeschluss **179,** 105
- Vorstand **181,** 9
- Wesen **179,** 48 ff
- zeitliche Grenzen **179,** 166 ff
- Zusammensetzung der Verwaltungsorgane **179,** 89
- Zuständigkeit **179,** 102 ff
- Zuständigkeit der Verwaltungsorgane **179,** 90
- Zustimmung anderer Organe **179,** 134
- Zustimmung außenstehender Dritter **179,** 135 f
- Zustimmung betroffener Aktionäre **180,** 17 ff
- Zustimmung von Aktionären **179,** 127 f

Satzungsdurchbrechung 179, 93 ff
- Ausnahmevorbehalt **179,** 94
- Begriff **179,** 93
- faktische Satzungsänderung **179,** 96
- Satzungsverletzung **179,** 95
- Wirksamkeit **179,** 97 ff

Schuldrechtliche Nebenabreden
- Kapitalerhöhung aus Gesellschaftsmitteln **216,** 85
- Satzung **179,** 47

Schuldscheindarlehen Vor 182, 148 f

Schuldverschreibung 192, 61 ff
- Bank **192,** 73 ff
- bedingte Kapitalerhöhung mit Sacheinlagen **194,** 1 ff
- Causaänderung **194,** 47 ff
- Ersetzungsbefugnis **194,** 45 f
- Finanzierungstochter **194,** 35 ff
- Gestaltungsmöglichkeiten **194,** 43 ff
- Hin- und Herzahlung **194,** 54
- Hucke-Pack-Emission **192,** 81
- Inzahlungnahme **194,** 52
- Kapitalbeschaffung **Vor 182,** 102, 122 ff
- Nachrang **194,** 78 ff
- naked warrants (s dort)
- Optionsgenussrechte **194,** 76 f
- Tochtergesellschaft **192,** 73 ff
- Umtausch **194,** 39 ff
- Verlustbeteiligung **194,** 78 ff
- Verrechnung **194,** 55
- Wahlrecht **194,** 53
- Wandelgenussrechte **194,** 76 f
- Wandelschuldverschreibung (s dort)

Schütt-aus-Hol-zurück-Verfahren
- genehmigtes Kapital **205,** 10
- Kapitalerhöhung aus Gesellschaftsmitteln **207,** 8 ff, 196 ff

Schweiz
- Ausgabe der Bezugsaktien **199,** 10; **200,** 3; **201,** 6
- bedingte Kapitalerhöhung **192,** 12; **195,** 6; **197,** 8
- bedingte Kapitalerhöhung mit Sacheinlagen **194,** 14; **195,** 6; **197,** 8
- Bezugserklärung **198,** 5
- Bezugsrecht **186,** 37
- genehmigtes Kapital **202,** 78 ff
- Kapitalerhöhung aus Gesellschaftsmitteln **207,** 69 f
- Kapitalerhöhung gegen Einlagen **182,** 28
- Kapitalerhöhung mit Sacheinlagen **183,** 20
- Satzungsänderung **179,** 24

Sicherungsübereignung
- Bezugsrecht **186,** 82 ff

Siemens/Nold-Entscheidung
- Bezugsrechtsausschluss durch Vorstandsentscheidung **203,** 66
- genehmigtes Kapital **202,** 89

Sitz
- Satzungsänderung **179,** 79

Societas Europaea (s Europäische Aktiengesellschaft)

Solidarhaftung
- Zeichnung neuer Aktien **185,** 71

Sonderabstimmung
- Sonderbeschluss **179,** 148

Sonderbeschluss 179, 138 ff
- Aktiengattung **179,** 142 ff
- Fehlen **179,** 152 f
- Fehlerhaftigkeit **179,** 154
- genehmigtes Kapital **202,** 101 f
- Kapitalerhöhung aus Gesellschaftsmitteln **207,** 104, 117
- Kapitalerhöhung gegen Einlagen **182,** 48 ff
- Mehrheitserfordernisse **179,** 150
- Satzungsänderung (s dort)
- Sonderabstimmung **179,** 148
- Verfahren **179,** 148 ff
- Zeitpunkt **179,** 149

Sonderbilanz
- Kapitalerhöhung aus Gesellschaftsmitteln **209,** 31 ff

Sonderposten mit Rücklagenanteil 150, 39
- Kapitalerhöhung aus Gesellschaftsmitteln **208,** 41 f

Sonderprüfung
- Anhang **160,** 42
- Bezugsrechtsausschluss durch Vorstandsentscheidung **203,** 155

Sonderrechte
- Satzungsänderung **179,** 128

Sonderrücklage
- Kapitalerhöhung aus Gesellschaftsmitteln **218,** 16 ff

Sonderverlustkonto 150, 31

Sozialversicherung
- bedingte Kapitalerhöhung **200,** 30

Spaltung
- Ausgabe der Bezugsaktien **200,** 15 ff
- bedingte Kapitalerhöhung **192,** 87, 157
- Teilrechte **213,** 2

Spaltungsrichtlinie 192, 10

Spanien
- Bezugsrecht **186,** 31
- genehmigtes Kapital **202,** 74
- Kapitalerhöhung aus Gesellschaftsmitteln **207,** 67
- Kapitalerhöhung gegen Einlagen **182,** 22
- Kapitalerhöhung mit Sacheinlagen **183,** 15
- Satzungsänderung **179,** 20

Spitzenbildung
- Bezugsrechtsausschluss **186,** 155; **203,** 91
- Kapitalerhöhung aus Gesellschaftsmitteln **215,** 23 ff

Spruchverfahren 203, 10

Staatliche Genehmigung 202, 114
- Kapitalerhöhung aus Gesellschaftsmitteln **210,** 23
- Kapitalerhöhung gegen Einlagen **188,** 61
- Kapitalerhöhung mit Sacheinlagen **188,** 61
- Satzungsänderung **179,** 130

Staatsangehörigkeit 179, 80

Steuerrecht
- Kapitalerhöhung aus Gesellschaftsmitteln **207,** 176 ff
- Kapitalerhöhung gegen Einlagen **189,** 8 f
- Kapitalerhöhung mit Sacheinlagen **189,** 8 f

Steuerrechtliche Unbedenklichkeitsbescheinigung
- Kapitalerhöhung gegen Einlagen **188,** 63
- Kapitalerhöhung mit Sacheinlagen **188,** 63

Stille Gesellschaft Vor 182, 92 ff
- Bilanz **Vor 182,** 97 f
- dauerhafte Vermögensüberlassung **Vor 182,** 95
- Gewinn- und Verlustrechnung **Vor 182,** 99
- Gewinnbeteiligung **Vor 182,** 94
- Kapitalerhöhung gegen Einlagen **189,** 15

– Kapitalerhöhung mit Sacheinlagen **189,** 15
– Verlustbeteiligung **Vor 182,** 96
Stille Reserven 150, 40
– Kapitalerhöhung aus Gesellschaftsmitteln **208,** 38 ff
– Rücklagen **150,** 5
Stock appreciation rights 192, 107
Stock dividends 207, 35
Stock options 192, 93 ff
– absolute Kurshürden **193,** 67
– Aktiensteigerungsrechte **192,** 107 f
– Arbeitnehmer **192,** 95
– Arbeitnehmergewinnbeteiligung **194,** 89
– Aufsichtsratsmitglieder von Tochterunternehmen **192,** 97
– Ausgabebetrag der Aktien **193,** 53 ff
– Ausübungszeiträume **193,** 71 f
– bedingte Kapitalerhöhung mit Sacheinlagen **194,** 88 ff
– Begünstigte **192,** 95 ff
– Bekanntmachung **196,** 9
– Bericht über den Bezugsrechtsausschluss **192,** 118 ff
– Bezugsberechtigte **193,** 33 ff
– Bezugspflicht **192,** 109
– Bezugsrechtsausschluss **186,** 142, 156; **192,** 117 ff, 124 ff; **203,** 91, 110
– Bilanzierung **192,** 178 ff
– Doppelmandate **192,** 98
– Erfolgsziele **193,** 61 ff
– Ermächtigungsbeschluss **192,** 111 ff
– Erwerbszeiträume **193,** 69 f
– fester Ausgabebetrag der Aktien **193,** 63
– freiwillige Festsetzungen **193,** 76
– genehmigtes Kapital **202,** 174 ff, 195; **203,** 165; **204,** 18, 29 ff; **205,** 25 ff
– Geschäftsführung **192,** 96
– Gewinnbeteiligung durch Geschäftsführer **194,** 91
– Grundlagen **192,** 93 ff
– gruppenmäßige Aufteilung **193,** 59 f
– Kapitalerhöhungsbeschluss **193,** 26
– nicht erfolgsabhängige Arbeitnehmerforderungen **194,** 90
– Parameter **193,** 67
– Phantomaktien **192,** 107 f
– Rechtstatsachen **Vor 192–201,** 34
– relative Kurshürden **193,** 67
– Sacheinlage **192,** 116
– Steuern **192,** 174 ff
– Stichtag **192,** 103 f
– stock appreciation rights **192,** 107
– Tochterunternehmen **192,** 97; **193,** 68
– variable Ausgabeträge **193,** 65 f
– verbundene Unternehmen **192,** 99 ff
– Vorvertrag **192,** 105
– Vorzugsaktie **192,** 115
– Wartezeit **193,** 73 ff
– windfall profits **193,** 54
– wirtschaftliche Bedeutung **194,** 19
– Zuständigkeit **192,** 106
– Zustimmungsbeschluss **192,** 110
Strukturentscheidungen
– Satzung **179,** 45 f
– Satzungsänderung **179,** 45 f
Strukturrichtlinie
– Kapitalerhöhung aus Gesellschaftsmitteln **207,** 51
– Satzungsänderung **180,** 6
Stückaktien
– bedingte Kapitalerhöhung **192,** 142
– genehmigtes Kapital **202,** 168 ff, 254
– Kapitalerhöhung aus Gesellschaftsmitteln **207,** 103; **211,** 13; **215,** 26
Stückaktiengesetz
– Aufforderung an die Aktionäre **214,** 1
– bedingte Kapitalerhöhung **Vor 192–201,** 33
– genehmigtes Kapital **202,** 8
– Kapitalerhöhung aus Gesellschaftsmitteln **207,** 14 f; **212,** 1; **217,** 1; **218,** 1; **220,** 1
Subordination Vor 182, 28 ff
Subskription 185, 38
Swap Vor 182, 140 ff
– asset swap **Vor 182,** 140
– Bedeutung **Vor 182,** 144
– currency swap **Vor 182,** 142
– Gewinn- und Verlustrechnung **Vor 182,** 147
– interest rate swap **Vor 182,** 141
– Jahresabschluss **Vor 182,** 147
– liability swap **Vor 182,** 140
– Risiken **Vor 182,** 146
– Währungsswap **Vor 182,** 142
– Zinsswap **Vor 182,** 141
– zivilrechtliche Einordnung **Vor 182,** 143

Tagesordnung
– bedingte Kapitalerhöhung **193,** 7
– Bezugsrechtsausschluss **186,** 112
– Satzungsänderung **179,** 126
Tantieme
– gesetzliche Rücklage **150,** 21
– Kapitalerhöhung aus Gesellschaftsmitteln **216,** 64 ff
– Kapitalerhöhung gegen Einlagen **189,** 15
– Kapitalerhöhung mit Sacheinlagen **189,** 15
Teileingezahlte Aktien 215, 10 ff; **216,** 34 ff
Teilgewinnabführung 174, 10
Teilrechte 213, 1 ff

– Abtretung **213,** 12
– Aktiengesetz 1965 **213,** 1
– Aufforderung an die Aktionäre **214,** 54 ff
– Entstehung **213,** 9
– gemeinsame Rechtsausübung **213,** 15 ff
– Gesellschaft bürgerlichen Rechts **213,** 21 f
– Gesellschaft mit beschränkter Haftung **213,** 1
– Handel **213,** 13 f
– historische Entwicklung **213,** 1 f
– Normzweck **213,** 3 ff
– Rechtsnatur **213,** 8 f
– Spaltung **213,** 2
– Teilrechtehandel **213,** 13 f
– Übertragbarkeit **213,** 11 f
– Veräußerlichkeit **213,** 10 ff
– Verbot selbständiger Rechtsausübung **213,** 15 ff
– Vereinigung **213,** 17 ff
– Vererblichkeit **213,** 10 ff
– Verschmelzung **213,** 2
– Verschmelzung von Teilrechten **213,** 19
– Versicherungsverein auf Gegenseitigkeit **213,** 2
– Wertansätze **220,** 13 f
– Zukauf **213,** 18
– Zusammenschluss mehrerer Berechtigter **213,** 18
– Zusammenschluss zur gemeinsamen Rechtsausübung **213,** 20 ff
Termingeschäft **186,** 86
Tochtergesellschaft
– Schuldverschreibung **192,** 73 ff
– stock options **192,** 97; **193,** 68
– Wandelschuldverschreibungen **192,** 73 ff
Tranchen **203,** 160
Treuepflicht
– Satzungsänderung **179,** 157
– Zeichnung neuer Aktien **185,** 79
Treuhand
– Ausgabe der Bezugsaktien **199,** 30
– mittelbares Bezugsrecht **186,** 208

Übernahmeangebot
– bedingte Kapitalerhöhung **192,** 35 f
– Bezugsrechtsausschluss durch Vorstandsentscheidung **203,** 110
– genehmigtes Kapital **202,** 139, 219
Übernahmekodex **202,** 155 ff
Übernahmekonsortium **186,** 201
Übernahmerecht
– Bezugsrechtsausschluss **186,** 161 ff
– Bezugsrechtsausschluss durch Vorstandsentscheidung **203,** 95
Übernahmerichtlinie **202,** 52 ff; **203,** 95
Über-pari-Ausgabe **150,** 29
Umdeutung
– Satzungsänderung **179,** 4
Umgehungsgeschäfte **183,** 88 ff
Umtauschrechte
– bedingte Kapitalerhöhung **192,** 30 ff, 164; **193,** 84
Umwandlung **192,** 157
Umwandlung von Aktien
– Satzungsänderung **179,** 84
Unbedenklichkeitsverfahren **203,** 10
Unrichtige Darstellung
– Aufsichtsrat **Vor 170, 171,** 11
Unterbilanzhaftung **185,** 71
Unternehmensbeteiligungsgesellschaften **207,** 166
Unternehmenserwerb
– Bezugsrechtsausschluss **186,** 171 ff
Unternehmensgegenstand
– Änderung **179,** 59 f
– Bedeutung **179,** 58
– Begriff **179,** 57
– Beherrschungsverträge **179,** 61
– Beteiligungserwerb **179,** 62
– Betriebspacht **179,** 61
– Direktinvestitionen **179,** 64
– Erweiterung **179,** 60
– Finanzanlagen **179,** 63
– Geschäftsführung **179,** 67 ff
– Gewinnübernahmeverträge **179,** 61
– Hauptversammlung **179,** 69 ff
– Konzernbildung **179,** 66 ff
– Portfolio-Investitionen **179,** 63
– Satzungsänderung **179,** 57 ff
– Unternehmensvertrag **179,** 61
– unternehmerische Beteiligungen **179,** 64
– Verlustübernahmeverträge **179,** 61
Unternehmensgruppe
– Bezugsrecht **186,** 66 ff
– Bezugsrechtsausschluss durch Vorstandsentscheidung **203,** 91
– Kapitalerhöhung mit Sacheinlagen **183,** 59 ff
Unternehmensvertrag
– bedingte Kapitalerhöhung **192,** 87
– Gesetzliche Rücklage **150,** 16
– gesetzliche Rücklage **150,** 16 f
– Gewinn- und Verlustrechnung **158,** 28
– Gewinnverwendungsbeschluss **174,** 10
– Satzungsänderung **179,** 61
– Unternehmensgegenstand **179,** 61
Unternehmenszusammenschluss
– Ausgabe der Bezugsaktien **200,** 15 ff
– bedingte Kapitalerhöhung **Vor 192–201,** 36; **192,** 85 ff; **193,** 23 ff, 31 ff, 52

– bedingte Kapitalerhöhung mit Sacheinlagen **194,** 18, 84 ff
– Bezugsrechtsausschluss **192,** 123
Unternehmerische Beteiligungen
– Satzungsänderung **179,** 64
– Unternehmensgegenstand **179,** 64
Urkunde
– Kapitalerhöhung aus Gesellschaftsmitteln **210,** 14 ff
– Satzungsänderung **181,** 14
US-amerikanisches Recht
– Bezugsrecht **186,** 39 f
– genehmigtes Kapital **202,** 81 f
– Kapitalerhöhung aus Gesellschaftsmitteln **207,** 71 f
– Kapitalerhöhung gegen Einlagen **182,** 30 ff
– Kapitalerhöhung mit Sacheinlagen **183,** 22 f
– Satzungsänderung **179,** 25 ff

Verbandsautonomie 179, 4 ff
Verborgene Kapitalerhöhung 211, 15 ff
Verdeckte Sacheinlage
– Kapitalerhöhung gegen Einlagen **188,** 22
– Kapitalerhöhung mit Sacheinlagen **183,** 88 ff; **188,** 22
Vereinfachte Kapitalherabsetzung
– Gewinn- und Verlustrechnung **158,** 22 ff
– Kapitalerhöhung aus Gesellschaftsmitteln **207,** 99, 153; **211,** 14
– Kapitalrücklage **152,** 22
Vereinfachter Bezugsrechtsausschluss
– Bezugsrechtsausschluss durch Vorstandsentscheidung **203,** 97, 114 ff
– genehmigtes Kapital **203,** 23; **204,** 12
Vereinigtes Königreich
– Bezugsrecht **186,** 33
– genehmigtes Kapital **202,** 75 ff
– Kapitalerhöhung aus Gesellschaftsmitteln **207,** 68
– Kapitalerhöhung gegen Einlagen **182,** 24 f
– Kapitalerhöhung mit Sacheinlagen **183,** 16 f
– Satzungsänderung **179,** 21 f
Verlustbeteiligung
– Schuldverschreibung **194,** 78 ff
Verluste
– Kapitalerhöhung aus Gesellschaftsmitteln **208,** 22 f
Verlustübernahmeverträge
– Satzungsänderung **179,** 61
– Unternehmensgegenstand **179,** 61
Verlustvortrag
– Ausgleich **150,** 41 ff, 46
– Gewinn- und Verlustrechnung **158,** 4 f
– Kapitalerhöhung aus Gesellschaftsmitteln **208,** 22 f
Vermittlungskonsortium 186, 201
Vermögensminderung
– Kapitalerhöhung aus Gesellschaftsmitteln **210,** 24 ff
Vermögenssteuer 207, 176
Verschmelzung
– Ausgabe der Bezugsaktien **200,** 15 ff
– bedingte Kapitalerhöhung **192,** 87, 157
– Bezugserklärung **198,** 11
– Bezugsrechtsausschluss **186,** 106
– genehmigtes Kapital **203,** 55, 166
– Teilrechte **213,** 2
Verschmelzungsrichtlinie
– bedingte Kapitalerhöhung **192,** 10
– genehmigtes Kapital **202,** 44, 48
Verschwiegenheitspflicht 171, 5
Versicherungsgesellschaften
– genehmigtes Kapital **203,** 164
– Kapitalerhöhung aus Gesellschaftsmitteln **209,** 36
– Kapitalerhöhung gegen Einlagen **182,** 89
Versicherungsverein auf Gegenseitigkeit
– genehmigtes Kapital **202,** 163
– Teilrechte **213,** 2
Vertrag zugunsten Dritter 186, 209
Verwaltungsorganisation
– Satzungsänderung **179,** 89 ff
Victoria-Entscheidung 186, 4
Vinkulierte Namensaktien 186, 70
– Kapitalerhöhung **180,** 14 ff
– Satzungsänderung **180,** 12 ff
Vorerbschaft 186, 84 f
Vorfinanzierung
– Kapitalerhöhung gegen Einlagen **188,** 36 f
– Kapitalerhöhung mit Sacheinlagen **188,** 36 f
Vorlage des Jahresabschlusses 170, 20 ff
Vorratsaktien 160, 7 ff
Vorratsbeschluss 179, 105
Vorstand
– Ausgabe der Bezugsaktien **199,** 22 f
– bedingte Kapitalerhöhung **195,** 10
– bedingte Kapitalerhöhung mit Sacheinlagen **195,** 10
– genehmigtes Kapital **202,** 165 f
– gesetzliche Rücklage **150,** 28
– Kapitalerhöhung aus Gesellschaftsmitteln **210,** 8; **216,** 65 ff
– Kapitalerhöhung gegen Einlagen **184,** 13
– Kapitalerhöhung mit Sacheinlagen **184,** 13
– Prüfungsbericht des Aufsichtsrats **171,** 40 ff

– Satzungsänderung **181,** 9
Vorvertrag
– stock options **192,** 105
– Zeichnung neuer Aktien **185,** 81 f
– Zeichnungsvertrag **185,** 81 f
Vorzugsaktie
– bedingte Kapitalerhöhung **192,** 141; **193,** 10 ff
– genehmigtes Kapital **202,** 102, 149; **204,** 22 ff
– Grundkapital **152,** 15
– Kapitalerhöhung aus Gesellschaftsmitteln **216,** 18, 21
– stock options **192,** 115

Wahl (s Wahl des Abschlussprüfers)
Wahlrechte
– Anhang **160,** 36
Währungsswap Vor **182,** 142
Wandelanleihen
– Ausgabebetrag der Aktien **193,** 43, 47 ff
– bedingte Kapitalerhöhung **192,** 43
– Bezugsberechtigte **193,** 30
– Bezugsrecht **187,** 9
– Bezugsrechtsausschluss **186,** 157 f; **203,** 91
– Bilanzierung **192, 166** ff
– Kapitalbeschaffung **Vor 182,** 101
– Kapitalerhöhung aus Gesellschaftsmitteln **208,** 44; **211,** 18; **216,** 77
– Kapitalerhöhung gegen Einlagen **189,** 15
– Kapitalerhöhung mit Sacheinlagen **189,** 15
– Kapitalerhöhungsbeschluss **193,** 22
– Rechtstatsachen **Vor 192–201,** 35
– Steuern **192,** 170 ff
– Wandelschuldverschreibungen **Vor 182,** 101
– wirtschaftliche Bedeutung **194,** 17
Wandelgenussrechte
– bedingte Kapitalerhöhung mit Sacheinlagen **194,** 76 f
– Bezugsaktien **199,** 42
– Genussrechte (s dort)
– Schuldverschreibung **194,** 76 f
Wandelschuldverschreibungen Vor 182, 100 ff; **192,** 50 ff
– Anhang **160,** 24
– Aufsichtsratsmitglieder **192,** 59
– Bank **192,** 73 ff
– Bedeutung **Vor 182,** 104
– bedingte Kapitalerhöhung (s dort)
– Begriff **192,** 57
– Begünstigte **192,** 59
– Bekanntmachung **196,** 8
– Bezugsaktien **199,** 39 ff
– Bezugsrechtsausschluss **192,** 122
– Bilanzierung **Vor 182,** 105 ff
– convertible bonds **Vor 182,** 101
– Dritte **192,** 73 ff
– equity note **192,** 84
– Finanzierungsfunktion **192,** 69 f
– geringer Umfang **192,** 70 f
– Gewinn- und Verlustrechnung **Vor 182,** 107
– Hucke-Pack-Emission **192,** 81
– Kapitalrücklage **152,** 22
– kurze Laufzeit **192,** 72
– Mitarbeiter **192,** 59
– naked warrants (s dort)
– Optionsanleihe **Vor 182,** 102
– Schuldverschreibung **Vor 182,** 102
– Tochtergesellschaft **192,** 73 ff
– Umlauffähigkeit **192,** 58
– Umtausch **199,** 38 ff
– Verbriefung **192,** 58
– Wandelanleihe **Vor 182,** 101
– warrant bond **Vor 182,** 102
Warrant bond
– Kapitalbeschaffung **Vor 182,** 102
– Wandelschuldverschreibungen **Vor 182,** 102
Wechselseitig beteiligte Unternehmen 160, 31 f
Wertansätze
– Kapitalerhöhung aus Gesellschaftsmitteln **220,** 1 ff
Wertdeckung des Ausgabebetrages
– bedingte Kapitalerhöhung mit Sacheinlagen **194,** 104 f
Wertpapierhandel
– genehmigtes Kapital **202,** 216 ff
– Kapitalerhöhung aus Gesellschaftsmitteln **207,** 164 ff
Wertpapierzulassung
– genehmigtes Kapital **202,** 215
– Kapitalerhöhung aus Gesellschaftsmitteln **207,** 161 ff
Windfall profits 193, 54
Wirtschaftsprüfer
– Kapitalerhöhung **Vor 182,** 68
– Prüfungsbericht des Aufsichtsrats **171,** 19 ff

Zeichner
– mittelbares Bezugsrecht **186,** 201 ff
– Zeichnung neuer Aktien **185,** 69 ff
Zeichnung neuer Aktien 185, 1 ff
– Aktiengesetz 1937 **185,** 1
– Bedeutung **185,** 3
– Differenzhaftung des Sacheinlegers **185,** 70
– Europäisches Gemeinschaftsrecht **185,** 4 ff
– fehlerhafter Organisationsakt **185,** 64
– Formmängel **185,** 58
– genehmigtes Kapital **203,** 13 ff

– Heilung **185,** 55 ff
– historische Entwicklung **185,** 1
– Inhaltsmängel **185,** 59 ff
– Kapitalerhöhung gegen Einlagen **189,** 22
– Kapitalerhöhung mit Sacheinlagen **189,** 22
– Kapitalschutzrichtlinie **185,** 4 ff
– Mängel **185,** 47 ff
– Mitzeichner **185,** 77 ff
– Nebenabreden **185,** 83
– Nichtigkeit **185,** 48 f
– Normzweck **185,** 2
– Rechtsscheinlehre **185,** 61
– Reform **185,** 8
– Schadenersatzansprüche **185,** 68
– Sicherstellung **185,** 72 ff
– Solidarhaftung **185,** 71
– Treuebindung **185,** 79
– Unterbilanzhaftung **185,** 71
– unvollständiger Inhalt **185,** 48
– Unwirksamkeit **185,** 50
– unzulässige Beschränkungen **185,** 49
– Vorvertrag **185,** 81 f
– Zeichner **185,** 69 ff
– Zeichnungserklärung (s dort)
– Zeichnungsvertrag (s dort)
Zeichnungserklärung 185, 9 ff
– abhängige Gesellschaft **185,** 12
– Aktiengattung **185,** 26
– Ausgabebetrag der Aktien **185,** 19
– Bedingung **185,** 22
– eigene Aktien **185,** 12
– Einbringungswert **185,** 27
– Einzahlungen **185,** 19
– Form **185,** 14 ff
– Gesellschaft bürgerlichen Rechts **185,** 11
– individueller Inhalt **185,** 23
– Inhalt **185,** 17 ff
– juristische Person **185,** 11
– Mehrheitsbeteiligung **185,** 12
– Nennbetrag **185,** 25
– Öffentlichkeit **185,** 10
– Partei **185,** 11
– Personengesellschaft **185,** 11
– Rechtsnatur **185,** 9 ff
– Sacheinlage **185,** 20
– Schriftform **185,** 14 f
– Tag des Erhöhungsbeschlusses **185,** 18
– Verfallsdatum **185,** 21
– vertragliche Willenserklärung **185,** 9
– Vertragsparteien **185,** 24
– Vertretung **185,** 28
– Willenserklärung **185,** 9
– Wirkung **185,** 13
– Zeichnungsschein **185,** 16
– Zeichungsschein **185,** 14 ff
– Zeitpunkt **185,** 21
Zeichnungsschein (s Zeichnungserklärung)
Zeichnungsvertrag 185, 29 ff
– Abschluss **185,** 31
– Ausgabe der Bezugsaktien **199,** 24 ff; **200,** 10
– Bareinlage **185,** 42
– bedingte Kapitalerhöhung **192,** 30; **197,** 24 f
– bedingte Kapitalerhöhung mit Sacheinlagen **197,** 24 f
– Bezugsangebot **185,** 38
– Bezugserklärung **198,** 14 f
– Durchführung **185,** 38 ff
– Form **185,** 32
– freihändiger Verkauf **185,** 38
– Gefahrübergang **185,** 44 ff
– gegenseitiger Vertrag **185,** 30
– Kapitalerhöhung gegen Einlagen **188,** 41 ff
– Kapitalerhöhung mit Sacheinlagen **188,** 41 ff
– Leistungsstörungen **185,** 41 ff
– Nebenabreden **185,** 83
– Pflichten der Gesellschaft **185,** 35
– Pflichten des Zeichners **185,** 34
– Rechtsnatur **185,** 29 f
– Rechtswirkung **185,** 33 ff
– Sacheinlage **185,** 43 ff
– Subskription **185,** 38
– Überschuss an Zeichnungsangeboten **185,** 38
– Überschuss an Zeichnungsverträgen **185,** 39 f
– Vorvertrag **185,** 81 f
– zeitliche Grenzen **185,** 36 f
Zero-bonds Vor 182, 126 ff
Zinsswap Vor 182, 141
Zusicherung des Bezugsrechts 203, 27 f
Zweigniederlassung 210, 22
Zweites Finanzmarktförderungsgesetz 215, 29
Zwischenbilanz 209, 35
Zwischenschein
– Ausgabe der Bezugsaktien **199,** 15 f
– bedingte Kapitalerhöhung **197,** 10
– bedingte Kapitalerhöhung mit Sacheinlagen **197,** 10
– Kapitalerhöhung aus Gesellschaftsmitteln **219,** 4 ff
– Nebenverpflichtungen der Aktionäre **180,** 11
Zwischenverfügung
– genehmigtes Kapital **202,** 119 f
– Kapitalerhöhung aus Gesellschaftsmitteln **210,** 36 f

FSC
www.fsc.org
MIX
Papier | Fördert
gute Waldnutzung
FSC® C083411

Kolibri 360 GmbH
Ferdinand-Jühlke-Straße 7
99095 Erfurt, Deutschland
produktsicherheit@kolibri360.de